COLLECTION

COMPLÈTE

DES MÉMOIRES

RELATIFS

A L'HISTOIRE DE FRANCE.

Christine de Pisan, 3.me partie. —
Boucicaut, 1re partie.

DE L'IMPRIMERIE DE RIGNOUX.

COLLECTION

COMPLÈTE

DES MÉMOIRES

RELATIFS

A L'HISTOIRE DE FRANCE,

DEPUIS LE RÈGNE DE PHILIPPE-AUGUSTE, JUSQU'AU COMMENCEMENT
DU DIX-SEPTIÈME SIÈCLE;

AVEC DES NOTICES SUR CHAQUE AUTEUR,
ET DES OBSERVATIONS SUR CHAQUE OUVRAGE,

Par M. PETITOT.

TOME VI.

PARIS,
FOUCAULT, LIBRAIRE, RUE DE SORBONNE, N° 9.
1825.

LE LIVRE
DES FAIS
DU SAGE ROY CHARLES.

CI COMMENCE LA TROISIEME ET DERRENIERE PARTIE DE CE LIVRE, LAQUELLE PARLE DE SAGECE ET DES SCIENCES EN LA PERSONNE DU ROY CHARLES.

ET PRIMIEREMENT PROLOGUE.

O Dieux glorieux, qui jusques cy as esté aideur à mon œuvre terminer au mieulx, selon le volume de la matiere et l'engin (1) que tu m'as presté, vueilles mon sens amagistrer à plus grant besoing! c'est que me donnes entendement de cognoistre et forme de parler de si haulte chose comme bien voulsisse expliquer en ceste tierce partie de mon volume, c'est assavoir de sagece, el (2) quel terme ou seul mot peut estre compris sapience, science et prudence, si comme cy-aprés j'espoir à desclairier (3); lesquelles en aucune quantité souffisamment exprimer ne pourroit souffrir le sens de mon entendement sanz toy, souveraine Providence, laquelle moy, par la consideracion de ma

---

(1) *L'engin* : le génie. — (2) *El* : dans le. — (3) *A desclairier* : de le démontrer.

foiblece, espovantée de me fichier en (1) si haulte matiere, j'apelle en soustenail et ayde, à parfornir et continuer le procés de ma dicte œuvre en procédant de fin en fin, selon l'ordre et cause primiere de cestui livre, c'est assavoir du sage roy Charles. Considérant ce que de luy peut estre dit, me prent appetit de parler en sa personne en terme estrange, en maniere d'oroison, ainssi comme se ores fust vivant au monde, disant ainssi :

Et Dieu loué, glorieux roy de France, excellant magesté, est de telz biens garnie : car, ad ce que digne renommée, en la journée d'uy, vostre hault nom dénoncé sur tous princes mortelz, vous ne recognoissiez autre souverain que Dieu, comme il appert en la décrétale de enfens légitimes, *per venerabilem* : aussi que replein soyés de perfeccions mundaines qui aduisent à prince, soyent accidentales ou propres, comme il appert, tant par considerer vostre sang valereux, de qui l'estat resplendist par tous pays, par remirer (2) vostre magnificence et voz propres coustumes, comme aussi par celles remembrer (3) que digne recordance récité de jadiz, lesquielles sont à plain desclairiées (4), tant par les généalogies de voz prédécesseurs, comme en fais aussi; et que la réflambeur de vostre diademe, qui naturelement reluit en marches de délices, précelle tous royaumes; par qui lueur toutes terres s'esclairent et se duisent à meurs, par qui aussi, si comme chascun scet, vassal de Dieu et le primier des roys vous estes apellez, et encore non mie seulement vous

---

(1) *De me fichier en* : de m'ingérer. — (2) *Remirer* : contempler. — (3) *Remembrer* : rappeler. — (4) *Desclairiées* : expliquées.

soyez adornez de ses biens de dehors ; mais par dedens vous estes revestus des richeces de l'ame, si que de biens vous reluisez en toutes choses, et moriginéement vivez et en vertus occupez vostre temps ; aussi édifiez et valez au commun, amez les bons et ceulx d'entendement : par quoy, et si qu'en la sucession des rois de pareil nom, vous estes le cinquieme, Charles le Sage doyez (1) estre appellez par distinctées vertus ; dont et pour ce que vous, si ami de vertus, cognoiscent que c'est souveraine félicité la richece d'entendre ; vous, instruit és sciens siviles, trés sage philozophe et expert és estoilles, voyant que en l'ordre des sciences sapience és la desrenier, l'amez comme singuliere chose. Est raison aussi que distinctéement et par ordre, en vostre nom soit desclairié plus particulierement le effect de sapience, de laquelle estes imbuez et instruit en toutes choses, si comme manifestement le vous dénoncent voz fais, soit donques procédé oultre à la loenge de sapience et de voz valeureuses œuvres. Or me doint Dieux à tel fin esploictier que labour face à gloire de vous, et la bienvueillance de voz amez en reviegne sur moy !

CHAPITRE II : *Ci dist que c'est que sagece, et quelz choses y sont comprises.*

Si est donques ainssi que traictier nous convient particulierement de ce que nous disons en général sagece, à savoir quelz choses y sont comprises, à

---

(1) *Doyez* : deviez.

quoy elle s'estent et dequoy elle vient, et en qui elle se termine; et quoyque ceste matiere soit moult obscure et soubtille à la foiblece de mon povre engin, leçons des aucteurs et leur escrips nous en fera sages, dont, en usant de leur motifs, dirons que art, providence (1), entendement, science et sapience sont les suppoz de perfaicte sagece.

Et que aucun ne puist cuidier qu'ilz soient sinonimes, c'est assavoir qu'ilz signifient tout un, Aristote oste ceste doubte; et pour la desclairier il envoye aux moz elles (2) sciences, c'est assavoir ou sixieme d'*Ethiques*, ouquel il a monstré comment sont différans les vertus de l'ame, qui sont, comme dit est, art, prudence, entendement, science et sapience, et dit que ce sont vertus de la part speculative de l'ame, qu'on dit sainctifique. Toutefoiz ilz différent : car l'entendement est habit (3) des principes primiers des démonstrances; science est abit des conclusions par les causes plus basses; et sapience considere les causes primieres; et, pour cela mesmes, il dit sapience estre chief de toutes les sciences; mais prudence et art sont és parties de l'ame où advient la pratique, laquelle est raciocinative des choses ouvrables contingentes.

Et différent; car prudence adrece aux accions qui ne passent pas en matiere dehors, mais sont accions perfaictes, si comme là appert : mais art adrece aux façons qui passent en estrange matiere, si comme édifier, paindre, ou autre œuvre. Il monstre, par les choses jà dictes, le propóz principal, c'est assa-

---

(1) *Providence*, pris ici pour *prudence*. — (2) *Aux moz elles* : aux écrits en les. — (3) *Habit* : la demeure, le point de réunion.

voir que ceste sapience soit vers terminées causes, et des primiers principes; dont, dit-il, comme se pour la grace de qui ore faisons parolle, c'est assavoir sapience; si comme il semble à tous, considere, et trés certaines causes et les primiers principes; car un chascun de tant est réputez plus sage et plus cognoiscent, comme plus il approche à cognoistre les causes; car l'expert est plus sage que celluy qui seulement a le sentement sanz l'expérience, et l'artiste est plus sage que l'ouvrier de la main. Aussi, entre toutes les ars et toutes les sciences, les spéculatives sont sapience mieulx dictes que ne sont les pratiques : et cestes choses apparens et vrayes, il affiert dont conclurre que icelle science, qui sapience est dicté, considere les causes et les primiers principes.

CHAPITRE III : *Ci preuve comment le roy Charles fu vraye philozophe, et que est philozophe.*

OR avons donques, selon le philosophe, desclairié des sciences et vertus de l'ame, et à quoy elles se terminent; retourner nous convient à nostre matière, véant se nous pourrons condescendre cestes nobles muses ou sciences aux vertus de nostre sage roy Charles, vray disciple de sapience, si comme nous povons comprendre selon les meurs de luy et les termes d'icelle : lequel Roy, avecques les autres tiltres à luy instituez et dis és autres parties cy devant de mon livre, encore derechief l'appellerons, par droit de vérité, vray philozophe, ameur de sapience ; et comme celluy nom de philozophe fu trouvez, dit saint Augustin, que, en une isle qui a nom Saene (1), fleuri Pitagoras, homme de grant science; et comme, devant son temps, on appellast telz speculatifs *sages*, on demanda à Pitagoras de quel prophecion il estoit, il respondi qu'il estoit *ameur de sapience*, qui vault autant, en grec, comme *philozophe*; car il luy sembloit que c'estoit présumpcion que homme s'appellast *sage*.

Et que nostre roy Charles fust vray philozophe, c'est assavoir ameur de sapience, et mesmes imbuez en ycelle, appert par ce que il fu vray inquisiteur de haultes choses primeraines (2), c'est assavoir de haulte théologie, qui est le terme de sapience, qui n'est autre chose que cognoistre Dieu et ses haultes vertus célestes par naturelle science.

En ce le demonstra nostre bon Roy, car il voult en ycelle par sages maistres estre instruit et apris; et pour ce que peut estre n'avoit le latin, pour la force des termes soubtilz, si en usage comme la langue françoise, fist de théologie translater pluseurs livres de saint Augustin et autres docteurs par sages théologiens, si comme sera cy aprés desclairié ou chapitre de ses *Translacions*; et de théologie souvent vouloit oyr, entendoit les poins de la science, en savoit parler, sentoit par raison et estude ce que théologie démonstre; laquelle chose est vraye sapience : et à ce propoz dirons ce que Aristote, en sa *Methaphisique* et autre part, desclaire sur ceste matiere.

Elle est dicte théologie ou science divine, entant comme elle considere les essences, ou substances séparées, ou les divines choses. Elle est dicte *méthaphisique*, c'est à dire *oultre nature*, de *metha*, en

---

(1) *Saene* : Samos. — (2) *Primeraines* : primitives.

grec, qui vault autant comme *oultre*, et *phisis*, qui veult dire *nature*; entant que elle considere ens (1) et les choses qui ensuivent à luy.

Elle est dicte primiere, philozophie, entant que elle considere les primieres causes des choses.

Autre si (2), elle est dicte sapience, et est son propre nom, en tant que elle est trés générale, et fait son possesseur cognoistre toutes choses.

La dignité de sapience est telle; car, comme des sciences, l'une précelle, si que dit Aristote ou proesme de l'Ame (3), ou pour ce que plus celle est certaine, ou parceque elle est de meilleurs et de plus dignes choses, voire aussi (4) où que elle est perfeccion de ce qui est devant, si comme il appert ou sixiesme d'*Ethiques*, ou parce que elle est pou commune et assez difficile, comme il fu dit devant, tout autre si qu'à celle qui sapience est dicte toutes ces condicions appertiennent : car, primierement, plus qu'autre elle est certaine; car, des primiers principes, trés honorable; car, de suppost, honorable et digne, c'est assavoir Dieu.

Aussi elle perfaict les autres; car, si que Avincene (5) recite en sa *Methaphisique*, elle est le principe de toutes et est la fin d'entr'elles : parquoy comme il appert qu'elle n'ait fin hors soy, mais se fine soy mesmes, et donques perfaicte; car, si comme c'est signe singulier de grant perfeccion rendre une

---

(1) *Ens* : l'être, l'entité. — (2) *Autre si* : autrement, encore. — (3) *L'une précelle, si que dit Aristote ou proesme de l'Ame* : l'une vaut mieux, ainsi que dit Aristote à la préface *de l'Ame*. — (4) *Voire aussi* : même aussi. — (5) *Avincene* : Avicenne, *Aben-Sina*, savant arabe, commentateur d'Aristote.

chose en soy; et pour ce, seul Dieu disons nous trés perfaict, qu'il est principe et fin, et à soy se réduit.

CHAPITRE IV : *Ci dit comment le roy Charles estoit astrologien, et que est astrologie.*

Assez avons desclairié nostre sage roy Charles estre ameur de sapience et souffisamment fondé en ycelle : aussi nous convient-il dire les autres biens qui apertiennent à perfaicte sagece, c'est assavoir sapience, science, entendement, prudence et art.

De science, laquelle, comme dit Aristote si que est dit devant, est abit des conclusions par les causes plus basses, qui est proprement à dire, savoir les causes des choses de ça jus (1); pour quoy sont faictes, et à quoy elles servent : et de ce sera parlé cy aprés; povons dire nostre sage Roy, en science, doctrine, et mesmement és sept ars libéraulx, apris et entendent souffisamment, si que de toutes bien et bel sceust respondre et parler, et encore des haultes choses de philozophie, comme d'astrologie, trés expert et sage en ycelle, c'est chose vraye, si que les poins entendoit clerement, et amoit celle science comme chose esleue (2) et singuliere.

Et que celle science d'astrologie soit digne et esleue, dit Tholomée (3) en son *Almageste*, aprés mains loz d'elle, de rechief dist il : « Es accions de vie et « en meurs honorables, sa neccessité n'est mie petite;

---

(1) *De ça jus* : d'ici-bas. — (2) *Esleue* : de choix, préférée, digne de préférence. — (3) *Tholomée* : Ptolémée.

« car, à celluy qui perséveramment l'enquiert, elle
« faict amoureux des beaultez de là sus [1]; » aussi,
avec persévérance de la digne estude, et par continuacion d'icelle avec luy, elle ycelluy induit à ce
qu'il semble à l'ame, c'est assavoir à la bonté de forme,
et assimile à celluy qui le fist.

Aussi dit Avicene en sa *Metaphisique*, ou troisieme
chapitre du primier livre, que « comme pluseurs
« choses on preuve, és naturelles sciences, qu'on sup-
« pose cogneues dedens méthaphisique, si comme lieu,
« temps, mouvement, etc., et par quoy il appert qu'il
« les fault avoir veues; » comme aussi l'entention finale
de sapience ou de méthaphisique soit pervenir à cognoistre le gouvernement de la cause primiere, c'est
Dieu le glorieux, la cognoiscence de l'ordre des esperes célestres [2], auxquelles cognoiscences impossible
est venir, senon après astrologie; et toutteffoiz à astrologie nul ne peut pervenir, s'ainçoiz [3] n'est philozophe, géometre et arismétien : parquoy, comme il
appert qu'en l'ordre des sciences astrologie et méthaphisique sont trés-haultes, il s'ensuit, puisqu'il y a tel
ordre, que elle soit de la derreniere; donques, et comme
l'ordre des sciences soit instituée après l'ordre des
choses, car les choses procédent [4] les sciences, si que
veut le philozophe dire en ses *prédicamens;* puisqu'ainssi est que ceste soit derreniere, que elle soit
trés divine et donques difficile; car, si que dit Platon,
comme Dieu soit celluy qui dignement ne peut estre
trouvé, ne dignement ne puist estre cogneu, ainçois,
mais que dit Ovide, c'est vertu sur toutes vertus,

---

[1] *Là sus* : là haut. — [2] *Esperes célestres* : sphères célestes. —
[3] *S'ainçoiz* : si auparavant. — [4] *Procédent* : lisez précèdent.

transcendent sur toutes simplece, eslongné de nostre
cognoiscence par soubtilité, non pas, dit-il, que de
luy proviégne le deffault, mais de nostre rudece; car
comme de luy nous procédons trestous (1), voire
comme en l'umbre de luy nous soyons tous causez, si
comme dit Ysaac : parquoy ne nostre abilité ne soit
pas souffisant à le povoir comprendre; mais, par basses
lumières, le nous faille avisier et à luy parvenir, « de
« tant, dist-il, comme les yeuls des suetes (2) ou des
« chauve soris sont inabiles à recépvoir la clarté du
« souleil; car ilz ne la peuent veoyr ne souffrir, es ilz
« voyent en plus basses lumieres. »

Chapitre V : *Comment le roy Charles avoit grant
entendement; et qu'est entendement.*

Avec sapience et science est neccessaire don d'endement (3) à perfaicte sagece, c'est assavoir homme
sage : or soit noté se celluy que nous disons si sage,
qui est, à mentencion (4), le roy Charles, pot avoir,
avec les biens dessus diz, la noblece d'entendement;
selon ce que le desclaire Aristote, qui dit « qu'enten-
« dement est abit des principes primiers des démons-
« trances; » qui n'est autre chose dire que le concept
des choses veues, sceues et oppinées par vrayes raisons.

Or regardons la soubtilleté de l'entendement de
nostre prince, comment gramment s'estendy à com-

---

(1) *Trestous* : tous sans exception. — (2) *Suetes* : chouettes. —
(3) *Endement* : faute au manuscrit, lisez *entendement*. — (4) *A m'entencion* : à mon avis.

prendre et concepvoir toutes choses, tant spéculatives comme ouvrables, lorsque les belles sciences estudioit, desquelles les termes savoit plainement rapporter és assemblées et congrégacions des sages maistres et philozophes, parler de toutes choses si bien et si parfondement que nul ne l'en passoit; et c'est chose manifeste, sceue, et prouvée par gens dignes de foy, qui ce tesmoignent.

Si povons de celluy Roy conclurre que, entre les esleus, estoit trés souverain et suppellatif en haultece d'entendement.

De ceste noblece d'entendement, dit Aristote au primier de *Méthaphisique* : « Tous hommes, par nature,
« savoir desirent ; car, dit la glose, par appetit naturel,
« l'entendement desire et convoite savoir ; et la cause
« est, car l'entendement naturellement est imparfaict ;
« dont, comme l'appetit, ensuive l'imperfeccion, est
« désireux : car se imperfeccion n'i estoit, appetit n'i
« seroit. » Et de ce, et des dependences de sapience, sera plus plainement parlé, selon la déclaracion d'Aristote cy aprés.

CHAPITRE VI : *Ci dit de prudence et art en la personne du roy Charles, et que c'est.*

« PRUDENCE donques et art, dit Aristote, sont és
« parties de l'ame où avient pratique, qui appartient
« aux choses ouvrables; » car, comme prudence, par mémoire des choses passées, pourvoye aux futures ; car, selon Tulle, au deuxieme des siennes *Rethoriques*,

« les parties d'elle sont mises : Mémoire, intelligence,
« et pourvéance. »

En nostre roy Charles j'ay avisé parfaicte prudence
et aussi art, comme aprés sera dit; et ce appert par les
effets de ses œuvres, si comme jà pieça (1) grant part
en avons desclairïé, et encore en dirons.

En cellui temps, comme le roy Charles se veyst
aucques au dessus de ses besongnes, et non si occupé des
grans guerres aucques lors accoisiées (2), comme estre
souloit; et comme sa grant prudence lui amenistrast
regart sur les choses à venir, considérant la fragilité
de vie humaine de petite durée, et aussi que son corps
et sa complexion, non mie par ancien aage, mais par
déliée nature, n'estoit disposé à longuement vivre,
volt, de saine mémoire et entencion délibérée pour
le bien de la couronne de France et de la commune
utilité, establir certaines lois, dont, entre les autres,
ordena, institua, fist jurer et promettre à tenir ferme
et estable à tousjours mais, à ses frères, aux pers de
France, et à tous les barons, que, ou cas que il iroit
de vie à trespassement, ainçois que son fils Charles,
selons les anciennes coustumes de France, fust en aage
de recepvoir la digneté royale, que néantmoins, par
nouvelle institution, seroit couronné, trés en l'aage (3)
de quatorze ans, s'il avenoit que avant luy fust deffaillis;
et que, dés lors en avant, ceste loy vouloit et ordonnoit fust ferme et estable, si que joyr en peussent tous
les enfens, princes nez des rois, se le cas se y eschéoit.

Autres lois et establissemens institua le Roy sus le
royaume et sus les finances.

(1) *Jà pieça :* déjà, depuis quelque temps. — (2) *Accoisiées :* ap-
paisées. — (3) *Trés en l'aage :* dès l'âge.

Et pour ce qu'il chiet à propos de lois establir, si comme il est contenu ou livre préalégué du *Régime des Princes*, dit Aristote, au second livre de *Pollitiques*, demande se c'est profit au royaumes et citez de souvent les loix et coustumes tresmuer (1); et preuvent les philozophes, par quatre raisons, que c'est grant prouffit d'establir nouvelles loys, et les vielles muer.

La primiere raison, ainsi que nous véons en l'art de medicine et és autres sciences, que ceulx qui les apprennent treuvent aucunes meilleures choses et plus vrayes que les ancesseurs (2) n'ont fait; par quoy on laisse les dits des anciens, et prent-on les nouveaulx : tout ainssi semble qu'il doye (3) etre ou faict des loys; car, se ceulx des citez ou royaumes treuvent meilleures lois et plus prouffitables, que l'en deust tenir les nouvelles et les autres laissier.

La seconde raison est, car aucunes lois sont moult mauvaises, si comme la loy qui estoit, ça en arriere, entre les Grieux, qui disoit que « se uns homs estoit « occiz et aucun du lignage en naissoit, homs de qui « eust souspeçon se l'assailli, s'enfuyoit, il estoit « enculpez du fait. » Et ceste estoit folle loy, car, par nature, chascun, quoiqu'il soit innocent, la mort redoubte : dont se telles lois ou semblables estoyent en quelque pays, il sembleroit que bon fust les laissier et prendre nouvelles.

La tierce raison est, car il peut bien avenir que ceulx que les loix ont establyont esté simples; dont, se ceulx qui viennent après sont plus sages, il sembleroit

---

(1) *Tresmuer* : changer. — (2) *Ancesseurs* : prédécesseurs. — (3) *Doye* : doive.

que ce fust contre raison se ilz ne les muoyent en meilleurs.

La quarte raison est, que combien que ceulx qui les lois establissent soyent sages, peut estre que ilz ne scevent pas les condicions et toutes les circonstances des fais et œuvres humains; par quoy, se ceulx qui ou pays demeurent sont plus esprouvez, il semble que nouvelles lois puissent establir.

Ainssi, par ces quatre raisons, aucuns philozophes preuvent que prouffit soit muer les lois; mais qui ce consentiroit, ce seroit grand péril; car se l'en accoustumoit à establir de nouvelles lois, acoustumance vendroit de non obéyr aux lois, lesquelles sont de tel vertu et de si grant puissance que, pour la longue continuacion d'y obéyr, est chose tournée en accoustumée debte faire ce que la loy commande; et qui aux lois n'obéyroit, les rois et princes perdroyent leur juridicions : par désobéissance aussi grans maulx ensuivroit és communes des citez et du peuple.

Or convient respondre à la demande devant dicte, se c'est proffit de muer les lois; et dirons que se les lois humaines et escriptes sont justes et droicturieres, fondées sont sus la loy de nature; et convient que les fais particuliers des hommes déterminent; et y peut avoir deffaute en tel manière, c'est assavoir quant elle est contraire à la loy de nature, lors c'est corruption, et non mie loy : dont, s'il advient que tel loy soit quelque part, estre ne doit tenue, mais délaissiée, et faire nouvelle; car loy escripte ne doit estre contraire à celle de nature, si comme estoit là loy faictes des Juifz, qui disoit que les hommes povoyent vendre leur femmes.

Et toutefoiz on doit savoir que, poson que faute ait és lois, en tant que elles ne déterminent toutes les condicions et circonstances qui, en divers cas, adviennent, on ne les doit pourtant laissier, pour ce que se pourroit tourner à maulvaise coustume, jà soit ce que meilleurs et plus souffisans puissent estre trouvées.

Et que bon soit loy durer longuement, n'est mie semblable aux autres sciences; car lois ont poissance par le long temps et continuée acoustumence, et les autres sciences par vertu d'entendement.

Pour ce, en conclusion, les rois et princes doivent les lois anciennes de leur terre tenir, sanz les abatre, se contraires ne sont à la loy de nature.

CHAPITRE VII : *Ci dit encore de la prudence du roy Charles sus la pourvéance du bien commun.*

ENCORE que le roy Charles, trés ameur et desireux du bien et du prouffit commun fust vray, prudent, et des choses au mieulx faisables eust clere cognoiscence, appert par la grant providence et advis qu'il avoit aperceu sus le bien et utilité de la cité de Paris, et mesmement sur grant part de son royaume, en ce que, comme il considerast à Paris, pour la grant quantité des gens et divers peuples, princes et autres, qui, pour cause que là est le siege principal de sa noble court, arrivent de toutes pars les vivres, au regart de la poissance du menu peuple, et aussi, contre le proffit de tous, n'i peuent estre à si grant

marché comme en mains autres lieux de son royaume,
comme vers les parties de Bourbonnois et Nivernois
et ailleurs, tant que la riviere de Loire s'estent, lequel pays est moult fertil et abondant de tous vivres,
comme assez est sceu, et que à grant marchié y
sont, parce que on ne les peut par deça porter, fors
par charroy mener, qui est trop cousteux; que il
feroit fossoyer la terre de tel large et profondeur, et
en telle adrece que ladicte riviere de Loire peust
prendre son cours jusques en la riviere de Seine, et
porter navire qui venist jusques à Paris; et ainssi
l'avoit ordonné le trés porveu sage Roy, et a marché
fait aux ouvriers qui debvoit couster cent mille
frans, laquelle mise n'estoit mie moult outrageuse au
regart du grant bien et utilité qui s'en fust ensuivy à
tout ce royaume (1) : laquelle chose pleust à Dieu que
ainssi eust esté fait pour le bien d'un chascun ! et en
ce et maintes autres ordonnances bonnes n'eust mie
eu faulte, se mort, qui trop engréva ce royaume, ne
l'eust sitost osté de vie.

Et vrayment cellui Roy se debvoit bien appeller vray
conduiseur de son peuple, et garde clef et fermeure
de chasteaulx, citez et villes, lesquelles furent establies, comme dit Aristote, pour avoir six biens : et
le premier est joye et délict; car homme ne pourroit
en richeces tant habonder que joye eust de vivre seul,
ains désireroit compaignie, pour estre participant
avec ses biens. Le second est pour ce que l'un peut
aydier à l'autre, et ce bien n'aroyent mie les hommes
seuls. Le tiers bien est que hommes seuls ne pour-

---

(1) On voit que Charles v avoit arrêté le projet du canal de Briare, dont l'exécution n'a commencé qu'en 1604.

royent contrester (1) à leur ennemis; pour ce furent faictes villes et citez, pour estre ensemble, et mieulx deffendre et garder contre ennemis. Le quart bien est pour vendre et acheter és marchiez, et faire aliances, et ce ne pourroyent faire les hommes seuls. Le quint bien est que par mariages s'entr'alient, et font amistiez et aliances ensemble. Le sixieme bien est pour vivre bien et convenablement ensemble, et mieulx punir et prendre les malfaicteurs. Dont, se l'on demande quel chose est ville, on doit dire que villes et citez n'est fors une assemblée et communité de gens establie pour bien et vertueusement vivre, et selon raison.

Et dit le philozophe que royaume n'est que une grant multitude de gens qui vivent selon loy et vertu, et sont ordonnez soubz un chief qui vertueus doit estre; et luy appartient l'obéissance de tous, et doit ce roy diligemment curer (2) que, selon raison et loy, ses subgiez se gouvernent et soyent gouvernez.

Dont, puisque citez et royaumes sont ordonnez pour congrégacion humaine mener en vie ordonnée, il convient dont que le pueuple soit moriginé en vertus et en toutes bonnes mœurs.

(1) *Contrester :* résister. — (2) *Curer :* avoir soin, prendre garde du latin *curare*.

Chapitre VIII : *Ci dit comment le roy Charles tenoit ses subgiez en amour ; et preuves que ainssi doye estre fait.*

De la prudence du roy Charles, comme il fust perfaict ameur de ses subgiez, avisoit en toutes manieres de les tenir en amour et dileccion vers luy : pour ce, volt vers eulx tenir tel maniere, que de tous estas se tenissent pour contens des ordonnances qui estoyent neccessaires et convenables à faire en la gouvernance des fais du royaume ; et pour ce, nonobstant que de sa signorie et auctorité peust faire et ordonner de tout à son bon plaisir, quant venoit à conseillier sus l'estat du royaume, il appelloit à son conseil les bourgeois de ses bonnes villes, et mesmement des moyennes gens et de ceulx du commun, affin qu'il leur monstrast la fiance qu'il avoit en eulx, quant par leur conseil vouloit ordonner.

Et que ce fust sagement fait et qu'il appertiegne à prince tenir mesmes son commun à amour, le philozophe preuve, ou tiers de *Politiques*, par quatre raisons, que royaumes et citez sont bons quant moyennes gens y a.

La premiere raison est que se, en un pays, a moult de trés riches hommes et moult de trés povres ensemble, bien ne raisonnablement ne pourroyent vivre, pour ce qu'ilz sont aux deux extremitez ; mais par entre deux estre les moyens riches, est l'estat de la policie riglé ensemble.

La seconde raison est que, communément, les riches et les povres ne s'entr'aiment pas, ne s'entr'acompaignent ; pour ce, est neccessaire que de moyens y ait.

La tierce, que le descort d'entre les trés riches et les trés povres pourroit estre cause de la destruccion du royaume ou cité, par ce que les povres s'estudieroyent à embler (1) aux riches.

La quarte cause, que, se foison moyennes gens y a, il n'y a mie tant d'envie et de despit entre les deux extrémitez.

Si doit le prince regarder, dit Aristote, comment son peuple pourra en tel maniere maintenir qu'il y ait de tous estas ; et pour ainssi le maintenir, en pluseurs pays et de coustume que nulz n'y peut vendre n'acheter héritages venus de pere et de mere, fors pour certaine cause.

CHAPITRE IX : *Comment le roy Charles desservoit par ses mérites qu'il fust craint et amez.*

A brief parler, si sagement se gouvernoit vers toutes gens le roy Charles, fussent estranges ou privez ses subgiez, et autres de tous estas, qu'il acquéroit l'amour universelle de toute personne ; et raison le débvoit ; car à nul ne meffaisoit, et à tous, à son povoir, pourchaçoit bien (2) ; si estoit obéys, honorez, craint et amez, si comme à bon prince appartient estre.

Et dit Aristote que « se le peuple obeyst et ho-
« neure son prince, et ses lois garde, trois profis ac-

---

(1) *Embler :* ravir, voler. — (2) *Pourchaçoit bien :* procuroit du bien.

« quiert, c'est assavoir le mérite de bonnes œuvres,
« la paix et transquilité du royaume, et la planté (1)
« biens temporieulx. » Si est démonstrance de bon
peuple, quant à son seigneur est subgiect; et de celle
subgeccion doit estre entous les estas; car les gentilzhommes plus obéissans doivent estre que les autres,
pour donner exemple : et se bonne obeissance a ou
royaume, paix et transquilité y aura, et par conséquent de tous biens.

Et est folie à ceulx qui croyent d'obéir aux lois et
establissemens soit servage; car Aristote dit « que
« ceulx qui sanz loy veulent vivre et ne veulent
« obeyr, et par leur descort troublent la terre, sont
« plus bestiaulx que humains, et plus serfz que frans; »
et dit ainssi : « Que tout ainssi que l'ame le corps gou-
« verne, garde et maintient, ainssi prince droictu-
« rier est la santé du royaume ou contrées; et si
« comme les membres affoiblissent au départir de
« l'ame, est le royaume affoibli quant il n'est gou-
« verné par droicturier prince, ou qu'il est mal
« obéy. » Et dit encore : « Que de mal obéyr à
« son prince ensuit grant inconvénient, car haine
« s'en engendre; par quoy aucunes fois sont source
« d'extorcion et griefz, dont ensuit rebellions et
« mains autres meschiefz. » Aussi dit : « Que honneur
« doit estre portée au prince, de tous ses subgiez
« pour révérance de luy, aussi à sa femme, enfans et
« tout son parenté. »

(1) *Planté* : abondance, affluence de.

CHAPITRE X : *Ci dit les bonnes condicions qui en prince doivent estre, lesquelles le roy Charles avoit.*

Pourquoy ne fust amez le sage roy Charles, car en luy povoyent estre trouvées toutes les causes, si comme le desclaire le dessusdit livre *du Gouvernement des princes*, par qui bon et sage prince doit estre de ses subgiez amez, qui dit : « Que princes doit estre « large en dons, et graces donner. »

Lesquelles choses avons assez prouvées de nostre Roy. Sage doit estre, prudent, pourveu de toutes choses à la saulveté de son peuple : ce que nostre Roy estoit; juste, droicturier, diligent, fort et constant és choses par conseil affermées : à ce ne failloit mie nostre prince; douls et humain, communal entre ses amis, fier et hardy contre ses adversaires : lesquelles condicions et toutes autres bonnes furent ou roy Charles.

Dist aussi ledit livre : « Que prince doit estre « craint, et pour trois causes : l'une pour les tour- « mens de sa justice; l'autre, que roy droicturier n'es- « pargne ne parent ne affin (1) en sa justice ; ains, « s'ilz le deservent, plus sont punis : la tierce, que « le prince a de toutes pars espandus les menistres « de sa justice pour punir les maulfaicteurs. » Mais comme nulle amour soit sanz crainte, et souvent crainte est sanz amour, trop mieulx vault à prince estre amez que cremus (2).

(1) *Affin* : proche, allié. — (2) *Cremus* : craint.

Chapitre XI : *Ci dit comment le roy Charles estoit droit artiste et apris ès sciences ; et des beauls maçonnages qu'il fist faire.*

Assez avons dit de la vertu de prudence en la personne du roy Charles, de laquelle tout le contenu de ce livre est tirant à telle matiere ; mais pour un petit différer, selon l'ordre qu'Aristote met des vertus comprises en sagece par particularitez distinctées, comme cy devant est dit, dirons d'art, en prouvant nostre sage roy Charles estre trés grant artiste, soit és sept sciences libéralles, ou és causes ouvrables. Es sciences expert estoit : car en gramaire, qui aprent la maniere des moz, estoit souffisamment fondez et toutes en savoit les rigles ; l'art de réthorique, qui enseigne la forme de savoir mettre parolles en ordre de beau langage, sçavoit par nature et aussi par science ; logique, qui enseigne arguer, et entre le vray et fauls discerner, nul de luy plus soubtil n'y fust trouvez ; arismétique, qui est science d'assembler numbre et monteplier, sanz laquelle science d'astronomie ne se pourroit passer, savoit le Roy notablement ; de géométrie, qui est l'art et science des mesures et des ecquerres, compas et lignes, sanz qui nulle œuvre est faicte, s'entendoit souffisamment, et bien le monstroit en devisant ses édifices ; de musique, qui est la science des sons accordez par notes minimes, entendoit tous les poins si entiérement que aucun descort ne luy peut estre mucié (1) ; en la science d'astrologie, qui est art de congnoistre les mouvemens des célestielles esperes (2)

---

(1) *Mucié :* caché ; ne peut lui échapper. — (2) *Esperes :* sphères.

et planetes, estoit souffisamment fondez : et en tous ces sept ars, tout ainssi qu'il est dit de Charlemaine, comme il sera dit cy aprés que il les sçavoit, de cestui Charles le Sage ne peut pareillement dire.

De art, entant que s'estent l'œuvre formele, nul ne l'en passoit, tout n'eust-il l'expérience ou exercite de la main.

« Mais, dit Aristote, en tant l'artiste est réputez
« plus sage de l'expert, qu'il cognoit mieulx les rai-
« sons pourquoy il convient qu'il soit ainssi; et l'ex-
« pert, sanz plus, ne cognoist autres causes : ne mais
« il est ainssi ; car il est assavoir, ce dit il, que l'art
« ou la science est dicte principal laquelle a plus prin-
« cipal opéracion. » Comme les opéracions des artistes sont distinctées, aucunes sont establies seulement à disposer les autres en œuvres, si comme maçons et charpentiers, qui, en siant, dolant (1) et aplainant, disposent les buches ou les pierres à forme d'une maison, d'une nef, ou d'autre ouvrage.

Autre opéracion y a, quant les buches ou les pierres taillées ou disposées, on les assemble en ordre, en la forme qu'on veult. Et autre opéracion y a encore : ce est l'usage de la chose jà faicte; et ceste est la plus principal, car elle ordonne et gouverne les autres, et est la fin de toutes, et la primiere si est la plus petite; car si comme la primiere s'ordonne à la deuxieme, aussi la deuxieme s'ordonne à la derreniere; car comme le principal maistre soit celluy qui use de la chose, si comme l'arbalestier de l'arbaleste, et le marinier de la nef, entant qu'il scet à quoy la chose est faicte plus que cil (2) qui ouvrit :

(1) *Dolant* : polissant. — (2) *Cil* : celui.

par quoy, comme il appere que de la forme des artistes on prent les causes des opéracions qui sont vers les disposicions des matieres, et par usage sont prises les causes des opérations qui sont vers les disposicions des matieres, si s'ensuit que les architeurs, c'est assavoir les disposeurs de l'œuvre, scevent les causes des besoignes, et que on les doit réputer les plus sages.

Assez ay prouvé que l'artiste a plus grant science que l'expert qui œuvre de la main; lesquelles descripcions ne sont mie mes parolles, mais d'Aristote en sa *Métaphisique*; et tout soit la matiere obscurement desclairiée, et selon le stile du philozophe, tourner aux lais (1) ne doit à ennuy; car les soubtilles raisons sont l'aguisement de l'engin et entendement, comme en choses rurales (2) n'ait aucune discipline.

Et à revenir à nostre matiere, en effect que nostre roy Charles fust sage artiste, se démonstra vray architeteur, deviseur certain et prudent ordeneur, lorsque les belles fondacions fist faire en maintes places, notables édifices beaulx et nobles, tant d'esglises comme de chasteaulx et autres bastimens, à Paris et ailleurs; si comme, assez prés de son hostel de Saint-Paul, l'église tant belle et notable des Célestins, si comme on la peut veoir couverte d'ardoise, et si belle que riens n'i convient (3); et le couvent des freres; sainctes personnes vivans en grant aspreté de vie ruilée (4), servans Dieu, y ordonna en certain numbre, dont y a moult grant couvent, qui moult dévots service ren-

---

(1) *Lais* : laïques, ceux qui ne sont point *clercs*, c'est-à-dire peu instruits. — (2) *Rurales* : grossières. — (3) *Riens n'i convient* : rien n'y est comparable. — (4) *Ruilée* : réglée.

dent à Nostre Seigneur, lesquelz il renta moult richement par amortissement perpétuel; et à la porte de celle esglise a la sculpure de son ymage et de la Royne s'espouse, moult proprement fais.

Item, fonda l'esglise de Saint Anthoine dedens Paris, et rentes assist aux freres demourans en ce lieu. *Item*, l'esglise de Saint Paul, emprés son hostel, fist amender et acroistre. *Item*, à tous les convens de Paris des mendians, donna argent, pour réparacion de leur lieux; à Nostre Dame de Paris, à l'Ostel-Dieu, et ailleurs. *Item*, au bois de Vincennes fonda chanoines, leur asséna leur vies par belles rentes amorties. *Item*, les Bons-Hommes, d'emprés Beauté (1), et maintes autres esglises et chapelles fonda, amenda, et crut (2) les édifices et rentes.

Les autres édifices qu'il basti moult amanda, et acrut son hostel de Saint-Paul; le chastel du Louvre, à Paris, fist édifier de neuf, moult notable et bel édéfice, comme il appert; la bastille Saint Anthoine, combien que puis on y ait ouvré, et sus pluseurs des portes de Paris, fait édéfice fort et bel; au Palais fist bastir à sa plaisance. *Item*, les murs neufs, et belles, grosses et haultes tours qui entour Paris sont, en baillant la charge à Hugues Obriot (3), lors prevost de Paris, fist édifier. *Item*, ordonna à faire le Pontneuf (4), et en son temps fut commencé, et pluseurs autres édifices.

Item, dehors Paris, le chastel du bois de Vincennes, qui moult est notable et bel, avoit entencion de faire

---

(1) *Emprés Beauté :* auprès de Beauté-sur-Marne, maison de plaisance. — (2) *Crut :* augmenta. — (3) *Obriot :* Aubriot. — (4) *Pontneuf :* aujourd'hui le pont Saint-Michel.

ville fermée ; et là aroit establie en beauls manoirs la demeure de pluseurs seigneurs, chevaliers et autres ses mieulx amez, et à chascun y asseneroit rente à vie selon leur personnes : cellui lieu voult le Roy qu'il fust franc de toutes servitudes, n'aucune charge par le temps avenir, ne redevance demander.

Edifia Beaulté, Plaisance la noble maison; répara l'ostel de Saint Ouyn, et mains autres cy environ Paris.

Moult fit rédifier ; notablement de nouvel, le chastel de Saint-Germain-en-Laye ; Creel ; Montargis, où fist faire moult noble sale ; le chastel de Meleun, et mains autres notables édificès.

CHAPITRE XII : *Ci dit comment le roy Charles amoit livres ; et des belles translacions qu'il fist faire.*

NE dirons-nous encore de la sagece du roy Charles la grant amour qu'il avoit à l'estude et à science ; et qu'il soit ainssi, bien le démonstra par la belle assemblée de notables livres (1) et belle librairie qu'il avoit de tous les plus notables volumes que par souverains aucteurs ayent esté compillez, soit de la saincte Escripture, de théologie, de philozophie, et de toutes sciences, moult bien escrips et richement adornez, et tout temps les meilleurs escripveins que on peust trouver occuppez pour luy en tel ouvrage ; et se son

(1) Le catalogue des livres de Charles v, fait par Malet, son valet-de-chambre et son bibliothécaire, existe en original à la bibliothèque du Roi. On en trouve des extraits fort curieux dans les dissertations de l'abbé Lebeuf, et dans un Mémoire de Boivin jeune. (*Mémoires de l'académie des Inscriptions*, tome 2.)

estude bel à devis (1) estoit bien ordonné. Comme il voulsist toutes ses choses belles, nettes, polies et ordonnées, ne convient demander, car mieulx estre ne peust.

Mais nonobstant que bien entendist le latin, et que jà ne fust besoing que on luy exposast, de si grant providence fu pour la grant amour qu'il avoit à ses successeurs, que, ou temps à venir, les volt pourveoir d'enseignemens et sciences introduisibles à toutes vertus; dont pour celle cause fist par solemnelz maistres, souffisans en toutes les sciences et ars, translater, de latin en françois; tous les plus notables livres : si comme la Bible, en trois manieres, c'est assavoir, le texte; et puis le texte et les gloses ensemble; et puis d'une autre maniere allégorisée.

Item, le grant livre de saint Augustin, de la Cité de Dieu (2).

Item, le livre du Ciel et du Monde (3).

Item, le livre de saint Augustin : *De Soliloquio*.

Item, des livres de Aristote, Ethiques et Politiques, et metre nouveaulx exemples (4).

Item, Végéce, de chevalerie (5).

Item, les dix-neuf livres des Propriétez des choses (6).

Item, Valerius Maximus (7).

Item, Policratique (8).

Item, Titu-Livius (9); et trés grant foison d'autres (10).

(1) *Devis* : plaisir. — (2) Par Raoul de Presle. — (3) Par Nicolas Oresme. — (4) Par le même. — (5) Végèce avoit déjà été traduit par Jean de Meun. — (6) Par Jean Corbichon. — (7) Par Simon de Hesdin. — (8) Par Denis Soulechat. — (9) Pierre de Bressuire avoit déjà traduit Tite-Live par ordre du roi Jean. — (10) Voir, sur les anciens traducteurs, le Mémoire lu en 1741 à l'académie des Inscriptions, par l'abbé Lebeuf.

Comme, sanz cesser, y eust maistres, qui grans gages en recepvoyent, de ce embesongniez.

De la grant amour qu'il avoit en avoir grant quantité de livres, et comment il se délictoit en estude, et de ses translacions, me souvient d'un roy d'Egipte appelé Tholomée (1) Philadelphe, lequel fu homme de grant estude, et plus ama livres que autres quelconques choses, ne estre n'en povoit rassadié (2) : une foiz demanda à son libraire quans (3) livres il avoit; celluy respondy : « Que tantost en aroit accompli « le nombre de cinquante mille; » et comme cellui Tholomée oyst dire que les juifs avoyent la loy de Dieu escripte de son doy (4), ot molt grant desir que celle loy fust translatée d'ébrieu en grec; et il luy fu dit qu'il en desplairoit à Dieu que nul la translatast s'il n'estoit juif; et se autre s'en vouloit entremectre, que tantost charroit en forsenerie (5); si manda ce roy à Eléazar, qui estoit souverain prestres des juifs, qu'il luy envoyast des sages hommes du peuple des juifz, qui la langue ebrée et grecque sceussent, qui ladicte loy luy translatassent; et pour le desir qu'il ot que ceste chose fust acomplie, il relacha la chetiveté (6) des juifs qui estoyent en Egipte, où moult en avoit grant quantité, et, avec ce, leur donna grans dons. Eléazar, resjoy de ceste chose, rendi graces à Dieu, et esleut soixante-douze preudeshommes ydoines à ce faire, et au roy Tholomée les envoya, lequel les receupt à moult grant honneur; et raconte saint Augustin que le Roy les feist metre

---

(1) *Tholomée* : Ptolémée. — (2) *Rassadié* : rassasié. — (3) *Libraire* : bibliothécaire. *Quans* : combien. — (4) *Doy* : doigt. — (5) *Charroit en forsenerie* : tomberoit hors de sens. — (6) *Chetiveté* : captivité.

chascun à part en une celle (1) pour estudier; et fu la translacion faicte en soixante et douze jours; et comme ilz n'eussent point de colacion (2) ensemble, tant comme la translacion mirent à faire, on trouva que l'un avoit fait comme l'autre, sanz différence en mot ne en sillabe : laquelle chose ne pot estre sanz miracle de Dieu. Celle translacion moult fu agréable au Roy. Moult fu sage celluy roy Tholomée, et moult sceut de la science d'astronomie, et mesura la rondeur de la terre (3).

CHAPITRE XIII : *Ci dit comment le roy Charles amoit l'université des clercs, et comment elle vint à Paris.*

A ce propoz, que le roy Charles amast science et l'estude, bien le monstroit à sa trés amée fille l'université des clercs de Paris, à laquelle gardoit entiérement les previleges et franchises, et plus encore leur en donnoit, et ne souffrist que leur fussent enfrains. La congrégacion des clers et de l'estude avoit en grant revérance, le recteur, les maistres et les clercs solemnelz, dont il y a maint; mandoit souvent pour oyr la doctrine de leur science, usoit de leur conseils de ce qui appertenoit à l'espiritualté, moult les honnouroit et portoit en toutes choses, tenoit benivolens et en paix.

Et ceste matiere de l'université de Paris, et la grant

---

(1) *Celle* : cellule, chambre. — (2) *Colacion* : communication. — (3) Christine confond ici deux hommes différens : le roi et l'astronome.

amour que le Roy y avoit, m'ingére à dire comment elle vint à Paris, et la grant affeccion que le roy de France lors y avoit.

Ou temps Charles le grant vint un moult grant clerc de Bretaigne, qui avoit à nom Alcun ou Aubin (1); de ce maistre aprist le Roy tous les sept ars libéraulx. Cellui maistre, pour la grant amour qu'il vit que Charles avoit à science, et par la priere qu'il luy en fist, tant pourchaça par son sens, que il amena et fist translater (2) les estudes des sciences de Romme à Paris, tout ainssi comme jadis vindrent de Gréce à Romme; et les fondeurs de la dicte estude furent celluy Alcun, Rabanes qui (3) fu disciple de Bede, et (4) Clodes, et Jehan l'Escot (5); cellui Jehan l'Escot fu moult grant clerc; il translata, à la requeste de Charles le Chaulve, la *Iérarchie saint Denis l'aréopagite*, de grec en latin, et fist un command (6) dessus.

L'en treuve en certaines croniques que, un peu devant ledit temps, deux moines escotz (7) vindrent d'Illande (8), lesquelz ne finoyent de crier par les villes : « Comme nous soyons marchans de science, qui voul- « dra acheter sapience viegne à nous, car cy sommes « venus pour la vendre. » Tant crierent, que ces nouvelles entendy le Roy, qui vers soy les fist venir; et combien que les communes gens les réputassent hors du sens, le Roy, qui vid leur grant sapience, leur demanda « que ilz vouloyent avoir, et il leur feroit

---

(1) *Alcun* ou *Aubin* : Alcuin. — (2) *Translater* : transférer. — (3) *Rabanes* : Raban-Maur. — (4) *Bede*, surnommé le Vénérable. — (5) *Jehan l'Escot* : Jean, dit le Scot ou l'Ecossais, du nom de sa patrie. — (6) *Command* : commentaire. — (7) *Escotz* : écossais. — (8) *D'Illande* : d'Irlande.

« livrer; » ilz respondirent « que ilz ne vouloyent « fors lieux convenables et hommes de bon entende- « ment, et la chose sanz laquelle ceste pérégrination « ne peut estre passée, ce sont vivres neccessaires et « vesteure. » Le Roy leur octroya assez de biens à moult grant joye, et un peu de temps les tint avec luy; mais, par la neccessité des batailles, convint qu'il les laissast; si fist l'un demourer à Paris, et luy fist avoir de toutes manieres d'enfens, nobles et autres, et les pourvey grandement; l'autre envoya en Ytalie : et adont, comme celluy Alcun dessusdit oyst dire que le Roy recepvoit voulentiers les clercs, vint à luy à Paris, si comme dit est.

Celluy Charlemaine, si que tesmoigne Sigibert en ses Croniques, sceut pluseurs lengages estranges; il translata le *Siege de gramaire* en tyois (1); il mist nom aux douze mois de l'an oudit lengage; il appella les douze vens par leur noms propres, selon ledit lengage, car n'y avoyent nom fors les quatre vens principaulx; il savoit les gestes et batailles des princes et preux passez, et aucunes foiz les chantoit.

CHAPITRE XIV : *Ci commencent les chapitres d'aucuns moz substancieux que le roy Charles dist, et d'autres addicions.*

PAR approbacion de la sapience du roy Charles, nous convient recorder aucuns moz et paroles notables

(1) *Tyois* : thiois, jargon mélangé de tudesque et de romane, usité alors et pendant la deuxième race de nos rois.

que à certains et divers propoz, comme vray philozophe, il dist de sa bouche.

Comme il avenist une foiz qu'il luy fust raporté que aucunes gens avoyent murmuré de ce qu'il honnouroit tant les clercs, il respondi : « Les clercs où « a sapience, l'on ne peut trop honorer; et tant que « sapience sera honorée en ce royaume, il continuera « en prospérité; mais quant déboutée y sera, il dé- « cherra. »

Et à ce propoz, de honorer les sages, est escript que, ou temps des sept sages, un pescheur peschoit en la mer; et comme un homme eust acheté la primiere prise, le pescheur prist en sa rez (1) une table d'or; débat fu entr'eulx qui l'aroit; alerent demander au dieu Apollo qui devoit avoir celle table d'or, et il respondi qu'on la donnast au plus sage; si la donnerent à Athalés (2), qui estoit l'un des sept sages; mais il la refusa, et dist que Abias (3) la debvoit avoir; et ainssi par ordre des sept le dist. Et, au desrain, fu offerte à Solon, qui commanda qu'elle fust dédiée à Dieu, comme au plus sage.

On raconte de Bias que comme les ennemis eussent assailli son pays, et chascun, pour paour d'eulx, s'en alast et emportast ses plus précieuses choses, Bias n'emporta riens qu'il (4); ce comme ses amis le blamassent, leur dist : « J'ay mes biens avecques « moy; nul autre n'est mien. » Et leur exposa que c'estoit son sens et science qu'ennemis ne luy puissent tollir.

(1. *Rez* : rets, filet. — (2) *Athalés* : Thalès. — (3) *Abias* : Bias. — (4) *Qu'il* : que lui.

CHAPITRE XV : *Comment le roy Charles respondy agmoderéement à ceulx qui le hastoyent.*

COMME le roy Charles seist (1) une fois à table, en sa chambre assez à privé, nouvelles luy vindrent hastives, comment les Anglois, où avoit grant route, avoyent assigié une fortrece en Guiene, où le Roy n'avoit pas grant garnison de gent; par quoy se brief secours n'y envoyoit, ceuls de dedens ne pourroyent avoir durée; ains convendroit qu'ilz se rendissent : et comme le Roy oist ceste chose, n'en fist pas grant semblant, ains sembloit qu'il n'en feist grant conte, car en chiere (2) n'en maintien ne s'en meut, et tout rassisément, comme se il parlast d'autre chose, se tourne, regarde et voit un de ses secrétaires; courtoisement le feist appeller, lui commanda tout bas que hastivement escripsist à Loys de Sencerre son mareschal, qui n'estoit mie moult loings, qu'il venist tost devers luy. Ce commandement n'oyrent mie ceuls qui estoyent environ luy, et s'esmerveilloyent de ce que la chose estoit assez pesant, et sembloit qu'il n'en feist force. Adont aucuns jeunes escuyers, gentilzhommes qui à table le servoyent, se vont enhardir, et dire : « Sire,
« donnez nous de l'argent pour nous bien abillier,
« pluseurs que nous sommes, telz et telz céans de
« vostre hostel, pour aler en ceste besongne, et nous
« serons nouveauls chevaliers, et irons lever le siege. »
Adont le Roy commença à sousrire, et dist : « Il n'i
« convient mie nouveaulx chevaliers, il y aront besoing
« tous vieulx. »

(1) *Seist* : siégea, fut assis. — (2) *Chiere* : visage, physionomie.

Aprés ce, les aucuns de ses gens, qui virent qu'il n'en disoit autre chose, vont dire : « Sire, que or-« donnez vous de ceste chose, laquelle est hastive? » Le Roy respondi : « En hastiveté ne gist pas la bonne « ordonnance; quant nous verrons ceuls à qui parler « en appartient, nous en ordonnerons. »

A propoz, que on se doye actendre aux sages conseilliers, est escript que Xercés, roy de Perse, ot en son ost contre les Grieux deux cens mille armez de son royaume, et trois cens mille qui lui estoyent d'autre part venus en ayde, deux cens nefz batailleresses, et trois cens qui portoyent vivres; mais onques n'ot en si grant multitude gens qui luy donnast bon conseil, fors Baracus qui avoit esté pris en bataille, qui dist que si grant multitude de gens estoit comme une chose mal digérée, et que plus avoit de charge que de force, et ne povoit estre bien gouvernée; et chose mal gouvernée ne peut avoir longue durée. Celluy ne fu mie creus; si fu desconfit l'ost de Xercés, lequel s'enfoy honteusement, et sa gent morte et prise.

CHAPITRE XVI : *Ci dit comment le roy Charles approuva diligence.*

COMME il venist à cognoiscence à un clerc que un notaire du Roy tiroit à la mort si prés que ne povoit vivre une heure, tantost à un chevalier de la court, bien amé du Roy, qui estoit son amy, ala, et tant fist qu'il luy empétra ladicte office. Un autre clerc, qui tousdiz avoit l'ueil que le notaire fust oultréement trespassé, par un autre moyen fist requérir au Roy ledit office; et comme le Roy affermast que jà estoit donnée, le deuxième dist « que ce ne deb- « voit valoir, car, à l'eure que le don fu fait, encore « estoit l'autre en vie; » et briefment tant fist, que sa lettre fu commandée. Quant vint au scel, le chancelier, qui en vid deux d'une mesme date, les refusa à seller; le primier, qui moult estoit malicieus, en ce tendis oy que le chancelier dist à un sien messagé qu'il alast savoir en quel point le Roy estoit, car il vouloit aler devers luy. Cestui gaitta tant que il vit le Roy et le chancelier, celluy jour, ensemble à conseil, et de tant luy prist bien, qu'il estoit jà nuit; tant s'aventura cil, pour le grant desir qu'il avoit, qu'il se mist en lieu où il pot oyr tout quan que le Roy et le chancelier disoyent, qui parloyent d'assez secretes choses; et oy que le chancelier, lequel estoit le cardinal de Beauvais, luy prioit que il voulsist escripre au Pape pour une archidiaconé pour un de ses nepveus; de laquelle chose le Roy dist voulentiers. Quant vint l'aprés disner, ce clerc fist bien l'embésongné; au chancelier ala dire que le Roy lui avoit enjoint aler en Lenguedoc hastivement porter lettres de par luy au duc d'Anjou, pour la cause de ce dequoy il luy avoit parlé; et adont dist le secret qu'il avoit oy, qui estoit d'envoyer oudit lieu; encore luy dist que le Roy luy avoit enchargié d'aler en Avignon devers le Pape, pour le bénéfice de quoy il luy avoit prié; si luy mandoit le Roy que, à ces enseignes, il luy saelast sa lettre, et que il fust mis en saisine dudit office. Le chancelier, qui oy les certaines enseignes, ce luy sembla, et encore que celluy estoit chargié, comme il cuida, de porter les lettres de son fait au Pape, encore luy en fust plus favourable; hastivement furent ses lettres saélées, fist recepvoir le serement, et luy presta le demi marc d'or qu'il convenoit payer à l'entrée de l'office, et moult luy recommanda sa besoigne en Avignon, et dist encore de ses secrez pour dire de bouche au Pape; et celluy qui estoit malicieux encore luy tira de bouche, pour plus le tenir subgiect, tel chose qu'il luy fist jurer, que il n'en diroit riens à personne, n'au Roy n'a autre, fors à la personne du Pape.

Or fu ce clerc bien armé; si se parti et absenta ne sçay quans jours, tant tant que l'esmeute fu passée.

Le deuxieme clerc, qui poursuivoit fort ledit office, fist tant, qu'il prouva que à l'eure que l'autre avoit eu le don du Roy, le notaire n'estoit mie trespassez; et tant esploicta, que le Roy escripst au chancelier, qu'il luy saëllast sa lettre. Le chancelier, esmerveillié de ceste chose, ala devers le Roy, et luy dist les enseignes qu'il avoit envoyées pour l'autre.

A brief parler, le primier fu adjournez, pour ce qu'il ne s'estoit trouvez, soubz peine de ban, devant le Roy; convint qu'il comparust et deist la vérité de la chose.

Le chancelier, nonobstant fust bien courroucez, et que l'en pensoit que luy fust contraire, et que l'autre fust punis et deust perdre l'office, esbay et honteux d'ainssi avoir esté déceu, regardoit celluy, et celluy luy, comme s'il voulsist dire : « Se vous me « nuisez, je diray. » Le Roy, qui assez savoit, se commença trop fort à rire de celle malice; et là où chascun couroit sus à l'autre, le Roy considéra la grant affeccion et desir que celluy avoit d'estre pourveu de sa vie, en riant va dire : « Avant, avant; je « voy bien que cautelle vaint sens (1). » L'office lui demoura : ainssi celluy gaigna sa cause.

Ceste cautelle me ramentoit un autre dont il est escript, que avint à Rome aprés ce que le roy Tarquin l'orgueilleux fust chaciez de Romme, pour cause de Lucrece qui avoit esté efforciée; les Rommains, qui plus ne voldrent avoir roy, envoyerent savoir au dieu Apollo lequel des princes aroit le gouvernement de Romme; l'idole respondi : « Que celluy qui « primier baiseroit sa mere; » et comme Brutus, qui un des princes estoit, sceust secrétement ceste response, fist semblant que le pié luy fust glissié, et se laissa cheoir, et baisa la terre : si fust jugié qu'il ayoit baisié sa mere; si fu gouverneur des Rommains. Si n'est mie doubte que aucune foiz sage cautele ayde moult.

Ainssi qu'il est escript de ceulx de Perse, qui ne povoyent accorder d'eslire roy : si s'assemblerent les princes, et dirent qu'ilz iroyent tous devant le temple d'Apollo, et le primier cheval qui heniroit d'entr'eulx, celluy qui sus seroit regneroit; adont l'un d'entreulx, qui malicieux estoit, la nuit devant fist mener une jument en ladite place, et le cheval sur quoy lendemain vouloit chevauchier; et ainssi quant il fu, au matin, avec les autres princes, le cheval sur quoy il estoit commença si fort à hennir, qu'ilz dirent que vrayment c'estoit miracle du Dieu, qui vouloit qu'il fust roy : et ainssi, par ceste cautele, fu Daires (2) couronnez de Perse.

---

(1) *Cautelle vaint sens* : la finesse triomphe du jugement. — (2) *Daires* : Darius.

CHAPITRE XVII : *Ci dit ce que le roy Charles dist au propoz de ceulx qu'on fait mourir à tort.*

Ou temps que messire Sevestre Budes, qui long-temps avoit mené les guerres du Pape, ot le chief trenchié, fu dit devant le Roy que ses parens et affins se tenoyent trop mal contens du baillif de Macon qui l'avoit fait mourir, et que tous estoyent enragiez et impaciens dont sanz cause avoit esté décapitez, comme ilz disoient; le Roy va respondre : « Se il est « mort à tort, moins leur doibt peser que se à droit « fust; car c'est mieulx pour son ame, et à meindre « deshonneur pour eulx. »

Au propoz de ceste parole, est escript que quant on volt par envye faire mourir Socrates par venim⁽¹⁾, ainssi comme il vouloit boire, sa femme s'écria que à tort mourir on le faisoit. « J'ay, dist-il, plus chier « mourir sanz cause, que ce que je l'eusse desservy. »

CHAPITRE XVIII : *Ci dit ce que le roy Charles respondi à aucuns barons de Bretaigne.*

Une fois devant le roy Charles, en la présence d'aucuns barons de Bretaigne, escheut à parler, entre plusuers choses, de la duchiée de Bretaigne, tant que aucuns vont dire « que n'estoit point de « ancien droit que on appellast de la court du duc « à la court du Roy en parlement. » Le Roy respondi

⁽¹⁾ *Venim* : venin, poison.

lors : « Lequel vous vault mieulx, ou que vous souf-
« friez le tort de vostre pays, ou que vous souffriez le
« secours de droit du nostre ? »

Ceste sage response me ramentoit ce que Julius
César respondy à celluy oultrageux chevalier, qui l'ot
appellé filz de villain : de quoy l'Empereur, sanz
aucun mouvement de courrous, luy respondy : « Or
« me dy lequel vault mieulx, ou que gentillece com-
« mence en moy, ou qu'elle faille en toi ? »

Chapitre XIX : *Ci dit comment le roy Charles approuva plus le sage homme povre que le riche
nice* (1).

Comme le trésorier de Nîmes fust trespassé, un
preudomme se tira devers un chambellan du Roy,
sien amy, luy pria de luy empetrer l'office; le Roy,
qui de celluy ot bonne relacion, l'octroya. Tost après,
le duc d'Anjou, à la requeste d'un sien trésorier
nommé Pierre Scatice, demanda, pour un nepveu
ou parent d'icelluy Pierre, ledit office au Roy, lequel
dist qu'il l'avoit octroyé ; et comme le duc d'Anjou
moult en pressast le Roy, à l'instigacion de son trésorier, dist au Roy que celluy à qui il l'avoit donnée n'estoit mie souffisant de tel office exerciter, car
c'estoit homme de néant et de petite auctorité ; le Roy
voult qu'information fust faicte des deux, et dist
que le plus souffisant l'aroit. L'informacion raporta
que le nepveu Pierre Scatice estoit un jueur de dez,

---

(1) *Nice*, du latin *nescius*, non instruit, malavisé.

jeunes homs de petit sens; riche estoit, mais de petit gouvernement : de l'autre, que sages estoit, prudent preudoms, mais non pas riche. Monseigneur d'Anjou, qui le Roy solicitoit de ceste chose de rechief, pria le Roy comme devant. « Vrayement, dist le Roy,
« beau frere, nous sommes informez que celluy dont
« vous parlez est fol, de maulvaiz gouvernement.
« — Certes, dist le duc d'Anjou, monseigneur, celluy
« à qui vous l'avez donnée est de petite value, et n'est
« souffisant d'estre en tel office. — Pourquoy ? dist le
« Roy. — Pour ce, dist monseigneur; car c'est un
« povre homs, nez de petites gens de labour, qui en-
« core hanent (1) les terres en nostre pays. — Ha,
« dist le Roy, n'i a-il autre chose? Beau frere,
« certes plus fait à prisier (2) le povre sage preu-
« domme que le riche fol désordené. » Monseigneur d'Anjou plus n'en voult le Roy prisier; et ainssi demoura l'office au primier.

A ce propoz est escript du vaillant chevalier Choriscordes dont j'ay dit cy devant, qui fu le plus honorez, ce dit Justins, de l'ost Xercés, que quant on luy demanda lequel il aroit plus chier, que sa fille fust donnée à un povre homme sage, ou à un riche non sage, il respondi : « J'ay plus chier un
« homme sage qui ait deffaute de pecune, que pecune
« qui ait deffaulte d'omme sage. »

(1) *Hanent :* piquent, défrichent. — (2) *Prisier :* estimer, considérer.

Chapitre XX : *Ci dit ce que le roy Charles dist de celluy qui s'estoit occis, par soy trop fier en son art.*

Un homme estoit à Paris, du temps du sage roy Charles, qui aprise avoit une telle industrie, que merveilleusement sailloit, tumboit et faisoit pluseurs appertises sus cordes tendues hault en l'air, qui sembleroit à dire, qui veu ne l'aroit, chose impossible ; car il tendoit cordes bien menues, venans depuis les tours de Nostre Dame de Paris jusques au Palais et plus loings ; et par dessus ces cordes en l'air sailloit et faisoit jeux d'appertise, si qu'il sembloit qu'il volast, et aussi *le voleur* estoit appellez celluy. Je vy s'i firent maint autres ; et disoit-on que, en icellui mestier, n'avoit onques esté veu son pareil ; et comme tels gens ou semblables se ingerent à diverses choses faire, sanz aux périlz qui d'ame et corps s'en peuent ensuivre, viser, celluy, par pluseurs foiz, devant le Roy ainssi vola.

Et comme un temps aprés le Roy oyst dire que cil, en volant, avoit failli à prendre la corde qu'il devoit au pié happer, et de si hault estoit tumbez que tout s'estoit esmormelez [1], le Roy dist : « Certes, « c'est comme impossible qu'à homs qui, de son sens, « force, légiéreté ou autre chose, de soy trop pré- « sume, qu'au derrain ne luy en meschiée : » et lors, à ce propoz, luy-mesmes conta d'un philozophe qui tant présumoit savoir, que il dist, comme il le tenoit impossible, « que quant il seroit

---

[1] *Esmormelez :* fracassé.

« vaincus en disputacion, jamais aprés ne menge-
« roit; » et comme il avenist que par plus soubtil
de luy le fust, mectant erreur sus erreur, mouru de
dueil : et ycestes choses font à noter aux présumptueux.

Au propoz de la sentence que dist le Roy des trop
présumptueux, raconte Solins d'un homme merveilleux qui ot nom Milions Crotonise (1), et dist que
au tournoy d'Olimpe (2) il porta un buef sus ses
espaules par l'espace d'une estade (3), et puis le tua
d'un seul coup de sa main nue, et tout le beuf il
manga en celluy jour, sanz que de riens fust grévez :
celluy Milions fu vainqueur entous lesdis jeux, et
dit que communement portoit une pierre qui a nom
alectoire (4), et naist au petit ventre d'un coch. La
fin de cestui Milions fu que, comme il alast par un
chemin, il trouva un grant chesne que par my (5) on
avoit voulu fendre, et encore les coins y estoyent;
adont Milions volt essayer sa force, et ses deux bras
en la fente estendy, si que les coins cheirent et l'arbre
se rejonit, et il demoura en la fente et ne se pot ravoir:
et ainssi là mouru, et des bestes dévourez.

---

(1). *Milions Crotonise* : Milon de Crotone. — (2) *Au tournoy d'O-
limpe* : aux jeux olympiques. — (3) *Estade* : stade. — (4) *Alectoire* :
du latin *alectorius*, formé du nom grec du coq, *alector*. On croyoit à
cette pierre la propriété de rendre supérieur à ses concurrens celui
qui la portoit. *Voy*. PLINE, *Hist. nat*. — (5) *Par my* : par le milieu.

Chapitre XXI : *Ci dit comment le roy Charles approuva la pacience qu'il vid avoir à un de ses gens.*

Le roy Charles avoit un sien varlet de chambre, lequel, pour cause que en lui savoit plusieurs vertus, moult amoit ; celluy, par espécial sur tous autres, souverainement bien lisoit et bien ponctoit (1) et entendens homs estoit, comme il y pert (2) ; car encore est vif, chevalier, maistre d'ostel, sage et honnorez, comme il fust par ledit Roy moult enrichis.

Comme une foiz à celluy (Gile Malet (3) avoit nom) avenist tel inconvénient que un sien petit filz, courant à tout un petit coutel pointu, cheust dessus et se tuast ; laquelle chose, n'est mie doubte, fu grant douleur et perplexité au pere ; néantmoins, celluy propre jour, fu devant le Roy, lisant longue piece (4), par autel (5) semblant et chiere, ne plus ne moins que à coustume avoit ; dont le sage Roy, qui la vertu de toutes choses estoit considérant, comme il sceust le cas, moult l'en prisa, et telz paroles dist de luy en son absence : « Se cest homme n'avoit ferme vertu, et « plus grant que nature ne l'influe communément és « hommes, la pitié paternelle ne luy souffriroit cou- « vrir son cas soubs telle constance. »

A ce propoz de constance, raconte Valeres que, ou temps que furent ces philozophes, c'est assavoir Deometus (6), qui ce fist crever les yeulx affin que il en

---

(1) *Bien ponctoit :* faisoit bien ressortir les points du discours. — (2) *Pert :* paroit. — (3) C'est ce même Malet qui étoit valet-de-chambre et bibliothécaire du Roi. (*Voy.* la première note du chap. xii, p. 26.) — (4) *Longue piece :* long-temps. — (5) *Autel,* tel. — (6) *Deometus :* Démocrite.

eust meilleur entendement, Eraclitus, qui est appellé ténébreux, Anaxagoras, et Herciles, aucteur de dragedes (1), de Naxagoras (2) est escript que, comme il disputast és escoles, un messagé lui vint dire que ses filz estoyent mors; mais onquès ne s'en mua, ne laissa la disputacion; aprés dist au messagé : « Tu ne m'as « apporté nulle nouvelleté, car je savoye bien qu'ilz « estoyent mortelz. » Saint Augustin dit que celluy Naxagoras fu condampnés à Athenes, pour ce que il disoit que le soleil n'estoit autre chose que ainssi comme une pierre ardent; et ceulx d'Athenes aouroyent le souleil comme Dieu.

CHAPITRE XXII : *Ci dit la sage response que le roy Charles rescript à un clerc mathématicien.*

LE sage roi Charles, qui se délictoit singulièrement en tous hommes de science, entendi que, vers Avignon, avoit un speculatif clerc qui tenoit vie de philozophe, et moult soubtilment ouvroit en l'art d'arquemie (3), en laquelle avoit jà, si comme l'en disoit, actaint de moult beaulx et notables poins; et avoit esté ce dit clerc disciple de maistre Arnault de Villeneuve, qui moult fu en science solemnel homme, et tenoyent aulcuns qu'il actaigni à la pierre des philozophes. Le Roy, qui toutes soubtilles choses de-

---

(1) *Et Herciles, aucteur de dragedes :* et Eschyle, auteur de tragédies. — (2) *Naxagoras :* Anaxagoras, dont il vient d'être parlé. — (3) *Arquemie :* alchymie. L'abbé Lebeuf a fait des recherches inutiles pour découvrir quel pouvoit être le savant dont il est question ici.

siroit à veoir, luy escripst qu'il voulsist venir par deça, et bien et grandement lui seroit sa peine méritée. Le clerc, en ses lectres, dictées en trés beau latin, mercia le Roy humblement de l'onneur que à luy non digne faisoit; mais que vrayement, comme il fust homme solitaire, spéculatif et d'estranges manieres, n'estoit apte à court, ne en bouche ne sceust avoir les blandices flateuses qu'il convenoit à seigneurs; si estoit trop plus aise à repoz, à povre vie mengant chouls et rabes, en spéculant philozophie; comme il ne fust convoiteux d'autre richece, qu'il ne seroit de quelconques délices ou richeces, par si qu'il deust perdre le repoz et aise de spéculacion (1).

Le Roy luy envoya un message, par lequel luy manda « que son repoz ne lui vouloit il mie tollir, « mais acroistre, s'il povoit; et que pourtant, se Dieu « luy avoit donnée la charge de l'office de temporelle « seigneurie, son inclinacion et désir n'estoie mie és « flateries mençongeuses oyr, qui souvent aux princes « sont offertes ; mais enserchier les poins de vérité et « de vertus. » Celluy clerc, véant la bénignité du Roy, vint à Paris, où le Roy le receupt à grant honneur, l'oy parler : pou demoura, puis s'en retourna, à tout de moult beauls dons.

La responce que fist ce clerc me ramentoit celle que fist Dyogenes à Aristipus, et compaignons avoyent

---

(1) Nous n'avons pas cru devoir appeler l'attention des lecteurs sur les nombreuses coupures faites par l'abbé Lebeuf dans l'édition qu'il a donnée des Mémoires de Christine. Pour montrer jusqu'à quel point son édition est tronquée, il suffira de faire remarquer qu'il s'arrête à la fin de ce paragraphe, et supprime les autres détails que Christine ajoute sur le savant que Charles fit venir à sa cour.

ensemble esté aux escoles; et comme Aristipus fust retenus du conseil du roy de Cécile (1), Diogenes n'en volt estre, combien qu'il en fust requis. Une foiz avint, comme Aristipus passa de lez (2) un ruissel, vid Diogenes qui lavoit les chouls pour son mengier, dist Aristipus : « Se tu voulsisses un poy flater Denis le « roy, tu ne mengasses pas chouls. » Diogenes luy respondi : « S'il te despleust si pou qu'à moy mengier « tel viande, tu ne flatasses mie tant Denis, comme « tu fais. »

CHAPITRE XXIII : *Ci dit comment le roy Charles envoya querre une bonne dame de trés esleue vie.*

COMME dit est, le sage roy Charles, qui en vertus se delictoit, toutes gens virtueus, de quelque estat qu'ilz fussent, amoit et honnouroit, oy dire que à La Rochelle avoit une saincte dame de trés esleue vie et singuliere en dévocion et discipline de vivre; et mesmement tel dégré avoit jà acquis devers Dieu, que ce que de grande affeccion requéroit, on s'appercevoit que il luy estoit octroyé, et que moult avoit de belles révélacions de Nostre Seigneur.

Le Roy, par message souffisant, manda, par grant priere, à cesté bonne dame, laquelle estoit nommée dame Guillemette de La Rochelle, qu'elle voulsist venir à Paris, et que moult volentiers la verroit. Celle y vint; le Roy la receupt à grant chiere, à elle

---

(1) *Roy de Cécile :* Denys, tyran de Syracuse. — (2) *De dez :* à côté de, auprès de.

parla longuement, et moult prisa ses dévotes et humbles paroles, son simple maintien en tous ses faiz, et affectueusement la requist que elle priast Dieu pour luy; à laquelle chose tout se deist elle non digne d'estre exaulcée, s'offry de bonne voulenté. La garde et administracion de ceste bonne dame fu commise à cellui Gille Malet, dont devant ay parlé, avec sa femme, en son hostel. Le Roy duy fist faire de beauls oratoires de bois en plusieurs esglises, où d'estre longuement avoit dévocion, comme à Saint Marry sa perroisse, aux Augustins et ailleurs; car moult estoit femme solitaire et de grant contemplacion, et tant que j'ay certainement oy recorder à gens dignes de foy que, en sa contemplacion, on l'a aucunesfoiz veue soulevée de terre en l'air plus de deux piez. Le Roy l'avoit en grant révérance, et foy en ses prieres, qu'il tenoit qu'elles luy avoyent valu en certains cas (1).

Item, messire Burel de La Riviere ne povoit avoir nulz enfens de sa femme qui a droit terme venissent; de ce, luy et la dame se recommanderent aux prieres de ceste dame : de laquelle chose, pour leurs enfens qui puis vesquirent, avoyent foy que c'estoit par l'impétracion de la bonne femme.

Au propoz, que telles singulieres femmes doyent estre des notables hommes amées et honnorées, est escript que à saincte Pôle, une dame de Romme, moult esleue, escripst saint Jerosme maintes belles escriptures, et à sa fille nommée Eustache. (2).

---

(1) L'abbé Chastelain, qui dans son Martyrologe universel a fait mention de toutes les béates qu'il a pu connoître, ne parle point de celle-ci. — (2) *Eustache* : Eustochium.

Chapitre XXIV : *Ci dit de quoy vint ce que on dit : « Gardez-vous des charretes. »*

Comme le comte de Tancarville se fust longuement tenus de venir vers le Roy, nonobstant mandé feust par pleuseurs foiz, s'envoya excuser, disant « que, « pour le trop long séjour fait à Paris, pour cause du « mauvaiz air, avoit esté malade, et pour ce, une « piece, s'esbatoit à chacier en la forest de Biere (1), « et se tenoit à Meleun; mais bien brief vendroit. » Le Roy, qui oy l'excusacion du maulvaiz air, bien luy sembla que, partout où il estoit et demouroit, que ses subgiez ne debvoyent mie ressongner (2), pour maulvaiz air ne autre cause, aler vers luy, respondi au messagé : « Dya, il y a meilleur cause; il ne voit « mie bien cler, et il a à Paris trop de charetes; si s'en « fait bon garder. » Celle response bien entendi le conte, et tost vint devers le Roy.

A propoz de quoy vint le commun mot : « Gardez-« vous des charretes. » Ou temps que Phelippe, le roy de Macédoine et pere du grant Alexandre, régnoit en grant prospérité, ot desir de savoir l'eure et la maniere de sa mort, si fist de ce sa requeste au dieu Apollo, dont l'idole luy respondi « qu'il se gardast « des charretes. » Pour laquel response Phelipe fist destruire tous les chars et charetes de son royaume; mais il fu déceu en son oppinion, car Pesanias (3), le prince qui le tua en la bataille, portoit en ses devises et banieres la figure de charrete, et au panoncel

---

(1) Christine veut parler ici de la forêt de Fontainebleau. — (2) *Ressongner* : répugner. — (3) *Pesanias* : Pausanias.

du glaive dont il fu occis, avoit pourtrait deux charretes : et ainssi, par fallace (1) double, scet l'ennemy decepvoir ceulx qui le croyent.

Chapitre XXV : *Ci dit comment le Roy taussa* (2) *son officier changeur à cinq cens francs.*

Un chevalier de ce royaume volt aler oultremer, ouquel pays ot entencion de demourer un temps; ordonna de ses besongnes (3), fist son testament, et à un sien amy changeur de Paris, nommé Simon Danmartin, laissa mille frans en garde, et commande jusques à son retour, et bien gardast, qu'à autre qu'à luy ne les rendist; mais se il avenoit que oudit voyage mourust, et que il eust vraye certification, il luy ordonna que il en debvoit faire, c'est assavoir faire dire pluseurs anuez (4), et autres aumosnes et dévocions pour son ame : et toutes ces condicions furent bel et bien escriptes en une bonne obligacion, en quoy ledit changeur s'obligia et lya trés fort.

Quant ledit chevalier fu en Rodes (5), là où une piece se tint, comme il eust mené avec luy un sien filz, jeune assez, plain de sa voulenté et de maulvaiz gouvernement, comme assez en est; pour ne sçay quel meffait se courrouça le pere au filz; par quoy cellui jeune s'avisa de grant mauvestié et malice :

---

(1) *Fallace* : tromperie. — (2) *Taussa* : taxa. — (3) *Ordonna de ses besongnes* : mit ordre à ses affaires. — (4) *Anuez* : annuels; services que l'on fait une fois l'an, pour les morts. — (5) *Rodes* : l'île de Rhodes.

celle fu, car il escripst unes faulses lectres, comme se son pere l'envoyast audit changeur, ésquelles estoit contenu que comme fortune luy eust esté contraire en une bataille, parquoy estoit pris des Sarrazins, en péril de perdre la vie, se brief il n'avoit secours; et que, pour ce, hastivement il envoyoit son filz querir ledit argent qu'il lui avoit laissié en dépost, duquel il luy envoyoit boue et seure quictance par ledit son filz; si gardast bien, soubz peine que il le réputast son ennemi mortel, que audit argent bailler et livrer à sondit filz n'eust faulte : bel et bien ordonna cellui filz ces faulses lectres, et aussi la quictance plaine et bonne dudit argent : tant espia son point que, une nuit, vid son pere bien endormi; adont prist le sael [1] soubz son chevet, et saela lesdictes lectres et la quictance, que son pere ne s'en apperceust. Tost après, fist cellui filz moult fort le malade, et tant, qu'il dist à son pere qu'il ne pourroit passer oultre, et qu'il mourroit s'il ne retournoit en France. Le pere fu d'accort de son retour. Quant vint au partir, le filz demanda au pere se il luy vouloit aucune chose chargier en France, dont, entre les autres choses, luy chargia que au changeur dessusdit, lequel, comme à son amy, avoit chargié diverses choses de ses besongnes, deist certaines choses qu'il lui mandoit. Le filz, qui fu malicieux, dist : « Il ne me croira « mie; faictes de vostre main unes lectre de créance de « ce que je lui diray. » Et ainssi le pere, qui n'i pensa à nulle décepvance, le fist. Le filz à Paris vint, et par ces lettres, certificacions et enseignes, qui moult se monstroit doloreux que son pere fust pris des Sarrazins,

---

[1] *Sael* : scel, sceau.

fist tant, quoyque le changeur y meyst difficulté, que, au derrain, ot tout ledit argent, c'est assavoir mille frans, lesquelz il gasta (1); et en feist ce que il volt.

Le pere au chief (2) de deux ans revint à Paris, demanda son argent audit changeur, lequel monstra ces lectres et quictance; et comme plait (3) deust mouvoir de ceste chose, au derrain s'en mirent à ce que le roy Charles en diroit; car le chevalier, qui estoit son chambellan, s'en estoit à lui plaint. Le Roy oy le cas, et considéra la simplece de toutes les deux pars; dist que voirement payeroit Simon Danmartin les mille frans au chevalier, comme fort estoit obligiez de non les rendre, fors à luy; mais il suivroit son garant, c'est assavoir le filz : si faloit qu'il fust regardé quel part et porcion des biens du pere povoit appartenir au filz, qui encore riens n'avoit; et sur celle porcion le changeur fust restituez. Le chevalier dist que la terre qu'il tenoit estoit de son conquest: si n'estoit tenus, oultre son gré, d'en faire aucune part à son filz, qui contre lui avoit forfait, s'il ne lui plaisoit; et mesmes aprés sa mort, pour ses desmérites, le deshéritoit. A la parfin, fu conclus par le Roy et dit aux deux parties; dist au chevalier : « Vous qui si mal avez chastié votre
« filz en juenece, que à présent tel offense vous ose
« faire, vostre ignorance vous condampnera, qui
« mieulx ne vous gaitastes (4) de vostre filz mal mori-
« giné; si ne vous en sera riens restitué. Et toy,
« dist-il, pour ta folye, Simon Danmartin, qui alas
« encontre l'obligacion que tu avoyes faicte, et creus

(1) *Gasta :* dissipa. — (2) *Au chief :* au bout. — (3) *Plait :* plaid, procès. — (4) *Gaitastes :* tintes en garde.

« simplement les faulses lectres, tu payeras cinq cens
« francs, lesquelz seront convertis és laiz, » c'est assavoir donner aux povres, comme ce chevalier l'avoit
ordonné pour son ame. Ainssi les condampna le Roy,
et ainssi fu tenus. Et le filz, qui avoit fait la décepvance, fu privé de tout office de Roy, bani de la cour,
et longuement tint prison; et le pere, indignez contre
lui, le priva de son héritage.

Cest jugement me ramentoit ce que je treuve de deux
hommes qui baillerent à une femme un dépost à
garder, par telle condicion que elle ne le bailleroit à
l'un sanz l'autre, mais à tous deux ensemble. Dedens
brief temps l'un vint vers la femme, à tout piteus visage, faignant que l'autre estoit mort, et tant déceupt
la femme que elle luy bailla le dépost. Aprés vint
l'autre, que la femme cuidoit mort : adont la femme,
moult esperdue, s'en ala au philozophe Demostennes
dit dessus, lui pria qu'il la voulsist conseillier; si
respondi en ceste maniere, pour la bonne dame,
Demostennes à cellui qui demandoit : « Ceste bonne
« dame est preste de rendre ce que tu ly demandes,
« mais que tu li ameines ton compaignon; car telle
« est la convenance du dépost que à l'un sanz l'autre
« ne le doit rendre. » Et ainssi fu la bonne dame déli-
vrée.

Du sens de cestuy Demotenes, dit encore que ou
temps que Phelipe, nommé dessus, pere d'Alixandre,
avoit guerre aux Athéniens; et comme il sceust bien
que, par le conseil des sages qui estoyent en la cité,
elle fust maintenue en prospérité, luy esant au siege
de celle cité, manda aux Athéniens que se ilz vouloyent luy baillier dix orateurs que il leur requerroit,

dont Demotenes estoit l'un, que il se partiroit du siege, et plus ne leur feroit ennuy ; et comme ou sénat, pour paix avoir, pluseurs l'accordassent, Demotenes, qui l'un d'eux estoit, usa de celle parabole : « Les loups, dist-il, voldrent une foiz faire telle ac-
« cordance et aliance avec les pastours, que tous les
« chiens qui estoyent contraires au loups, ilz leur
« bailleroyent, et ainssi seroit paix entr'eulx. Les
« pastours ainssi le firent, et puis les loups vindrent
« seurement et sanz paour quant li pastours dor-
« moyent, et dévourerent les brebis. Ainssi, dist-il,
« veult faire Phelipe au peuple d'Athenes. »

CHAPITRE XXVI : *Ci dit ce que le Roy dist de dissimulacion.*

COMME souventefoiz avenist que le roy Charles s'esbatoit et desrevoit (1) avecques ses familiers, entre les autres propoz chut à parler de dissimulacion, et disoyent aucuns que dissimuler estoit un rain (2) de trahison. « Certes, ce dist le Roy adont, les circons-
« tances font les choses bonnes ou maulvaises ; car
« en tel maniere peut estre dissimulé que c'est vertu,
« et en tel maniere vice ; sçavoir : dissimuler contre
« la fureur des gens pervers quant il est besoing, est
« grant sens ; mais dissimuler et faindre son courage,
« en attendant opportunité de grever aucun, se peut
« appeler vice. »

Ce propoz me ramentoit ce qu'il avint une foiz

(1) *Desrevoit :* s'égayoit. — (2) *Rain :* rameau.

à un sage Lombart : comme il alast par un chemin, il encontra un de ces ribaulz, vestus d'une roiz (1), qui par chemin souloyent aler, qui lui demanda un denier; et comme le Lombart l'escondisist (2), le ribault haulse la paume et luy donne une grant buffe; lors le vallet de celluy Lombart lui volt courir sus; mais le maistre le retint et lui dist : « Atten, sueffre « toy, et attens. » Adont va à sa bourse, et au ribault donne un fleurin; puis dist à son varlet qu'il suivist le ribault et qu'il se prenist garde, qu'il l'y avendroit. Le fol cuida par ainssi faire à un autre, et avoir pareil loyer; si féri semblablement un autre, lequel d'un coutel l'occist. « Or regarde, dist le maistre au var- « let, se en souffrant bien me suis vengiez. »

CHAPITRE XXVII : *Ci dit comment le Roy approuva la vertu de peu de lengage.*

Une foiz, parlant de plusieurs choses devant le Roy, ot un qui dist que c'estoit moult belle vertu de savoir bien parler. « Certes, se dist le Roy, elle « n'est pas moindre de savoir bien taire. »

De bien savoir taire peut cheoir à ce propoz ce que récite Boëce, en son livre *de Consolacion*, d'un homme qui pour philozophe vouloit estre tenus, et si n'en avoit mie les vertus : un autre homme volt essayer par redarguer et ledengier (3) aspremant ycellui, se il auroit pacience de philozophe; et

---

(1) *Roiz* : sorte de blouse. — (2) *L'escondisist* : l'éconduisit, le refusa. — (3) *Redarguer et ledengier* : critiquer et contredire.

comme celluy, une piece, eust faint avoir pacience contre les injurieuses paroles de l'autre, lui dist au desrenier: « N'as-tu pas cogneu que je sui philozophe? » Adont l'autre respondi: « Je l'eusse cuidié, se tu te « fusses teu. »

CHAPITRE XXVIII: *Le sage avis que le Roy ot contre la cautele* (1) *d'un de ses officiers.*

UN clerc estoit, lequel savoit moult beauls expérimens et de tout plain des secrez d'arquemie (2); entre les aultres choses, faisoit artificielment moult bel azur. Un autre clerc, riches homs, et de la court du roy Charles, qui assez estoit investigueur des secretes sciences, pria moult à l'autre qu'il lui voulsist enseigner à faire ledit azur; et comme il en feist grant difficulté, à la parfin s'obligia qu'il lui payeroit cent frans; et l'autre lui promist à aprendre, par si (3) que il jura grant serement que, jour de sa vie, ne l'apprendroit à autre: par ainssi devisa (4) la maniere comment on faisoit ledit azur, et par expérience de fait lui monstra et fist devant luy; et aprés lui demanda son salaire; et comme cellui le menast (5) par parolles, enfin lui dist que riens ne lui en payeroit, car il lui devoit aprendre à faire l'azur, et ne lui avoit mie apris, car il ne le savoit faire. L'argu (6) de ceste demande ala tant avant, que aux oreilles du roy

---

(1) *Cautele*: tromperie, mauvaise foi. — (2) *D'arquemie*: d'alchimie ou de chimie; on employoit ces deux mots indifféremment. — (3) *Par si*: moyennant. — (4) *Devisa*: rendit compte, exposa. — (5) *Menast*: menaça. — (6) *L'argu*: la discussion, la difficulté.

Charles vint; et comme il voulsist les parties oyr, le primier clerc dist que comme bien et bel eust monstré à l'autre à faire l'azur selon la convenance (1), laquelle estoit qu'il en aroit cent francs, demandoit son salaire, et requéroit au Roy qu'il lui en feist droit. L'autre dist que, voirement, lui avoit promis cent frans, ou cas que il lui aprendroit; mais vrayement, disoit-il, il ne lui avoit pas apris, car il ne le savoit faire, nonobstant par pluseurs fois y eust essayé, et assez eust despendu és matieres et façons, comme il fust de plus grant coust que valoir ne pourroit; si disoit que puisque faire ne le savoit, donc ne lui avoit-il pas apris, et pour ce ne debvoit mie les cent frans. Le Roy, en qui n'ot nulle ignorence, ot bien noté ce que cellui ot dit, qu'il avoit plus coust que prouffit. fist semblant que le droit fust pour celluy qui debvoit les cent frans, et dist à l'autre : « Mon amy, « se vous n'avez apris à cestui à faire ce que vous lui « aviez promis, raison n'est mie qu'il vous paye. » Ainssi ilz se départirent. Le Roy, qui désira actaindre le voir (2) de la chose, ne l'oublia mie; ains tost aprés charga à un de ses clercs, soubtil homme, que il, par bonne maniere, se tirast devers cellui qui devoit lesdits cent frans, et de loings fist semblant que moult desirast à savoir faire ledit azur, et promeist deux cens francs à celluy, et hardiement, pour plus grant decepvance, lui en baillast gage, mais que ladite science lui voulsist aprendre : et ainssi fu fait. Pour laquel promesse, pour cause du gage qu'il vid bel et bon, s'i fya, et par tel convent (3) lui pro-

---

(1) *Convenance* : convention. — (2) *Le voir* : le vrai. — (3) *Convent* : convention.

mist enseignier à faire ledit azur; que il ne le diroit au Roy ne à autre, et la chose tendroit secréte; et encore luy dist que c'estoit moult belle science et bel secret; encore lui confessa que pour riens ne vouldroit qu'il ne le sceust faire. Celluy, qui plus ne vouloit savoir, rapporta au Roy ce que trouvé avoit; par quoy le Roy manda celluy, et moult le reprist, blasma, et commanda tantost payer l'autre de ses cent frans, ou qu'il le puniroit; et pour ceste maulvaistié perdi la grace du Roy.

Ce cas me ramentoit ce que Agellius (1) raconte, que, ou temps de Pitagoras le sophiste, un disciple, jeune homme, qui nommez estoit Athales, s'en ala audit Pitagoras, et luy pria que il luy aprensist à plaidoyer; et il luy promist que, à la primiere cause que gaigneroit devant le juge, il luy donroit grant pécune; et l'autre s'i accorda : et comme Athales fust souvrainement apris, il ne voult recepvoir nulles causes. Adont Pitagoras luy demanda son loyer, et le fist convenir devant les juges, et dist en ceste maniere : « Athales, il convient que tu me payes, quelque soit « la sentence, ou pour moy, ou contre moy; car se « elle est pour moy, ce n'est pas doubte que tu payeras « par la vertu de la sentence; et se j'ay contre moy, et « tu pour toy, si me payeras-tu, par la convenance « d'entre nous. » Thalas respondy : « Maistre, apren « que, quelque sentence soit donnée, je ne te payerai « chose que tu demandes; car, selon la distinccion, « ou j'aray sentence pour moy, ou contre moy : « se j'ay sentence pour moy, c'est certain que j'aray « gaagné : si ne te devray riens payer; se la sentence

(1) *Agellius* : Aulus-Gellius.

« est contre móy, il n'est mie doubte que je ne de-
« vray riens, car je n'auray pas gagné. »

Chapitre XXIX : *Ci dit la response que le roy Charles feist à la parolle qu'apporterent les héraulx venans d'Angleterre.*

En celluy temps, comme deux hairaulx de France eussent esté envoyez en Angleterre pour certains messages, et fussent retournez par deça, et comme ilz raportassent tout plain de responses et parolles que oudit pays avoyent oyes, entre les autres choses distrent devant le Roy et son conseil que une foiz, eus estans en la présence dudit roy d'Angleterre, eschut à parler du roy de France; si y ot aucuns barons qui distrent que c'estoit un moult sage prince; dont alors le duc de Lancastre va dire « que ce n'es-
« toit que un advocat. » Quant le roy Charles ot oy ce conte dire aux héraulx, il respondy en sousriant :
« Et se nous sommes advocat, nous leur bastirons
« tel plait dont la sentence leur ennuyera. » Et à ce ne failly mie le roy Charles; car, par force d'armes, leur basti tel plait, dont ilz perdirent plus que ne gaignerent ou royaume de France.

Ceste sage response me ramentoit celle que fist Narcés, le vaillant duc et chevetaine envoyé en Ytalie par l'empereur de Constantinople contre les Gociens (1), que il desconfit; et ot de moult belles victoires; et comme l'Empereris (2) n'eust mie cellui

---

(1) *Gociens* : Goths. — (2) *L'Empereris* : l'Impératrice.

Narcés bien agréable, ains le héoit (1); et pour ce qu'il avoit pou de barbe, le ramposna (2) l'Empereris en tel maniere ; elle lui manda « que elle le feroit filer « avecques les femmes, et que mieulx lui aduisoit (3) « que porter armes ; » et cellui respondy : « Et je luy « ourdiray tel toile que, jour de sa vie, elle ne saura « mectre jus (4). » Si n'y failli mie : car, par son enortement, vindrent les Lombars de Paonnie (5), qui moult d'ennuy firent à l'Empire.

CHAPITRE XXX : *Ci dit ce que le roy Charles dist de la félicité de seigneurie.*

UNE fois, devant le roy Charles, cheut à parler de seigneuries ; si ot là un chevalier qui dist « que « c'estoit eureuse chose estre prince ; » respondi le Roy : « Certes, c'est plus charge que gloire ; » et comme l'autre en répliquant deyst : « Et, sire, les « princes sont si aises ! — Je ne sçay, ce dit le Roy, « en signorie félicité, exepté en une seule chose. — « Plaise vous nous dire en quoy? ce dirent les autres. — « Certes, dist-il, en poissance de faire bien à autruy. » Et vrayement de luy pourroit estre dit ce qui est escript du bon empereur : que nul ne se partoit de sa présence qui ne fust joyeux ; et au propoz qu'il dist, que seigneurie temporelle plus est charge que gloire, respondi un vaillant empereur aux sénateurs, qui,

---

(1) *Le héoit :* le haïssoit. — (2) *Le ramposna :* l'insulta avec moquerie. — (3) *Aduisoit :* convenoit. — (4) *Mectre jus :* la quitter, s'en débarrasser. — (5) *Paonnie :* Pannonie.

pour le grant bien de luy, luy prierent qu'il voulsist establir que son filz regnast aprés luy : « Ha, dist-il, « vous me requérez que à mon filz, lequel est franc, « légier, je mecte sus son col la charge du trés grief « et pesant fardel plain de confusion. »

Chapitre XXXI : *Ci dit comment, pour le grant sens et vertu du roy Charles, les princes de tous pays désiroyent son affinité, aliance et amour.*

Assez pourroye tenir long conte des substancieuses parolles et beaulx notables que chascun jour on povoit oyr dire au sage dont nous parlons, si comme j'en suis informée par les preudeshommes ses serviteurs, qui encore vivent ; mais, pour traire à autre matiere et à la conclusion de mon œuvre, temps est de ce faire fin.

Si dis encore que, pour la grant renommée qui d'icelluy roy Charles par le monde couroit, parquoy comme plusieurs princes de loingtain pays, comme le roy de Honguerie qui maint beaulz arcz et autres choses luy envoya, le roy d'Espaigne, d'Arragon et mains autres, désirassent son affinité, amour et aliances, par mariages ou aultrement, à son sang, filz et filles ; si comme eust eu à femme son filz Loys devant dit, la fille du roy de Honguerie, aisnée et heritiere du pere ; se elle eust vescu et sa tante, fille du roy Phelipe son ayol, le roy d'Arragon.

Le roy de Chipre et autres mains roys, princes et seigneurs, parquoy plusieurs vindrent en France veoir sa sagece, noblece et estat, et pluseurs leur féaulx messagés y envoyerent; mesmement le souldan de Babiloine y envoya un de ses chevaliers avec plusieurs riches et beaulx présens, et, en lui cuidant faire grant honneur comme au solemnel (1) prince des crestiens, lui manda « que, pour le bien et renommée qu'il « avoit entendu de son sens et vertus, se il vouloit « aler en son pays avec lui demourer, il le feroit tout « gouverneur de ses provinces et terres, et maistre « de sa chevalerie; et lui donroit royaume plus grant « et plus riche trois foiz que cellui de France, et « tendroit telle loy comme il luy plairoit. » Et que nul mescroye ceste chose, certainement je l'afferme pour vray; car, lorsque j'estoye enfent, je vi le chevalier sarrazin richement et estrangement vestus, et estoit notoire la cause de sa venue. Dont le sage Roy, prudent en toutes choses, et qui avec toutes nacions et diversitez de gens de bien se savoit avoir, et les honnorer selon leur estas, considérant le bon vouloir du souldan, qui pour ce si loing avoit envoyé son messagé, receupt ledit chevalier et ses présens à grant honneur, et luy et ses gens moult festoya et honora, et son drucheman (2), par qui entendoit ce qu'il disoit; et, merciant le souldan, lui renvoya de beauls présens des choses de par deça; toiles de Rains (3) escarlates, dont n'ont nulles par de là et grant feste en font, donna largement aux messagés, s'offry à faire toutes choses loisibles qu'il pourroit pour le souldan.

(1) *Au solemnel* : au plus grand. — (2) *Drucheman* : truchement, interprète. — (3) C'étoit à Reims que l'on fabriquoit alors les plus belles toiles.

Chapitre XXXII : *Ci dit comment le roy Charles avoit propres gens instruis en honneurs et noblece pour recepvoir tous estrangiers.*

Ainssi ce Roy auctorisié par le monde, comme digne il en estoit, bien savoit recepvoir grans, moyens et petis. Quant nobles princes venoyent ainssi vers luy, ou leur messagés, convenoit qu'ilz dinassent avec lui, et, selon qu'ilz estoyent notables, séoyent à sa table. Et à ses disners, quant hauls princes y estoyent, et mesmement aux festes solemnées, l'assiete des tables, l'ordonnance, les nobles paremens d'or et de soye ouvrez de haulte lice, que tendus estoyent par ces paroitz et ses riches chambres, de velous brodées de grosses perles d'or et de soye, de pluseurs estranges devises, les aornemens de partout, ces draps d'or tendus, pavillons et cieulx sus ces haulx dois et chayeres (1) couvertes; la vaissel d'or et d'argent grant et pésant de toutes façons, en quoy l'en estoit servi par ces tables; les grant dreçouers (2) couvers de flacons d'or, couppes et goubellés et autre vaisselle d'or à pierrerie; ces beauls entremés, vins, viandes délicieuses et à grant planté (3) et à court plainiere, à toutes gens, certes pontifical chose estoit à veoir; et tant y estoit l'ordonnance belle, que, nonobstant y eust grant quantité de gent, si y estoit remédié que la presse ne nuisoit. Et quant yceulx princes ou estrangiers vouloit bien honorer, les faisoit mener devers la Royne et ses enfens, où ne trouvoyent pas moins

---

(1) *Dois et chayeres* : dais et chaises. — (2) *Dreçouers* : dressoirs, buffets. — (3) *A grant planté* : à profusion.

d'ordonnance : et puis, à Saint Denis ; là leur faisoit monstrer les reliques, le trésor et les richeces qui là sont, les riches chasubles, aornemens d'otelz.

Les beaulx paremens et habits en quoy les roys sont sacrez, dont il en feist faire de tous neufs, et les plus riches qui onques eussent esté veus qu'on sache ; tous les abis ouvrez à fines et grosses perles, et mesmement les soulers (1) ; ouvrir les riches armoires où de joyaulx de grant valour a à merveilles, où est la riche couronne du sacre, qu'il fist faire, en laquelle a un gros balez (2) au bout, du prix de trente mille frans ; et d'autre pierrerie moult fine : et vault la couronne moult d'avoir (3) ; et les autres estranges choses qui y sont, de moult grant richece.

Pour maintenir sa court en tel honneur, le Roy avoit avec luy barons de son sang, et autres chevaliers duis et apris en toutes honneurs, si comme son cousin le conte d'Estampes, qui bel seigneur estoit, honorable, joyeux, bien parlant et bien festoyant, et de gracieux accueil à toute gent ; aucune foiz, en certaines places et assietes, représentoit la personne du Roy, et moult estoit de bel parement à celle court. D'autres aussi y avoit : et aussi messire Burel de La Riviere, beau chevalier, et qui certes trés gracieusement, largement et joyeusement savoit accueillir ceulx que le Roy vouloit festoyer et honnorer, faire liement (4) et à grant honneur les messages que le Roy mandoit par luy à yceulx estrangiers ; les aler souvent veoir et visiter en leur logis, leur dire de gracieux et beauls motz ; et que le Roy les saluoit, et leur mandoit que ilz feissent bonne

(1 *Soulers* : souliers. — (2) *Balez* : rubis-balais. — (3) *Moult d'avoir* : un grand prix. — (4) *Liement* : d'une manière agréable.

chiere et n'espargnassent riens, et telz gracieuses parolles; et quant venoit à leur présenter dons de par le Roy, ne failloit mie à dire ces courtoises et honorables parolles bien assises à chascun, selon son gré; car toute l'onneur qu'il convient à bel recep [1] de gens il savoit, et à ceuls il donnoit souppers et disners en son hostel bel à devis [2] et richement adorné; là estoit sa femme, belle, bonne et gracieuse, qui pas ne savoit moins d'onneur, et courtoisement les recepvoit; là estoyent les femmes d'estat [3] de Paris mandées, dencié, chanté et fait joyeuse chiere; y avoit, pour l'onneur et la révérance du Roy, tant, que tous estrangiers du Roy et de luy se louoyent.

Chapitre XXXIII : *Comment l'empereur de Romme escripst au roy Charles qu'il le vouloit venir veoir.*

Qu'il soit ainssi que tous les princes longtains et prochains desirassent veoir la personne du roy Charles, avint, en l'an 1377, que l'empereur de Romme, Charles, le quart de ce nom, lui escripst de sa main qu'il le vouloit venir veoir; de laquelle chose le Roy fu moult joyeulx, et en toutes manieres se pourpensa comment selon sa dignité le pourroit honnorer et festoyer; et quant il sceut le temps, tantost envoya à Reins, jusques à Mouson et à l'entrée de son royaume, par où l'Empereur debvoit venir, le conte de Sale-

---

[1] *Recep* : réception. — [2] *Bel à devis* : beau pour assemblées et conférences. — [3] *D'estat* : de distinction.

bruche (1), de Breine, ses conseillers, le seigneur de La Rivière dessusdit son premier chambellan, et pluseurs autres chevaliers et gens d'onneur, pour aler à l'encontre et le recepvoir à l'entrée du royaume honnorablement; mais nonobstant que le Roy eust esté informez que par là vendroit, n'i vint mie, pour certaine cause; et quant le Roy sceut qu'il vendroit par Bréban et Hainau (2), envoya à Cambray le seigneur de Coucy, de Salebruce, de Braine, de La Riviere, et grant foison de nobles gens, jusques à bien trois cens chevaulx, moult bien abilliez et vestus des livrées des seigneurs; et fu le mardi devant Noel, vingt-deuxieme jour de décembre, que au devant alerent jusques delà Cambray; là, lui firent la révérance, et distrent que le Roy le saluoit, et moult avoit joye de sa venue et désir de le veoir; et il, en merciant le Roi, les receupt moult gracieusement et mercia de leur venue. Au devant luy alerent l'evesque de Cambray et les bourgoiz à bien deux cens chevaulx, et le commun et arbalestriers de la ville, arrengiez d'une partie et d'autre, pour lui faire la révérance. Ainssi y entra l'Empereur, et son filz le roy de Bahaigne (3) avec luy, et fu receup à procession de l'evesque et des colieges, et ala à pié jusques à l'esglise, puis en l'ostel dudit evesque, où estoit ordonné son ostel, bien parez et bien ordonnez.

Aprés disné manda querir les gens du Roy susdiz, publiquement leur dist devant chascun que, « com-
« bien qu'il eust sa dévocion de venir à Saint Mor,
« venoit principaulment pour veoir le Roy, la Royne

---

(1) *Salebruche* : Saarbruck. — (2) *Bréban et Hainau* : le Brabant et le Hainault. — (3) *De Bahaigne* : de Bohême.

« et ses enfens, que il plus désiroit veoir que créatures
« du monde; et aprés ce que veu l'aroit et à luy parlé
« et baillé son filz le roy des Rommains, qu'il lui
« amenoit pour tout sien estre, la mort prendroit
« en bon gré; car accompli aroit un de ses plus grans
« désirs. »

A Cambray, qui est cité de l'Empire, célébra la feste de Noël, et là fist ses sérimonies impériaulx, selon l'usage : ce qu'il n'eust mie fait ou royaume de France ; et pour ce y demoura et chanta, selon la coustume et son droit, la septiesme leçcon à matines, revestu de ses abis et aornemens impériaulx, selon l'usage.

Lendemain se parti : au giste vint à l'abbaye de Saint Martin, où disna lendemain, et au giste vint à Saint Quentin; les gens du Roy du lieu et les citoyens luy alerent à l'encontre et honnorablement le receurent, disans que bien fust venus en la ville du Roy; et grans présens luy firent de vins, viandes et tous vivres.

Puis vint au giste à Han, et toujours l'accompaignerent les susdiz barons de par le Roy envoyez, et de ladicte ville ot présens. A Noyon vint : au devant lui alerent l'evesque, chapitre et bourgoiz à grant compaignie, et lui firent la révérance, et présens luy firent : deux jours y séjourna, et visita l'abbaye de Saint Eloy et le corps saint. Le jeudi, trente-uniesme et derrein jour de décembre, vint au giste à Compiegne : a devant luy furent deux cens chevaulx des notables de la ville, qui le receurent, comme dit est.

Et tost aprés le duc de Bourbon, frere de la

Royne, le conte de Eu, cousin germain du Roy, les evesques de Paris et de Beaulvaiz, et pluseurs autres notables personnes, jusques au nombre de trois cens chevaulx et plus, vestus des robes dudit duc. La révérance luy fist le duc et les autres, et salut luy dirent de par le Roy, qui là pour le recepvoir les avoit envoyez: dont l'Empereur moult mercia le Roy et eulx. Le duc de Bourbon sémont (1) les chevaliers et seigneurs de l'Empereur au soupper avec luy; et l'Empereur, qui l'onneur que le Roy luy faisoit avoit moult agréable, y envoya son filz le roy de Bahaigna, et luy manda que s'il fust en point que il se peust aydier, car de nouvel une grant pointeur de son mal de gouttes luy estoit prise; que il, en sa personne, fust venus soupper avec luy. Si y ot moult bel soupper, large et honnorable et joyeux, si comme le sage et gracieux duc de Bourbon bien le sceust faire, et y furent les dames de la ville et d'environ.

Lendemain, qui fu vendredi primier jour de jenvier, vint au gisté à Sanlis; audevant luy alerent le baillif de ladicte ville, les bourgeois et officiers, disant que bien fust venus en la ville du Roy.

CHAPITRE XXXIV : *Ci dit comment le roy Charles envoya ses freres au devant de l'Empereur.*

Tost aprés vindrent, de par le Roy, ses freres les ducs de Berry et de Bourgongne, le conte de Harecourt, l'arcevesque de Sens et l'evesque de Laon,

---

(1) *Sémont* : invita, convoqua.

à grant compaignie de gentilzhommes et gens d'onneur, vestus de livrées des seigneurs, les chevaliers de veloux, les escuyers de draps de soye; et bien furent cinq cens chevaulx. Le duc de Berry dist à l'Empereur que le Roy le saluoit, et que envoyez les avoit pour lui honorer et compagnier : dont l'Empereur rendi moult grant mercis; et par toutes bonnes villes où il passoit lui estoyent dons présentez.

Quant vint à Louvres, derechief luy fu le duc de Bar en l'encontre, que le Roy y ot envoyé. Lendemain, qui fu le dimanche, tiers jour de jenvier, se parti de Louvres; et pour ce que le sage Roy sçot (1) qu'il ne pot chevauchier, luy envoya un de ses curres (2) moult noblement aorné et atelé de quatre heauls mulés blancs et de deux courciers, et une moult noble et riche des littieres de la Royne; de quoy l'Empereur fu moult joyeux, pour ce que trop lui grévoit le chevauchier; et moult pria pour le Roy et le mercia en son absence, et en ladicte littiere vint jusques à Saint Denis; là, luy furent à l'encontre les arcevesques de Rains, de Roen et Sens, et les evesques de Laon, Beaulvaiz, Paris, Noyon, Lisieux, Bayeux, Miaulx (3), Evreux, Touraine, et autres assez, et abbez maint, et tous furent du conseil du Roy; li firent la révérance, et il les receupt à grant honneur; et ainssi entra à Saint Denis, ouquel moustier falu porter à bras la litiere, pour ce qu'à pié ne povoit aler. Devant le grant autel saint Louys se fist ainssi porter; ses oroisons faictes, fu portez jusques dedens sa chambre, et là lui fu présenté, de par l'abé, de grans poissons et

---

(1) Sçot : sut. — (2) Curres, du latin currus : chars. — (3) Miaulx : Meaux.

quantité de toutes viandes, et tous ses vins luy furent abandonnez.

Aprés qu'il se fu une piece reposez, il se fist derechief porter en l'esglise de léans, et se fist porter ou trésor, en une chayere, et vid les reliques et joyaulx, et moult y prist grant plaisance.

CHAPITRE XXXV : *Ci dit comment l'Empereur se parti de Saint Denis pour venir à Paris, et les beaulx chevaulx que le Roy lui envoya.*

Le lundi ensuivant, quart jour de jenvier, pour ce que entrer debvoit à Paris, se fist l'Empereur en ladicte esglise de Saint Denis porter devant les corps sains, et se fist porter tout entour les chaces, et baisa les reliques, le chief, le clou et la couronne. Quant ses dévocions ot faictes, demanda à veoir les sépultures des roys, et par espécial du roy Charles et de la royne Jehanne sa femme, du roy Phelippe et de la royne Jehanne sa femme, ésquelz cours, ce dit-il, avoit esté nourris en sa jeunece, et que moult de bien lui avoyent fait; aussi volt veoir le sépulcre du roy Jehan. L'abbé et le couvent pria affectueusement que, en présent, deissent à Dieu recommandacions des ames de ces bons seigneurs et dames qui là gisoyent; laquelle chose fu faicte. Aprés, quant en sa chambre fu venus, vint en la court, devant ses fenestres, le signeur de La Riviere, et Colart de Tanques, escuyer de corps; et, de par le Roy, luy présenterent un bel destrier et un courcier moult richement ensellez, et à moult bel harnois aux armes de France : dont il mercia le Roy grandement, et dist qu'il monteroit dessus à entrer à Paris. Se parti de Saint Denis et vint en littiere jusques à La Chapelle, car grief luy estoit le chevauchier (1). Audevant lui alerent le prevost de Paris et celluy des marchans, les eschevins, les bourgois, tous vestus de livrée, en bel arroy et bien montez, jusques environ, que d'eulx que (2) des officiers du Roy, quatre mille chevaulx; le prévost de Paris, faisant la révérance, dist : « Nous, « les officiers du Roy à Paris, le prévost des mar- « chans et les bourgoiz de sâ bonne ville, vous venons « faire la révérance et nous offrir à faire voz bons « plaisirs; car, ainsi le veult le Roy nostre seigneur, « et le nous a commandé; » et l'Empereur en mercia le Roy et eulx moult gracieusement.

A La Chappelle descendi l'Empereur, et fu montez sur le destrier que le Roy lui ot envoyé, lequel estoit morel (3), et semblablement fu montez son filz; et ne fu mie sanz avis envoyé de celluy poil; car les empereurs, de leur droit, quant ilz entrent és bonnes villes de leur seigneurie, ont accoustumé estre sus chevauls blancs : si ne voult le Roy qu'en son royaume le feist, affin qu'il n'y peust estre noté aucun signe de dominacion.

CHAPITRE XXXVI : *Ci dit comment le roy Charles ala audevant de l'Empereur.*

ADONT de son pallais parti le Roy, monté sur un grant palefroy blanc aux armes de France, riche-

---

(1) *Car grief luy estoit le chevauchier :* car il avoit peine à aller à cheval. — (2) *Que d'eulx que :* tant d'eux que. — (3) *Morel :* bay brun foncé.

ment abillié; estoit vestu le Roy d'un grant mantel d'escarlate, fourré d'ermines; sus sa teste avoit un chapel royal à bec trés richement couvert de perles. Quatre ducs estoyent avec luy, c'est assavoir : Berry, Bourgongne, Bourbon et Bar. Le comte d'Eu, Boulongne, Coucy, Salebruce, Tanquerville (1), Sancerre, de Danmartin, de Porcien, Grantpré, de Saumes (2), de Braine, et d'autres barons et chevaliers sanz exstimacion et gentilzhommes sanz compte (3); et tous les prelas dessusdiz, vestus en chappes rommaines, et leur gens de leur livrée; aussi tous les gens du Roi, en leur offices, vestus de livrée; et les princes et seigneurs, aussi les leur, moult richement, en bel arroy et grandement montez.

Ainssi le Roy, accompagnié de si grant multitude de gent que merveilles estoit, ala vers Saint Denis; et au passer de la porte, ne aucun destroit, estoit l'ordonnance si bien faicte que nulle presse n'i faisoit grief. Devant aloyent sergens d'armes, arbalestriers, puis chevaliers et escuyers : devant le Roy estoit le mareschal de Blainville et deux escuyers de corps, qui avoyent chascun un espée en escharpe et les chapeaulx de parement; et sanz moyen (4) estoit devant luy le filz au roy de Navarre, le conte de Harecourt et cellui de Tanquerville; et aprés luy les quatre ducs dessus nommez et autres princes et barons, et les prélas dessusdiz, venoyent par ordonnance, deux

---

(1) *Salebruce, Tanquerville* : Saarbruck, Tancarville. — (2) *De Saumes* : de *Salm*, qui s'écrivoit *Salmes* et quelquefois *Saumes*. — (3) *Autres barons sanz exstimacion et gentilzhommes sanz compte* : c'est-à-dire un si grand nombre de barons et de gentilshommes qu'on ne pouvoit les compter. — (4) *Sanz moyen* : immédiatement.

à deux. Environ le Roy, tout à pié, estoyent ses huissiers d'armes vestus de drap de soye, tout une livrée, leur vergetes (1) en leur mains; en maniere que le Roy n'estoit approchiez de nulz des autres chevaulx de plus de deux toises. Aprés les prélas et leur route (2) venoyent les grans destriers de parement du Roy, menez en destre (3), ensellez moult richement de veloux à brodeures de perles; les varlés qui les menoyent vestus tout un, en escharpes, les paremens de France à la maniere accoustumée; le palefrenier monté sur un hault courcier, devant le Roy, avoit le parement en escharpe de veloux brodé de fleur de liz de perles; les trompetes du Roy, à trompes d'argent à panonceaulx (4) brodez, devant aloyent, qui, pour faire les gens avancier, par foiz trompoyent (5).

Ainssi, jusques à my voye de La Chapelle, chevaucha le Roy tant, que luy et l'Empereur s'entrencontrerent, et, pour la presse, grant piece fu ains (6) que ilz approchassent. Quant vint à l'approchier, l'Empereur osta sa barrette, et aussi le Roy, et touchierent l'un à l'autre, et luy dist le Roy « que trés bien fust-il « venus », et aussi à son fils; et chevaucha le Roy, ou mislieu des deux, tout le chemin ouquel la sage ordonnance du Roy avoit pourveu à l'encombre de celle presse, en telle maniere : car, tout premierement, il fist ordonner que ceulx de la ville, pour ce que

---

(1) *Vergetes* : petites baguettes; diminutif de *verge*, dérivé du latin *virga*, qui signifie aussi baguette : de là les *huissiers à verge*. — (2) *Route* est pris ici pour *cortége*. — (3) *En destre* : en main. — (4) *Panonceaulx* : petites banderoles armoriées, telles que la pièce d'étoffe brodée qui orne encore les trompettes et les clairons de la cavalerie. — (5) *Trompoyent* : sonnoient de leurs trompettes. — (6) *Grant piece fu ains* : ils furent long-temps avant.

trop grant quantité estoyent, demourassent dehors, tant qu'il fust entrez à Paris.

Item, avoit fait crier, le jour devant, que nul ne fust si hardi d'encombrer les rues par où devoyent passer, et ne se bougeast le peuple des places que prises avoyent pour les veoir passer; et, pour garder que ainssi fust faict, furent mis sergens par les rues, qui gardoyent le peuple d'eulx bougier de leur places tant qu'ils fussent passez. A l'entrée de Paris descendirent à pié trente sergens d'armes, à tout leur maces d'argent et leur espées en escharpes, bien garnies et ouvrées, pristrent le travers de la rue; et comme l'Empereur eust fait dire au Roy « que trés qu'il (1) seroit « à Paris, il ne vouloit estre servi ne mes (2) des gens « du Roy, en laquel garde il se mectoit », le Roy luy octroya; et, pour ce, ces dits sergens, pour luy faire honneur et garder de la presse, estoyent environ luy. Le Roy fist convoyer devant, par le seigneur de Coucy, les gens de l'Empereur, et mener au pallais; et, pour la garde et servise du corps de l'Empereur, avoit le Roy ordonné six de ses chambellans et quatre de ses huissiers d'armes, c'est assavoir le seigneur de La Rivière, messire Charles de Poitiers, messire Guillaume des Bordes, messire Hutin de Vermelles, messire Jehan de Berguetes, et ne sçay quel autre; et quatre pour le roy des Rommains, et deux huissiers d'armes : lesquelz chevaliers et huissiers descendirent à l'entrer à Paris, tous à pié; et à la garde qui commise leur estoit se ordonnerent en moult belle ordonnance.

(1) *Trés qu'il :* dès qu'il. — (2) *Ne mes :* sinon, si ce n'est.

Chapitre XXXVII : *Ci dit la belle ordonnance et grant magnificence qui fu à l'entrée de Paris, à la venue de l'Empereur.*

Derechief encore amenda l'ordonnance à l'entrée de la ville; car, aprés les gens de l'Empereur que le seigneur de Coucy menoit devant, venoit la flote (1) des chevaliers et gentilzhommes de France, dont tant en y avoit et en si bel arroy et monteure, que grant noblece estoit à veoir.

Aprés, estoit le chancelier de France et les laiz conseilliers (2) du Roy; puis estoyent de front, tout à pié, les portiers et varlés de porte, vestus tout un (3), bastons en leur mains; aprés, venoit à cheval le prevost de Paris, puis celluy des marchans; aprés, le mareschal de Blainville; aprés, plusieurs seigneurs, contes et barons; et puis venoyent les escuyers du corps, comme dessus est dit; et, au plus prés de l'Empereur et des deux Rois, avoit une rengé de chevaliers à pié, bastons en leur mains, en tel maniere que nulz ne les povoit approchier; aprés, venoyent les freres du Roy, et ou mislieu d'euls deux estoit le duc de Breban, frere de l'Empereur, et oncle du Roy et le leur; aprés, venoit le liseur (4) de l'Empereur, le duc de Saxonne (5), le duc de Bourbon, le duc de Bar, et autres ducs allemans; aprés ces barons venoyent les gens d'armes du Roy à pié, qui pour garde de son corps tout temps estoyent establis,

---

(1) *Flote* : multitude, foule. — (2) *Les laiz conseilliers* : les conseillers laïques. — (3) *Tout un* : uniformément. — (4) *Le liseur* : peut-être faut-il lire *l'éliseur*, l'électeur. — (5) *Saxonne* : Saxe; du latin *Saxonia*.

tous armez; et, devant eulx, vingt-cinq arbalestriers serrez ensemble et espées en leur mains, et gardoyent que la foule des gens, dont trop quantité y avoit, ne venist sus les princes; et aprés, venoit si grant quantité de toutes gens, ceuls de Paris et autres, que c'estoit une grant merveille; mais, pour la belle et sage ordonnance, en peu de temps et sanz encombrier fu l'Empereur et les Rois au palaiz; dont maintes gent moult prisierent la prudence du Roy, qui avoit sceu mettre en ordre en si grant quantité de gent, en tel maniere qu'il n'y avoit desroy de presse.

A la porte du palaiz furent faictes barrieres, et à l'entrée des merceries et de la grant sale, et sergens d'armes pour les garder; et fu ordonné que, à l'entrée de la porte du palaiz, nulz chevaulx ne s'arrestassent, ains passassent tout oultre ceulx qui là arriveroyent, et s'espandissent par les rues, affin que presse ne fust à l'entrée; et ainssi fu fait : parquoy, quant l'Empereur et le Roy arriva, il n'entra mie en la court plus de cent chevaulx; et tout à large y entrerent lesdits princes, et ainssi arriverent droit au perron de marbre, environ trois heures aprés midy; et pour ce que aisiéement, pour cause de sa goutte, ne se povoit l'Empereur soustenir, le Roy fit estre preste sus ledit perron une chayere [1] couverte de drap d'or; et là fu porté entre bras, par les susdits chevaliers qui en avoyent la garde, en ladicte chayere, et assis.

[1] *Chayere* : fauteuil.

CHAPITRE XXXVIII : *Ci dit comment le roy Charles receupt au palais l'Empereur.*

Si comme l'Empereur en la chayere séoit, le Roy à lui vint, et lui dist : « Que bien fust-il venus, et « que onques prince plus voulentiers n'avoit en son « palaiz veu »; adont le baisa, et l'Empereur du tout se deffula (1) et le mercia. Lors fist le Roy lever l'Empereur à tout sa chayere, et contremont les degrez porter (2) en sa chambre; et aloit le Roy d'un costé, et menoit le roy des Rommains à sa senestre main ; et ainssi le convoya en sa chambre de bois d'Irlande, qui regarde sus les jardins et vers la Saincte Chapelle, qu'il lui avoit fait richement appareillier; et toutes les autres chambres derriere laissa pour l'Empereur et son filz; et il (3) fu logié ès chambres et galatois que son pere le roy Jehan fist faire. Aprés que l'Empereur une piéce fu reposé, le Roy en sa chambre veoir l'ala, et en le saluant osta tout jus (4) son chaperon, dont il pésa à l'Empereur, qui recouvrir le voult, et il dist : « Que il lui monstreroit sa coiffe, « que encore n'avoit veue; » car est assavoir que, és ancienes guises, les roys portoyent déliées coiffes soubs leur chapperons. En une chayere fu assis, costé de l'Empereur, et lui dist : « Beauls oncles, sachiez que « j'ay si grant joye de vostre venue que plus ne puis, « et vous pry que vous teniez qu'en ce que j'ay vous

---

(1) *Deffula :* découvrit. — (2) *Fist le Roy lever l'Empereur à tout sa chayere, et contremont les degrez porter :* fit enlever l'Empereur avec son fauteuil, et le fit porter au haut des escaliers. — (3) *Il :* lui, le Roi. — (4) *Tout jus :* tout à bas.

« avez comme ou vostre. » Adont l'Empereur osta son chaperon, et le Roy aussi, et respondy : « Mon-
« seigneur, je vous mercy des biens et honneurs que
« vous me faictes, et je vous offre et vueil que cer-
« tain soyez que moy et mon filz que amené vous ay,
« et mes autres enfens, et tout quan que j'ay, sommes
« vostres, et prendre le povez comme le vostre. »
Desquelles parolles les oyans, qui présens estoyent, qui furent mains barons et autres, orent grant plaisir d'entr'eulx veoir si grant amour et bonne voulenté. Aprés maintes amoureuses parolles, le Roy se parti, et ordonna que, pour le traveil qu'il avoit eu, souppast en sa chambre à requoy (1); et il mena avec lui souper le roy des Rommainins (2), les ducs, princes et chevaliers de l'Empereur; et grant noble soupper y ot; et telle fu l'assiete : l'evesque de Paris, primier; le Roy, et puis le roy de Bahaigne; le duc de Berry, le duc de Breban, le duc de Bourgongne, le duc de Bourbon, le duc de Bar; et pour ce que deux autres ducs n'estoyent chevaliers, mengierent à la seconde table, et compaignie leur tint le filz du roy de Navarre, messire Pierre; le conte d'Eu et pluseurs autres seigneurs : et est assavoir que la grant sale du palais, la chambre du parlement, la chambre sur l'eaue, la chambre vert, et toutes les autres notables chambres du palaiz, la Saincte Chappelle, et celle d'emprés la chambre vert, estoyent toutes trés richement ordonnées et parées, tant au palaiz, comme à Saint Pol, au chastel du Louvre, au bois de Vincenes, à Beauté; esquels hostelz le Roy mena, tint et festoya l'Empereur. Aprés ce soupper, vin et es-

(1) *A requoy* : en repos — (2) *Rommainins*, lisez Romains.

pices prises, se retrayrent le Roy et le filz de l'Empereur et les autres seigneurs, chascun en sa chambre; et ainssi se passa celle journée.

CHAPITRE XXXIX : *Ci dit les présens que la ville de Paris fist à l'Empereur.*

LENDEMAIN, le presvost des marchans et les eschevins, à l'eure que l'Empereur disnoit, entrerent en la chambre, et de par le Roy lui présenterent une nef pesant neuf vingts et dis mars d'argent dorez et trés richement ouvrée, et deux grans flacons d'argent esmailliez et dorez, du poix de soixante-dix mars; et à son filz, une fontaine moult bien ouvrée et dorée, du poids de quatre vingt et treize mars, avec deux grans poz dorés, de trente mars; dont l'Empereur grandement mercia la ville, et eulx aussi.

Et pour ce que le Roy n'estoit point alé, celle journée, devers l'Empereur, pour le laissier reposer, l'Empereur lui envoya dire et prier que, aprés relevée, il luy pleust qu'il parlast à luy; car aucunes choses lui vouloit dire, et menast son chancellier avecques lui. Le Roy menga en sale, avec grant foison de gens, et y fu le duc de Saxonne, l'évesque de Brusebec (1), le chancelier de l'Empereur, et tous ses barons, excepté son filz, qui à son pere tint compaignie, et tous les chevaliers et gens de l'Empereur aussi.

Aprés-disner, à l'eure dicte, ala privéement le Roy, son chancelier avec lui, devers l'Empereur; l'Empe-

(1) *Brusebec* : vraisemblablement *Brunswick.*

reur et le Roy, assis sur deux chayeres, firent tous vuidier de la chambre, fors leur deux chanceliers, et bien l'espace de trois heures parlerent ensemble; mais de leur paroles, ne qu'ilz ordonnerent, ne scet-on riens, fors que, en la fin de leur parlers, appellerent leur chanceliers, et à euls deviserent; et puis se parti le Roy. Et cellui jour estoit la veille de la Tiphaine (1) : si ala le Roy oyr vespres en la Saincte Chappelle, où avoit deux oratoires tendus : un à destre, pour le Roy; l'autre à senestre, pour le filz de l'Empereur; et fist le service l'arcevesque de Reins. Les nobles reliques, joyaulx, aornemens d'autelz, luminaire et toutes richeces qui là estoyent, estoit merveilles à veoir; et tant y ot barons et chevaliers, que tous ne povoyent en la Saincte Chappelle. Grant soupper tint le Roy, celle vueille des Roys, où tant avoit de nobleces que ce n'estoit se merveilles non, et le luminaire des cierges pendus, et torches que varlés, vestus d'un drap, tenoyent, que aussi cler y faisoit comme de jour. L'assiete fu, à primier, l'evesque de Paris, l'evesque de Brusebec, conseillier de l'Empereur, l'arcevesque de Reins, puis le Roy, le roy de Bahaigne, Berry, Breban, Bourgongne, de Saxonne, de Bourbon, le duc Henry, celluy de Bar, et les autres princes, ducs et contes; à l'autre dois (2), qui estoit au plus prés de la table de marbre, furent les autres barons : et fu le souper long, et servi de tel foison de divers mes, que longue chose seroit à recorder; et selon le rapport des hairaus, à celluy soupper furent en sale, tant du royaume de France comme d'estrangiers, bien environ mille chevaliers,

---

(1) *De la Tiphaine* : de l'Epiphanie. — (2) *Dois* : dais.

sanz l'autre multitude de gentilzhommes et gens d'estat, dont si grant presse y avoit que c'estoit merveilles; mais en tous diz continuant la rigle ordonnée du sage Roy, tel ordonnance y avoit que nulle presse n'empêchoit servir aux tables, comme il appartient, aussi les derrenieres tables comme les primieres. Aprés soupper se retray le Roy, avec lui le filz de l'Empereur, et tant de barons comme entrer y pot, en la chambre de parlement; et là jouerent, selon la coustume, les menestriers de bas instrumens si doulcement comme plus peut, et là estoyent assis les deux Rois en deux haultes chayeres, où sus chascune ot ciel brodé à fleur de lis d'or. Le duc de Berry y servi le Roy d'espices, et le duc de Bourgongne de vin. Aprés se retray le Roy en sa chambre, et fist convoyer par ses freres le filz de l'Empereur en sa chambre.

CHAPITRE XL : *Ci dit la solemnité qui fu, le jour de la Tiphaine, au palaiz, que l'Empereur disna avec le Roy.*

LENDEMAIN, jour de la Tiphaine, l'Empereur volt veoir les reliques celluy jour, et estre à la messe, et en pria le Roy, et que avec luy disnast; car de ce ne l'avoit endurer à presser le Roy, pour cause qu'il n'en fust grévez; et, pour obvier à si grant presse, fist le Roy garder les portes par chevaliers et escuyers, pour ce que plus fussent craint. Si alerent paisiblement le Roy et l'Empereur en la Saincte Chappelle, et volt l'Empereur, pour la grant dévocion qu'il avoit de veoir de prés les sainctes reliques estre portez, par les bras et par les jambes, en hault, devant la saincte armoire, qui, à grant peine de son corps, y pot estre portez, pour cause de la vis estroicte (1) : quant en hault furent, la saincte chace ouverte, l'Empereur osta son chaperon, et, joint les mains et comme en larmes, fist son oroison longuement et à grant dévocion; et le Roy lui monstra et devisa toutes les choses qui sont en la saincte chasse, que il baisa, et les autres pièces aussi; puis tourna la chace devers la chappelle, que les autres d'embas la veissent; et volt l'Empereur que sa chayere fust embas mise front à front devant les reliques, si que tousdiz les peust veoir, et ne volt estre en l'oratoire qui appareillé lui estoit : pour laquel chose le Roy fit abbaissier ses courtines.

Le Roy, à l'entrée de la messe, l'eaue benoicte et aussi le texte de l'evvangile envoya primier à l'Empereur, qui à trop grant peine vouloit prendre aulcun honneur avant le Roy : à aler à l'offrande l'Empereur s'excusa, pour ce que ne povoit aler ne soy agenoullier. Si fu l'offrande du Roy telle : trois de ses chambellans tenoyent haultement trois couppes belles dorées; en l'une y avoit or, et en l'autre encens, et en l'autre mirre; et de renc aloyent; si offry le Roy l'or primiérement, puis l'encens, et puis le mierre; et, à chascune foiz, baisa la main de l'arcevesque de Rains, qui chantoit la messe; à la paix, deux paix furent portées par le diacre et soubz diacre, et aussitost prist l'un comme l'autre. Aprés la messe, l'Empereur

---

(1) *Pour cause de la vis estroicte :* parce que l'escalier étoit étroit.

se retrahy en un retrait, costé la chappelle, que pour celle cause le Roy avoit fait ordonner. Oudit retrait envoya le Roy son aisné filz, le daulphin de Vienne, que il avoit envoyé querir en son hostel de Saint Pol; et l'accompaignerent ses freres les ducs, et grant foison chevalerie. A l'encontre du Daulphin, se fist lever l'Empereur de sa chayere, et osta son chapperon; le Daulphin s'inclina, et l'Empereur l'embraça et baisa; et tost aprés vint le Roy querir l'Empereur pour aler disner, et en fu l'Empereur portez dans sa chayere, et le Roy costé lui, qui tenoit le roy des Romains par le main, et devant estoit portez le Daulphin sur colz de chevaliers, à grant honneur; et ainsi alerent en la grant sale.

CHAPITRE XLI : *Ci dit les assietes* (1) *des tables, et les barons qui y estoient.*

A la table de marbre fu l'assiete : primiérement sist l'arcevesque de Reins, et aprés sist l'Empereur, puis le roy de Bahaigne, et avoit autant de distance du Roy à luy comme du Roy à l'Empereur, et sus chascun des trois avoit un ciel distincté l'un de l'autre, de drap d'or à fleurs de lis, et par dessus ces trois en avoit un grant qui couvroit tout au long de la table, et tout derriere eulx pendoit, et estoit de drap d'or; aprés le roy des Rommains seirent trois evesques,

---

(1) *Les assiettes :* Le mot assiettes s'employoit tantôt pour indiquer l'ordre dans lequel on étoit assis à table, tantôt pour désigner le service du repas. En général il signifie l'action d'asseoir une chose, ou de la disposer.

bien loing de lui ; jusques à la fin de la table. A l'autre
doiz, au plus prés, séoit le duc de Saxongne, le
Daulphin filz du Roy, et puis les ducs de Berry, de
Brehan, de Bourgongne ; le filz du roy de Navarre,
le duc de Bar, le duc Henry, et puis le chancellier
de l'Empereur ; et ne séoyent mie le duc de Bourbon,
le conte de Eu, le seigneur de Coucy et le conte de
Harecourt, mais estoyent entour le Daulphin, tout en-
prez, pour luy tenir compaignie et garder de presse ;
les autres ducs, contes et barons et chevaliers men-
goyent aux autres tables, par belle ordonnance ; et
sus le chief du Daulphin avoit un ciel, et puis un
autre par dessus qui toute la table couvroit. Cinq
dois avoit en la sale, plains de princes et de barons, et
autres tables partout ; trois dreçouers (1) couvers de
vaisselle d'or et d'argent, et estoyent les deux grans
dois et les dreçouers fais de barrieres à l'environ,
que l'en n'y povoit aler, fors par certains pas qui
gardez estoyent par chevaliers à ce ordonnez ; et si
grant quantité de gent y mengia que merveilles fu : et
combien que avoit ordonné le Roy quatre assietes (2)
de quarante paire de mais (3), toute voyes, pour la
grévance de l'Empereur, qui trop eust sis à table, le
Roy oster en fist une assiete ; si ne fust l'en servi que
de trois de trente paire de més. Deux entremés (4) y
ot : l'un, comme Godefroy de Buillon conquist Jherusalem, laquelle histoire ramentevoir estoit perti-
nent pour exemples donner à telz princes ; estoit la
cité grande et belle, de bois painte à panonceaulx
et armes des Sarrazins, moult bien faicte, qui fu

---

(1) *Dreçouers* : dressoirs, buffets. — (2) *Assietes* : services. — (3) *Mais*
ou *més* : mets. — (4) *Entremés* : intermèdes.

menée devant le doiz; et puis la nef où Godefroy de Buillon estoit; et puis l'assault commencié et la cité prise : qui fu bonne chose à veoir. Aprés ces choses, laverent le Roy et l'Empereur aussitost l'un comme l'autre, et puis le roy des Romains; et pour cause que l'Empereur ne peust estre aucunement empressé au lever de table, fist le Roy apporter, mesmes à la table, vin et espices, et fu apporté entre bras le Daulphin, que le duc de Bourbon tenoit à deux piez sus la table; le duc de Berry, par le commandement du Roy, servi d'espices l'Empereur, et le duc de Bourgongne le Roy, et prisdrent ensemble, aprés plusieurs prieres; le conte de Eu servi le roy de Bahaigne; aprés se leverent, et fu l'Empereur porté en sa chayere en sa chambre; le Roy se retray en la grant chambre, et grant piece devisa aux barons tant que jà fu tart, et que le Roy ala en sa chambre et les autres barons. Au soupper, derechief, ot le Roy pluseurs d'iceulx barons avecques lui; et puis ala veoir l'Empereur, et une piece dirent de bons mos et esbatemens ensemble; puis se retray le Roy en sa chambre, et s'alerent couchier : et ainssi passa ce mercredi, jour de la Tiphaine.

CHAPITRE XLII : *Ci dit comment le Roy mena l'Empereur au Louvre.*

LENDEMAIN volt aler le Roy disner au Louvre; et à la pointe du pallaiz fu porté l'Empereur : là estoit le bel batel du Roy, qui estoit fait et ordonné comme une belle maison, moult bien paint par dehors, et

paré dedens ; là entrerent, et prisa moult ce beau
batel l'Empereur. Au Louvre arriverent ; le Roy
monstra à l'Empereur les bauls murs et maçonnages
qu'il avoit fait au Louvre édifier; l'Empereur, son
filz et ses barons moult bien y logia, et partout estoit
le lieu moult richement paré : en sale disna le Roy,
les barons avec lui, et l'Empereur en sa chambre.

Aprés disner, assembla le Roy le conseil en sa
chambre, et en ce tendis, par le commandement du
Roy, vint l'université de Paris devers l'Empereur, et
estoyent de chascune faculté douze, et des arciens
vingt quatre, vestus en leur chappes et abis, et la
révérance vindrent faire à l'Empereur ; et la colacion (1) notablement fist maistre Jehan de La Chaleur,
maistre en théologie et chancellier de Notre Dame,
et en ycelle colacion recommanda (2) moult la personne de l'Empereur, ses nobles fais, ses vertus et
sa dignité, et aussi recommanda moult et ramena notablement le sens, estat et honneur du Roy et du
royaume de France, en louant et approuvant à l'Empereur sa venue devers le Roy ; et enfin recommanda
bien et sagement l'Université, comme il appartenoit.
L'Empereur, en latin, de sa bouche respondy, en les
merciant des honnorables parolles que dictes lui
avoyent, et dict la cause qui en ce royaume l'avoit
amené, qui estoit venir à Saint Mor veoir les reliques, et principaulment l'amour qu'il avoit au Roy,
dont souvrainement et en beau lengage loua et recommanda la prudence et sagece.

En ce temps estoit le Roy en son conseil, sanz

---

(1) *Colacion* : la harangue. — (2) *Recommanda* : loua, célébra.

lequel ne vouloit faire aucune chose; et mist en termes et leur demanda « se bon seroit que il monstrast et « deist à l'Empereur son oncle, qui tant d'onneur et « d'amour lui avoit fait que cy estoit venus, son bon « droit et le tort de ses ennemis, pour cause qu'en « maint pays, et mesmes en Allemaigne, s'efforçoyent « de publier le contraire; et aussi pour avoir le con- « seil, sur ce, dudit Empereur. » A laquel chose le conseil respondy : « Que bon seroit que ainssi le « feist. » Si fist savoir à l'Empereur et à son conseil que lendemain vouloit parler à luy, présent sa baronnie, et qu'à certaine heure fussent au Louvre, pour oyr ce que dire leur vouldroit.

Chapitre XLIII : *Ci dit comment le roy Charles parla au conseil, présent l'Empereur, du tort que le roy d'Angleterre avoit vers lui.*

Ainssi, comme le Roy l'avoit ordonné, furent lendemain, lequel jour fu vendredy huitieme de janvier, assemblez, en la chambre de parement au Louvre, l'Empereur, le Roy, le roy de Bahaigne, et environ cinquante des plus notables princes et du conseil de l'Empereur, et environ autant des princes et conseil du Roy. Si estoyent l'Empereur et les deux Rois assis en trois chayéres couvertes de drap d'or, et les autres sus bancs et doubles formes, en la maniere que on fait à conseil. Adont le sage Roy, qui en son entendement avoit science et réthorique en langage, commença son parler par une préambule si belle et si notable que grant beaulté estoit à oyr, et commença sa matiere dés les primiers temps du royaume de France, et aprés de la conqueste de Gascongne que fist saint Charlesmaine, quant il la converti à la foi crestienne, dont trés lors fu le pays subgiect au royaume de France sanz interrupcion depuis, et comment ceuls qui en ont tenus les demaines; et par especial les ducs de Guienne, tant rois d'Angleterre, comme autres, en ont tousjours fait homage lige et recognoiscence aux rois de France, comme au chief et droicturier seigneur, se n'a esté depuis Edoart d'Angleterre, derrenier mort, que onques n'y fu mise contradiccion, nonobstant en fist homage au roy Phelippe son ayol à Amiens, et à seigneur le recognut, et comment, depuis longtemps, ledit homage ratifia par ses lectres saelées de son grant scel, comme il appert par les lectres, lesquelles furent ilecques monstrées et leues, et autres lectres plus ancienes des prédécesseurs des rois d'Angleterre et chartres faictes à Saint Denis ou temps de la recognoiscence des homages de Gascongne, Bordeauls, Bayonne et isles qui sont en droit Normandie; et lectres expresses comment les rois d'Angleterre ont renoncié à toutes les terres de Normandie, d'Anjou, du Maine et de Touraine et de Poitiers, se aulcunes en y avoyent, comme plus à plain le disoyent lesdictes lectres, qui là furent monstrées.

Item, aprés dit le Roy que « mesmes le traictié « de la derreniere paix, par son pere et lui trop ache- « tée, avoyent les Anglois mal gardé; » et adont desclaira le Roy particulierement « comment, tant « par le deffault de restituer les fortresses occupées

« que rendre devoyent, comme par les ostages que
« ilz rençonnerent, contre le contenu du traictié;
« tant par les compaignes (1) que continuelement
« tenoyent ou royaume, comme par usurper et user
« de droit de souveraineté qui ne leur appartenoit;
« comme, en confortant le roy de Navarre lors ennemi
« du royaume, donner ayde, secours et vivres, contre
« la teneur des alliances faictes et jurées et passées
« par sermens, si fors comme entre Crestiens se peut
« faire : » desquelles choses les lectres furent leues, là
en présent, devant l'Empereur, en françois et en
latin, affin que chascun mieulx l'entendist; « mons-
« trant le Roy comment le conte d'Armignac (2), le
« seigneur d'Alebret, et pluseurs autres barons et
« bonnes villes, avoyent appellé du prince à luy, et
« vindrent en leur personnes requerre adjournement
« et escript en cause d'appel ; et comme il ne le volt
« pas faire sans grant conseil et délibéracion, et oyr
« les oppinions de pluseurs estudes de droit, de Bou-
« longne la Grace, de Monpellier, de Thoulouse, d'Or-
« liens, et des plus notables clercs de la cour de
« Romme, qui déterminerent que refuser ne le po-
« voit; et comment, par voye ordonnée de justice,
« non mie par rigueur d'armes, fu envoyé un docteur
« juge et un chevalier de Toulouse, qui porterent au
« prince les lectres, inhibicions et adjournemens, par
« le sauf-conduit du seneschal dudit prince, lequel
« les fist prendre et murdrir (3) maulvaisement. »

Ainssi devisa là le Roy longement, et de pluseurs
autres griefz et torfaiz qu'il avoit receu dudit prince de

(1) *Les compaignes* : les grandes compagnies. — (2) *D'Armignac* : d'Armagnac. — (3) *Murdrir* : mettre à mort.

Gales, dont, ains qu'il voulsist procéder par voye de guerre, avoit mandé à son pere Edoart, roy d'Angleterre, que remédier y voulsist; desquelles choses onques bonne response ne pot avoir : parquoy, par neccessité, et par le conseil de ses barons et de son royaume, assemblé pour ce en son parlement, emprist à deffendre sa bonne justice contre ses ennemis : de laquelle chose Dieu, de sa grace, lui en avoit donné bonne fortune. Et adont desclaira le Roy les conquestes que ot faictes sur ses ennemis; et nonobstant ce, devisa les offres que il leur avoit fait pour le bien de paix que ilz avoyent reffusé : si pria l'Empereur que sur ce le voulsist conseillier, et ne creussent ses barons que, à son tort, la guerre fust. Et assez d'aultres choses dist le Roy, qui longues seroyent à dire; et par si bel ordre, si notable arenge (1), l'ot dit, que tous en furent esmerveilliez, et moult prisierent et louerent son grant sens et mémoire.

L'Empereur respondi : « Que trés bien avoit en-
« tendu ce que le Roy trés sagement avoit expliqué,
« tant és lectres comme és parolles; et que partout
« Allemaigne le manifesteroit et feroit savoir, et que
« au contraire les Angloiz ne fussent creus; et mes-
« mement, qu'il fu présent à Miens (2) quant le roy
« Edoart fist homage au roy de France; si savoit son
« bon droit. » Et quant au conseil donner, dist : « Que,
« considéré son bon droit, et tort de ses ennemis,
« l'avantage et bonne fortune qu'il avoit contre eulx,
« et ses aliez et amis, comme le roy de Castelle, de
« Portugal, d'Escoce et mains autres, il ne lui donroit
« conseil de tant avant offrir à ses ennemis, et trop

(1) *Arenge* : harangue. — (2) *A Miens* : à Amiens.

« en avoit fait, se pour l'amour de Dieu n'estoit. » A
tant finerent ses parolles, et le Roy et luy et les autres
alerent en sa chambre.

CHAPITRE XLIV : *Ci dit la grant offre que l'Empereur
fist au roy Charles.*

COMME l'Empereur s'avisast que la responce que
faicte au Roy avoit n'estoit assez souffisant, pria que
assemblé derechief le conseil fust, et bien lui plairoit
que assez plus y eust barons et gens que n'avoit eu au
conseil précédent : et ainssi fu fait. Adont commença
l'Empereur si hault, que tous oyr le porent ; et, primier, « s'excusa de ce que souffisent responce, ce lui
« sembloit, le jour précédent, au Roy faicte n'avoit ; si
« vouloit que tous sceussent que luy, son filz le roy
« des Romains, ses autres enfens, et tous ses parens,
« aliez et amis, et toute sa poissance, il vouloit et
« offroit au Roy estre tous siens contre toutes per-
« sonnes, à aydier et garder son bien, honneur et
« royaume, et de ses enfens et freres et amis : » et
adont lui bailla un rolle où ses amis et affins déclai-
riez et nommez estoyent, dont il se faisoit fort : dont
le Roy le mercya moult gracieusement.

Lendemain, aprés que disné orent, le Roy ou dessusdit batel mena l'Empereur à Saint Paul, passant
par desoubz le pont de Paris. Quant à Saint Pol
furent, le Daulphin et son frere vindrent à l'encontre, devant leur pere s'alerent agenoullier, et puis
saluerent l'Empereur, puis entre bras devant furent

portez. L'Empereur se guermenta (1) d'aler veoir la Royne : si lui mena le Roy, et moult grant presse y avoit de barons et chevaliers. La Royne audevant du Roy vint; en moult riche atour estoit, et ot un cercle d'or sus son chief de moult grant pris, accompaignée de nobles dames; là estoit la duchece d'Orliens, fille de roy de France, la duchece de Bourbon, mere de la Royne, la contesse d'Artois, la fille du duc de Berry, la fille du signeur de Coucy, la dame de Préaux, et pluseurs autres contesses, baneresses (2), dames et damoiselles, à trés grant quantité. L'Empereur son chapperon osta et lever se fist contre la Royne qui le baisa, et aussi son filz le roy de Bahaigne; et toutes baisierent les dames du sang de France.

Quant l'Empereur vid la duchece de Bourbon, si fort à plourer se prist que parler ne pot, et aussi la duchece, pour la mémoire que ilz avoyent de ce que seur avoit esté de sa primiere femme, et aussy toute nourrie avecques sa sueur la Royne, bonne mere du roy Charles et de ses freres les ducs; dont, aprés disner, volt l'Empereur grant piece avec elle parler. Une piece là fu l'Empereur; puis se parti, et en sa chambre fu portez.

Aprés disner, que l'Empereur estoit en sa chambre et parloit à la duchece de Bourbon, le Roy y envoya la Royne et ses deux filz, dont il fu moult liez (3); et là fu la Royne longuement assise, costé luy, et longuement deviserent ensemble. Elle luy donna un bel reliquiaire d'or, grant et moult riche de pier-

---

(1) *Se guermenta* : témoigna le désir. — (2) *Baneresses* : épouses de banuerets. *Voy.* la Dissertation, t. III, p. 175. — (3) *Liez* : joyeux, aise.

rerie, où ot de la vraye croix et autres reliques, et le Daulphin lui donna deux trés beauls braches (1), à coliers d'or et belles laisses; et de tout ce fist moult grant feste, et moult les mercia; adont entra le roy de Bahaigne, et la Royne lui donna un riche fermail (2). En ce tendis le Roy vint; si prindrent congé, et le Roy mena l'Empereur au bois (3); et pour ce que jà tart estoit, grant foison torches au devant lui vindrent.

Lendemain, se fist porter l'Empereur tout autour de la grant chambre, pour veoir par les fenestres le circuit du chastel, que il moult prisa.

Aprés dormir, à remontée (4), grant piece ensemble furent, lui et le Roy, en bons esbatemens et parolles de vraye amour, et pria l'Empereur au Roy que lui donnast une de ses heures, et il prieroit Dieu pour lui : dequoy le Roy luy envoya deux, unes petites, les autres grans. En dementiers que (5) ainssi parloyent, vint le roy des Romains, que le Roy avoit envoyé ou parc esbatre et chacier, avec lui ses freres; adont l'Empereur l'appella et par la main le prist, et lui fist promectre par sa foy, en la main du Roy, que, tant qu'il vivroit, serviroit et aimeroit lui et ses enfens, devant tous les princes du monde; dont le Roy les remercia.

(1) *Braches* : braques, espèce de chiens de chasse. — (2) *Fermail* : boucle de ceinture, etc. — (3) *Au bois* : au bois de Vincennes. — (4) *A remontée* : après dîner. — (5) *En dementiers que* : tandis que.

Chapitre XLV : *Ci dit comment l'Empereur ala faire son pellerinage à Saint Mor.*

Le mardy ensuivant, qui fu le douzieme jour de jenvier, faire volt l'Empereur son pellerinage à Saint Mor.

Au matin, en sa litiere, du bois se parti; ainssi que le Roy commandé avoit, y fu receu à procession. L'abbé la messe chanta; l'Empereur offri cent frans, et les dons de vivres que lui ot fait ledit abbé laissa au couvent; là disna et dormi en bel appareil que le Roy bien et richement lui ot fait apprester, et le lieu parer partout; fu mis en sa lictiere et porté à Beaulté-sur-Marne, que il moult prisa, et y amenda de sa goutte, comme il disoit, si que lui mesmes viseta tout l'ostel, qui moult estoit bien parez, et disoit que onques en sa vie n'avoit veue plus belle, ne plus délictable place; et aussy disoyent ses gens, lesquelz on avoit aussi menez en la tour du bois, par tous les estages de léans (1), et monstré les grans garnisons d'icelle et l'artillerie (2), dont le roy des Romains ot des arbalestes à son chois, que onques mais n'avoyent veu si merveilleuse chose; et ainsi louoyent le sens, la valeur et haultece du roy de France. A Beauté fu l'Empereur pluseurs jours, et le Roy chascun jour l'aloit viseter, et à secret parloyent longuement, puis au giste s'en retournoit au bois; car le trés sage Roy,

---

(1) *De léans :* de ce lieu. — (2) *Artillerie :* ce mot s'appliquoit alors non-seulement aux armes à feu, qui étoient peu communes, mais à tous les produits de l'art servant à la guerre, armes, instrumens, machines, etc.

pour soing qu'il eut à cause de l'Empereur, ne croye nul qu'il laissast à expédier ses autres besoingnes, comme cil qui pourveu estoit en toutes choses.

L'Empereur desira à veoir la belle couronne que le Roy avoit fait faire; si lui envoya le Roy par Giles Malet son vallet de chambre, et Hennequin son orphevre; la tint et regarda moult longuement partout et y prist grant plaisir, puis la bailla, et dist que, somme toute, onques en sa vie n'avoit veue tant de si riche et noble pierrerie ensemble.

Le jeudi devant la départie de l'Empereur, avoit fait le Roy tous assembler les gens dudit Empereur; car beauls dons avoit fait apprester pour leur donner; si y mena le Roy ses freres, le seigneur de La Riviere et aultres chevaliers porter ses joyaulx, et de ses varlés de chambre.

CHAPITRE XLVI : *Ci dit les beaulx et riches dons que le roy Charles envoya à l'Empereur et son filz.*

LA où l'Empereur fu et toutes ses gens assemblez, vint le duc de Berry, et dit que le Roy le saluoit et lui envoyoit de ses joyaulx telz comme à Paris on les faisoit; lors lui présenta une moult noble couppe d'or garnie de pierrerie, en laquelle avoit figure d'esmail moult richement ouvré, l'espere (1) du ciel, où estoit le zodiaque, les signes, les planetes et estoilles fixes, et leur ymages; et aussi lui présenta deux grans flacons d'or, où estoit figuré en ymages esle-

___

(1) *L'espere :* la sphère.

vez (1) comment saint Jaques monstroit à saint Charlesmaine le chemin en Espaigne par révélacion, et estoyent lesdis flacons en façons de coquilles. Si lui dit le duc de Berry, bien gracieusement, que, pour ce qu'il estoit pellerin, lui envoyoit le roi des coquilles ; encore lui présenta un grant hanap (2) d'autre façon, un gobellet et une esguiere, tout d'or, garnis de pierrerie et esmailliez de diverses façons, deux grans poz d'or, à testes de lions.

Item, à son filz furent présentez quatre grans poz, un grant gobellet, une esguiere tout d'or, garni de pierrerie ; et, oultre cela, une ceinture d'or longue, garnie de riche pierrerie, du prix de huit mille frans. Desquelz présens l'Empereur faisoit merveilleusement grant conte, et moult mercioit le Roy; si fist son filz.

Aprés, ensuivant, à tous ses princes fu présentée vesselle d'or et d'argent, si largement et à si grant quantité que tous s'en esmerveilloyent, et tant qu'il n'y ot si petit officier, de quelque estat qu'il fust, qui par le Roy ne receussent présent : mais quoy et quelz se passe la cronique, pour cause de briefté ; si réputerent moult ceste grant largece, et moult louerent, mercierent et magnifierent, comme raison estoit, le roy de France.

(1) *En ymages eslevez :* en relief. — (2) *Hanap :* sorte de coupe ou de flacon.

Chapitre XLVII : *Ci dit la departie de l'Empereur.*

Le vendredi ensuivant, qui fu le jour Saint Mor et le quinzieme dudit mois, ala l'Empereur à Saint Mor, et chanta l'evesque de Paris, en pontifical, la messe ; puis revint disner à Beaulté. Aprés disner, que le Roy l'estoit alé veoir, le mercia moult de ses nobles présens, et dit que trop avoit fait de lui, de son filz et des siens, que desservir ne lui pourroit : grant piece furent ensemble à grant conseil, puis revint au giste au bois.

Lendemain, qui fu le seizieme jour de jenvier, que l'Empereur partir devoit pour s'en aler en son pays, ala le Roy à Beaulté, et derechief parlerent ensemble ; et par grant amistié et doulces parolles prist un rubis et un dyamant l'Empereur en son doy, et au Roy les donna ; et le Roy lui redonna un gros dyamant, et là, devant tous, s'entr'accollerent et baisierent à grans remerciemens ; aussi à son filz. L'Empereur monta en sa lictiere, et le Roy à cheval, et chevaucha le Roy, costé lui, tousjours devisant, et tous les seigneurs, prélas et barons, et grant multitude de gens avecques eulx ; et le convoya le Roy assez prés de la maison de Plaisance : ce que l'Empereur ne vouloit, que tant venist avant ; et là prisdrent congié l'un de l'autre, mais si fort plourerent qu'à peine povoyent parler ; et le Roy au bois s'en retourna, et une piece le convoya le roy des Romains, puis prist congié ; et nos seigneurs les ducs convoyerent l'Empereur, qui vint celle nuit à Laigni-sus-Marne, et lendemain ala au giste à Meaulx, et jusques par delà le convoyerent noz dis seigneurs, puis congié prisdrent, et s'en retournerent.

Et ainssi le Roy le fist convoyer par ses princes, barons et chevaliers, tant qu'il fu hors du royaume; et en toutes les villes où il passa, pareillement, par l'ordonnance du Roy, à feste, à solemnité et présens fu receus, ainssi comme au venir avoit esté.

Et est assavoir que depuis le jour qu'il entra ou royaume de France, jusques au jour qu'il en sailly, tout l'estat de la despence de lui et de ses gens fu au despens du Roy; de laquel chose les choses dictes et les dons considérées, monta une trés grant somme d'or; mais, Dieux mercis, et le grant sens du sage Roy, tout fu bel et bien fourni, et largement, tout au despens du Roy, sanz quelconques grief à créature.

CHAPITRE XLVIII : *Cy dit les juridicions que l'Empereur donna au Daulphin.*

Pour ce que tout ensemble ne se peut mie dire, n'est pas à oublier ce que l'Empereur, de son propre mouvement, fist en rétificacion de l'onneur, bonne chiere et amour qu'il ot du Roy receu; pour laquel chose, en faveur du Roy, son filz le daulphin de Vienne ordonna et fist son lieutenant et vicaire général ou royaume d'Arle, ledit Daulphin à sa vie; dont lectres lui en fist, saelées en sael d'or, par lesquelles lui donnoit si grant et plain povoir, comme faire se povoit : ce que autrefois n'a esté accoustumé; et semblablement le fist son lieutenant et général vicaire, par

unes autres lectres, à pareil povoir, en fiefz, arriere-
fiefz et tenemens quelconques, sanz riens exepter; et
lui donna et bailla le chastel de Pompet (1) en Viene,
et aussi un autre lieu appellé Chaneault, et aussi le
aagea (2), et suppléa toutes choses qui par enfence de
aage pourroyent donner empéchement pour ces graces
et gouvernement obtenir audit Daulphin.

Et, pour ces choses et autres faire au gré et prouffit
du Roy et de ses enfens, laissa son chancelier aprés
lui, pour saeler et délivrer lesdictes lectres, lequel
chancelier, au chief de trois jours, les apporta au
Daulphin toutes saellées, dont il mercia l'Empereur;
aprés fu présenté de par ledit Daulphin, par le commandement du Roy, vingt mars de vaisselle dorée, et
dedens mille frans, pour la peine que eue avoit de sa
besoigne. Quant l'Empereur fu hors du royaume, pluseurs contes, barons, chevaliers et seigneurs prisdrent
congié de lui; il les remercia, et s'en retournerent.

―――

CHAPITRE XLIX : *Ci dit récapitulation de ce que
dit est.*

POUR ce que la matiere de cest present œuvre est
prise en la déclaracion des vertus du sage roy Charles,
lequel en général avons dit reamply de graces, est
raison que par divers effects soit prouvé et desclairié
que vrayes soyent noz parolles; et, pour ce que la
venue de cest Empereur dessusdit fu chose moult
notable, l'ay mis plus au long, et encore, pour traic-

―――
(1) *Pompet*: Poupet. — (2) *Aagea*: lui donna dispense d'âge.

tier ma matiere en brief, l'ay abrégié, plus que les croniques et la relacion de ceulx qui y furent ne le desclairent; et nonobstant que à ceuls qui encore vivent, qui ceste dicte venue virent, et aussi maintes autres choses en ce livre dictes, ne leur seroit, par aventure, à oyr si plaisans, parce qu'ilz le scevent; mais, comme dit Ovide en la fin de son livre *Methamorphoseos*, « Je ay fait un œuvre, lequel par feu ne « eaue ne peut estre destruit, » comme livres qui tost sont ventilez en pluseurs pars par diverses copies n'en puist estre destruicte la matiere, est bien droiz que, pour belle légende et exemplaire notoire aux princes à venir, soit enrégistrée chose laquelle si notablement et grandement ne pourroit avoir esté menée et par tel ordre en toutes choses, sanz en aucune avoir quelconques faulte, se grant poissance, grant sens et grant prudence ne l'eust gouvernée; lesquelles choses sont à noter en cellui sage Roy dont nous parlons; car, parce que il nous appert par les légendes des solemnelz anciens, et par ce que nous savons de veue et de fait de ce roy Charles, que peut-on plus dire de la magnificence du riche roy Assuaire (1) és nobles assemblées des barons? Que peut plus estre dit de l'ordre de vivre du sage roy Salomon? Que peut plus estre dit de la largece de Alexandre? Que peut-on plus dire de la belle policie des Rommains? A non Dieu, il me semble que le bel stile de vie de cestui sage Roy se peut bien à yceuls et à tous autres renommez bons assimiler : et encore, en prouvant ce que dit est, dirons des effects de sa haultece et perfaict sens.

(1) *Assuaire*: Assuérus.

Chapitre L : *Ci dit la mort de la Royne.*

Le lundi, quart jour de février (1), aprés la départie de l'Empereur, comme dit est, la royne de France enfanta une fille, dont moult fu grevée du travail ; babtisiée fu en l'esglise de Saint Pol ; et, pour la dévocion que ot le Roy et la Royne à sainte Katherine, fu ainssi nommée. Le samedi ensuivant, ladicte Royne trespassa de ce siecle : de laquel chose le Roy merveilleusement fu dolent ; et nonobstant que la vertu de constance en luy fust plus grant que communement és autres hommes, ceste départie luy fu si grant douleur et si longuement lui dura que onques, devant ne aprés, faire on ne lui vid pareil dueil pour chose qui avenist ; car moult s'amoyent de grant amour. Si fu assez plainte et plourée de son frere le duc de Bourbon, et de mains autres. Le Roy, qui avoit amé le corps, pensa de l'ame par dévotes oroisons, messes, vigilles et psaultiers faire dire continuelement en trés grant quantité, et en grans aumosnes faire : si fu son corps apporté solemnéement, selon l'usage des roys et roynes, vestue, parée et couronnée, sus un riche lit couvert de drap d'or, à tout un ciel dessus ; et ainssi fu portée à grant procession à l'esglise de Nostre Dame. Le ciel à quatre lances portoient le prevost des marchans et les eschevins ; et la poille, les seigneurs de parlement : quatre cens torches, chascune de six livres de cire, y avoit ; toutes les religions (2) devant le corps aloyent, et noz seigneurs

---

(1) Christine se trompe : le 4 février 1377 étoit un jeudi. — (2) *Toutes les religions :* toutes les communautés religieuses.

après vestus de noir. A Nostre Dame fu receups le corps à grans sons de cloches et chants, dictes messes, et faictes grans aumosnes et grans oblacions à trés grant et merveilleux luminaire : là furent quinze (1), que arcevesques que evesques, en pontifical; et là fu la royne Blanche (2), la duchece d'Orliens, fille de Roy, et toutes les haultes dames de France qui lors à Paris estoyent, dont y ot grant compaignie. Toute jour et la nuit demoura le corps ou cueur de l'esglise, soubz une chapelle couverte de sierges; et sanz cesser y estoit service dit de messes, vigiles, psaultiers et prieres de jours et de nuit.

Lendemain, aprés les messes dictes, fu semblablement porté le corps à Saint Denis, à merveilleusement bel luminaire et solemnité : desquelles choses, toutes dire particuliérement, pour cause de briefté, je me passe; car assez est sceu la maniere des solemnitez et sérimonies en France honorablement faictes en tel cas. Bien est voir que le Roy voult que le plus grandement que faire se povoit fust fait; car le corps vouloit honnorer de sa loyal compaigne et espouse, de qui tant de beauls enfens avoit eu, et qui loyaulment l'avoit amé, et lui elle; et aussi l'ame de qui toute sa vie ot la recommandacion en sa pensée, dont lors et continuelement son debvoir grandement fist par prieres et oblacions devers Dieu, que il, par sa grace, ait voulu exaucier.

Ainssi fu ledit corps porté à Saint Denis, où fu célébré le service de pluseurs prélas, et enterrée aprés, à si grant solemnité de toutes les choses qui appartien-

---

(1) Les chroniques de Saint-Denis portent vingt-cinq. — (2) *La royne Blanche* : la Reine douairière étoit ainsi nommée.

nent à l'estat de haute noblece, que, à dire en brief, je croy que onques plus grant ne fu fait à royne de France, dont il soit mencion ; et fu enterrée en une chapelle de ladicte esglise, qui au destre costé est du grant autel, emprés les dégrez par lesquelz on monte aux corps saîns, laquelle chappelle le roy Charles avoit fondée pour lui et pour elle ; et le mercredi d'aprés, derechief fu le cueur enterré aux Freres Meneurs, en l'esglise, en solemnel service de vigiles, messes, luminaire, et grant compaignie de barons et gens notables ; et pareillement le vendredi aux Célestins, où les entrailles devant le grant aultier (1) furent enterrez, et en tous les aniversaires ot donnée (2) générale à tous ceulx qui la vouloyent prendre.

Et dorénavant nous convient entrer en autre matiere plus pondérant et de plus grant efficace.

CHAPITRE LI : *Cy dit la mort pape Grégoire* (3).

A mois de mars, le vingt-septiesme jour en l'an dessusdit 1377, pape Grégoire, qui estoit alé à Rome, de ce siécle trespassa ou palais Saint Pierre, en ladicte cité de Romme ; et le mardi sixieme jour du mois d'avril ensuivant, avant Pasques, lesquelles furent le dix-huitiesme jour d'avril, en conclave, qui pour les cardinaux estoit ordonné pour faire eleccion de nouvel pape, où entrer devoyent lendemain, chay le

---

(1) *Aultier :* autel. — (2) *Donnée :* aumône. — (3) Le pape Grégoire, onzième du nom, étoit Français : il se nommoit Pierre Rogier, de la maison de Beaufort-Canillac et Montboissier. En 1376, il rétablit à Rome le Saint Siége, qui avoit été transféré à Avignon en 1308.

tonnoirre et la fouldre, qui despeça les logis fais et ordonnez pour deux des cardinaulx : laquel chose fait moult à noter par ce qu'il s'en est ensuivy.

Item, lendemain, jour septiesme dudit mois, les cardinaulx qui estoyent à Rome entrerent oudit conclave ; mais encore en avoit six en Avignon, qui à Rome n'estoyent alez avec ledit Pape ; et par ce qui dessus est dit., apparoir peut que cestui pape Grégoire, lequel fut esleu en pape le trentiesme jour de décembre l'an 1370, ne régna pape que sept ans, et tant comme il a, du trentiesme jour de décembre jusques au vingt-septiesme jour de mars : si dura la dicte eleccion trop stimulée par stimulacion désordonnée par assez long espace, comme il appaire par ce que ci aprés sera desclairié.

CHAPITRE LII : *Ci dit comment fu escript au roy Charles qu'il se gardast de ceulx qui le cuidoyent empoisonner.*

QU'IL soit voir que le roy Charles fust amez, pour cause de ses bontez, de pluseurs et mesmement estrangiers, lui furent lectres envoyées ou mois de mars par aucuns grans seigneurs, és quelles estoit contenu que un homme appellé Jacques de Rue, à l'instance d'un certain prince (1), à grant tort et péchié, devoit

(1) *Certain prince.* Ce prince, que Christine n'ose nommer, étoit Charles-le-Mauvais, roi de Navarre, qui déjà avoit fait pareille tentative dès 1357 : tentative à laquelle on attribue la vie languissante et la mort prématurée de Charles v. Jacques de Rue étoit gentilhomme et chambellan du roi de Navarre ; son complice Du Tertre étoit secrétaire de ce prince.

machiner, par poisons ou autrement, la mort dudit roy Charles, et que d'icellui Jaques, lequel venoit en France pour celle cause, soubz autre ombre se voulsist garder : pour lesquelles nouvelles le Roy fist tantost prendre, là où il fu trouvez, ledit Jaques de Rue et emprisonner; et fu trouvé en un coffret d'icellui certains rolles, en maniere de mémoires, des voyes qu'il devoit tenir, avec l'ayde de pluseurs aultres, d'icelle traitreuse aliance adhérez avec cellui prince de qui estoit cellui à ce commis, pour la mort et destruccion dudit sage roy Charles.

Mais comme Dieu ne voulsist si grant inconvénient souffrir comme de laissier ainssi périr son bon sergent [1] par desloyal traictié, voult de sa divine grace que la chose venist à clarté, et en telle maniere que ycellui Jacques de Rue, et un autre sien compaignon appellé maistre Pierre Du Tertre, confesserent entierement, de leur bonne voulenté, sans contrainte, toute la faulse machinacion; par quoy le Roy volt que, en la chambre de parlement, grant multitude de gens, prelas, princes, barons, chevaliers, conseilliers, advocas et toute gent fussent présens; et là furent menez lesdis Jacques de Rue et maistre Pierre Du Tertre, lesquelz furent interroguez sur les choses contenues en leur confessions et conjurez des plus grans sermens que faire se peut, lesquelz affermerent par yceulx seremens leur confessions estre vrayes en la maniere que ilz l'avoyent dit, sanz force et sans contrainte aucune, sus le péril de leur arme [2]; car ils savoyent bien que dignes estoyent de mort se le Roy n'en avoit mercy.

---

(1) *Sergent*, du latin *serviens*, serviteur. — (2) *Arme* : ame.

Et ces choses rapportées au Roy, il voult que justice et raison en fust faicte, selon le jugement de parlement; lequel parlement les condampna estre traynez du pallaiz jusques és halles, et là sur un eschaffault avoir les testes trenchiées, et puis escartelez, et pendus leur membres aux quatre portes de Paris, et le corps au gibet : et ainssi fu fait. Les causes pourquoy cest exploit fu fait, et pour qui, ne à quel instigacion tel trahison machinoyent, je me passe, pour ce que moult ne touche à ma matiere; et qui plus en vouldra savoir, trouver le pourra assez prés de la fin, où les croniques de France traictent dudit roy Charles, aprés le trespassement de ladicte royne Jehanne de Bourbon.

CHAPITRE LIII : *Ci dit comment les nouvelles vindrent que les cardinaulx, à Romme, avoyent esleu à pape Berthelemy.*

ENVIRON le mois de may l'an 1378, vindrent nouvelles à Paris et en France que les cardinaulx qui à Romme estoyent avoyent esleu en pape un appellé Barthelemy [1], pour le temps archevesque de Bar [2]; et tost aprés ot le Roy aucunes particulieres lectres, qui secrétement lui escriprent « qu'il ne donnast foy
« en chose qui eust esté faicte en ceste nominacion,
« et que plus à plain le certifieroyent de la vérité; et
« aussi ne donnast responce aux messages qui de par
« Barthelemy lui veinssent : » et tost aprés vint un

---

(1) *Barthelemy* : Barthelemy Butillo Pregnani, napolitain. — (2) *Bar* : Bari, au royaume de Naples, dans la Pouille.

chevalier et un escuier au Roy, comme ilz disoient envoyez d'icellui Bartholemy, lequel s'appelloit pape Urbain, auxquelz le Roy respondy : « Que il n'avoit
« encore oy certaines nouvelles de ceste éleccion ; et si
« y avoit tant de bons amis cardinaulx qui jadis furent
« serviteurs de ses prédécesseurs et les siens, que il
« tenoit fermement que, se aucune eleccion de pape
« eust esté faite, ils la lui eussent signifié ; et, pour
« ce, son entencion estoit d'encore actendre jusques
« autre certificacion eust, avant que en ce fait plus
« procédast. »

CHAPITRE LIV : *Ci dit comment le roy Charles receupt lectres des cardinaulx que Barthelemy n'estoit mie justement esleu, et qu'il n'estoit pas pape.*

COMME il soit voir que le roy Charles, comme dit est, ne voulsist quelconques chose où il convenist ains délibérer sanz conseil de sages clercs et autres discrez et preudeshommes, encore continuant celle juste accoustumance ou fait de l'Esglise, dont jà le scisme fu encommencié, dont moult grandement lui pesa ; comme ce fust chose grieve et pondéreuse et où chéoit grant scrupul de conscience, ne volt en aulcune maniere y procéder de sa propre voulenté ; mais tousjours, en toutes choses, par délibéracion des plus sages. Parquoy, comme, ou mois d'aoust l'an dessusdit 78, lui fussent envoyez, de par les cardinaulx, certains messages, comme l'evesque de Famagoste[1],

---

[1] *Famagoste :* Famagouste, en l'île de Chypre.

et autres religieux maistres en théologie, avecques lettres closes et ouvertes, de par le colliege des cardinaulx, saelées de leur seauls, affermans et certifians ledit Barthelemy non estre pape, mais avoit esté faicte la nominacion par expresse violence, comme il pourroit estre certifié par lesdis messages porteurs des lettres : adont le sage Roy, pour avoir avis et regart bien au vray sur ceste chose, prélas, arcevesques et evesques de son royaume, et tous les soùvrains clercs, maistres en théologie et autres docteurs, pris és universitez de Paris, d'Orliens, d'Angiers et autre part, partout où les pot savoir, et assembler les fist. Le samedi onziesme jour de septembre l'an dessusdit, au pallais fu ladicte assemblée ; et là, en présence desdis clercs et sages, dont grant quantité en y avoit, oy lesdis messages, lesquelz, tant l'un comme l'autre, disdrent la maniere « comment ledit arcevesque de « Bar avoit esté nommé pape, par violence et paour « du tumulte des Rommains, qui crioyent : *Rommain* « *le voulons ;* et comme il ne fust onques esleu droic- « turierement, les cardinaulx déterminez estoyent à « non le tenir pour pape : si conclurrent que, pour « ce signifier, estoyent devers le Roy venus, et lui « requisdrent qu'il voulsist adhérer à la détermina- « cion des cardinaulx, et que confort, conseil et ayde « il leur voulsist donner en ce fait. » Quant les parolles d'iceulx furent finies, adont le sage Roy volt que les sages clercs, prélas, maistres en théologie, en loys, décrez et autres sciences eussent délibéracion ensemble, en son absence, que il avoit à faire et à respondre sur ceste chose, qui moult estoit de grant poiz; et fu mis jour de responce et délibéracion sur ce. En ces entrefaictes, le Roy ot conseil pour la chose, qui trop estoit de grant avis, de non respondre absoluement; si fist, par son chancelier, rendre auxdis messages tel responce; et dist ainssi le chancellier : « Que le Roy avoit bénignement oy ce que lui avoyent « exposé ; et quant aux requestes qu'ilz avoyent « faictes, tant de adhérer à la déterminacion des car- « dinaulx, comme à leur donner conseil, confort et « ayde, le Roy n'estoit pas encore conseilliez de con- « sentir ou nyer ladicte adhéracion, et que plus « avant en vouloit ainçois estre informèz ; que la ma- « tiere estoit moult haulte, périlleuse et doubteuse. « Quant à l'ayde, que il estoit voir que, ou mois « d'aoust précédent, le Roy avoit aydié les cardinauls « d'une grant finance, et mandé aux gens d'armes « nez de son royaume, qui oultre les mons estoyent, « qu'ilz fussent en l'ayde desdis cardinaulx pour les « mectre hors de péril ; mais se encore l'ayde dessus- « dit ne souffisoit, il estoit prest, pour l'amour de « Dieu et du bien de saincte Esglise, de les aydier et « conforter. » Et à celle la responce s'en retournerent lesdis messages à celle foiz.

CHAPITRE LV : *Ci dit comment le Roy receut lectres desdis cardinaulx, qu'ilz avoyent laissié ledit Barthelemy.*

APRÉS, receupt le Roy lectres, comment le plustost que les cardinauls avoyent peu estoyent partis hors de Romme, et par scrupul de leur conscience n'avoyent fait audit Barthelemy obéissance ne révérance aulcune; et aprés, tous ensemble, Ytaliens et Oultremontains, exepté le cardinal de Saint Pere (1), qui malade estoit, contredirent le fait, et fu escript et signé de leur mains; et depuis estudierent pluseurs cardinaulz trés solemnelz, docteurs commis en ce en espécial à trés grant diligence, pour savoir, consideré le fait accordé, se ledit Barthelemy, par l'eleccion faicte ou par les fais ensuivis aprés, povoit avoir aulcun droit ou Pape; lesdis commissaires et tous les cardinauls desclairans le cas à tous les prélas, maistres en théologie, docteurs en droit canon et sivil, à qui parler porent.

Enfin, concordablement en conclusion, fu de tous déterminé que ledit Berthelemy n'estoit point pape, ainçois par occupacion de tirannie tenoit le siege: et ces choses ainssi faictes, aprés firent les cardinaulx leur publicacion solemnéement, comme de droit faire debvoyent; et eulx estans en Avignon, le firent savoir aux autres six qui n'y avoyent esté, lesquelz, informez par les lectres saelées du colliege desdis cardinauls, l'approuverent du tout en tout, et firent publier en Avignon solemnéement, et deffendre que audit Barthelemy ne fust obéis, exepté le cardinal de Pempelune, qui encore y voult délibérer; mais depuis se consenti avec les autres.

(1) *Saint Pere :* Saint Pierre.

Chapitre LVI : *Ci dit comment les cardinaulx esleurent pape Clément.*

Depuis, lesdits cardinaulx se transporterent en la cité de Fondes (1); et là tous ensemble, tant Ytaliens comme autres, le vingtieme jour de septembre 1378, pour proceder à l'eccion (2) de vray pape, esleurent justement, canoniquement et concordablement, en pape, sanz débat, difficulté ou contradiccion, un cardinal appellé messire Robert de Geneve (3), et fu appellé pape Clément VII; et couronné fu et consacré le derrenier jour d'octobre, veille de Tous Sains, lequel se consenti à ladicte éleccion, et aussi fist la royne de Naples et tous les seigneurs du pays; mais les Rommains tindrent tousjours ledit Berthelemy pour pape : et ces choses furent escriptes et signifiées au roy de France, tant par ledit pape Clément comme par lesdits cardinaulx, en le requérant et priant qu'il voulsist adhérer à ladicte éleccion, et tenir ledit pape Clément pour vray pape.

Le sage Roy, qui ces nouvelles ot oyes, ne volt mie, sanz grant avis, délibérer de ceste chose; et affin que, par bon conseil et seur, il fist ce qu'il en debvoit faire, manda et pardevant lui fist venir au bois de Vicennes, le mardi seiziesme jour de novembre l'an dessusdit, pluseurs prélas, tant arcevesques que evesques, comme abbez et autres sages clercs et maistres en théologie, docteurs en décret et lois, et pluseurs

---

(1) *La cité de Fondes* : la ville de Fondi, au royaume de Naples, pays de Labour. — (2) *A l'eccion* : à l'élection. — (3) *Robert de Geneve*, frère du comte de Genève.

autres sages de son conseil, chevaliers et autres, auquelz le Roy desclaira ces nouvelles, leur fist jurer sur sainctes Evvangiles de Dieu et par tous les seremens dont bon crestien doit estre creu, que de ce, sanz faveur, diroyent leur avis de ce que leur sembloit que faire en deust; lesquelz tous, singuliérement et d'un accord, dirent et conseillerent, veu toutes choses, au Roy, que il se déclairast et déterminast pour la partie du pape Clément; pour vray pape le tenist, et que plus n'actendist à ce faire, tant pour ce qu'ainssi le devoit faire, comme pour bon exemple donner aux autres princes. Si desclaira lors le Roy manifestement pape Clément, et le fist signifier par tout son royaume, tant à prélas et esglises cathédrales, comme autres gens.

Chapitre LVII : *Ci dit comment le roy Charles signifia à pluseurs princes que lui, bien informez de la vérité, s'estoit desclairiez pour pape Clément.*

Aprés ladicte desclaracion, le Roy ot conseil qu'il signifiast ceste chose aux autres princes crestiens qu'il tenoit pour ses amis et bienvueillans; si envoya messages, notables prélas, barons, chevaliers et clercs, les uns en Allemaigne, les autres en Honguerie, et ainssi en pluseurs pays, pour signifier aux princes, prélas és divers pays, comment lui, bien et justement informé de la vérité, s'estoit desclairié pour pape Clément; et leur mandoit que, pour l'onneur de Dieu et de saincte Esglise, ainssi voulsissent faire, affin que toute crestienté fust soubz un vicaire de Jhesu-Crist; et oultre, leur faisoit le Roy savoir que s'il y avoit aucun prince ou autre qui aucune doubte feist en ce fait, pour cause de l'éleccion et desclaracion de Berthelemy, que ilz voulsissent oyr les messages que le Roy y envoyoit, lesquelz estoyent instruis souffisamment, et informez de la vérité du fait (1).

Ainssi par maint pays alerent les messages du Roy, lesquelz trouverent, en aucuns lieux, gêns instruis autrement que la vérité, et soustenans le fait dudit Barthelemy; et jasoit ce que (2) le roy de Honguerie eust pardevant escript et signifié au roy de France, comme il fiast en son grant sens qui riens ne desclaireroit sanz le jugement de grant savoir, que tel partie comme il tendroit il vouloit tenir, les messages que le Roy y ot envoyez trouverent que plus enclin estoit à la partie dudit Bartholemy que à celle de pape Clément: et aussi les Flamangs, jasoit ce qu'ilz fussent et soyent du royaume de France, respondirent que, jusques ce qu'ilz fussent plus plainement informez, ne tendroyent ledit pape Clément pour pape.

CHAPITRE LVIII : *Ci dit comment Barthelemy fist vingt-neuf cardinauls.*

En celluy temps, c'est assavoir le vingtiesme jour de septembre l'an dessusdit, ledit Barthelemi, qui

(1) Les lecteurs qui seroient curieux de connoître les lettres écrites à ce sujet par Charles v, ainsi que les réponses qui lui furent faites par plusieurs souverains, peuvent consulter les *Preuves de l'Histoire des Papes d'Avignon*, par M. Baluze. — (2) *Jasoit ce que:* quoique.

se nommoit pape Urbain, fist vingt-neuf cardinaulx dont les noms s'ensuivent: messire Phelippe d'Alançon, patriarche de Jherusalem, admenistreur de l'arceveschié d'Aux (1); l'evesque de Londres, en Angleterre; l'arcevesque de Ravene, de Padoue, l'evesque de Cisteron, l'evesque d'Anverse (2), Ursin; messer Agapit de La Colompne, messer Estienne de La Coulompne (3), l'evesque de Pérouse, l'evesque de Boulongne la Grasse, l'evesque de Strigon (4) en Honguerie; maistre Mosquin, de Naples; Stephane, frere du conte Tiretart; messire Loys de Stancelle, de Napples; messire Galeat de Petramale, l'arcevesque de Pise, l'arcevesque de Corphien (5), l'evesque de Tuille (6), le général des Freres Meneurs, l'evesque de Nucherie (7), l'arcevesque de Salerne, l'evesque de Versil (8), l'evesque de Theate, le patriarche de Grade (9), l'arcevesque de Prague en Bouesme, messire Gentil de Sangut, le général des Augustins; l'evesque de Palence en Espaigne; l'evesque de Reatim (10), l'evesque qu'ilz nomment de Mirepoiz, qui estoit evesque d'Autun, lequel ne l'accepta pas, et non firent pluseurs des autres; et depuis, ledit pape Clément fist ledit evesque d'Autun cardinal, lequel l'accepta; et est tesmoigné en vérité que s'estoit un des bons clers qui fust en créstienté, lequel avoit fait grant diligence de savoir et enquérir comment ledit Berthelemy avoit esté esleu;

---

(1) *D'Aux*: d'Auch. — (2) *Anverse* ou *Auverse*, pour *Averse*, au royaume de Naples. — (3) Ces deux cardinaux, dont le nom est défiguré, étoient de la maison *Colonne*. — (4) *Strigon*: Strigonie, aujourd'hui Gran. — (5) *Corphien*: Corfou. — (6) *Tuille*: Tulle. — (7) *Nucherie*: Nocera, en latin *Nuceria*, au duché de Spolette, en Italie. — (8) *Versil*: Verceil, en Piémont. — (9) *Grade*: Grado, dans l'État de Venise. — (10) *Reatim*: Rieti, en latin *Reate*.

et quant la vérité en sçot, le chapel rouge refusa de lui, et depuis, comme dit est, le receupt dudit pape Clément; si estoit grant approbation dudit pape Clément, considérée la grant clergie (1) et souffisance dudit cardinal.

CHAPITRE LIX : *Ci dit la mort de l'empereur Charles.*

CELLE dicte année, la veille de Saint Andry, Charles, empereur de Romme et roy de Boesme, qui à Paris ot esté, comme dessus est mention faicte, trespassa de ce siecle, lequel avoit paravant procuré et pourchacié, par devers les esliseurs de l'Empire, que son filz (2), aprés sa mort, fust empereur; et longtemps avant ladicte mort s'appella roy des Rommains, et, aprés la mort de son pere, tint avoir le droit de l'Empire; et tenoyent aulcuns que, pour ce que ledit Berthelemy lui avoit promis de le faire couronner à empereur, il le tenoit pour pape, et avec lui se seroit adhérez; mais comme depuis ait esté plus informez de la vérité, s'est retournez audit pape Clément.

CHAPITRE LX : *Ci dit comment le cardinal de Limoges vint à Paris, de par pape Clément.*

LE karesme ensuivant, le cardinal de Limoges vint à Paris, envoyé de par le pape Clément, tant comme message à laterre (3), pour signifier monstrer et des-

---

(1) *Clergie* : science, érudition. — (2) Ce fils fut l'empereur Wenceslas. — (3) *Message à laterre* : légat *à latere.*

clairier tout ce qui avoit esté fait de la nominacion de Berthelemy, dont dessus est faicte mencion, et aussi de l'éleccion de pape Clément, lequel, pour honneur de l'Esglise, le Roy receupt à grant révérance; et aprés ce qu'il ot dit les causes de sa légacion, le Roy luy assigna certain jour pour l'oyr publiquement. A laquelle journée fu le Roy en la grant chambre du Louvre, assis en une chayere, et costé lui ledit cardinal; et presens furent grant foison prélas, princes, barons, docteurs, et maistres en théologie de l'Université de Paris et d'alieurs : en la présence desquelz ledit cardinal (1) tout ce qui avoit esté faict à Romme à la nominacion de Berthelemy, laquelle desclaira non estre deue ne juste; et tout ce qu'il disoit affermoit vray en sa conscience et sur le péril de son ame, et savoit ces choses estre vrayes, car présent avoit esté, et veu et sceu tout l'effect. Pour laquel chose, se aucun avoit quelconques scrupul de conscience au contraire, toute appaisiée la doit avoir, car n'est mie voirsemblable que un homme de telle auctorité et de si grant science, tesmoigné de tous ceuls qui le cognoiscent estre preudomme, se voulsist dampner pour aulcune amour ou faveur temporelle.

Chapitre LXI : *Ci dit récapitulacion du scisme en saincte Esglise.*

Or, avons devisé par le tesmoing des croniques, et mesmement d'aulcuns hommes encore vivans qui ce

(1) Omission au manuscrit du mot *rapports*, ou autre équivalent.

virent, la maniere du commencement du douloureux scisme et envenimée plante contagieuse fichiée par instigacion de l'ennemy ou giron de saincte Esglise. O quel flayel! O quel douloureux meschief (1) qui encore dure, et a duré jà l'espace de vingt-six ans! ne tailliée n'est (2) ceste pestilence de cesser, si Dieu, de sa saincte miséricorde, n'y rémédie; car jà est celle detestable playe comme apostumée (3) et tournée en accoustumance, tellement que l'en n'en fait mes (4) conte; si est grant péril que mort soubdaine s'en ensuive quelque jour en la religion crestienne, c'est assàvoir une si mortel de Dieu vengence, que à celle heure faille tous crier : *Miserere mei;* car, se n'est par voye d'aulcune orrible bateure, j'ay grant paour que ne soyons pas chastiez; car semble que n'ayons aulcune memoire des Dieu vengences; et Dieu, par sa sainte clémence, y vueille piteusement pourveoir!

Chapitre LXII : *Ci dit comment le roy Charles avoit entencion de faire tant que conseil général fust assemblé sur le fait de l'Esglise.*

Ainssi comme récité est, le sage roy Charles, par la relacion de tant de cardinauls (car autrement ne le peust sçavoir) crut fermement, quant souffisant investigacion en ot faicte trés sagement, comme dit est, pape Clément estre droicturier pape, et pour

---

(1) *Meschief* : malheur. — (2) *Ne tailliée n'est* : n'est en disposition. — (3) *Apostumée* : a formé un apostume, un abcès; expression figurée. — (4) *Mes* : plus.

cellui se desclaira; mes, comme ceste chose fust cause de grant esclandre, pour les diverses oppinions des crestiens, lesquelz doivent estre tous soubz une mere saincte Esglise, et veoir deux occupans le siege papal, dont les unes provinces se portoyent pour l'un, les autres pour l'autre, dont trop d'inconvéniens ensuivoit, et ne povoit que trop de scrupuls n'en fussent en conscience, véant le bon prince que il ne povoit tout le monde de ceste chose appaisier [1], désirant le bien et la paix universelle de toute crestienté, ains qu'il trespassast, avoit délibéré, par son bon sens et aussi par le conseil de sa fille l'Université de Paris, et maintes autres bonnes personnes, comme maintes belles colacions et sains amonnestemens en fussent faiz devant lui, et moult notable epistre lui en envoya, mouvant à ce sa dicte fille que il feroit tant vers les princes de crestienté, que conseil général de tous les prélas seroit assemblé, aucune part, à certain jour; les deux, qui se disoyent avoir droit ou pappe, résineroyent [2], et là, selon la voye du Saint Esperit, seroit esleu par lesdis cardinaulx et lesdiz prélas, tous ensemble, nouvel pape, ou l'un des deux, ou tel comme Dieu, sanz viser à faveur quelconques, leur administreroit; et se aulcune desdictes deux parties fust refusant de ceste chose, que, pour le bien de paix, remédié y fust, selon l'esgart dudit conseil général, si que, voulsissent ou non, leur convenist obéyr à la saincte ordonnance : et ceste chose avoit entencion le sage prince de metre sus bien briefment, au temps qu'il trespassa; laquelle chose pleust à Dieu que eust

[1] *De ceste chose appaisier* : mettre d'accord sur cette chose.
[2] *Résineroyent* : résigneroient.

esté faicte! car bien et utilité perpétuelle en fust ensuivy; mais fortune, qui souvent le bien de paix destourne, ne souffri la chose accomplir, par l'abrigement de sa vie. Si est dés ore temps que je tire vers la fin de mon œuvre, en terminant le procés des particulieres loanges des fais et bonnes meurs de cestui sage Roy, dont j'ay traictié; mes, ainssi comme je promis cy devant, encore attribuant à sa digne personne, ma derreniere conclusion sera des termes de sapience aucunement, si comme les aucteurs les desclairent, et ne sont mes parolles, mais celles d'Aristote en sa *Métaphisique*; et tout soyent elles à l'entendement des non expers aulcunement estranges, toutefoiz sont elles de grant efficace à qui l'entendement y applique.

Chapitre LXIII : *Ci retourne à parler encore de l'entendement des sciences.*

Tout ainssy que le bien de l'entendement est le souverain des biens, car à lui tous autres obéyssent, parquoy naturellement les hommes sages soyent seigneurs des autres, et ceulx qui deffaillent d'engin (1) soyent naturellement serfs; car mesmement ainssi nous le véons entre le corps et l'ame, que naturellement le corps sert et l'ame seigneurist (2), comme nous véons les opérations du corps obéir aux afteccions, lesquelles sont vertus de l'ame; ainssi comme

---

(1) *Deffaillent d'engin* : manquent d'esprit ou d'intelligence. —
(2) *Seigneurist* : commande.

raison seigneurist sensualité, et ainssi comme toutes les ars et science, se conviennent à une souveraine, laquelle a nom sapience, ainssi est il des hommes ; comme à l'un affiere estre roy duquel l'Estat soit souverain sur tous autres, aussi c'est juste chose, ainssi que récite Giles en son livre *des Princes*, que il soit plus sage, plus pourveu que nul de ses subgiez ; car, si qu'il donne exemple de l'archier et de la sayete, dist-il, combien que la sayette n'apperçoive le signe, il ne s'ensuit pas, pour ce, que férir ne le puisse, car au signe est adreciée par l'archier ; dont si comme est chose plus convenable l'archier percevable du signe que la sayette, car il est adreçant : aussi le Roy, qui le peuple adrece, dit-il, plus est expédient la fin cognoistre que ne fait le peuple ; car, dist-il, si comme l'archier qui n'apperçoit le signe, se il le fiert, c'est chose de fortune ; aussi cil qui sa fin ne cognoist, s'il devient ben euré (1), c'est chose d'aventure ; pourquoy, comme il appert le bien des choses soit en leur ordre et plus en fin que en l'ordre, car fin met plus à efect que les choses prémisses ; comme il appert Dieu estre fin de tout, de qui toutes les ordres dépendent, ne ne despent de nulle : puis aussi que toutes choses sont jà mises en ordre, et en cel ordre a telle coliguence (2) que les unes sont subgiectes aux autres, je conclus que les choses plus sont prenables, plus reçoipvent de bien, et plus sont générales et plus ressemblent à Dieu : donques, comme telle souveraineté, c'est assavoir majesté royal, soit aucunement, en l'ordre des Estas, rélative de

---

(1) *Ben euré :* bien heureux. — (2) *Coliguence :* enchaînement.

Dieu, de la cause primiere de qui elle est vicaire, aussi c'est juste chose que, à l'exemple de lui, à quel similitude elle est instituée fin et chief de pluseurs, elle aussi se maintiegne et proportionnellement ses manieres ensuive : donques, si comme Dieu influe sanz cesser ses largeces au monde, aussi et que les autres fins, soubz lui graduelement, selon leur lois, habondent en vertus et s'influent aux autres, et plus l'ensuivent et plus sont perfaictes, semblablement en son équalité roy leur doit ressembler; et donques comme tel, en France, peut estre trouvé le bon roy Charles à son vivant, dont la lueur des bienfaiz de ses vertus encore nous en redonde. Et pour ce, comme dit l'un des sages, Solon, et ce récite Aristote ou dixieme d'*Ethiques*, que les solicitudes des besongnes mundaines engendrent destourbier (1) et empéchent des délices de vérité, aussi et que les désirs et sensuelz déliz encombrent la raison, cestui roy Charles, pour y remédier et faire son debvoir, comme droit sage, se delictoit, si comme il est cy devant prouvé et dit, en famille telle et si constant que pour lui peust à la foiz vacquier et suppléer ses foiz, et aussi que le repparast et esmeust en bien; car son sens le faisoit certain que, par gent suivre désordonnée, devient homme en bestialité; et yceulx bons bien savoit mérir (2), selon leur dégré, comme dit est, et user de l'endendement et du bien d'un chascun comme du sien, ainssi que Dieu fait des substances mundaines, par lesquelles il œuvre et monstre ses merveilles.

---

(1) *Destourbier :* troubles. — (2) *Mérir :* trier.

Chapitre LXIV : *Ci dit encore de ce mesmes.*

Ainssi, par le rural cours et stile de la vie de cestui Roy dont nous parlons, comme il amast donques les sages, par desir de toutes choses cognoistre; car, comme dit Aristote : « Celluy n'est mie sage qui de « toutes choses scibles (1) à homme ne scet parler. »

Encore derechief le povons conclurre sage, parce que prouvé avons des expériences de son savoir; et pour ce que la matiere y trait, dirons encore, si comme ou primier de ceste derreniere partie je promis, des effects de sapience, selon les dis des aucteurs, et primierement sur ce que je propose ce que Aristote dit : « Tous hommes, par nature, savoir désirent; » et dient les diccionneres (2), aucuns pourroyent avoir doubte, se ainssi est, que tous hommes, par nature, ayent desir de savoir, comment c'est que tous hommes ne poursuivent science. A ce donques que ceste difficulté solue soit, noter icy devons que, comme pluseurs hommes se retrayent de ce que moult désirent, ou par la difficulté d'y parvenir, ou par occupations aultres, ou par aucune inpotence ou deffault; par difficulté, dis-je, et c'est en pluseurs guises, c'est assavoir : ou simplement; quant aulcuns se retrayent de science, par réputer que elle leur fust impossible, combien que la cognoiscence de vérité ne soit impossible; comme il appert ou deuxieme de *Méthaphisique*; voire aussi, ou supposé, que vers aulcuns elle fust possible, toutesfoiz, par parece, appliquier ne s'i peuent, ou peut estre à y soy appliquier délectacion

---

(1) *Scibles*, du latin *scibilis* : que l'on peut savoir. — (2) *Diccionneres* : commentateurs.

n'aroient, bien que de toutes délectacions la souveraine si soit, celle qui en spéculacion est prise; et ce advient ou cas supposé que à aulcun fust délictable et son bien y veist aucunement, toutefoiz il se donne à entendre qu'il en empireroit et dommage en aroit, voire aussi, ou peut estre, car les aucuns sont si accoustumez à oyr fables et besongnes légieres, car si comme il appert oudit livre de *Méthaphisique,* ou deuxieme; telles choses empeschent moult de cognoistre vérité; aucuns aussi, pour la clameur publique, ou d'aulcuns maleureux qui les philozophes et les sages desprisent, ne poursuivent science; mais à ce, dit Séneque en la quarantieme epistre à Lucille : « Jà tant ne montera « la niceté (1) du peuple, que nom de philozophe, « trés honnorable et trés saint, ne demeure. » Par occupacions aussi les aucuns s'en retrayent, et c'est en pluseurs guises : ou par délectacions serviles, avuglans la raison, comme devant fu dit, ou par cure (2), de mondaines vaguetez (3), et ceulx sont méseureux; dont ce dit le philosophe : « Pour cure des biens mon-« dains, mains hommes ont péri; » et, pour ce, dit Tholomée : « que cil est eureux, cui il ne chault (4) en « qui main est le monde; » aussi, par impotence, en sont pluseurs retraiz, c'est assavoir : car, ou neccessité ont de ce qu'il fault à vivre; toutefoiz, dit Séneque : « Se homme vit à nature, jamais ne sera povre; et s'il « vit aux opéracions, jamais ne sera riche; » ou qu'ilz sont mal imbuez és principes primiers, dont ce dit Alebert (5) : « Qui logique ne scet, il ne scet soy savoir

---

(1) *Niceté :* simplesse. — (2) *Cure :* soin, souci. — (3) *Vaguetez :* frivolités. — (4) *Cil est eureux, cui il ne chault :* est heureux celui à qui il n'importe. — (5) Albert, surnommé le grand, parce que son nom de

« ce qu'il scet. » Aucuns aussi en sont retraiz par maulvaise complexion; c'est assavoir, si comme dit Geber (1) au commencement de son livre alkimiste : « ou par deffault de l'ame, ou par deffault du « corps : deffaut de l'ame, dist-il, organisacion és « membres dedens par lesquelz la cognoiscence est « faicte, comme fantasieux, ydioz ou folz ont; et du « corps, qui est és membres, ou orgues (2) dehors, « comme ont aucuns malades sours, ou qui n'ont « point de veue. » Lesquelles choses aucune foiz aviennent par nature ou par fortune : mais ceuls n'en peuent maiz; ou par excés, comme sont luxurieux et glous (3), et ceulx sont comme bestes, et de ceulx, dit Eustrate (4) sur le primier livre d'*Ethiques* : « O vous hommes, moult estes maleureux, qui entre « les bestes vous comptez ignorans et perdez le bien « d'entendement qui est en vous, et le mal poursui« vez, en maniere des animaulx non raisonnables. »

Dont par telz empéchemens se sont retraiz mains de poursuivre leur fin; touteffoiz, si que dit saint Thomas, « bien que n'i mectent mie peine, » car ilz sont détenus par aucuns des empéchemens susdiz, « neantmains, ce dit-il, combien peut estre que aul« cuns ne le cognoiscent, si vouldroyent-ilz tous par « propre enclinement aucune chose savoir. »

famille *Groot* signifie *grand* en langue allemande. Il vint à Paris, et la place Maubert (maître Albert) a conservé son nom; c'étoit là qu'il donnoit ses leçons. Ses ouvrages, qui firent grand bruit dans le treizième siècle, sont depuis long-temps oubliés. On lui a faussement attribué des *Recueils de secrets* qui ne sont pas de lui.

(1) *Geber*, auteur arabe. — (2) *Orgues* : organes. — (3) *Glous* : gloutons. — (4) *Eustrate* : Eustrate de Nicée, commentateur d'Aristote, dont il existe plusieurs manuscrits à la bibliothèque du Roi.

Chapitre LXV : *Ci dit des sens du corps.*

Or, esclairié assez avons quelz choses peuent empécher mectre à effect celluy desir de savoir que dit le philozophe par nature tout homme avoir; et, par ce que je puis comprendre de ses conclusions, la vertu des sens bien disposez avec le desir peuent estre les préhensions de acquérir sçavoir, sans lesquelz ne pourroyent estre acquis; et ceste mesmes proposicion, par signe, Aristote preuve : « Car, disoit-il, comme « les sens à ce nous soyent faiz, c'est assavoir à l'uti- « lité de vivre, doublement, dist-ilz, sont ilz de nous « amez pour euls mesmes, en tant comme ilz font « cognoistre; et pour vivre, en tant que ilz scevent « pourchacier et aussi discerner ce qui est bon du « mal : et ce nous appert, dist-il; car, si comme « cellui sens qui est faicte par les yeuls, c'est assavoir « le veoir, entre tous les autres sens, nous l'amons « et chérissons le plus, et non pas seulement pour « ouvrer, mais aussi que se riens ne devions faire; et « la cause si est, car, entre tous les autres sens, le « veoir nous fait trés grandement cognoistre et plu- « seurs différances nous démonstre des choses. » Parquoy, comme il soit manifeste que le veoir ait deux propres dignetez plus que les autres : l'une, car perfectement cognoist, car il est espirituel plus que nesun [1] des autres; car si comme des vertus qui sont cognoiscitives, une chascune moins est matérielle, plus a perfaicte cognoiscence, si comme le veoir, de tous les sens, soit le moins matériel, laquelle chose

---

[1] *Nesun :* pas un, aucun.

appert par le remuement de lui vers son object, c'est à dire vers la chose dont est percevable. La deuxiesme, car pluseurs différances des choses nous démonstre comme en l'obgect de chascune poissance soit à considérer aucune chose en raison de nature; donques, comme son object soit lumiere qui s'estent à son environ, és corps célestielz et aux bas ait poissance de veoir, il s'ensuit que le veoir soit démonstratif plus que nul des autres sens; car la vertu des autres s'estent seulement aux choses basses, et cestui, par la vertu de lumiere, cognoist mesmes les substances du ciel.

Chapitre LXVI : *Ci dit encore de prudence.*

Pour ce que cy devant fu entamée la matiere de traictier de la vertu de prudence, entrelaissié par habundance des autres matieres traire à fin, à présent, comme plus ayons loisir vers la fin des loanges et bons faiz du sage Roy, en qui nous l'avons assez prouvé estre, dirons encore d'icelle, selon les termes d'Aristote, qui dit « que prudence est és hommes ce « qu'ilz déliberent par raison des choses agibles : donc « proprement prudence et rigle de conseil; » si que, où est nature consiliative, proprement est prudence; car il convient que quiconques conseille primierement conçoive aucune fin, et puis qu'il enquiere les choses duisans (1) à celle fin, c'est assavoir en conférant entr'elles, lesquelles sont celles qui valent mieulx

(1) *Duisans* : convenables.

ou pis; et ainssi toute poissance consiliative est prudence; car comme nulle poissance proprement ne confere se non raison pour ce conseillier, proprement affiert à raison, et prudence qui régule conseil n'est ou monde çà jus [1] proprement que és hommes : donques, comme il pere [2] que les bestes ayent aulcunement prudence, c'est selons aucune similitude, et non pas proprement prudence; car en euls n'est autre, fors une nature, exstimacion de poursuivre les choses convéniens et fuir leur nuisibles, si comme l'agnel suit sa mere et fuit le loup, et ainsi des autres; mais és hommes celle est dicte prudence, laquelle est proprement consiliative de raison; car, dit Aristote, « c'est le signe d'omme sage, povoir ensei-
« gner; » car comme une chascune chose soit adonc perfecte en s'oppéracion, quant faire peut autre semblable à elle, si qu'il appert ou quart de *Méthéores*; car, si comme c'est vertu de chaleur povoir eschaufer autre, si est ce signe de savoir, de povoir enseigner, et science en un autre causer, lesquelles choses ne se peuent faire sanz cellui conseil de raison.

Aprés, dit Aristote, « nous disons cellui estre sage,
« qui est poissant de la vertu de son entendement à
« cognoistre choses qui soyent difficiles et communé-
« ment aux hommes non cogneues; mais nous ne di-
« sons pas que les cognoiscences qui se font par les
« sens soit science, ne que ceulx soyent sages qui les
« ont et en usent, entant que est de l'user; car,
« pour ce, sont ycelles vertus légieres que elles sont
« en chascun; mais nous dison encore estre sage
« ycellui qui des choses qu'il scet a plus certaineté

---

[1] *Ça jus* : ici-bas. — [2] *Pere* : paroît.

« que les autres hommes, et mieulx disant les causes :
« donques celluy qui est sage doit savoir rendre cause
« de ce qu'on lui demande, et par ce enseignier ce qu'il
« scet. »

Encore dit : « Que l'ome sage doit avoir science,
« laquelle il vueille, plus pour le bien de savoir que
« pour avoir le prouffit de richeces. »

Chapitre LXVII : *Ci dit encore des sciences, et de ceulx qui les trouverent.*

Encore, de la noblece des sciences et de ceuls qui les trouverent, dit Aristote : « Quiconques quiert
« fuir ignorance, il entent à savoir se il l'entent comme
« fin pour le bien de savoir; donques ceuls qui phi-
« lozophent quierent ignorance fuyr; par conséquent
« enquierent science pour le bien d'elle mesmes : et
« qu'ilz quierent à fuir ignorance, dist-il, il appert
« manifeste; car ceuls qui primierement philozophe-
« rent et qui encore philozophent, commencent tous
« par admiracions.

« Au commencement, dist-il, les hommes s'esmerveil-
« loyent des choses dont n'avoyent la cognoiscence ;
« puis aprés, par la cognoiscence manifeste d'icelles,
« en procédant plus outre, ilz prisdrent à spéculer sus
« plus occultes choses, si comme des passions (1) de la
« lune; comment sont esclipses, et que elle est enlu-
« minée une foiz, que une autre, non; des choses
« achéans (2) au souleil et aux estoilles, comme sont di-

(1) *Des passions :* des phases. — (2) *Achéans :* qui arrivent.

« verses apparences qui aviennent en elles, si comme
« cercles, halo [1], queues, ou ycelles besongnes; aussi
« des mouvemens du ciel, comment il se soustient; des
« grandeurs des esperes, de la diversité d'elles, et de
« leur influences : et aprés, de la généracion ou nais-
« cence du monde, et comment il est fait. » Et, en ce,
nous appert une prérogative d'astrologie vers les autres
sciences; car les choses dont elle considere sont naturellement à tous merveillables, et naturellement tous
hommes les désirent savoir; aussi, et que, par elles
sceues, on cognoist grant partie de la naiscence des
choses de ça bas, et à peu prés on parvient aux cognoiscences des causes de ce monde; et dont, combien
que cellui qui a doubte et s'esmerveille, si appere
ignorant; pourquoy philomites [2] peut estre dit qu'il
commet philozophie, c'est assavoir de tant que fable
est faicte de merveilles. Comme ainssi soit que à fuir
ignorance yceulx anciens furent fais philozophes, c'est
chose manifeste; car, pour savoir, ils ont poursuivy
estude, ne non pour cause de nul quelconque usage,
dont « comme ce soit chose évident, dist-il, que doubte
« et admiracion procédent d'ignorance et par admi-
« racion, en investigant les causes, on devient philo-
« zophe : » car, encore aujourd'huy, quans grans effects
aviennent, desquelz les causes ne nous sont pas cogneues, yceulx nous merveillons et en querons la source.

« Tout ainssi, dist-il, comme admiracion si fu cause

---

[1] *Halo :* météore en forme d'anneau diversement coloré, qui en-
vironne les astres, et plus particulièrement nommé *parélie* autour du
soleil, *couronne* autour de la lune. — [2] *Philomites :* devoit s'écrire
philomythes. L'explication de ce composé grec est donnée par Christine elle-même au paragraphe suivant.

« mouvant à estre philozophe, autre si aucunement
« peuent estre appellez philomites, c'est à dire ameurs
« de fables ; car ainssi que philozophie vient d'admira-
« cion, aussi les fables sont faictes de merveilles : dont,
« dist-il, comme les primiers qui, par maniere de fables,
« ont traictié des principes des choses, ont esté dis
« poetes, si comme Orphéus et aucuns qui furent ain-
« çois que les sages ; et la cause si est, car les fables
« vers lesquelles yceulx estudioyent sont contenues
« de choses merveilleuses. »

Autre si yceulx anciens, qui furent meus par grans merveilles à estre philozophes, peuent estre dis poetes ; et pour ce que admiracion a sourse d'ignorance, il appert qu'il estudierent à estre philozophes pour fuyr ignorance ; et aussi il appert que, pour ce, ont ilz poursui science, pour cause seulement qu'ilz cognoiscent sanz cause d'aucun usage de prouffit servile.

Et à ce propos dit encore Aristote de la hautece de philozophie, dont dist-il : « Car icelle science,
« qui est trés libéral, ne puist estre possession do
« chose naturellement serve, comme la nature hu-
« maine soit serve en maintes guises, comme elle soit
« subgecte à maintes passions ; dont il avient aucunefoiz
« que se elle délaisse à querir ce qu'il luy est plus
« propre, c'est assavoir le vivre, il convient que elle
« délaisse à estre ; » et ainssi il convient que, combien que meilleur soit philozopher qu'enrichir, si comme il appert par le troisiesme de *Thopiques*, toutefoiz enrichir, aulcunefoiz, lui est plus eslisible ; parquoy, si qu'il appert que proprement elle ne soit humaine, aussi ne elle ne compéte à homme comme

possession de meuble ; car, comme proprement soit possible et acquisible à homme qu'il l'a à son demaine et de quoy franchement il use comme il veult, toutefoiz d'icelle science qui est tant enquise, tant seulement pour soy home ne peut user, n'à franchise vacquer, par espécial les povres, pour occupacions d'euls, pourchacier, ne les trés grans mondains, pour parece ou pour autres délis : aussi, et comme à ce vouloir tous hommes ne soient pas habiles, n'aussi et supposé que tous bien le voulsissent, toutefoiz n'i pourroyent acteindre ; car un peu d'elle sceu et clerement cogneu est plus difficile et de plus grant valeur de tant qu'on scet des autres, il s'ensuit que de toutes elle est la moins humaine.

Affin que entendu soit au cler de ceste grant difficulté que Aristote met à concepvoir philozophie, si est à entendre qu'il veult dire de la partie de philozophie en laquelle toutes autres sciences sont comprises, qui appartient à la divinité et veult dire plainement de méthaphisique, qui est interprétée oultre nature.

Toutefoiz reprent il l'erreur d'un poete ancien nommé Simonides, cy devant dit, lequel disoit que « seulement appartient à Dieu, non pas aux hommes, « savoir ceste science ; car, disoit-il, comme elle soit « trés digne, Dieu la s'est réservée ; aussi à homme, « elle qui est si noble, et lui qui est si vil et soubmiz « à tant de fragilitez et de deffaulz, elle n'est per- « tinent. »

Dont « cest erreur, disoit Aristote, sourdoit (1)

---

(1) *Sourdoit :* naissoit, provenoit.

« des erreurs des poetes, affermans par leur dis Dieu
« et les divines choses estre envieuses; car, disoit-il,
« par envie, les choses qui à leur estre affierent ilz
« n'ont pas acceptable que les hommes sachent, ne
« qu'ilz s'en entremectent; dont, disoit icelluy, se, és
« choses qui sont mains principales, les dieux ayent
« envie aux homes, par plus forte raison c'est juste
« chose qu'en ceste-cy, c'est assavoir la science qu'on
« enquiert pour soy-mesmes, et qui sur toutes est
« trés honnorable, trés franche et trés dignes, plus
« envieux ilz soyent. »

Dont, disoit Aristote, « se ainssi estoit comme cil
« oppinoit, il s'ensuivroit les hommes estre moult
« maleureux, quant par envie Dieu les indigneroit,
« ne donques plus ses biens vers eulx influeroit. »
Mais la racine de ceste oppinion est faulse, que
chose qui est divine puist estre rancuneuse; car,
comme envye soit tristece de la prospérité du bien
d'aucun autre, laquelle chose ne peut estre causée,
fors que d'aucun deffault, entant que l'envieux si
cuide celluy bien estre dominant le sien, laquelle
chose ne pourroit estre en Dieu, n'en chose qui à luy
appartiegne, car Dieu estre ne peut meu ne troublé;
comme il ne soit soubmiz à aucun mouvement, ne son
bien par bien d'autre ne puist diminuer : car de soy
comme de fonteine resourdant de perfecte bonté, res-
sourdant incessamment et effluant tous biens; aussi,
car si que Platon disoit : « Comme Dieu soit causeur,
« et toutes choses il ait fait pour leur bien, » il convient toute envie de luy estre eslongniée : pour ce,
disoit Aristote, « non pas seulement en cecy, mais

« en pluseurs besoignes, les poetes si mentent; car
« si qu'il dit c'est proverbe commun, que les poetes
« mentent de moult de choses. »

Chapitre LXVIII : *Ci dit de poésie.*

Puisqu'il chiet en matiere de parler des poetes, nonobstant les choses susdictes, yceulx anciens, entant que des sciences les portes nous ouvrirent, *comme dit est*, excuser, amer et supporter les devons; si est assavoir que comme en général le nom de poésie soit pris pour ficcion quelconques, c'est à dire pour toute narracion ou introduccion signifiant un sens, et occultement en signifie un autre ou pluseurs, combien que plus proprement dire celle soit poésie, dont la fin est vérité, et le procés doctrine revestue en parolles d'ornemens délictables et par propres couleurs, lesquelz revestemens soyent d'estranges guises au propoz dont on veult, et les couleurs selon propres figures.

Comme ceste guise fust moult és anciens, et plus és sages que autres, tant és Ebrieus, Latins, comme és Grecz par espécial, en traictant de secrez, si comme Hermés, et aussi Virgile et Ovide, Discoride, Omer et Lucan [1]; de consolacion, comme Boece et Marcian [2]; de repréhansions, comme Juvenal et Alain [3]; de divinité, comme Orphéus, Socrates et

---

(1) *Discoride, Omer et Lucan* : Dioscoride, Homère et Lucain. — (2) *Marcian* : Martianus Capella. — (3) *Alain* : Alain de l'Isle.

Platon, et aussi pluseurs autres, et aussi de Daniel, de Salomon, et de tous les prophetes; car si, comme il appert, l'Ancien Testament fu tout fait par figures, mesmement aussi Jhesu-Crist si parla par figures; laquelle chose estoit, car ycelle maniere est plus comprendieuse et de plus grant recueil, et en elle on prend plus de délit (1), et ceste sentence est la plus usagiée; ou pueut estre que, aux ententes que ilz avoyent, moz propres n'estoyent imposez, si les vouloyent par similitude ou exemple bailler; ou peut estre que, comme soyent aulcuns secrez acquis és textes des sciences que Dieux a reservez aux mérites des sages, lesquelz secrez, comme yceulx philozophes, pour leurs successeurs dignes, voulsissent arrester qu'ilz ne fussent perdus, toutefoiz non si cler qu'aux ignorans ilz ne fussent muciez (2), ne non si troubles qu'aux sages ne fussent manifestes, si comme mesme ilz dient; parquoy leur faulsist occultement figurer en semblance d'autres choses parler: parquoy aussi, et en honneur d'eulx tous, poésie nous devons honnorer: dont, combien qu'Aristote les repreuve en sa Méthaphisique, il n'est pas à entendre que il les repreuve en tant comme poetes, ne en tant comme ilz parlent couvertement des secrez; car poésie si n'est pas reprouvée; ainçois mesmes, ou tiers livre, il récite, et saint Thomas le desclaire, il ne les repreuve ne diffame (3), se non en tant comme il appert que fabuleusement ilz ont parlé des principes des choses, lesquelz trop clerement ne se peuent enseignier; car

---

(1) *Délit* : plaisir. — (2) *Muciez* : cachés. — (3) *Diffame* : blâme.

« comme, ce dit-il, en tant comme il appert dehors
« qu'il les estudierent, on n'i voit qu'ignorance, et
« sont choses trop grosses; et qui veult querir en la
« mouele muciée, c'est chose trop occulte. » Parquoy,
si que dit saint Thomas, comme il appaire qu'Aristote vueille clerement enseignier la vérité, et par conséquent impugner (1) Platon, Socrates et les autres qui ont parlé couvert, et ont en umbre escriptes leur doctrines, toutefoiz il ne dispute à eulx, selon vérité occulte, mais selon le sens apparent par dehors.

CHAPITRE LXIX : *Ci dit quel bien vient des choses dessusdictes.*

DÉLAISSANT la matiere précédent, qui est des sciences et de leur effaiz, selons le dit des aucteurs, au mieulx que mon petit engin a sceu rapporter, comme trop prolixement en parler, pour cause que à maint pourroit le lengage sembler estrange qui apris ne l'ont, et par conséquent tourner à ennuy, retournerons à nostre primier obgect, lequel, nonobstant que néantplus (2) qu'on pourroit espuisier une grant riviere, ne souffiroit mon sentement à souffisamment en parler, est temps de terminer; mais, affin que emplies soyent mes promesses, nous convient recueillir en briefves parolles les motifs de cest œuvre pris en un seul suppost, qui est le sage roy Charles devant

---

(1) *Impugner :* combattre. — (2) *Néantplus*, opposé de *néantmoins :* d'autant plus.

dit, duquel, en trois especiaulx dons, avons desclairié les vertus et bienfais assez au long, comme promis estoit, c'est assavoir en noblece de courage, chevalerie et sagece, en assez desclairant quelz choses ce sont et à quoy elles s'estendent; si reste encore à parler nomméement du bien qui en vient : ce que fu promis; mais, sans plus répliquer en eslongnement de matiere, peut assez servir de souffisante preuve de l'utilité qui vient des trois susdictes graces, la desclaracion des fais et bonnes meurs du sage Roy, en qui nous les avons prouvées, à qui s'en ensuivi gloire perpétuelle à l'ame, si com je tiens grant preu au corps, et, tant comme le siecle durera, loange au monde aprés lui demourée.

Si est donques ainssi que de la vertu de noblece de corage ensuivent toutes bonnes meurs et fais virtueux, eschevement de toutes laides, males (1) et reprouchiées coustumes et œuvres villaines, abondance de graces, loz, honneur, amour, courtoisie, charité, paix et transquilité.

Item, de chevalerie bien gouvernée s'ensuit garde et deffense de la loy, du prince, du bien commun, et du royaume.

De sagece ensuit tout ordre de vie bien ordonnée, justice, droit et équité à chascun, faire mémoire du temps passé, pourvéance sur cellui à venir, arroy ou présent, et paradis à la fin; et, en briefve description, telles sont les utilitez des susdictes graces.

(1) *Males* : mauvaises.

CHAPITRE LXX : *Ci commence à párler de l'approchement de la fin du roy Charles, et de la mort de messire Bertram.*

Ainssi comme clerement est sceu et cogneu toutes choses créées avoir fin, car à ce se trayent ycelles, en aprestant la fin de nostre présente œuvre, dirons du dernier terme d'icellui sage, ouquel avons pris la matiere et contenu de ce livre, et tout ainssi que dit le commun proverbe : « En la fin peut-on cognoistre « la perfeccion de la chose, » povons vrayement, à la fin de nostre dit sage Roy, cognoistre la perfeccion de ses trés préesleues vertus et sapience : de laquel fin moult me plaist ce que mémoire me rapporte, sanz dongier (1) d'autre informacion, la relacion que j'en oys de mondit pere naturel, auxquelles parolles, cognoisçant son exellence en toute vertu, je adjouste foy comme à parolle véritable dicte de preudomme, lequel trés amé serviteur et clerc excellent, gradué et doctorisié à Boulongne la Grace en la saincte médicine, avecques autres degrez de sciences, fu continuelement présent en la maladie dudit prince, jusques à la fin; et ceste vérité par assez de gens encore vivans peut estre sceue.

Peu de temps avant le trespassement dudit Roy, tout ainssi comme avant la mort du preux Alixandre, mourut son bon cheval Bucifal (2), qui ou monde pareil n'avoit, comme dit l'istoire, qui fu noté mer-

---

(1) *Sanz dongier* : sans avoir besoin. — (2) *Bucifal* : Bucéphale.

veilleux présage de la briefve vie de son maistre, si comme il advint.

Ainssi le bon conestable Bertram de Clequin, lequel estoit porteur des faiz de la chevalerie dudit Roy, trespassa pou avant, qui fu le vendredy quatorziesme jour de juillet, ce mesme an ; de laquelle mort moult pesa au sage Roy, et en tousdiz récompensant, comme non ingrat, la bonté, service et loyaulté d'icellui conestable, en honorant le corps de si solemnel chevalier, et pensant de l'ame comme raison estoit, volt qu'il fust enterrez en haulte tumbe, à grant solemnité, honneur et recommandacion, ou propre lieu où sont enterrez à Saint Denis les roys de France, et mesmement en la chappelle que pour luy avoit fait faire au piez de la tumbe, où en peu de temps aprés fu ensevelis : laquelle mort dudit connestable fu plainte et plourée de maint vaillant, et comunement de tout le royaume, lequel faisoit perte de trés vaillant champion et deffendeur de lui trés propice. Si fu la mort de lui trés virtueux comme présage de trespassement de son trés excellent maistre.

CHAPITRE LXXI : *Ci dit le trespassement et belle fin du roy Charles.*

VERS la moictié passée du mois de septembre, en l'an mil trois cent quatre-vingt, le roy Charles ala en son hostel de Beaulté, ouquel, peu de jours aprés, luy prist la maladie dont il trespassa en assez brief

terme; mais de l'estat de s'enfermeté ne quier faire grant informacion, ains selons le continue procés précédent, c'est assavoir des vertus de lui, dignes d'infinie mémoire, diray de sa trés fervent foy, dévocion, constance et sain entendement. Comme sa complexion soubtille (1) fust non puissant de porter longuement fais de si griéve maladie, en bien pou de jours fu à merveilles débilitez, et tant que sa seine discrécion, non empéchiée jusques à la mort, pour quelconques souffrance du corps, lui jugia que brief seroit le terme de sa vie. Pour ce, volt disposer de ses derrenieres ordonnances et tendre au salut de son ame, dont nonobstant eust tousjours accoustumé de soy confesser chascune sepmaine; adont son pere espirituel, continuelement avec lui, trés diligemment examinant sa conscience, et que riens n'y demourast en scruppul, en grant dévocion, larmes et contricion, se confessoit derechief par souventefoiz; et comme jà fust agrévez trés durement, volt recevoir son créateur, lequel, aprés pluseurs messes de lui oyes, lui fu admenistré : devant laquelle réception, à merveilleux signes de dévocion, dist telz parolles, en la présence du sacrement : « O Dieu mon rédempteur, à qui toutes choses
« sont manifestes, moy recognoiscent tant de foiz
« avoir offensé devant ta magesté et digne saincteté,
« soyes propice à moy pécheur, et ainssi comme as
« daigné approchier le lit du povre languissant, te
« plaise, par ta miséricorde, que à toy puisse en la
« fin parvenir! » Et en telles parolles disant, à grans

---

(1) *Soubtille* : délicate.

larmes, fu communiez, et aprés rendy graces à Dieu.

Cestui sage Roy, démonstrant les signes de sa grant constance nonobstant les tourmens de l'engagement de sa maladie, pour donner aulcune récréacion de réconfort à ses serviteurs, que il véoit pour lui grandement adoulez (1), dont il avoit grant pitié, en efforcent sa puissance, vouloit chascun jour estre levez et vestus, et mengier à table; et, quelque foible qu'il fust, leur disoit parolles de réconfort et bons amonnestemens, sanz quelconques clameur ou plainte de signe de douleur, fors en appellant le nom de Dieu, de Nostre Dame et des sains; et deux jours ains son trespassement, tout eust il passé moult greveuse nuit, lui levez et vestus, va regarder ses chamberlans et tous les autres serviteurs et phisiciens (2), qui estoyent tous esplorez; adont leur prist à dire de trés joyeux visage, et en semblant de bonne convalescence : « Esjoyssez-vous, mes bons loyaulx amis et « serviteurs, car en briefve heure seray hors de voz « mains; » lesquelz, oyans ces parolles, ignorerent, pour la joyeuseté de la chiere (3), en quel sens ot dicte la parolle, de laquelle, tost aprés, l'effect leur en donna la clarté.

Le samedi devant son trespas, apparirent en lui les signes mortelz, où les douleurs furent horribles, sanz que apperceue fust en luy aucune impacience; mais, en continuant sa dévocion, tousjours estoit sa clameur à Dieu, et costé lui sondit confesseur lui

---

(1) *Adoulez* : affligés. — (2) *Phisiciens* : ainsi s'appeloient alors les médecins. — (3) *Chiere* : face, physionomie.

amonnestant les parolles en tel article neccessaires, auxquelles, comme trés vray crestien catholique, respondoit et faisoit signes de grant foy à Nostre Signéur.

Quant vint le dimanche à matin, et jour qu'il trespassa, fist appeller devant luy tous ses barons, prélas, son conseil et chancelier ; adont va parler devant eulx moult piteuses parolles, si que tous les contraigni à larmes. Entre les autres choses dist, du fait de l'Esglise, que comme il eust esté informez par tout le college des cardinaulx et en faisant toute l'investigacion qu'il avoit peu et sceu faire, présumant que tant de vaillans prélas ne se voulsissent mie dampner pour un singulier (1) homme, que il avoit desclairié pape Clement pour vray pape ; et ce qu'il en avoit fait, prenoit sus son ame que de bonne foy l'avoit fait.

Item, son testament et laiz, que piéça devant avoit fait, vouloit qu'en celle forme fust tenus.

Aprés ces choses, requist la couronne d'espines de Nostre Seigneur, par l'evesque de Paris, lui fust apportée ; et aussi, par l'abbé de Saint Denis, la coronne du sacre des rois ; celles d'espines receupt à grans dévocion, larmes et révérance, et haultement la fist mectre devant sa face ; celle du sacre fist mectre soubz ses piez ; adont commença telle oroison à la saincte couronne : « O coronne précieuse, dyademe de nostre
« salut, tant est douls et enmiellé le rassadyement (2)
« que tu donnes, par le mistere qui en toy fu com-

---

(1) *Singulier* : seul. — (2) *Rassadyement* : contentement.

« pris à nostre rédempcion; si vrayement me soit cel-
« lui propice duquel sang (1) tu fus arousée, comme
« mon espérit prent resjoyssement en la visitacion de
« ta digne présence! » Et longue oroison y dist moult
devote.

Aprés tourna ses parolles à la coronne du sacre,
et dist : « O coronne de France, que tu es précieuse,
« et précieusement trés ville! précieuse, considéré le
« mistere de justice lequel en toy tu contiens et portes
« vigoreusement; mais ville, et plus ville de toutes
« choses, considéré le faiz, labour, angoisses, tour-
« mens et peines de cueur, de corps, de conscience,
« et périlz d'ame, que tu donnes à ceulx qui te portent
« sur leur espaules; et qui bien à ces choses viseroit,
« plustost te laisseroit en la boe gésir (2) qu'il ne te
« reléveroit pour mectre sus son chief. » Là dist le
Roy maintes notables parolles, plaines de si grant foy,
dévocion et recognoiscence vers Dieu, que tous les
oyans mouvoit à grant compassion et larmes.

Aprés ce, la messe fu chantée, et volt le Roy qu'en
chants mélodieux et orgues fussent à Dieu chantées
laudes et beneyssons (3).

Porté fu le Roy de sa couche en son lit; et comme
il prensist moult à foibloyer, son confesseur lui ala
dire : « Sire, vous me commandastes que, sanz acten-
« dre au derrain besoing, je vous ramenteuse le der-
« rain sacrement; combien que neccessité ne vous y
« chace mie, et que maint, aprés celle unxion, soyent
« retournez à bonne convalescence, vous plaist-il,

---

(1) *Duquel sang* : du sang de qui. — (2) *En la boe gésir* : reposer dans la boue. — (3) *Beneyssons* : bénédictions.

« pour le reconfort de vostre ame, recepvoir la ? » Le Roy respondi que « moult lui plaisoit. » Adont lui fu aprestée, et volt le Roy que toutes manieres de gens à qui il plairoit entrassent dedens sa chambre; laquelle fu tost remplie de barons, prélas, chevaliers, clercs et gent de peuple, tous plourans à grans senglons de la mort de leur bon prince; sur tous y menoit dueil son loyal chambellan le seigneur de La Riviere, si grant que il sembloit comme homme tout remis (1) de son sens; et par tel contenance ala le Roy baisier, si comme il vint dehors, que à tous fist moult grant pitié.

Le Roy lui mesmes, selon sa foiblece, s'aida à s'enulier (2). Quant la croix lui fu présentée, la baisa, et en l'embrassant commença à dire, regardant la figure de Nostre Signeur : « Mon trés douls saulveur et
« redempteur, qui en ce monde daignas venir, affin
« que moy et tout l'umain lignages, par la mort, laquelle, volointairement et sanz contrainte, volz souf-
« frir, rachetasses, et qui, moy indigne et insipient (3)
« à gouverner ton réaume de France, as institué ton
« vicaire, j'ay tant griefment vers toy péchié, dont je
« dis: *Mea culpa, mea gravissima culpa, mea maxima culpa*; et nonobstant, mon douls Dieu, que je
« t'ay courroucié par deffaultes innumérables, je sçay
« que tu es vray miséricors et ne veuls la mort du
« pécheur; pour ce, à toy, pere de miséricorde et de
« toute consolacion, en l'article de ma trés grant nécessité, criant et t'appellant, te demande pardon. »

---

(1) *Remis.*: relâché, déchu. — (2) *S'enulier* : s'enhuiler, s'administrer l'onction. — (3) *Insipient* : ne sachant, ignorant.

Celle oroison finée, se fist tourner la face vers les gens et le peuple qui là estoit, et dist : « Je sçay bien que « ou gouvernement du royaume, en pluseurs choses, « grans, moyens et petis, ay offensez, et aussi mes « serviteurs, auxquelz je debvoye estre bénigne et non « ingrat de leur loyal service; et, pour ce, je vous « pry, ayez merci de moy : je vous requier pardon; » et adont se fist haulser les bras, et leur joingni les mains : si povez savoir se grant pitié et larmes y ot gictées de ses loyaulx amis et serviteurs.

Encore dist : « Sachent tuit, et Dieu l'a primiere-« ment cogneu, que nulle temporalité ne prospérité « de vanité mondaine ne me pertrait (1) ne encline à « vouloir de moy autre chose ne mes (2) ce que Dieu « a voulu de moy ordonner, lequel scet qu'il n'est « quelconques chose précieuse pour laquelle je voul-« sisse ou désirasse estre retourné de ceste maladie. »

Un peu aprés, en approchant le terme de la fin, en la maniere des anciens peres patriarches du Vieulx Testament, fist amener devant lui son filz aisné, le Daulphin; alors, en le beneyssant, commença ainssi à dire :

« Ainssi comme Abraham son filz Isaac, en la rou-« sée du ciel et en gresse de la terre, et en l'abon-« dance de froment, vin et oeile, beney et constitua, « en enjoingnant que qui benistroit lui fust beneit, « et qui le mauldiroit fust rempli de maleisson (3); « ainssi plaise à Dieu, qu'à cestui Charle doint la rou-« sée du ciel et la gresse de la terre et l'abondance de

---

(1) *Pertrait :* entraîné. — (2) *Ne mes :* non plus que. — (3) *Maleisson :* malédiction.

« forment, vin et oile, et que les lignées le servent,
« et soit seigneur de tous ses freres, et s'inclinent
« devant luy les filz de sa mere! Qui le beneistra soit
« beneit! et qui le mauldira soit remply de malei-
« çon! »

Ce mistere fait, à la priere du seigneur de La Riviere, beny tous les présens, disant ainssy : « *Bene-*
« *dictio Dei, Patris et Filii, et Spiritus Sancti, descen-*
« *dat super vos, et maneat semper!* » laquelle beneysson receurent tous à genous, à grant dévocion et larmes. Puis leur dist le Roy : « Mes amis, alez vous en, et
« priez pour moy, et me laissiez; affin que mon tra-
« veil soit finé en paix. » Lors, luy tourné sus l'autre costé, tost aprés tirant à l'angoisse de la mort, oy toute l'istoire de la Passion, et auques prés de la fin de l'evvangile saint Jehan commença à labourer à la derreniere fin; et, à peu de trais et sanglous, entre les bras du signeur de La Riviere, que moult chierement il amoit, rendi l'espérit à Nostre Signeur, qui fu, comme dit est, environ l'eure de midi, le vingt-sixiesme jour de septembre [1] ledit an 1380, et le quarante-quatriesme de son aage, le dix-septiesme de son regne.

Lequel trespassement fu plaint et pleuré merveilleusement de ses freres, parens et amis, et de ses serviteurs moult regraictez, et de tous autres sages et preudes hommes, et à bonne cause; car perte de si

---

[1] *Vingt-sixiesme jour de septembre :* Il y a probablement ici une faute dans le manuscrit, car tous les historiens s'accordent pour placer au 16 septembre la mort de Charles v. L'*Art de vérifier les dates* ne laisse aucun doute à cet égard.

excellent prince n'est mie merveilles se elle est doulousée (1).

Chapitre LXXII : *La fin et conclusion de ce livre.*

Et Dieu loé, à qui graces avec beneissons soyent présentées, qui m'a presté engin, santé, temps et lieu de mener à fin ceste petite compillacion par moy traictiée, comme mon sens ne soit souffisant de bien démener si haulte matiere! Mes humblement supplye tous les vivans trés hauls, excellens et redoubtez princes d'icelle trés noble susdicte royal ligniée, dont ceste histoire fait mencion, et à ceulx qui d'eulx descendront, à qui, és temps à venir, sera manifestée, que ilz vueillent avoir à gré plus mon desireux vouloir de exaulcier leur noms en loange véritable, que l'effect de mon petit savoir à ce estendu ; et, aprés ma vie, mon ame leur soit recomandée ; car nonobstant receusse ce labour par digne commandement, comme dit est, la matiére de si exellent prince en toutes choses, comme fu le sage bon roy Charles, pour pluseurs raisons m'a esté trés agréable. Deux principales y a : l'une, pour cause de ses vertus ; l'autre, que commé en ma jeunece et enfence, avec mes parens, je fusse nourrie de son pain, m'y répute si comme tenue.

Si prie enfin à la benoicte Trinité, Pere et Filz et Saint Esperit, un seul Dieu, que l'ame d'icelluy son sergent dévot et trés crestien le sage roy Charles,

(1) *Doulousée* : suivie d'affliction.

quint d'icellui nom, vueille avoir en la compaignie de ses benois esleus en paradiz, et aussi celle de son bon frere monsigneur de Bourgongne, et de tous leur prédécesseurs. AMEN, *amen.*

**EXPLICIT LE LIVRE DES FAIZ ET BONNES MEURS
DU SAGE ROY CHARLES V.**

OBSERVATIONS

SUR

L'HISTOIRE DE CHARLES V.

Dans le Précis qui précède les Mémoires de Du Guesclin, nous avons donné l'ensemble des opérations militaires et des événemens politiques du règne de Charles v. Les Mémoires de Christine de Pisan peignent ce prince dans l'intérieur de sa cour et de sa famille; on y voit le détail de sa vie privée, de ses travaux, de ses goûts, de ses habitudes : il ne nous reste donc plus, pour compléter le tableau de ce règne mémorable, qu'à jeter un coup d'œil rapide sur les améliorations et sur les réformes qui sont dues à la sagesse du monarque.

Lorsque Charles v monta sur le trône, tout étoit désordre et confusion dans le royaume. Rien n'égaloit surtout la licence des gens de guerre. Les hommes d'armes faisoient la principale et presque la seule force des armées : c'étoient des nobles habitués à mener une vie indépendante dans leurs châteaux, et qui ne pouvoient être obligés de servir que pendant un nombre de jours déterminé. Ils regardoient comme au-dessous d'eux de se soumettre à la discipline, et ils n'obéissoient pas plus aux chevaliers bannerets qui les commandoient, que ceux-ci n'obéissoient au général. Quand on en venoit aux mains, chaque troupe d'hommes d'armes, ou même chaque homme d'armes avec ses suivans, attaquoit et combattoit pour ainsi dire isolément, ne cherchant qu'à signaler sa bravoure et à faire des prisonniers dont la rançon devoit l'enrichir. Il résultoit de cet ordre de choses que l'impétuosité française l'emportoit dans les affaires où de petites troupes seulement se trouvoient engagées; tandis que dans les grandes batailles, où tout dépend de l'ordre et de l'ensemble des mouvemens, souvent nos armées étoient mises en déroute par des armées inférieures en nombre, mais mieux disciplinées. Un prince essaieroit en vain de changer brusquement des habitudes qui tiennent au caractère de la nation qu'il gouverne. Son habileté consiste d'abord à tirer parti de ce qui existe, et ensuite à donner aux choses la direction qu'il juge être la plus utile au bien de l'Etat. Telle fut la conduite de Charles v. Eclairé par le résultat funeste des journées de Crécy et de Poitiers, il ne permit jamais qu'aucun de ses généraux compromît la sûreté du royaume en livrant une bataille générale. Les instances mêmes de Du Guesclin, dont il connoissoit la sagesse et la prudence, ne purent le décider à s'écarter de la règle qu'il s'étoit prescrite. Ses troupes, divisées en petits corps peu nombreux, harcelèrent l'ennemi sur tous les points, détruisirent des armées considérables, et arrachèrent successivement aux Anglais toutes les provinces qu'ils possédoient en France, sans jamais rien abandonner au hasard.

Le défaut de discipline n'étoit encore qu'un des moindres obstacles contre lesquels Charles v eut à lutter. A l'époque de la mort du roi Jean, non-seulement la France n'avoit pas d'armée, mais ses provinces étoient dévastées par ces redoutables bandes connues sous le nom de grandes compagnies. Après le traité de Bretigny, Edouard, au lieu de retirer ses troupes ainsi qu'il s'y étoit engagé, les avoit laissées en France, où elles vivoient à discrétion; les hommes d'armes et les soldats français, licenciés depuis la paix, s'étoient joints à ces étrangers; les paysans qui avoient quitté leurs villages et pris les armes lors de la Jacquerie, ceux qui avoient été dépouillés par le pillage, alloient chaque jour grossir les bandes; elles se composoient ainsi d'aventuriers de différentes nations, qui ne reconnoissoient d'autres souverains que leurs capitaines, et ces capitaines étoient des seigneurs qui les rendoient plus formidables encore par leur expérience dans l'art de la guerre.

La formation des grandes compagnies et leurs brigandages étonneront moins, si l'on considère que lorsqu'Edouard et le prince de Galles avoient envahi nos provinces, ils avoient excité eux-mêmes leurs troupes à se livrer aux plus effroyables excès; les Anglais étoient ainsi habitués à s'enrichir par le pillage : les Français suivirent bientôt leur exemple. Des deux côtés on n'avoit pris les armes que pour piller. A l'époque de la paix, si le gouvernement français avoit été fort, les troupes licenciées n'auroient osé rester en campagne; il étoit foible : amis et ennemis se réunirent pour continuer de ravager les provinces. Le brigandage devint comme inséparable du métier de la guerre; et les choses furent poussées à un tel point, que Talbot disoit : *Si Dieu étoit homme d'armes, il seroit pillard.* On a vu, dans les Observations sur les

Mémoires de Du Guesclin, comment Charles v parvint à débarrasser le royaume des grandes compagnies. Après le départ des corps les plus considérables, il put aisément arrêter les brigandages de quelques bandes isolées qui avoient refusé de prendre part à l'expédition de Castille. Les paysans, ne craignant plus que leurs récoltes fussent pillées ou brûlées, se livrèrent avec sécurité aux travaux de l'agriculture; l'abondance ne tarda pas à renaître dans les campagnes naguère dévastées et désertes; le commerce interrompu reprit son activité, et une sage administration cicatrisa en peu d'années les plaies de la France. Charles v, monté sur le trône en 1364, se trouva dès 1368 en état de déclarer la guerre à l'Angleterre, qui étoit loin de croire que la France, après avoir éprouvé tant de désastres, fût, dans un si court espace de temps, devenue assez forte pour provoquer une nouvelle lutte.

Pendant la paix, des jeux frivoles avoient remplacé les jeux guerriers qui faisoient autrefois les délices de la nation. Charles v, craignant que le courage de ses peuples n'en fût énervé, proscrivit tous ceux de ces jeux qui ne tendent point à rendre les hommes robustes et habiles au métier des armes; il engagea ses sujets à ne choisir pour leurs divertissemens que des exercices propres à développer leur force ou leur adresse, tels que le maniement de la lance, le tir de l'arc, de l'arbalète, etc. Résolu d'affamer et de détruire en détail, sans les combattre en bataille rangée, les armées ennemies, si elles pénétroient dans le royaume, il avoit fait fortifier tous les points qui étoient susceptibles de défense, afin que les paysans, en cas d'invasion, pussent s'y retirer avec leurs familles et tout ce qu'ils possédoient de précieux. Par ses soins, Paris avoit été mis à l'abri de toute insulte; et l'abbaye Saint-Germain, entourée de fossés et de murailles, étoit devenue une bonne forteresse qui défendoit la ville de ce côté.

Ayant ainsi fait toutes ses dispositions, il ne craignit plus d'attaquer les Anglais. Des succès certains, qu'il s'étoit ménagés à l'avance, rendirent la confiance à ses troupes découragées par de longs revers; et la bouillante valeur des Français n'hésita pas à se soumettre à la prudence d'un monarque dont il étoit impossible de ne pas reconnoître la profonde sagesse.

Mais la tâche la plus difficile à remplir pour Charles v étoit de réprimer la licence des gens de guerre, au moment où il avoit le plus besoin de leurs services. Le défaut de paiement régulier de la solde des troupes servoit de prétexte au pillage; il assura ce paiement sur les aides, et des commissaires royaux veillèrent à ce que les receveurs tinssent toujours les sommes nécessaires à la disposition des capitaines. Il réunit les généraux les plus expérimentés, et de concert avec eux publia sur la police militaire une ordonnance qui concilioit les avantages dus aux défenseurs de l'Etat avec la sûreté des citoyens et de leurs propriétés. Il fut défendu de lever des compagnies sans la permission expresse du Roi ou de ses généraux; la force de chaque compagnie fut fixée à cent hommes, et les capitaines déclarés responsables de la conduite de leurs soldats. Des peines furent portées contre tout homme d'armes qui exigeroit quelque chose des habitants des villes ou des campagnes sans en payer la valeur, quitteroit l'armée sans un congé du général, et qui, après avoir été congédié, ne se retireroit pas immédiatement chez lui, et sans commettre aucun désordre sur sa route. Des lieutenans furent chargés de faire chaque mois la revue des troupes, et de rayer, des *montres* qui servoient de contrôles pour le paiêment de la solde, tous les hommes qui ne se présenteroient pas en personne. Telle est la première origine des inspecteurs militaires. Enfin il interdit les guerres particulières entre les seigneurs, qui, sous le plus léger prétexte, pilloient les terres de leurs voisins et ruinoient les malheureux habitans des campagnes.

Ces réglemens, que le Roi fit exécuter avec fermeté, arrêtèrent les désordres pendant son règne; et s'ils furent négligés sous le règne suivant, on ne peut nier qu'ils aient servi plus tard de base pour établir une bonne police militaire.

Les prédécesseurs de Charles v, en commandant eux-mêmes leurs armées, avoient souvent peine à se faire obéir des chefs et des soldats; lui, qui ne fit jamais la guerre en personne, dirigea toutes les opérations de ses généraux, et sut établir une discipline exacte parmi des troupes habituées à l'insubordination. Aussi Edouard disoit-il : « Il n'y eut onques roi « qui moins armât, et si n'y eut oncques roi qui tant « me donnât à faire. »

La marine avoit été négligée depuis saint Louis, et pourtant elle étoit d'une haute importance dans les guerres continuelles que l'on avoit à soutenir contre les Anglais. Si l'on vouloit prévenir une invasion ou faire une descente en Angleterre, il falloit avoir recours aux étrangers, ou employer les vaisseaux marchands, que leur construction rendoit peu propres au combat. Le Roi sentit la nécessité d'avoir des bâtimens de guerre : il en fit construire un grand nombre sur les côtes de Normandie, et pourvut, par de sages ordonnances, à la conservation des forêts qui pouvoient fournir des bois de construction.

Le commencement de son règne avoit été signalé par des ordonnances très-favorables au peuple. Elles enjoignoient aux avocats et aux procureurs d'assister les pauvres de leurs conseils, de plaider leurs causes sans exiger aucun salaire, et aux gens des requêtes d'expédier gratuitement et diligemment les causes de ceux qui, à raison de leur indigence, se trouvoient hors d'état d'acquitter les frais de procédure. Les procureurs du châtelet ayant cherché à éluder les dispositions de l'ordonnance, le parlement, le prévôt de Paris et les conseillers du châtelet furent chargés d'en réduire le nombre ; ils ne conservèrent que les plus *loyaux*, et *rejetèrent les autres par lesquels le peuple étoit moult grevé, et en plusieurs manieres opprimé induement*. Le Roi défendit aussi aux nobles, aux clercs et aux officiers de sa maison de se faire adjuger les fermes de l'Etat ; les bourgeois seuls y furent admis. Voulant donner plus d'activité au commerce, il accorda une protection spéciale aux commerçans étrangers, afin de les engager à se fixer en France ; en cas de guerre, il leur étoit permis de sortir librement, d'emporter leurs richesses ; et s'ils mouroient, leurs biens étoient conservés à leurs héritiers. Il fit plusieurs autres réformes dans l'administration, et quelques-uns de ses réglemens étoient encore en vigueur dans le siècle dernier.

Les réglemens les plus utiles furent sans contredit ceux qu'il fit sur les monnoies, qui avoient été altérées si souvent sous les derniers règnes. On avoit compté jusqu'à onze fabrications différentes dans une seule année : cet abus ruinoit le peuple sans procurer de grands avantages au souverain. Les espèces étant loin d'approcher de leur valeur réelle, on introduisoit en France des monnoies étrangères de mauvais aloi; on fabriquoit même des monnoies françaises dans les pays voisins, qui se trouvoient ainsi tirer le véritable bénéfice des altérations. Charles v fixa irrévocablement le prix du marc d'or et du marc d'argent (1); il n'y eut plus aucun changement pendant son règne, et les particuliers purent faire entre eux des transactions sans se voir exposés à perdre une partie de leur fortune.

Sous le roi Jean et sous Charles vi, il y eut des révoltes pour des impôts moins forts que ceux que l'on paya pendant le règne de Charles v. La cause s'en explique aisément. Le peuple savoit que Charles v administroit le royaume avec une sévère économie, et que le produit des taxes étoit employé pour le bien de l'Etat, au lieu d'être la proie des courtisans. On payoit donc sans murmurer les sommes que le Roi demandoit pour la défense du royaume, parce que l'on étoit convaincu qu'elles ne seroient pas dilapidées ou employées à de folles dépenses. Les domaines royaux, qui faisoient alors le principal revenu de la couronne, avoient été négligés sous les prédécesseurs de Charles v : il les fit visiter par des commissaires intelligens, qui y réformèrent les abus, et qui leur rendirent la valeur qu'ils devoient avoir. Le Roi put ainsi disposer de sommes considérables sans augmenter les charges de ses sujets.

(1) Le marc d'or fin fut fixé à soixante-quatre livres tournois, et le marc d'argent à cinq livres.

Son économie, qui n'étoit qu'un ordre bien entendu dans toutes les parties de l'administration, ne l'empêchoit pas de donner à la cour de France un éclat qu'elle n'avoit point encore eu avant lui (1). On a vu dans les Mémoires de Christine de Pisan (troisième partie, chap. 11) la liste des palais, des châteaux et autres habitations royales créées ou embellies par Charles v. Les deux principales étoient le Louvre, qu'il avoit fait reconstruire à neuf, et l'hôtel Saint-Paul, qu'on appeloit alors l'*hôtel solemnel des grands esbattements*. Les bâtimens de cet hôtel n'étoient pas très-considérables; mais il y avoit des jardins délicieux qui se prolongeoient sur le bord de la Seine. On n'avoit pas alors, comme aujourd'hui, des jardins de pur agrément. Les légumes en occupoient une partie, et le reste étoit planté d'arbres fruitiers pour la table du Roi et des grands officiers. Les fruits étoient un objet de luxe; on remarque dans les anciennes chroniques que l'on ne servoit que des noix pour dessert aux tables des officiers inférieurs de la cour. Les rois de la troisième race avoient ordinairement habité le palais; Charles v préféra le séjour de l'hôtel Saint-Paul : le Louvre étoit réservé pour les princes étrangers. C'étoit là que le Roi avoit fait placer sa bibliothèque. Le roi Jean avoit à peine vingt volumes : Charles v en réunit près de neuf cents. Félibien, dans son Histoire des maisons royales,

---

(1) Par une ordonnance de 1374, il fixa à douze mille livres tournois de rente en fonds de terre l'apanage de Louis son second fils; le prince devoit, à sa majorité, recevoir une somme de quarante mille livres pour former sa maison. Le même apanage étoit assuré à ses autres fils, s'il en avoit. Quant aux princesses, l'aînée devoit avoir une dot de cent mille livres; plus, les meubles, habits et joyaux convenables à une fille du roi de France. La dot des cadettes n'étoit fixée qu'à soixante mille livres.

donne la description de la bibliothèque, qui occupoit trois chambres ou trois étages de l'une des tours du Louvre. Cette tour s'appeloit *Tour de la Librairie*. A cette époque, où l'imprimerie n'étoit pas encore inventée, et où les manuscrits des auteurs anciens étoient très-rares, neuf cents volumes formoient un véritable trésor. Le Roi avoit pris de sages mesures pour leur conservation. Les fenêtres de la tour étoient garnies de barreaux de fer et d'un treillage de fil de laiton. Il avoit fait décorer les salles avec luxe : les vitrages étoient peints ; les lambris des murs étoient de bois d'Irlande, ceux de la voûte de cyprès : ces lambris étoient richement sculptés. Trente chandeliers, et une lampe d'argent toujours allumée, éclairoient chaque salle, et permettoient d'y travailler le jour comme la nuit. En 1378, Charles v chargea Mallet, l'un de ses valets de chambre, de faire l'état de sa librairie ; et la bibliothèque du Roi possède encore le catalogue qui fut fait à cette époque. La première pièce contenoit deux cent soixante-neuf volumes ; la deuxième, deux cent soixante ; la troisième, trois cent quatre-vingts. Il y avoit en outre des cartes de géographie, et divers instrumens de musique [1]. Sous Charles vi, cette bibliothèque fut augmentée de quelques volumes. Au commencement du règne de Charles vii, le duc de Betfort, qui prenoit le titre de régent du royaume pendant la minorité de Henri vi, se fit livrer tous les livres moyennant douze cents francs, et les fit transporter en Angleterre. Les anciens registres de la chambre des comptes constatent que les douze cents francs furent employés à

[1] On trouve dans un manuscrit de la bibliothèque du Roi, n° 7609, les noms des instrumens de musique du quatorzième siècle, et on en reconnoît plusieurs qui sont encore en usage aujourd'hui.

payer le mausolée de Charles VI et d'Isabelle de Bavière. Quelques-uns des manuscrits ayant été rapportés plus tard en France, on a prétendu que la bibliothèque de Charles V n'avoit point été vendue au duc de Betfort; mais des documens authentiques ne laissent aucun doute à cet égard.

Il seroit fastidieux et inutile de décrire ici la manière dont étoient meublées les habitations royales. Pour donner une idée de la magnificence de Charles V, nous ferons seulement remarquer que lorsque Philippe de Valois étala tout le luxe de sa cour dans un festin où se trouvoient les rois d'Ecosse, de Bohême, de Navarre et de Majorque, il n'y avoit sur la table que deux quartes dorées pleines de vin, une coupe et une aiguière devant chaque monarque. Le vin du Roi étoit dans une outre de cuir, sur le dressoir ou buffet. On peut comparer cette réception avec les détails qu'on lit dans Christine (troisième partie, chap. 38 et suiv.), sur les fêtes données par Charles V pendant le séjour de l'Empereur à Paris.

Afin de rendre sa cour plus brillante, ou plutôt pour attirer près de lui les seigneurs et les attacher davantage à son service, le Roi avoit considérablement augmenté le nombre des officiers de la couronne. On voit, dans Philippe de Maizières, qu'il eut jusqu'à vingt chambellans : Philippe de Valois n'en avoit eu que quatre.

Il avoit appelé à Paris plusieurs savans étrangers; et par les gages qu'il donnoit au père de Christine de Pisan, on peut calculer les sommes qu'il sacrifia pour faire naître en France le goût des lettres. Par ses ordres, ou sur le désir qu'il en témoigna, on traduisit la plupart des auteurs grecs et latins dont il avoit pu se procurer les ouvrages. Il entendoit assez le latin pour les lire dans l'original; mais il vouloit les mettre à la portée de tout le monde, et propager la connoissance des chefs-d'œuvre de l'antiquité. Il ne se bornoit pas à encourager les lettres, il les cultivoit lui-même; et son exemple ne pouvoit manquer d'agir puissamment sur la nation. Les troubles et les désastres des règnes suivans arrêtèrent malheureusement bientôt cette première impulsion, qui ne pouvoit se développer au milieu des fureurs des factions, ni lorsque la France étoit sur le point de tomber sous une domination étrangère.

Jamais prince ne paya avec plus de grandeur et de générosité les services rendus à l'Etat. Dans les observations sur les Mémoires de Du Guesclin, nous avons indiqué une partie des dons qu'il fit au connétable, et qui s'élèvent à des sommes prodigieuses pour le temps. Ses autres capitaines et ses ministres eurent également part à ses libéralités. Les récompenses accordées avec discernement redoubloient le zèle des guerriers et des magistrats pour servir un prince qui, gouvernant par lui-même, ne se laissoit pas arracher ses bienfaits par l'intrigue et par la flatterie. Un historien remarque cependant que le mausolée qu'il fit élever à un de ses *fols* étoit aussi magnifique que celui de Du Guesclin. Ce trait satirique semble porter à faux. D'abord ce ne fut point Charles v qui fit élever le mausolée de Du Guesclin; il ordonna seulement que le corps du connétable fût déposé à Saint-Denis, et placé dans le lieu de la sépulture des rois : distinction la plus honorable de toutes pour un guerrier français. Mais en passant sur ce qu'il y a d'inexact dans le rapprochement, la foiblesse qu'un prince, d'ailleurs accompli, auroit eue pour un bouffon ne terniroit point sa gloire. Il importe peu de savoir que les facéties de son *fol* ont procuré à Charles v quelques délassemens au milieu de ses travaux, lorsque tous les monumens historiques attestent qu'il n'a jamais rien entrepris d'important sans avoir consulté les hommes les plus expérimentés et les plus habiles de son royaume, et lorsqu'on a la certitude que les gens graves et sages ont seuls obtenu quelque influence sur son esprit.

En parlant du règne de Charles v, on ne doit point passer sous silence les couvens, les hôpitaux et les colléges qu'il fonda, et auxquels il attribua les revenus nécessaires pour leur entretien. Son exemple fut suivi par plusieurs de ses sujets, et peu de règnes ont vu naître autant d'établissemens utiles.

Lorsque l'on calcule les sommes que Charles dépensa pour les fondations, pour les bâtimens royaux, pour soutenir de nombreuses armées, pour créer et entretenir une marine considérable, pour encourager les sciences et les lettres, pour récompenser les services militaires et civils, on a peine à concevoir comment le trésor royal a pu subvenir à de si énormes frais. L'étonnement redouble, si l'on considère qu'au moment où Charles v parvint à la couronne le trésor étoit obéré par le paiement de la rançon du roi Jean, que les provinces étoient ruinées par le pillage de la Jacquerie et des gens de guerre, et que le peuple étoit réduit à l'état de misère le plus déplorable. Cependant le Roi fit face à toutes ces dépenses, rendit sa cour la plus magnifique de l'Europe, améliora le sort de ses sujets, augmenta ses domaines par d'importantes acquisitions, et laissa en mourant un trésor de plus de dix-sept millions, fruit de ses épargnes. Comme il avoit amassé cette somme, qui est énorme pour le temps, sans trop fouler le peuple, sans diminuer la splendeur de sa cour, on crut qu'il avoit eu recours à des moyens surnaturels, et on lit dans Simon de Phares, qui écrivoit sous Charles VIII : « Quelques-uns dient que Jehan de Mehun, mon « consanguin, avoit assemblé cette somme au Roi par « la puissance et la vertu de la pierre des philoso- « phes. » Plusieurs circonstances avoient contribué à répandre une pareille idée. Charles V s'occupoit de chimie, science que l'on confondoit alors avec les chimères de l'alchimie; il avoit, ainsi qu'on l'a vu dans les Mémoires de Christine (troisième partie, chap. 22), attiré à sa cour un savant qui passoit pour avoir trouvé la pierre philosophale : les trésors qu'il laissoit purent donc porter à croire qu'il avoit eu le secret de faire de l'or. L'histoire impartiale doit cependant faire remarquer que les trésors de Charles V, surnommé *Charles le Riche* par Matthieu de Coucy, n'étoient pas le simple résultat de l'ordre sévère qu'il avoit établi dans toutes les parties de l'administration. Obligé de soutenir des guerres onéreuses, et ne voulant pas laisser de prétexte aux rapines des gens d'armes qui, lorsqu'ils n'étoient pas payés exactement, dévastoient les campagnes, il avoit senti la nécessité d'avoir toujours à l'avance des sommes considérables pour subvenir aux frais de ses expéditions. Mais on ne peut dissimuler qu'il n'avoit pas toujours été très-scrupuleux sur les moyens de se procurer de l'argent. Nous en citerons quelques exemples. On trouve dans les ordonnances du Louvre, tom. 6, p. 335, des lettres-patentes en faveur d'une compagnie d'usuriers auxquels on accorda le privilége de faire pendant six ans l'usure dans les villes d'Amiens,

d'Abbeville et de Meaux. Ces usuriers étoient autorisés à exiger jusqu'à deux deniers pour franc d'intérêt par semaine, à prêter sur toutes espèces de gages, excepté les reliques, calices, etc.; et les lettres-patentes défendoient aux juges de les poursuivre, de leur infliger des amendes, nonobstant toutes ordonnances à ce contraires. D'autres lettres-patentes accordent des priviléges encore plus grands à cinq usuriers qui étoient autorisés à faire exclusivement l'usure pendant cinq ans dans la ville de Troyes. Non-seulement on leur permit de prendre de plus gros intérêts, on leur garantit les jouissances de leurs biens; mais l'article 25 est tellement extraordinaire, que nous croyons devoir le citer. « Si aucunes femmes
« renommées estre de fole vie estoient dedans les
« maisons desdiz marchands, qui voulsissent dire et
« maintenir par leur cautelle et mauvaistié estre ou
« avoir été efforciées par lesdiz marchands ou aucuns
« d'eulz, que à ce proposer ycelles femmes ne fussent
« point reçues, ne les diz marchands ou aucuns
« d'eulz pour ce empeschier en corps ne en biens. »
(Ord. du Louvre, tom. 6, p. 477.) Ces priviléges ne s'obtenoient que moyennant de fortes sommes, et une ordonnance du mois de février 1378 porte expressément que les *compositions des usuriers* seront versées dans les caisses royales. La foiblesse humaine ne pouvant atteindre à la perfection, chaque vertu touche pour ainsi dire à un défaut; c'est ainsi que l'économie de Charles v dégénéroit quelquefois en avarice, et que son désir d'amasser des trésors pour les besoins de l'Etat l'entraînoit à des mesures indignes de lui.

Pendant la captivité du roi Jean, et au milieu des

troubles qui signalèrent cette époque, Charles avoit eu lieu de remarquer combien il importoit à la tranquillité publique que le gouvernement exerçât une grande influence sur les Parisiens, ou fût en mesure pour arrêter leurs premiers mouvemens séditieux. Dès-lors l'exemple de la capitale entraînoit les provinces. Charles v se concilia l'amour des bourgeois de Paris en augmentant leurs priviléges; ils purent acquérir des fiefs et des arrière-fiefs, et les posséder au même titre que les nobles; il leur fut permis de faire usage de freins dorés, et des autres ornemens réservés aux chevaliers; ils purent même se faire recevoir chevaliers : ce qui les assimiloit entièrement à la noblesse. Ces priviléges furent confirmés par Charles vi, par Louis xi, par François 1er et par Henri ii. Henri iii les restreignit au prévôt et aux échevins; ils furent entièrement supprimés en 1667, rétablis en 1707, supprimés de nouveau en 1715; en 1716, on rendit la noblesse aux échevins, qui la conservèrent jusqu'à la révolution. Mais, en cherchant à s'attacher les bourgeois de Paris par les grâces qu'il leur accordoit, il ne négligea pas les moyens d'arrêter les efforts des factieux qui tenteroient d'exciter des soulèvemens. Le château de la Bastille, qui fut commencé sous son règne, étoit moins destiné à défendre la ville contre les attaques extérieures, qu'à maintenir les habitans dans le devoir.

Charles v, dont la santé étoit délabrée, et qui ne pouvoit espérer une carrière assez longue pour consolider ses travaux, voyoit avec inquiétude les malheurs qui menaçoient la France après sa mort. Ses enfans étoient en bas âge, et une longue minorité pouvoit être également funeste pour eux et pour le royaume. Jusqu'à Philippe-le-Hardi, il n'y avoit eu que des coutumes et point de réglemens sur les régences. En général, les régens reculoient, autant qu'il leur étoit possible, l'époque à laquelle la majorité devoit être déclarée, afin de conserver plus long-temps l'autorité royale. Ils l'exerçoient dans toute sa plénitude, et les actes étoient même scellés de leur propre sceau. On avoit alors l'opinion que le roi n'étoit point roi tant qu'il n'étoit pas sacré, et c'est ce qui décida plusieurs monarques de la troisième race à faire sacrer leurs fils aînés de leur vivant, afin de leur assurer la couronne dont l'ambition du régent auroit pu les priver; mais il n'y avoit point d'âge déterminé pour la majorité des rois. Loin de trouver quelque chose de positif à cet égard dans les historiens, ils sont si peu d'accord entre eux, qu'en rapportant la décision de l'assemblée des pairs, qui, après la mort de Louis x, donnoit la tutèle et la régence à Philippe v si la Reine, qui étoit enceinte, accouchoit d'un fils, Philippe devoit conserver le pouvoir jusqu'à ce que le prince eût dix-huit ans suivant les uns, et vingt-quatre suivant les autres.

En 1270, Philippe-le-Hardi, étant encore en Afrique, avoit publié une ordonnance par laquelle il déclaroit son fils majeur à l'âge de quatorze ans : on vient de voir que les pairs du royaume n'eurent point égard aux dispositions de cette ordonnance après la mort de son petit-fils.

Charles v connoissoit l'avidité et l'ambition des ducs d'Anjou, de Bourgogne et de Berri, ses frères; il ne les avoit contenus que par une grande fermeté, et par l'ascendant qu'il avoit pris sur eux. Il ne pouvoit leur enlever la régence à laquelle leur naissance les appeloit : il chercha à restreindre leur autorité, fixa l'époque de la majorité des rois à quatorze ans, et donna la tutèle de ses enfans à sa femme; il avoit en outre créé un conseil de régence composé des hommes les plus habiles et les plus considérables du royaume, qui étoient appelés à prononcer sur toutes les affaires importantes. Mais la mort prématurée de la Reine, dont les vertus et le caractère auroient pu prévenir tant de maux, ayant dérangé ce plan, Charles v adjoignit pour la régence, aux ducs d'Anjou, de Bourgogne et de Berri, le duc de Bourbon son beau-frère, le prince le plus vertueux et le plus modéré de son temps. Se voyant près de sa fin, il laissa les instructions les plus sages au duc d'Anjou, qui comme chef de la famille royale alloit se trouver à la tête des affaires; il lui avoit fait prêter les sermens les plus solennels. Mais les volontés des rois les plus puissans sont rarement respectées après leur mort : celles de Charles v furent bientôt oubliées; les princes ses frères ne songèrent qu'à satisfaire leur ambition et leur avidité, et le duc de Bourbon s'efforça vainement d'empêcher les progrès du mal. La France, que Charles v laissoit dans un état si florissant, alloit être déchirée par les factions, et livrée aux horreurs de la guerre civile et étrangère. Mais le tableau de ces malheurs appartient au règne de Charles vi : il servira d'introduction aux Mémoires de Fénin et de Boucicaut.

HISTOIRE
DE MESSIRE JEAN DE BOUCICAUT,
MARESCHAL DE FRANCE, GOUVERNEUR DE GENNES,

ET DE SES MÉMORABLES FAICTS EN FRANCE, ITALIE ET AUTRES LIEUX,

DU REGNE DES ROYS CHARLES V ET CHARLES VI, JUSQUES EN L'AN 1408;

Escripte du vivant du dict Mareschal, et mise en lumiere

Par THEODORE GODEFROY,
Advocat au parlement de Paris.

MEMOIRES
DE PIERRE DE FENIN,
ESCUYER ET PANETIER DE CHARLES VI,
ROY DE FRANCE,

CONTENANT L'HISTOIRE DE CE PRINCE, DEPUIS L'AN 1407 JUSQUES A L'AN 1422;

Recueillis par GERARD DE TIEULAINE,
Sieur de Graincour lez Duisans.

AVERTISSEMENT

SUR L'HISTOIRE DE BOUCICAUT,

ET

SUR LES MÉMOIRES DE FÉNIN.

Ces deux ouvrages, dont l'un conduit le lecteur depuis 1368 jusqu'à 1408, et l'autre depuis 1407 jusqu'à 1422, semblent, au premier coup d'œil, donner une idée complète d'une partie du règne de Charles v, et du règne entier de Charles vi; mais on se tromperoit beaucoup, si l'on croyoit qu'il existe quelque liaison et quelque ensemble entre deux morceaux historiques dont les plans sont absolument différens.

L'auteur de l'Histoire de Boucicaut est inconnu. Il paroît que, fatigué des scènes pénibles qui eurent lieu en France depuis l'avénement de Charles vi, il voulut se distraire en retraçant les exploits et les aventures singulières d'un chevalier qui passa hors de France ses plus belles années, et qui, tandis que son pays étoit en proie à l'anarchie, remplit le monde du bruit de sa gloire. Doué d'une imagination brillante, familier avec les auteurs anciens, n'ayant presque aucun des défauts de son siècle, cet auteur, dont on doit regretter de ne pas connoître le nom, suit son héros dans les divers pays où sa valeur l'appelle, raconte avec soin tous ses faits d'armes, mais évite, autant qu'il le peut, de parler des désordres de la France, et se borne à faire de temps en temps quelques allusions qui annoncent l'esprit le plus sage et le plus modéré. Son ouvrage ne donne donc aucune idée de la minorité de Charles VI, et de l'anarchie qui rendit si désastreux le reste de son règne [1].

Il n'en est pas ainsi des Mémoires de Fénin. Cet auteur, revêtu d'une charge à la cour, ne s'occupe que des affaires intérieures : penchant, quoique avec modération, pour le parti du duc de Bourgogne, il n'a pas toujours l'impartialité qu'on exige d'un historien; et son ouvrage ne peut, sous aucun rapport, faire suite à l'Histoire de Boucicaut.

Il a donc été indispensable, tant pour remplir les immenses lacunes qui existent dans le premier ouvrage, que pour rectifier les erreurs qui se trouvent dans le second, de tracer un tableau complet du règne de Charles VI, où l'on a cherché à peindre le système et la marche des factions, les intrigues de la Cour, et les causes éloignées de la catastrophe terrible qui termina ce règne de quarante-deux ans. On s'est efforcé, d'après un examen approfondi des auteurs contemporains, de retracer l'esprit d'un siècle si fécond en événemens extraordinaires; et l'on n'a en même temps rien négligé pour répandre de la lumière sur les deux ouvrages auxquels ce tableau sert d'introduction.

[1] En 1697, il parut une Histoire de Boucicaut, par un auteur anonyme (1 vol. in-12, Paris, veuve Coignar.) Cet ouvrage, fort médiocre, n'a d'autre mérite que de donner le récit complet de la vie du maréchal, que l'auteur contemporain n'a pas poussé plus loin que l'année 1408.

AVERTISSEMENT.

L'Histoire de Boucicaut fut publiée en 1620 par Théodore Godefroy. (Un volume petit in-4°. Paris, Abraham Pacard.) Il la tenoit de Machault, sieur de Romaincourt : c'étoit, à ce qu'il paroît, l'unique manuscrit qui restât, car il n'en existe aucun à la bibliothèque du Roi (1). Nous avons déjà remarqué que cet ouvrage présente plus d'une espèce de mérite : à quelques digressions près, c'est une narration pleine d'intérêt et de naïveté. Si l'on veut le comparer aux Mémoires de Christine de Pisan, qui sont du même temps, il est difficile de ne pas croire que le style en ait été retouché. Cependant les tournures originales de cette époque s'y retrouvent ; et il paroît qu'on s'est borné à changer quelques mots. Les premiers éditeurs des Mémoires se sont permis de faire plusieurs coupures dans cette histoire ; et malheureusement elles tombent presque toujours sur ces allusions si curieuses dont nous avons parlé. Ils ont, par exemple, supprimé un tableau des guelfes et des gibelins, où l'auteur désigne clairement les bourguignons et les armagnacs, et cherche à ramener ses compatriotes à des sentimens de modération et de paix. Nous donnons cette histoire telle que Théodore Godefroy l'a publiée : nous espérons que le lecteur nous en saura gré, et qu'en pensant au temps où elle a été composée, il excusera quelques digressions oiseuses, ainsi que des parallèles quelquefois trop étendus entre le héros français et les grands hommes de l'antiquité.

Les Mémoires de Pierre de Fénin furent publiés en 1653 par Denis Godefroy, fils de Théodore, qui les joignit à la

---

(1) Au moment où nous écrivons (1819), nous apprenons que cette bibliothèque vient de faire l'acquisition d'un manuscrit de l'Histoire de Boucicaut, entièrement conforme au texte que nous avons suivi.

seconde édition de l'Histoire de Charles VI, par Jean Juvénal des Ursins. (Un volume in-fol. Imprimerie royale.) Ces Mémoires avoient été conservés par Gérard de Tieulaine, sieur de Graincour-lez-Duisans : il n'en existe aucun manuscrit à la bibliothèque du Roi. On ne sait rien sur Pierre de Fénin, si ce n'est qu'il fut d'abord artificier, prévôt de la ville d'Arras, ensuite écuyer et panetier de Charles VI, et que ce prince lui donna l'ordre de la Genette le 18 février 1411. Cet ordre avoit été créé en 732 par Charles Martel, après sa victoire sur les Sarrasins : du temps de Charles VI il étoit fort peu considéré. On croit que Fénin mourut en 1433. Ses Mémoires, dont l'abbé Le Gendre parle avec éloge, embrassent rarement l'ensemble des événemens ; mais ils sont curieux en ce qu'ils contiennent quelques particularités dont l'auteur a pu être bien instruit, et qui donnent une idée fort juste de l'esprit du temps. Le style paroît avoir été retouché comme celui de l'Histoire de Boucicaut ; mais l'ouvrage de l'écuyer de Charles VI, qui n'est souvent qu'une chronique incomplète, est bien inférieur à celui de l'auteur anonyme. Ayant rassemblé ici tous les détails qu'il a été possible de se procurer sur Fénin, ses Mémoires ne seront point précédés d'une notice.

TABLEAU

DU RÈGNE DE CHARLES VI [1].

Charles VI parvint au trône au même âge que saint Louis ; et leurs règnes, presque également longs, forment chacun une période de près d'un demi siècle dans l'histoire de la monarchie. Ces deux enfans, dont l'un sembloit appelé par la Providence à donner à la France toutes les espèces de bonheur et de gloire, et dont l'autre devoit involontairement, et par l'effet d'une sorte de malédiction attachée à tous les événemens de sa vie, laisser flétrir les nobles travaux de son prédécesseur, appeler sur son peuple les plus horribles fléaux, et finir par le soumettre au joug étranger, saint Louis et Charles VI, destinés à remplir une carrière si différente, furent l'objet des douloureuses sollicitudes de Louis VIII et de Charles V, frappés presque au même âge d'une mort prématurée, et prenant à peu près les mêmes mesures pour assurer le trône à leurs fils et la tranquillité à leurs sujets.

Mais Louis VIII avoit pu remettre la régence et

[1] Dans ce tableau, fait d'après les écrivains contemporains, on a cru devoir mettre en notes quelques morceaux curieux des deux productions historiques les plus complètes de ce siècle : 1° l'Histoire de Charles VI, écrite en latin par un moine de Saint-Denis, et traduite en français par Le Laboureur ; 2° l'Histoire du même prince, de Jean Juvénal des Ursins, publiée par Théodore et Denis Godefroy.

l'éducation de son jeune fils à la reine Blanche, si digne de cette double fonction; et Charles v, au moment de sa mort, avoit perdu depuis trois ans Jeanne de Bourbon son épouse, qui, si l'on en juge par le caractère qu'elle déploya comme dauphine et comme reine, auroit rappelé les grandes vertus de la mère de saint Louis. En France, où la loi fondamentale éloignoit les femmes de la couronne, la tutèle d'un roi mineur ne pouvoit être confiée plus sûrement qu'à l'amour désintéressé d'une mère. Seule au milieu de l'ambition turbulente des princes du sang, elle n'avoit et ne devoit avoir naturellement d'autre objet que de veiller sur la sûreté de son fils, et de lui conserver intacts les droits de sa couronne. Il est donc permis de croire que le malheur qui priva l'enfance de Charles vi de l'unique personne qui, après la mort de son père, auroit pu lui être sincèrement dévouée, fut la première cause des désastres de son règne.

Quoique le schisme d'Occident, qui troubla l'Eglise pendant quarante ans, eût commencé peu d'années avant l'avénement de Charles vi, les dissentions religieuses n'eurent presque aucune influence sur les factions dont la France éprouva long-temps les fureurs. La puissance temporelle des papes avoit été considérablement affoiblie par le terrible dénoûment des démêlés de Philippe-le-Bel et de Boniface viii; et la cour de Rome, sans abandonner ses principes, étoit devenue plus circonspecte dans la manière de les appliquer; le schisme d'ailleurs contribuoit à diminuer ce pouvoir en occasionant des disputes publiques qui mettoient au grand jour des irrégularités jusqu'alors cachées avec soin, et en forçant les pontifes à s'abaisser devant les princes, dont la protection leur devenoit nécessaire.

Les querelles sanglantes du règne de Charles vi n'eurent donc que la politique pour objet. L'ambition, la cupidité et la conduite déréglée des grands les firent naître; l'esprit factieux des peuples les prolongea, et elles prirent un caractère d'acharnement et de férocité dont les annales françaises n'avoient pas encore offert d'exemple. Au milieu de ces désastres, l'homme le plus malheureux étoit le Roi, qui, flottant pendant trente années entre les ténèbres d'un égarement déplorable et les foibles lueurs d'une raison importune, connoissoit les maux auxquels ses sujets étoient livrés, et en étoit d'autant plus vivement touché que, malgré l'impuissance où il se trouvoit de les soulager, il conserva leur amour jusqu'à ses derniers momens.

La mort de Charles v, qui arriva le 16 septembre 1380, au château de Beauté-sur-Marne, lorsque ce prince avoit à peine quarante-quatre ans, n'excita que dans un petit nombre de Français les regrets et les inquiétudes que les événemens du règne suivant devoient si tristement justifier. Les grands et le peuple, habitués à la licence pendant la captivité du roi Jean, n'avoient pas supporté sans impatience le rétablissement de l'ordre. Plusieurs ambitions avoient été trompées, et quelques impôts onéreux, devenus nécessaires pour remettre la France dans l'état où elle se trouvoit avant les batailles de Crécy et de Poitiers, avoient fait naître de grands mécontentemens. Charles v, comme presque tous les bons rois, ne devoit être apprécié qu'après sa mort.

Ce prince avoit échoué dans le projet de réunir la

Bretagne à ses domaines, et d'enlever ainsi à l'Angleterre l'unique allié qui lui restât en France. Mais cet échec, le seul qu'il eût éprouvé depuis qu'il étoit parvenu au trône, n'avoit point compromis la sûreté de ses Etats, parce que les Bretons, en s'opposant à la réunion, avoient également repoussé les secours intéressés des Anglais. Il étoit en paix avec tous ses autres voisins ; Charles-le-Mauvais, roi de Navarre, dont l'ambition avoit désolé la France pendant les calamités du règne de Jean, étoit désormais hors d'état de rien entreprendre; et la guerre, dont Charles v avoit fait un si heureux usage pour assurer l'indépendance et la tranquillité de son royaume, ne pouvoit se rallumer que du côté de l'Italie, où deux événemens importans venoient de se passer.

Grégoire XI étoit mort à Rome le 27 mars 1378 (1). Ce pape, né Français, et n'ayant presque composé le sacré collége que des prélats de cette nation, devint odieux aux Romains. Un soulèvement eut lieu lorsque le conclave fut réuni pour lui donner un successeur, et les cardinaux se trouvèrent forcés d'élire Barthelemy Prignano, napolitain, archevêque de Bari, qui prit le nom d'Urbain VI. Ils sortirent quelque temps après de Rome, protestèrent contre la contrainte qu'ils avoient éprouvée; et s'étant réunis de nouveau dans la ville de Fondi, ils donnèrent la tiare à Robert

---

(1) Grégoire XI avoit presque toujours résidé en France. Lorsque, appelé par les Romains, il partit pour l'Italie, Charles V essaya de le retenir, et lui envoya son frère Louis, duc d'Anjou. Celui-ci ayant fait d'inutiles efforts, dit au Pape : « Saint Père, vous allez dans « un pays où vous n'êtes guère aimé; et si vous y mourez, (ce qui est « vraisemblable), les Romains seront maîtres des cardinaux, et feront « par force un pape à leur gré. »

de Genève, évêque de Cambray; connu sous le nom de Clément VII. L'Europe se partagea entre ces deux pontifes, sans que ce schisme, si funeste pour la religion, parût influer beaucoup sur la politique. La plus grande partie de l'Empire, la Hongrie, la Bohême, l'Angleterre reconnurent Urbain; la France, l'Espagne, l'Ecosse, le royaume de Naples, l'île de Chypre se soumirent à Clément, qui, ne pouvant entrer à Rome, vint l'année suivante tenir son siége dans la ville d'Avignon.

Cette scission dans l'Eglise avoit été, si l'on en croit plusieurs contemporains, l'ouvrage d'une femme célèbre par sa beauté, son esprit, ses foiblesses, et que l'histoire accuse du meurtre de son époux à un âge où l'on commet rarement de grands attentats, au moment où elle portoit dans son sein le premier gage de leur union, et sans que la conduite qu'elle tint dans le reste d'une vie troublée par les plus horribles revers ait pu justifier l'idée d'une semblable atrocité[1]. Jeanne 1re,

---

[1] Voici la relation officielle que Jeanne de Naples, âgée de dix-huit ans, publia sur la mort du jeune André de Hongrie, son époux.

« C'est avec la plus vive douleur, et les yeux baignés de larmes, que
« je vous apprends l'attentat horrible commis en la personne du Roi
« mon époux le 18 septembre 1345, lorsque nous étions dans Aversa.
« Il étoit descendu fort tard, au moment où nous allions nous mettre
« au lit, dans un parc attenant au château, où il alloit fort souvent. Il
« y étoit seul, suivant son usage, ne voulant écouter aucun conseil,
« par une imprudence de jeune homme, ni prendre personne pour
« l'accompagner. En sortant il avoit fermé la porte de la chambre
« où j'étois, et où, lassée de l'attendre, je m'étois endormie, lors-
« qu'une dame hongroise qui avoit été sa nourrice, inquiète de ne le
« voir point arriver, prend la lumière, et se met à le chercher : elle
« le trouve sans vie au pied d'un mur. Je ne puis vous dire, et vous ne
« pouvez vous imaginer, quelle fut mon affliction. Quoique l'auteur de

reine de Naples, avoit eu constamment les papes pour protecteurs : c'étoit elle qui, comme comtesse de Provence, avoit vendu en 1348 la ville d'Avignon à Clément vi. Après avoir pris pour quatrième époux le prince Otton de Brunswick, et adopté pour fils et pour héritier Charles de Duras, prince de la famille royale, elle éprouva l'ingratitude de ce dernier, qui, formant un parti considérable contre elle, ne voulut pas attendre que la mort de sa bienfaitrice le laissât légitime possesseur du trône. Urbain vi venoit dans ce moment d'être nommé pape : elle lui envoya sur-le-champ des ambassadeurs, espérant qu'il auroit pour elle les mêmes bontés que ses prédécesseurs ; mais Urbain, né son sujet, se déclara hautement pour Charles de Duras, et menaça la Reine de l'envoyer filer au fond d'un cloître. On dit qu'alors elle encouragea les cardinaux mécontens, et qu'elle fut la principale cause de la nomination de Clément vii.

Elle ne borna pas ses moyens de défense à cette mesure, qui pouvoit lui être très-utile pour l'avenir, mais qui ne lui assuroit aucun secours prochain. Le 29 juin 1380, elle adopta pour fils et pour héritier Louis duc d'Anjou, son proche parent, frère du roi Charles v. Elle se flatta que la France feroit de grands efforts pour assurer le trône de Naples à l'un de ses princes, et que les armées françaises renouvelleroient en Italie

« cet horrible attentat en ait été cruellement puni, autant qu'on a pu
« le savoir, cependant, eu égard à l'atrocité du crime, la rigueur des
« peines peut encore passer pour indulgence. L'auteur de ce parricide, redoutant les supplices qui l'attendoient, a voulu les prévenir
« en se donnant volontairement la mort : il a fait servir à l'exécution
« de son projet le ministère d'un valet qui n'a pas encore été découvert. » (*Histoire de Provence*, par l'abbé Papon.)

les prodiges qui les avoient rendues si redoutables à la fin du règne de saint Louis. Le sage roi Charles v, sur le bord du tombeau, ne rejeta pas les offres qu'on faisoit au duc d'Anjou ; mais il ne se pressa pas de permettre une entreprise hasardeuse, à laquelle cependant ses trésors l'auroient mis en état de pourvoir sans imposer à ses peuples de nouvelles charges.

Telles étoient les diverses relations de la France dans les derniers jours du règne de Charles v. L'intérieur pouvoit facilement être agité, si les factieux savoient profiter de la foiblesse d'une minorité; et les armées, qui avoient retrouvé la discipline et la victoire sous les bannières de Du Guesclin, désespérées de sa mort récente (1), réclamoient en menaçant les arrérages d'une solde dont la maladie du Roi avoit suspendu le paiement.

Le jeune Charles vi, âgé de douze ans, annonçoit les qualités les plus brillantes, et ses inclinations belliqueuses l'avoient rendu cher aux soldats. Quelque temps auparavant on l'avoit conduit au château de Melun, où se trouvoit déposée une partie des trésors de son père. Il ne parut faire attention qu'aux trophées d'armes, et regarda d'un œil de dédain tous les autres objets précieux. On lui dit de choisir ce qu'il voudroit : il ne prit qu'une épée. Une autre fois son père lui offrit un casque et une couronne : il refusa la couronne, et ne voulut accepter que le casque. Du Guesclin étoit continuellement l'objet de ses discours, et il se faisoit répéter sans cesse le récit de ses exploits; mais Charles v, malgré sa tendresse, l'avoit mieux

---

(1) Il étoit mort le 13 juillet précédent, devant Châteauneuf-de-Randon.

jugé que la cour et l'armée; il s'effrayoit de son peu d'application à l'étude, de son penchant précoce pour les femmes, de l'inconstance et de la frivolité de ses goûts : aussi disoit-il aux ducs d'Anjou, de Berri et de Bourgogne ses frères, et au duc de Bourbon son beau-frère : « Je sens que je ne vivrai pas long-temps; « je vous confie mon fils : conduisez-vous comme de « bons oncles doivent se conduire avec leur neveu. Je « mets en vous toute ma confiance; l'enfant est jeune, « et d'un esprit léger. »

Charles v ne devoit pas concevoir moins d'inquiétude en réfléchissant sur le caractère de ses trois frères. Louis, duc d'Anjou, que son âge appeloit à la régence, étoit ambitieux, avide, formoit des projets gigantesques depuis que Jeanne de Naples l'avoit nommé son héritier, et fondoit ses espérances de succès sur les trésors du Roi, dont il vouloit dépouiller la France. Jean, duc de Berri, montroit autant de cupidité; mais il n'aimoit l'argent que pour le dissiper en bâtimens, en fêtes et en profusions de toute espèce. Philippe-le-Hardi, à qui le roi Jean avoit imprudemment donné le duché de Bourgogne, se trouvoit, par son mariage avec l'héritière du comté de Flandre, presque aussi puissant que le Roi, et il ne mettoit pas de bornes à son ambition. Ces trois frères s'aimoient peu, ne prenoient qu'un foible intérêt à leur neveu, et ne songeoient qu'à profiter d'une longue minorité pour s'agrandir. Le duc de Bourbon, oncle maternel de Charles vi, étoit le seul des princes du sang qui fût désintéressé. Charles v auroit voulu lui confier son fils; mais les anciens usages et la nécessité le forcèrent à donner la régence au duc d'Anjou, et la tutèle du jeune prince aux ducs de Berri, de Bourgogne et de Bourbon. D'une nombreuse famille, il ne lui restoit que deux autres enfans : Louis, âgé de dix ans, qui fut depuis duc d'Orléans, et Catherine qui mourut jeune, après avoir épousé un des fils du duc de Berri.

Au moment où Charles v rendit les derniers soupirs, il fut abandonné par tous les princes. Les ducs de Berri, de Bourgogne et d'Anjou se transportèrent à Melun pour s'assurer des trois enfans du Roi, qu'on avoit éloignés de leur père mourant. Le duc d'Anjou, n'ayant dans l'esprit qu'un seul projet auquel il sacrifioit tout, courut à Paris, se fit ouvrir le palais, et s'empara d'un des trésors de son frère, qui étoit enfoui dans un souterrain.

Ayant rejoint les princes au château de Melun, où étoit déposé l'autre trésor de Charles v, il les trouva très-opposés à son ambition et à sa cupidité. Des disputes s'élevèrent entre eux, et retardèrent les funérailles du Roi. Les ducs de Berri, de Bourgogne et de Bourbon ne vouloient pas d'une régence; ils demandoient que Charles vi fût émancipé, et que son sacre eût lieu le plus tôt possible. Le duc d'Anjou soutenoit que, d'après la volonté du feu Roi [1], le jeune monarque ne devoit être sacré qu'à quatorze ans. Les princes, ne pouvant s'accorder, convoquèrent une grande assemblée de prélats, de seigneurs et de magistrats, et chacun s'efforça d'y faire prévaloir ses prétentions. Deux hommes très-recommandables, et d'un avis opposé, se distinguèrent dans cette assemblée : ils éprouvèrent bientôt combien il est dangereux

---

[1] Ordonnance du mois d'août 1374, qui fixe la majorité des rois à quatorze ans, enregistrée au parlement le 20 mai 1375.

de se rendre l'organe des passions des grands dans des circonstances difficiles.

Le chancelier d'Orgemont, fils d'un simple bourgeois de Lagny, étoit parvenu, par ses talens et son intégrité, aux premiers emplois de la magistrature : Desmarets, avocat général, vieillard plein d'énergie, avoit acquis une grande réputation sous les derniers règnes. Tous deux avoient été honorés de l'estime et de la confiance de Charles v. D'Orgemont s'opposa courageusement aux prétentions du duc d'Anjou, qui vouloit réunir la régence et la tutèle, et concentrer ainsi entre ses mains toute l'autorité. Desmarets, craignant sans doute l'anarchie qui pouvoit résulter du partage du pouvoir, soutint l'avis contraire, fit valoir les dernières volontés du feu Roi, et conclut à ce que le duc d'Anjou obtînt la force nécessaire pour réprimer les factions prêtes à renaître.

L'éloquence de ces deux illustres adversaires ne fit que confirmer chaque parti dans ses prétentions. L'accord étant devenu plus difficile, les princes remirent leurs intérêts à quatre arbitres, et promirent de se soumettre à leur jugement. Ce tribunal, qui tint ses séances à Paris, et dont la décision devoit avoir une si grande influence sur les destinées de la monarchie, fit connoître le résultat de ses délibérations le 2 octobre, par l'organe de l'avocat général Desmarets. Les princes et les princesses de la famille royale s'étant réunis dans la grande salle du parlement, ce magistrat annonça que quoique le Roi n'eût que douze ans, cependant, pour l'intérêt du royaume et pour le maintien de la paix, il seroit incessamment sacré, et gouverneroit l'Etat en son nom, par le conseil de ses oncles; que jusqu'à cette époque le duc d'Anjou conserveroit le titre de régent; qu'à l'avenir il présideroit le conseil; que ce conseil seroit composé de douze personnes nommées par les princes; qu'il se tiendroit toujours à Paris, et que tout s'y décideroit à la pluralité des voix; qu'enfin l'éducation du Roi et la surintendance de sa maison seroient confiées aux ducs de Bourgogne et de Bourbon.

Cette espèce de traité, dans lequel chaque parti faisoit des concessions peu sincères, suspendit quelque temps les divisions, et l'on put s'occuper des préparatifs du sacre, dont l'époque fut fixée au 4 novembre suivant.

La cour se rendit à Melun, où l'armée devoit se réunir pour conduire le Roi à Reims. Quelques murmures se firent entendre de la part des soldats; mais ils furent bientôt calmés par la présence du jeune Roi, objet de leurs espérances. Il y eut aussi des troubles à Paris, où le duc d'Anjou avoit établi de nouveaux impôts au moment même où il s'étoit emparé du trésor du palais : le prévôt des marchands, Jean Culdoë, parvint à les appaiser, en promettant qu'après le sacre le Roi prêteroit l'oreille aux réclamations de ses peuples.

Charles VI voyoit avec la joie d'un enfant cette brillante armée qui paroissoit obéir à ses ordres. Il désira qu'elle eût un chef capable de soutenir la réputation qu'elle avoit acquise sous le règne précédent, et parut s'étonner que depuis la mort de Du Guesclin on n'eût pas nommé un connétable. Le duc d'Anjou, qui craignoit l'influence d'une si grande place, fit naître des difficultés; mais les princes, dans la seule vue peut-être de contrarier le régent, appuyèrent de toutes leurs forces la volonté du jeune Roi, et présentèrent Olivier de Clisson, seigneur puissant, né en Bretagne comme Du Guesclin, son ami, son frères d'armes, à qui ce grand homme avoit remis son épée en rendant le dernier soupir. Clisson leur étoit dévoué : il étoit aussi brave que Du Guesclin, mais il n'avoit ni sa générosité, ni sa franchise, ni son désintéressement. Le duc d'Anjou, pour rendre la nomination impossible, affecta de faire valoir les droits du maréchal de Sancerre, chéri des soldats, mais moins célèbre et moins expérimenté que Clisson. Sancerre rejeta noblement les propositions qui lui furent faites, et répondit aux envoyés du Régent *que personne dans le royaume ne pouvoit faire de si belles actions qui ne fussent réputées pour néant près de celles de Du Guesclin* : réponse qui contient peut-être le plus bel éloge qu'on ait fait du héros de la France et de l'Espagne. Charles nomma Clisson connétable, et ce seigneur prit aussitôt le commandement de l'armée, qui se mit en marche pour Reims.

Le duc d'Anjou resta en arrière; et non content de s'être emparé du trésor du palais, il contraignit encore Savoisy, qui gardoit le trésor du château de Melun, de le lui livrer. Après avoir ainsi dépouillé la France de sa dernière ressource, il rejoignit rapidement la cour, et arriva dans la ville de Reims en même temps que le Roi [1].

Les fêtes les plus brillantes furent données au jeune

---

[1] *En même temps que le Roi.* Les contemporains attribuèrent à la science des astrologues la facilité qu'eut le duc d'Anjou de découvrir ces deux trésors. Simon de Phares, astrologue de Charles VIII,

monarque; il fut armé chevalier par le Régent, et il conféra ensuite cet ordre à plusieurs seigneurs de son âge. Dans la cérémonie du sacre, son frère Louis, appelé alors monseigneur de Valois, ayant à peine dix ans, porta devant lui l'épée de Charlemagne : spectacle fait pour inspirer le plus tendre intérêt, mais qui dut en même temps donner beaucoup d'inquiétude sur les destinées futures de la France, abandonnées à deux enfans privés d'appui et de conseil, et dont les tuteurs ne pensoient qu'à satisfaire leur ambition. Il n'y eut de remarquable dans ce sacre que la hardiesse du duc de Bourgogne, qui, comme plus ancien pair que le duc d'Anjou son aîné, prit le pas sur lui.

La régence cessant immédiatement après le sacre, le royaume fut gouverné conformément à la convention du 2 octobre. L'anarchie régna dans le conseil comme dans la France; et les princes se servirent de l'humeur capricieuse du Roi pour dissoudre le ministère formé par Charles v. Jean de La Grange, cardinal d'Amiens, chargé des finances, avoit eu le malheur de déplaire au jeune monarque, dont il avoit proba-

---

s'exprime ainsi dans son ouvrage intitulé *Catalogue des principaux astrologues qui ont eu de la réputation sous le règne de Charles v.*

« Maître Denis de Vincennes, médecin à Montpellier, et excellent
« astrologien, appellé au service du duc Loys d'Anjou, fut moult vé-
« ritable en ses jugemens particuliers, très praticien et expert. Entre
« lesquels en fit ung à icelui duc qui avoit l'administration du
« royaume, pour la minorité du petit roy Charles vi, au moyen du-
« quel il trouva le trésor du roy Charles v, que seul sçavoit ung
« nommé Errart de Savoisy, vertueux, secret et sage chevalier, où
« il avoit l'estime de dix-huit millions d'or, qui étoit belle chose. Aul-
« cuns dient que maistre Jehan de Mehun, mon consanguin, le lui
« assembla par la puissance et vertu de la pierre des philosophes. »

blement contrarié les goûts; à peine Charles fut-il couronné qu'il dit à un de ses chambellans : *A ce coup, Savoisy, nous serons donc vengés de ce prêtre;* mot qui fut regardé comme un arrêt de proscription, puisque le cardinal prit aussitôt la fuite. Le chancelier d'Orgemont fut en même temps congédié; et Miles de Dormans, évêque de Beauvais, plus souple aux volontés des princes, fut revêtu de cette dignité.

Les troubles de Paris n'étoient que suspendus. On avoit espéré qu'après le sacre les charges publiques seroient diminuées; mais cet espoir ayant été trompé, et le bruit s'étant répandu que le duc d'Anjou, après s'être emparé de tous les trésors de Charles v, persistoit dans le dessein d'augmenter les impôts, les factieux profitèrent de ce prétexte spécieux pour enflammer les esprits, et ne connurent plus de frein. On pilla les caisses publiques, on mit en fuite les commis chargés de faire les recettes; et la rage du peuple se déchaîna surtout contre les juifs, qu'on soupçonnoit de favoriser la cupidité du président du conseil. Le gouvernement fut alors obligé d'accorder beaucoup plus qu'on ne lui avoit demandé d'abord. Il abolit tous les subsides imposés depuis Philippe-le-Bel, et les Etats-généraux furent convoqués. Ils abusèrent, comme on devoit s'y attendre, de la position pénible du conseil; sous le prétexte de rétablir la France dans ses anciennes franchises, ils exigèrent et obtinrent les plus dangereuses concessions; et cette espèce de révolution, qui parut satisfaire le peuple, ne fit qu'augmenter sa misère, et lui préparer de nouvelles chaînes.

Dans ce moment de désordre, le conseil eut l'adresse de tourner en partie la fureur du peuple contre unhomme qui lui étoit odieux, parce qu'il avoit été estimé de Charles v. Hugues Aubriot, ancien prévôt des marchands, avoit honoré son administration par divers embellissemens de Paris, et par des monumens utiles. C'étoit lui qui avoit fait bâtir le pont Saint-Michel, le petit châtelet, et qui avoit augmenté les fortifications de la Bastille (1). On profita de l'envie qu'excitoient ses richesses pour attaquer sa vie privée : on prétendit qu'il entretenoit un commerce scandaleux avec de jeunes juives ; et ce crime, qui passoit alors pour énorme, fixa pour quelque temps la curiosité avide des Parisiens. Aubriot fut jugé par un tribunal ecclésiastique, et condamné à finir ses jours dans un cachot.

Tels furent les désordres qui remplirent les premiers mois du gouvernement de Charles vi : triste présage

---

(1) *De la Bastille*. Le moine de Saint-Denis (p. 27) donne quelques détails sur les travaux ordonnés par Aubriot.

« Comme il avoit reconnu, dit-il, que le Roy se plaisoit fort à la
« décoration des villes, il employa pour celle de Paris la troisième
« partie des subsides que Sa Majesté lui avoit libéralement remise. Il
« jeta les premiers fondemens de la closture et des murailles du costé
« de Saint Antoine, et du costé du Louvre il revestit de pierre la
« plus grande partie du quay de la rivière de Seine ; et on doit à son
« invention la maniere d'égouter les eaux et les fanges de la ville, par
« la conduite de quelques canaux sousterrains par où elles tombent
« dans les fossés et dans les marets qui l'environnent. Il vint à bout,
« avec une dépense presque incroyable, de la construction du Pont-
« Neuf, autrement appellé le pont Saint-Michel, qu'il fit soustenir
« de bonnes arches de pierre, et de celle du chastelet du Petit Pont ;
« et pour davantage presser l'achevement de ces grandes entreprises,
« il emprisonna tous les bordelliers et brelandiers, et tous les filoux
« et gens sans aveu, qu'il y fit travailler sous la conduite des princi-
« paux ouvriers. Par cette belle et utile police, il ne pouvoit qu'il ne
« gagnât les bonnes graces du roy Charles v, et l'amour du peuple. »

pour un règne qui devoit durer quarante-deux ans.

Heureusement l'Angleterre étoit à peu près dans la même situation. Richard II, petit-fils d'Edouard III, et qui lui avoit succédé, étoit, comme Charles, sous la tutèle de ses oncles, qui, se disputant le pouvoir, n'étoient pas en état de tenter de grandes entreprises. L'un d'eux, le duc de Lancastre, avoit, ainsi que le duc d'Anjou, des prétentions sur un trône étranger. Ayant épousé la fille de Pierre-le-Cruel, il vouloit disputer la couronne de Castille à Jean de Transtamare, fils de Henri; et une partie des forces de l'Angleterre paroissoit destinée à cette expédition. Cependant le gouvernement anglais envoya en Bretagne le duc de Buckingham avec quelques troupes; mais Jean de Montfort, qui prévoyoit la foiblesse du règne de Charles VI, et qui d'ailleurs remarquoit que les Bretons ne se soumettroient jamais à une domination étrangère, traita de la paix avec les ministres de Charles. « La haine que je portois au royaume de « France, leur dit-il, est bien affoiblie depuis la mort « du Roi : tel a haï le père qui aimera le fils. » Il profita néanmoins de sa position pour négocier avec avantage; il soutint qu'il ne devoit pas l'*hommage-lige*, et qu'il n'étoit obligé qu'à l'hommage simple : pour tout concilier, le Roi reçut son hommage *tel qu'il devoit être, selon le droit et ancien usage*. Nous appuyons sur cette circonstance, parce que nous verrons cette contestation se renouveler au commencement du règne de Charles VIII. Non content de cette précaution, le duc de Bretagne, pour ne pas rompre entièrement avec les Anglais, protesta secrètement contre ce traité, qui fut suivi d'une trève entre la France et l'Angleterre [1381].

Cependant le Roi manquoit d'argent : la cupidité du duc d'Anjou n'étoit pas encore satisfaite, et le duc de Bourgogne avoit besoin de secours pour une expédition qu'il méditoit en Flandre, où son beau-père Louis, dit *de Malle*, étoit menacé d'une révolte. La majorité du conseil résolut donc de rétablir les impôts abolis par les derniers Etats. On ouvrit secrètement une négociation avec les principaux bourgeois de Paris, qui, ayant en horreur les derniers désordres, se prêtèrent volontiers à ce qu'on désiroit. L'avocat général Desmarets, qui s'étoit attiré la haine des princes en soutenant les prétentions du duc d'Anjou, mais qui jouissoit toujours de la faveur du peuple, quoiqu'il se fût opposé à ses excès, fut chargé d'une médiation qui le perdit.

Bientôt les intentions du conseil furent soupçonnées, et l'on sut qu'il se tenoit à Paris des assemblées mystérieuses où il étoit question de détruire l'ouvrage des Etats. Aussitôt la révolte éclate; les factieux s'emparent de l'hôtel-de-ville, où ils trouvent quatre à cinq mille maillets de fer dont ils s'arment : ce qui leur fait donner le nom de *maillotins*. Ils massacrent les partisans et les juifs, répandent la terreur dans la ville, font trembler les bourgeois qui auroient voulu maintenir l'ordre; et par un caprice qui n'a rien d'étonnant dans une populace mutinée, sentant le besoin de se procurer un chef habile, ils vont arracher de sa prison Aubriot, qui, après avoir été l'objet de leur fureur, devient tout à coup l'objet de leur enthousiasme. Cet ancien magistrat ayant eu le temps de réfléchir sur l'inconstance de la faveur populaire, feignit de céder aux désirs des factieux : il leur donna quelques ordres insignifians, et la nuit suivante il se déroba furtivement à ses libérateurs pour aller à Dijon, sa patrie, achever tranquillement une vie qui avoit été agitée par tant d'orages.

Les factieux n'ayant plus de chef, l'anarchie fut à son comble. Le parlement, l'évêque, s'étoient retirés près du Roi, occupé d'appaiser une autre révolte qui avoit éclaté quelque temps auparavant dans la ville de Rouen. Desmarets et quelques bourgeois riches saisirent le moment où la multitude étoit encore dans l'incertitude de ce qu'elle entreprendroit, pour lui opposer une force capable de prévenir de nouveaux excès. Ils ranimèrent le courage des gens bien intentionnés, leur distribuèrent des armes, et purent bientôt compter sur dix mille hommes déterminés. Cette force réprima momentanément les factieux, et donna le temps au Roi de pacifier la Normandie [1382].

Lorsque la cour se rapprocha de la capitale, tout y paroissoit tranquille. Desmarets, accompagné des principaux bourgeois, et l'Université en corps, vinrent au devant du Roi pour solliciter le pardon d'une ville coupable. Le duc d'Anjou les reçut avec froideur; il affecta d'humilier l'avocat général auquel on devoit la suspension des troubles, et fit espérer néanmoins une amnistie entière. Cette promesse fut presque aussitôt violée. À peine le Roi fut-il rentré dans Paris, qu'on arrêta sans aucune forme un assez grand nombre de personnes. Le peuple trembloit sur leur sort, lorsqu'il apprit que plusieurs avoient été enfermées dans des sacs, et précipitées dans la Seine pendant la nuit. Le nombre des victimes fut exagéré; et cette vengeance secrète excita plus de murmures qu'un châtiment public et légal, sans en avoir les salutaires effets.

Le gouvernement se trouvoit dans la position la plus difficile. Ses tentatives pour révoquer les concessions arrachées par les derniers Etats avoient excité le mécontentement général : toutes les grandes villes s'étoient empressées d'adhérer aux demandes des factieux de Paris, et il étoit à peu près impossible de rétablir par une simple ordonnance les impôts abolis. Jamais cependant le Roi et les princes n'avoient eu un besoin plus urgent de subsides : le Roi, pour payer son armée ; le duc d'Anjou, pour commencer son expédition de Naples ; le duc de Bourgogne, pour aller en Flandre défendre son beau-père.

Dans cette perplexité, le conseil crut que le seul moyen de se procurer de l'argent étoit d'assembler de nouveau les Etats. Il les convoqua dans la ville de Compiègne, espérant qu'éloignés de la capitale il seroit plus facile de les diriger, et de les préserver de l'esprit de faction : cette attente fut trompée. En vain les princes firent-ils paroître dans l'assemblée le jeune Roi, que tous les partis chérissoient ; en vain exposèrent-ils avec énergie les besoins de l'Etat : les députés des villes se refusèrent opiniâtrément au rétablissement des aides ; ceux de Sens parurent seuls disposés à se soumettre : mais ils ne recueillirent de leur dévouement que les reproches amers qui leur furent adressés de toutes parts, comme s'ils eussent trahi la cause du peuple. Les Etats se séparèrent brusquement, et sans avoir rien accordé.

Les factieux de Paris, instruits de tout ce qui

s'étoit passé à Compiègne, renouèrent leurs trames, et préparèrent de nouveaux troubles : ils n'avoient heureusement pas de chefs qui pussent donner de la consistance à leur parti. Desmarets et les principaux bourgeois parvinrent encore à les contenir, et supplièrent le Roi de revenir à Paris, dans l'espoir que sa présence, aidée de leur secours, suffiroit pour prévenir de nouveaux désastres. Le duc d'Anjou, loin de profiter de cette occasion pour réparer ses nombreuses fautes, montra une inflexibilité qui acheva d'aigrir tous les esprits. Il exigea que ceux qui avoient pris les armes, soit pour exciter les troubles, soit pour les réprimer, les déposassent également. Cet ordre déplut aux bourgeois, qui avoient tout sacrifié pour maintenir l'autorité du Roi, et augmenta le mécontentement des révoltés : ils crurent, les uns et les autres, qu'on vouloit les livrer à leurs ennemis ; et Desmarets, qui par sa belle conduite avoit conservé des deux côtés une grande considération, ne put obtenir que cet ordre fût exécuté. Le duc d'Anjou, pressé d'avoir de l'argent pour aller à Naples, paroissant s'inquiéter fort peu de ce qui arriveroit en France après son départ, fit dévaster les environs de Paris, en persuadant au Roi que c'étoit le seul moyen de réduire cette ville rebelle.

Ce jeune prince étoit au château de Vincennes, et pouvoit voir du haut des tours les excès où se portoit une soldatesque effrénée. Desmarets et les bons bourgeois négocièrent encore ; ils obtinrent enfin, de l'impatience où étoient le duc d'Anjou de partir pour l'Italie, et le duc de Bourgogne d'aller en Flandre, un arrangement qui ne pouvoit remédier qu'aux maux présens, sans donner aucune garantie pour l'avenir. Il fut décidé que le Roi n'insisteroit ni sur le désarmement, ni sur le rétablissement des impôts; qu'il rentreroit dans Paris, et que cette ville soumise lui feroit un présent de cent mille livres.

Peu de jours après cette pacification, le duc d'Anjou partit pour Avignon, afin de concerter avec Clément VII son expédition de Naples; et le duc de Bourgogne, devenu président du conseil, fit des préparatifs pour aller secourir son beau-père.

On a vu, dans le morceau qui précède les Mémoires de Du Guesclin, les révoltes fréquentes des Flamands, et le rôle singulier que joua le brasseur de bière Jacques Artevelle, à la tête des habitans de Gand. Son fils Philippe, qui n'avoit pas ses talens, s'étoit fait chef de la nouvelle insurrection, et avoit entièrement défait le comte de Flandre près de Bruges. Louis de Malle ne possédoit aucune des qualités nécessaires pour gouverner un peuple dont l'industrie et le commerce n'avoient pas encore adouci la grossièreté. Plongé dans les plaisirs, aimant le luxe et la dépense, il chargeoit d'impôts ce peuple avare : et la haine qu'il inspiroit étoit d'autant plus dangereuse pour son pouvoir, qu'elle s'allioit avec le mépris. Il étoit perdu, si son gendre ne fût venu à son secours.

Charles VI voulut absolument faire ses premières armes dans cette campagne, dont le connétable eut la direction, et où le maréchal de Sancerre fut chargé d'un commandement important. Vainement lui fit-on observer que sa présence étoit nécessaire à Paris; vainement chercha-t-on à lui faire craindre les fatigues et les dangers d'une guerre contre un peuple que le désespoir rendroit peut-être invincible : il n'écouta aucune représentation, et persistant dans son noble projet, il répondit avec fermeté : *Il est temps que j'apprenne le métier de la guerre ; qui n'entreprend rien n'achève rien.* La vue du jeune Roi excita l'enthousiasme de l'armée, qui crut reconnoître en lui un digne fils de saint Louis. On voyoit briller à côté de lui le jeune Boucicaut, qui venoit d'être armé chevalier par le duc de Bourbon, et qui devoit donner dans cette campagne l'idée de ce qu'il deviendroit par la suite.

Philippe d'Artevelle essaya d'amuser le duc de Bourgogne par des négociations, et fit les derniers efforts pour que l'Angleterre lui envoyât des secours. N'ayant pu rien obtenir de l'un ni de l'autre côté, il se mit à la tête de son armée. Le pont de Comines, vers lequel l'armée française se dirigeoit, étoit un poste décisif pour le succès de la campagne. Les Flamands le défendirent avec opiniâtreté ; mais il fut emporté après un combat sanglant, et le Roi pénétra dans l'intérieur de la Flandre. On étoit au mois de novembre, et Artevelle auroit pu profiter de la mauvaise saison pour détruire lentement l'armée française, en la harcelant et en lui coupant les vivres. Son impétuosité imprudente lui fit désirer une bataille décisive. Il la donna près de Rosbec : le combat fut long et meurtrier ; mais les sages dispositions de Clisson et de Sancerre, le courage du jeune Roi (1), qui ne quitta

---

(1) *Le courage du jeune Roi.* Le moine de Saint-Denis (p. 62) peint la conduite de Charles VI à la bataille de Rosbec.

« Le Roy, qui étoit présent à l'action, fit voir combien le désir de la
« gloire pressoit son jeune courage, et qu'on lui fesoit violence de

point le poste d'honneur, procurèrent aux Français une victoire complète. Artevelle, pris après la bataille, fut pendu à un arbre, et ses partisans se dispersèrent. La rigueur de la saison empêcha le duc de Bourgogne de faire le siége de Gand, où se trouvoit le foyer de la révolte : on se contenta de ravager le pays, et le seul résultat important de la victoire de Rosbec fut la prise de Courtray.

On trouva dans cette ville une correspondance secrète qui fit ajourner le projet qu'avoit le duc de Bourgogne de soumettre entièrement la Flandre. Les factieux de Paris croyoient que le Roi seroit vaincu par les Flamands, et avoient résolu de n'éclater qu'à la nouvelle de sa défaite. Ils entretenoient des relations directes avec le conseil de Philippe d'Artevelle ; et, dans les deux pays, les projets des chefs ne tendoient à rien moins qu'à renverser les princes légitimes. Le parlement, les bons bourgeois, la partie saine de l'Université, prévoyant l'explosion qui se préparoit, avoient quitté Paris : le seul Desmarets s'étoit décidé à y rester, dans l'espoir d'employer la considération dont il jouissoit encore à réprimer l'impétuosité du

---

« retenir son bras : car ne pouvant faire autre chose pour témoigner
« qu'il vouloit avoir part au péril pour avoir plus de part à l'honneur
« de cette journée, il s'escria mille fois : *Pourquoy demeurer ici les*
« *bras croisés? laisser des personnes si fideles et si genereuses dans le*
« *peril où elles hazardent leur vie pour notre service, et pourquoi ne*
« *les pas assister?* Le duc de Bourgogne le retint toujours, et lui
« remontra, pour le consoler, qu'il ne méritoit pas moins d'honneur
« pour avoir presté ses yeux à cet exploit, que s'il avoit meslé ses
« mains dans le carnage, et que les loix de la guerre ne donnoient
« pas moins de gloire à celui qui avoit donné les ordres de la ba-
« taille, qu'à ceux qui avoient combattu pour la gagner. »

mouvement, à prévenir la guerre civile, et à conserver au Roi sa capitale.

Le conseil de Charles, saisi des pièces qui contenoient le plan des factieux de Paris, résolut de punir cette ville. L'armée ne fut point licenciée après la campagne; elle se mit en marche avec la promesse d'un nouveau pillage, et arriva près de Saint-Denis dans le commencement de janvier [1383]. L'appareil qui environnoit le jeune Roi étoit terrible : lui-même, dans un âge si tendre, sembloit partager les passions furieuses de ses ministres. Une députation de bourgeois et de membres de l'Université vint demander grâce : on refusa de l'entendre; et cette ville, dont la plus grande partie des habitans n'avoient pris aucune part aux complots des factieux, n'eut plus qu'à se soumettre avec résignation au châtiment qu'on lui préparoit. Les principaux séditieux s'éloignèrent, ou trouvèrent chez leurs partisans des retraites impénétrables.

Le jeune Roi, à la tête de son armée, s'avança en vainqueur vers sa capitale, qui, dans la stupeur où elle étoit plongée, se trouvoit hors d'état d'opposer la moindre résistance. Les soldats abattirent à coups de hache les barrières et les portes, et les foulèrent aux pieds : parcourant les rues désertes, ils conduisirent le monarque à l'hôtel Saint-Paul, où le conseil s'assembla aussitôt. Là furent prises les mesures les plus violentes; on déclara qu'on acheveroit les tours de la Bastille, et qu'on en bâtiroit une au Louvre, afin de contenir les Parisiens de deux côtés; on ordonna un désarmement général, pendant lequel trois cents bourgeois furent arrêtés. Ce désarmement, qui fut exécuté avec violence, sans distinction de bonne ou de mauvaise conduite, produisit de quoi armer près de cent mille hommes. L'avocat général Desmarets, dont la perte étoit décidée, fut du nombre des détenus : on punissoit, non la conduite très-excusable qu'il avoit tenue depuis le commencement des troubles, mais l'avis qu'il avoit donné avant le couronnement du Roi, de confier la régence au duc d'Anjou.

Son procès lui fut fait avec quelque apparence de forme : on l'accusa de n'avoir pas quitté Paris avec les autres magistrats, de s'être opposé à ce qu'on rétablît les impôts abolis, et d'avoir plaidé la cause du peuple. On refusa d'admettre les explications qu'il donna de sa conduite dans des circonstances aussi difficiles, et il fut condamné à mort. Douze des principaux bourgeois partagèrent sa destinée. Agé de soixante et dix ans, s'étant distingué pendant cette longue vie par ses talens, son intégrité et sa fidélité au milieu des orages des trois règnes précédens, il marcha vers le lieu du supplice avec un courage digne de son caractère, et excita l'admiration de ceux même qui avoient voulu sa perte. Arrivé sur l'échafaud, il fut sommé, suivant l'usage, de reconnoître sa faute, et de demander pardon au Roi. « J'ai servi loyalement, répondit-il, Philippe, bis- « aïeul de notre jeune monarque, Jean son aïeul, « et son père Charles : jamais ces trois princes ne « me firent aucun reproche, et le Roi régnant ne « m'en feroit pas s'il avoit l'âge d'homme ; je n'ai « de pardon à demander qu'à Dieu seul. » Il fit tranquillement sa prière, et présenta sa tête au coup mortel.

Cette exécution publique, qui rendit ennemis

du parti dominant tous ceux qui aimoient Desmarets, fut suivie de plusieurs exécutions secrètes qui se faisoient pendant la nuit, en précipitant dans la Seine les victimes enfermées dans des sacs. Les haines particulières eurent toute liberté de s'exercer dans ces jours de désolation; et la cupidité des princes, profitant de la crainte des détenus, exigea de plusieurs d'entre eux des rançons considérables, qui s'élevèrent, dit-on, à plus de quatre cent mille livres.

Après avoir laissé les vainqueurs assouvir leur avarice et leurs vengeances, il fallut mettre fin à un état de crise qui pouvoit leur devenir funeste. On fit les apprêts d'une scène théâtrale qu'on crut propre à produire une impression profonde dans l'esprit de la multitude. Le peuple fut appelé sur la place de l'hôtel de Saint-Paul pour entendre les volontés du Roi. Un trône étoit placé devant le palais, et le jeune Charles y parut dans tout l'appareil de la royauté, entouré de ses ministres et de sa cour. Le chancelier Pierre de Giac, que le duc de Bourgogne avoit élevé récemment à cette dignité, prit la parole. Il fit sentir aux Parisiens l'énormité de leurs crimes; il remonta aux révoltes qui avoient éclaté pendant la captivité du roi Jean, montra leur liaison avec celles dont on avoit eu à se plaindre dès le commencement du nouveau règne, et finit par annoncer que l'indignation du Roi n'étoit pas calmée. Alors des cris perçans éclatèrent dans la place, tout le monde se crut perdu; plusieurs dames, les cheveux épars, fendirent la foule et se jetèrent aux pieds du Roi, en demandant grâce pour le peuple. A un signal convenu, les oncles du

Roi et les princesses joignirent leurs prières à celles des Parisiennes, et le monarque eut l'air de se laisser fléchir.

On n'avoit répandu une si grande terreur que pour faire recevoir comme une grâce les mesures rigoureuses qu'on avoit prises pour assurer la tranquillité de Paris. L'échevinage fut supprimé, les confréries furent dissoutes; il n'y eut plus de prévôt des marchands, et l'on confia les fonctions de ce magistrat à un prévôt de Paris entièrement soumis au ministère. Les aides furent rétablies; toutes les concessions qu'avoient obtenues les derniers Etats furent révoquées; et la punition dont on avoit menacé les Parisiens fut convertie en une amende considérable qu'on leva arbitrairement, et qui fut employée à licencier l'armée. Rouen et quelques autres villes considérables éprouvèrent le même sort. Par cette conduite aveugle et violente, on forma dans Paris et dans les provinces un parti considérable de mécontens, plein d'enthousiasme pour les anciennes libertés de la monarchie, et destiné à devenir très-redoutable s'il trouvoit, comme cela ne pouvoit manquer d'arriver, un chef capable de le diriger.

L'esprit de révolte agitoit non-seulement la capitale et le nord de la France, mais il s'étoit communiqué dans les campagnes du Languedoc, dont le duc de Bérri, plus avide d'argent que de pouvoir, s'étoit fait donner le gouvernement. Les exactions de ses agens soulevèrent les paysans, qui, depuis qu'ils étoient affranchis, pouvoient à peine pourvoir à la subsistance de leurs familles, et ne voyoient dans ceux qui levoient les impôts que des ennemis impitoyables chargés de leur enlever leurs dernières ressources. Ces révoltés prirent le nom de *tuchins*; et, sous les ordres de Pierre de La Bruyère, ils dévastèrent le pays, massacrant sans pitié les nobles, les ecclésiastiques et les bourgeois des villes. Pour se dérober à leurs fureurs, on essayoit de s'habiller comme eux; mais cette précaution devenoit souvent inutile : à l'inspection des mains ils distinguoient si le voyageur étoit habitué au travail des champs; et lorsque l'examen ne lui étoit pas favorable, ils le faisoient mourir dans d'affreux tourmens. Le duc de Berri marcha contre eux avec des forces considérables : il les défit entièrement, les fit poursuivre dans leurs retraites; et ces misérables périrent presque tous, ou massacrés par les soldats, ou noyés dans les rivières.

Cependant le duc d'Anjou, avant de quitter Avignon, concertoit avec le pape Clément son expédition de Naples, et faisoit de vains efforts pour soumettre la Provence, l'un des apanages de la reine Jeanne. Urbain, pape de Rome, concevoit beaucoup d'inquiétudes sur cette expédition, et craignoit avec raison que si les Français parvenoient à s'emparer de Naples, ils n'essayassent de le chasser de l'Italie. Il chercha donc à susciter à la France une guerre qui forçât le duc d'Anjou à renoncer à son entreprise. Il fit publier en Angleterre une croisade contre Charles VI, qu'il traita de schismatique. La haine nationale, plus que le zèle religieux, produisit bientôt une armée nombreuse : Henri Spencer, évêque de Norwich, se chargea de la commander.

Mais Urbain fut trompé dans toutes ses vues : la guerre déclarée contre la France n'arrêta pas le duc d'Anjou, qui, brûlant de jouer le principal rôle à la cour de Naples, et d'obtenir bientôt cette couronne, montroit la plus grande indifférence pour son pays. Les Anglais, gagnés par l'or des Flamands, au lieu de faire une invasion en Normandie, allèrent au secours de ce peuple révolté, et firent la guerre au comte de Flandre, quoiqu'il fût de la communion d'Urbain. Ce malheureux prince fut défait, obligé de se réfugier en France; et ses sujets, se croyant invincibles avec les Anglais, mirent le siége devant Ypres, ville qui lui étoit restée fidèle.

Les sollicitations du comte de Flandre, l'intérêt du duc de Bourgogne, unique héritier de ce prince, déterminèrent la cour de France à réprimer promptement cette révolte. Paris subjugué, et paroissant tranquille parce que la crainte s'étoit emparée de toutes les ames, ne donnoit aucune inquiétude. L'arrière-ban fut convoqué; la jeunesse française, idolâtre du jeune Roi, répondit avec ardeur à cet appel; et Charles se mit à la tête d'une armée animée par le désir de vaincre sous ses yeux. La campagne, qui s'étoit ouverte fort tard, se prolongea jusqu'au mois de janvier 1384. Le siége d'Ypres fut levé, les Anglais défaits, et obligés de se rembarquer.

Au moment où le comte de Flandre se disposoit à rentrer dans ses Etats, il mourut à Saint-Omer. Le duc de Bourgogne, époux de sa fille unique, hérita de ces belles provinces, et augmenta bientôt la grandeur de sa maison en mariant son fils aîné, connu depuis sous le nom de *Jean-sans-Peur*, à Marguerite, héritière du comte de Hainault. Le Roi encore enfant, et sous la tutèle du duc de Bourgogne, ne put s'opposer à cette union, qui contribuoit à rendre son vassal presque aussi puissant que lui.

Le duc d'Anjou étoit enfin entré en Italie, chargé des trésors de la France. Urbain, effrayé de son approche, s'empressa de lever des troupes, qu'il mit sous les ordres de Charles de Duras. Ce prince ingrat étoit venu à Rome dès le mois de juin 1381, et s'étoit fait donner par Urbain la couronne de sa bienfaitrice. Il marcha sur Naples; et l'armée de la Reine, commandée par son époux Otton de Brunswick, éprouva des défections qui mirent ce prince dans l'impossibilité de combattre. L'usurpateur entra dans la capitale le 16 juillet suivant, mais ne put s'emparer du château neuf, où Jeanne s'étoit réfugiée. Otton tenta de la secourir : Charles de Duras marcha contre lui, et lui livra bataille le 24 août. Otton, trahi par une partie de son armée, fut vaincu et fait prisonnier. Alors Jeanne ne pouvant plus compter sur le secours prochain du duc d'Anjou, dont elle n'avoit pas eu de nouvelles depuis long-temps, ouvrit les portes du château, et se livra elle-même à l'époux de sa nièce, qu'elle étoit loin de croire capable du plus grand des crimes. Aussitôt que Charles de Duras eut la Reine en son pouvoir, il la fit dépouiller de ses habits royaux, et la força de se vêtir en religieuse. Dans cet état, il la fit promener par toute la ville, pour que le peuple, dont elle étoit aimée, fût bien convaincu qu'elle avoit abdiqué la couronne. Ensuite il l'enferma dans le château d'Aversa; et, sur les premières nouvelles de l'entrée du duc d'Anjou en Italie, il la fit étrangler par quatre Hongrois, au moment où elle prioit dans la chapelle de sa prison [22 mai 1382].

Ce prince arrivoit sur les frontières de Naples, lorsqu'il apprit la mort de sa mère adoptive. Il prit alors le titre de roi, et recueillit autour de lui tous les seigneurs qui ne s'étoient pas laissés corrompre par l'usurpateur : le comte de Caserte étoit le plus brave et le plus puissant de tous. Avec ce renfort et les trésors qu'il avoit apportés de France, il se flatta de conquérir bientôt le royaume. Mais Charles de Duras, plus habile que lui, prit la résolution de ne pas faire sortir ses troupes des places fortes, de harceler l'ennemi, de le priver de subsistances, et de le laisser se consumer et se détruire lentement sous un climat étranger. Ce plan réussit au-delà de ses vœux : bientôt l'énorme prix des vivres épuisa les trésors du duc d'Anjou. Dans sa détresse, il envoya l'un de ses serviteurs qu'il croyoit le plus dévoué solliciter des secours en France. Pierre de Craon, seigneur angevin que nous verrons figurer dans la suite de ce récit, fut chargé de cette importante commission. Marie de Blois, femme du duc d'Anjou, lui remit tout ce qu'elle possédoit : d'autres seigneurs, attachés au nouveau roi de Naples, lui confièrent aussi des sommes considérables. Chargé de ce trésor, il revint en Italie par Venise, où il s'arrêta, et où il dissipa, soit dans les jeux de hasard, soit dans le commerce des courtisanes, les dernières ressources de son maître.

Ce malheureux prince n'avoit plus d'armée [1] : les

[1] *N'avoit plus d'armée.* « Louis d'Anjou, dit le moine de Saint-
« Denis (p. 95), ne trouvant point à vivre dans la campagne, qui étoit
« toute déserte, eut le regret de se voir contraint non seulement de
« vendre la couronne qu'il avoit préparée pour la solennité de son
« couronnement, mais encore toute sa vaisselle, sans en pouvoir ré-

Napolitains l'avoient abandonné; il avoit perdu une grande partie de ses soldats par la misère et les maladies : ce qui lui restoit pouvoit à peine porter les armes. Ce fut dans cette position désespérée que Charles de Duras vint l'attaquer dans les environs de Barletta. Après une résistance opiniâtre, où il paya courageusement de sa personne, il fut vaincu, et alla mourir de chagrin dans le château de Biseglia, près de Bari [21 septembre 1384].

Lorsque les débris de l'armée française revinrent en France, Pierre de Craon osa paroître à la cour : le duc de Berri ne put contenir son indignation. « Ah! traître, lui dit-il, tu es la cause de la mort de « mon frère. » Il voulut en vain le faire arrêter : Craon étoit protégé par le jeune frère du Roi, dont il favorisoit les passions naissantes. Ce prince, appelé jusqu'alors monseigneur de Valois, venoit d'obtenir le duché de Touraine.

Le duc d'Anjou laissoit deux enfans : Louis, son fils aîné, prit le titre de roi de Naples, et le pape Clément lui donna bientôt l'investiture de ce royaume. Aidé par la France, il leva des troupes à la tête desquelles fut mis le maréchal de Sancerre, qui soumit sans difficulté la Provence, peu attachée aux intérêts de Charles de Duras.

« server qu'un seul gobelet d'argent pour sa bouche..... C'estoit une
« pitié de voir courir la plus haute noblesse et la plus noble cheva-
« lerie, les uns à pied, et les autres moitié sur des ânes ou sur de
« méchantes mazettes, non plus avec des cottes d'armes tissues d'or,
« mais avec des armes toutes rouillées. La pauvreté y estoit si grande,
« que le Roy même n'avoit sur ses armes qu'une simple toile peinte,
« semée de fleurs de lis ; et dans ce misérable estat, il ne laissa pas
« de se mettre en bataille en présence de la ville de Barletta. »

Le Roi étoit dans sa dix-septième année : à cet âge si peu avancé, la négligence que ses oncles, uniquement occupés de leurs intérêts, mettoient à surveiller son éducation, contribuoit à rendre plus vif son goût précoce pour les femmes : cette passion dangereuse sembloit s'augmenter en lui, à mesure qu'elle détruisoit son tempérament et affoiblissoit les facultés de son esprit. Son cœur cependant n'étoit pas dépravé. Naturellement religieux, le repentir l'auroit ramené à une conduite plus régulière, si de vils corrupteurs, placés près de lui dès son enfance, n'eussent pris à tâche d'étouffer ses remords. Les gens sages désiroient qu'on le mariât, et les princes ne purent rejeter ce vœu.

Mais Charles, considérant le lien le plus sérieux comme les frivoles attachemens qui avoient occupé son adolescence, ne voulut point d'un mariage fondé sur des intérêts politiques. Il fit venir les portraits de toutes les jeunes princesses de l'Europe, et déclara qu'il mettroit sa couronne aux pieds de la plus belle. Les traits d'Isabelle, fille d'Etienne duc de Bavière, âgée de quatorze ans, le frappèrent vivement : mais craignant que son portrait ne fût flatté, il ne voulut se décider qu'après l'avoir vue. Il étoit difficile de lui procurer cette entrevue, qui auroit humilié la princesse si le choix du Roi ne se fût pas fixé sur elle. Sous le prétexte d'un pélerinage, Isabelle fut conduite dans la ville d'Amiens : Charles s'y rendit ; et dès le premier entretien il devint tellement amoureux, qu'il dit au duc de Bourgogne, en sortant de l'appartement de la jeune princesse : « Je ne pourrai « dormir que je ne l'aie épousée. » On supprima les cérémonies préparatoires, on bannit l'étiquette sévère qui régnoit alors dans les cours, et le mariage eut lieu dès le lendemain dans la cathédrale d'Amiens [17 juillet 1385]. En cette occasion, le caprice du Roi fut conforme aux intentions de Charles v, qui avoit recommandé que son fils épousât une princesse allemande, sans prévoir les suites d'une telle union.

A peine le jeune monarque eut-il donné quelque temps à cette nouvelle passion, que le bruit des armes le rappela dans une carrière où il se seroit couvert de gloire, s'il s'y fût entièrement livré. Une négociation avec l'Angleterre ayant été brusquement rompue, le conseil résolut de faire une descente dans cette île, de la rendre le théâtre de la guerre, et de venger sur ses habitans tous les maux dont la France avoit gémi pendant un demi siècle. Pour une telle entreprise, il auroit fallu un grand homme à la tête des Français, et un accord de sentimens dans toutes les classes de la société, que les fautes sans nombre du gouvernement avoient rendu impossible. Le duc de Bourgogne, chargé de faire les préparatifs de l'entreprise, avoit réuni au port de l'Ecluse une flotte formidable. Charles brûloit d'y monter, ne doutant pas qu'il vengeroit d'une manière terrible les humiliations éprouvées par son aïeul. Mais le duc, sous le prétexte que les Flamands, toujours révoltés, avoient formé le projet de brûler la flotte, porta la guerre chez ces peuples, qu'il avoit tant d'intérêt à soumettre; et la descente en Angleterre fut ajournée. Le Roi se distingua dans cette campagne, qui fut heureuse. A la fin de 1385, des négociations s'ouvrirent avec les chefs des rebelles, et la Flandre se soumit entièrement au duc de Bourgogne par un traité du 8 décembre.

Cependant Charles, nourrissant l'espoir de réussir dans la grande entreprise qu'il n'avoit suspendue qu'à regret, resta sur la frontière. Les premiers mois de l'année 1386 furent employés à faire de nouveaux préparatifs. Outre la flotte réunie à L'Ecluse, Clisson fit construire près de ce port une ville de bois destinée à être conduite en Angleterre, pour y faire avec plus de facilité la guerre de siége. Le succès qu'avoit obtenu Edouard III, trente-neuf ans auparavant, en élevant autour de Calais une nouvelle ville qui interdisoit aux habitans toute espérance de secours, avoit inspiré cette idée au connétable, qui ne voyoit pas que la principale difficulté étoit de transporter heureusement cette monstrueuse machine de guerre. Toute l'industrie du siècle fut employée à la construction de la ville de bois, composée de pièces de rapport qui se rapprochoient aisément; elle offroit des rues, des carrefours, des places; ses murs étoient munis de tours; elle avoit trois mille pas de diamètre, et pouvoit contenir une armée. Les dispositions furent prises pour s'emparer des villes de Cherbourg et de Brest, que les Anglais possédoient en Normandie et en Bretagne, en même temps qu'on iroit les attaquer au sein de leur pays. Mais tous ces projets échouèrent par la mésintelligence ou la perfidie des chefs.

Le duc de Berri, jaloux de la gloire que le duc de Bourgogne alloit acquérir, différa de le joindre à L'Ecluse, et lui fit ainsi manquer la saison favorable au passage. Cependant on essaya de faire partir la ville de bois; mais les vaisseaux qui la portoient furent dispersés par la tempête : quelques portions furent jetées sur les côtes d'Angleterre, et le reste rentra péniblement dans les ports d'Artois et de Flandre [septembre 1386]. Le duc de Bourgogne, sur le territoire duquel se trouvoient ces débris qui avoient coûté tant de dépenses, obtint du Roi la permission d'en disposer à son profit.

Clisson n'eut pas plus de succès au siége de Brest, dont il avoit été chargé. Il faut, pour l'intelligence des faits qui vont suivre, entrer dans quelques détails sur la position où se trouvoit alors la Bretagne. Le duc Jean de Montfort ne s'étoit soumis au Roi que forcé par ses vassaux, et en protestant secrètement contre l'hommage imparfait qu'il avoit cru devoir rendre. Il nourrissoit beaucoup d'aversion pour les seigneurs attachés à la France, et principalement pour les anciens compagnons de Du Guesclin, dont Clisson étoit l'un des plus illustres. D'autres motifs particuliers le rendoient l'ennemi mortel du connétable. Ayant perdu sa seconde femme, il avoit épousé Jeanne, fille de Charles-le-Mauvais, roi de Navarre, qui, selon plusieurs historiens, venoit de mettre le comble à ses crimes en essayant de faire empoisonner toute la famille royale de France. On ne peut expliquer que par l'ascendant aveugle des passions le goût que montra Clisson pour la jeune duchesse, qui parut flattée de son hommage. A la jalousie que cette conduite inspira au duc, se joignirent encore d'autres griefs. Clisson avoit récemment fait épouser l'une de ses filles à Jean de Penthièvre, fils de Charles de Blois, ancien compétiteur du père du duc; et ce dernier craignoit que l'alliance de cette famille, abattue avec la maison d'un connétable de France, ne remît en question des droits acquis par la force, et non encore sanctionnés par le temps. Tout cela explique pourquoi le duc de Bretagne fit échouer le siége de Brest entrepris par Clisson, et pourquoi, peu de temps après, il fut sur le point de tirer de lui la plus horrible vengeance.

Les projets des diverses factions furent un moment suspendus par la mort de Charles-le-Mauvais, qui, si l'on en croit nos chroniques, périt d'une manière terrible le premier janvier 1387. Ce prince, dont la vie avoit été si active dans les dernières années du règne de Jean, forcé au repos par l'ascendant de Charles v, s'étoit depuis quelques années plongé dans la débauche, qui sembloit l'étourdir sur ses remords et sur les regrets de son ambition trompée. Agé de cinquante-six ans, son corps étoit épuisé, sans que son esprit eût rien perdu de sa fougue et de sa turbulence. Pour recouvrer des forces qu'il perdoit aussitôt par de nouveaux excès, il se faisoit envelopper d'un drap trempé dans de l'eau-de-vie soufrée. On dit qu'après avoir passé la nuit avec une femme dont la beauté lui avoit été vantée, il usa de ce remède, et parut ranimé. Ayant ordonné qu'on l'habillât promptement, son valet de chambre, au lieu de couper les fils qui lioient le drap, voulut les brûler avec une bougie. Aussitôt l'eau-de-vie s'enflamma, et l'on ne parvint à l'éteindre qu'avec beaucoup de peine. Le malheureux prince, presque consumé, souffrit pendant trois jours, et mourut dans d'horribles tourmens. Le souvenir de ses attentats, l'idée que la justice céleste (1) commençoit à le frapper sur la terre, augmentoient ses angoisses. Son fils Charles II, qui lui succéda, ne lui ressembla point. La vie orageuse de son père fut pour lui une salutaire leçon : il parut ne chercher que la tranquillité; et s'il fut, dans la suite, forcé par les circonstances à prendre un parti dans les divisions des princes, il ne s'y fit du moins remarquer par aucune perfidie ni par aucun excès. Son esprit modéré lui fit accepter, quelques années après, les propositions qui lui furent faites par la cour : moyennant une indemnité, il consentit à renoncer à ses droits sur les comtés de Champagne et d'Evreux, possessions éloignées de son royaume, et source continuelle de divisions entre la France et la Navarre.

L'ardeur de Charles VI contre les Anglais, loin

---

(1) *La justice céleste.* Le moine de Saint-Denis (p. 131, 132) cite une lettre de l'évêque de Dax à la reine Blanche, veuve de Philippe de Valois et sœur de Charles-le-Mauvais, dont il résulte que ce malheureux prince mourut dans de grands sentimens de religion En voici un fragment :

« Dès le premier jour qu'il se mit au lit, il l'employa tout entier,
« jusqu'à minuit, à faire une ample et exacte confession de tous ses
« péchés, et depuis il ne s'est point passé de jour qu'il ne se soit en-
« core confessé : il a reçu jusques à sept fois l'absolution, et il a été
« autant de fois communié. Il est vrai qu'on patissoit beaucoup de le
« voir dans ses grandes douleurs ; mais tous ceux qui l'assistoient
« estoient si consolés de sa constance, qu'ils s'écrioient entre eux :
« *Quelle merveille est-ce cy, mon Dieu !* Explique qui pourra cette
« genereuse patience, cette retenue, cette modestie qu'il a gardée dans
« les plus violens accès de son mal, et l'humilité et la résignation
« d'esprit et de cœur qu'il a témoignées : c'est une entreprise dont je
« me sens incapable, et pour laquelle je manque de termes et de pen-
« sées. »

d'être refroidie par les désastres de l'année précédente, n'en étoit devenue que plus forte et plus impétueuse. Sans se douter, non plus que ses ministres, des mauvais desseins du duc de Bretagne, il avoit fait de nouveaux préparatifs de débarquement, et Clisson devoit seul commander cette grande expédition. Le duc, sollicité par les Anglais de détourner cet orage; craignant, si l'entreprise réussissoit, de perdre des alliés sans lesquels il croyoit ne pouvoir se maintenir; animé d'ailleurs contre le connétable par des ressentimens personnels dont nous avons expliqué les motifs, médita l'attentat le plus atroce et le plus lâche.

Il convoqua les Etats de Bretagne dans la ville de Vannes, où Clisson se rendit sans défiance. Le duc le combla de bontés, alla dîner chez lui, ne témoigna aucun soupçon sur ses assiduités auprès de la duchesse, et lui inspira par cette conduite la plus grande sécurité. Toutes ces relations d'amitié et de confiance étant bien établies, il pria Clisson de venir le voir dans le château de l'Hermine, qu'il faisoit bâtir sur le bord de la mer. Le connétable y est reçu avec les honneurs dus à son rang; il visite avec le prince les fortifications, sur lesquelles il donne son avis; enfin, parvenu au pied d'une tour écartée, le duc le prie d'entrer le premier : aussitôt les portes se referment sur lui, des hommes apostés le chargent de chaînes, et il est plongé dans un cachot.

Laval, beau-frère du connétable; le sire de Beaumanoir, et d'autres seigneurs qui accompagnoient le duc, lui représentèrent l'infamie de cette trahison, et firent de vains efforts pour le fléchir. Il les congédia d'un air sombre, et fit appeler Jean de Bavalan, commandant du château, homme plein d'honneur, mais entièrement dévoué. Il lui ordonna de descendre au milieu de la nuit dans le cachot du connétable, de le faire mettre dans un sac, et de le jeter dans la mer. Bavalan essaya de demander grâce : le duc en fureur l'interrompit. « Ne m'importune plus, lui dit-il ; « je veux que Clisson périsse : l'heure est venue où « je dois me venger de lui : ta tête me répond de ton « obéissance. » Il quitta le château en renouvelant ses menaces.

Cependant cette nuit, qui devoit être si funeste pour le connétable, ne fut pas moins pénible pour son ennemi, qui, conservant au milieu de ses passions furieuses des sentimens de religion et d'humanité, ne put échapper à ses remords. Lorsque l'heure où le crime devoit être consommé fut passée, il s'abandonna au désespoir. Au point du jour il fit venir le commandant du château, qui lui dit d'un air triste que ses ordres étoient exécutés. Le duc, fondant en larmes, lui reprocha d'avoir obéi. Bavalan, ne s'écartant point du plan qu'il s'étoit prescrit, garda le silence, et se retira. Pendant toute la journée, Montfort refusa de prendre aucune nourriture, et son repentir sembla sincère. Le soir, Bavalan reparut devant lui, et fut de nouveau convaincu de la vérité de ses remords par l'ordre qu'il lui donna de ne jamais paroître en sa présence. Alors, voyant que le moment étoit venu de soulager le duc du poids affreux qui l'accabloit, il lui dit : « Clisson n'est point mort : « quand vous m'avez donné l'ordre de le tuer, j'ai vu « que la colère vous égaroit, et j'ai pensé que vous « seriez au désespoir si je vous obéissois. » Le duc se jeta dans ses bras. « Tu es mon meilleur ami, « Bavalan, lui dit-il, et tu viens de me rendre le plus « grand des services. »

C'est cette scène touchante, terminée par une péripétie vraiment dramatique, qui a fourni à M. de Voltaire le sujet de la tragédie d'Adelaïde Du Guesclin, où, sous des noms supposés, il retrace les caractères de Montfort, de Clisson et de Bavalan.

Le repentir du duc ne le porta pas cependant à faire une réparation entière à Clisson, unique moyen d'obtenir de lui et de sa famille l'oubli d'un excès si monstrueux. Malgré les menaces du Roi, il le tint encore quelque temps en prison, et ne lui rendit sa liberté qu'en le forçant à livrer quatre de ses meilleures places, et en exigeant une rançon de plus de cent mille livres. A peine libre, Clisson défia Montfort, qui ne releva pas son gage de bataille : ils se firent réciproquement des bravades; enfin le Roi obtint d'eux, l'année suivante, une apparence de réconciliation. Cette affaire traîna en longueur, parce que les ducs de Bourgogne et de Berri, auxquels le crédit croissant du connétable déplaisoit, parvinrent à empêcher le jeune monarque d'y employer toute son influence. Elle eut des suites très-funestes, et ranima la haine qui existoit entre les maisons de Montfort et de Penthièvre : haine qui donna lieu, sous ce règne, à d'horribles vengeances. D'ailleurs ce premier attentat commis depuis l'avènement du Roi, et laissé entièrement impuni, montra aux ambitieux qu'ils pouvoient se livrer sans crainte à toutes leurs passions.

Charles venoit d'atteindre sa vingtième année. Ses oncles n'avoient pu lui cacher les murmures des peuples contre une administration ruineuse; et la présomption naturelle à la jeunesse lui faisoit penser qu'il étoit en état de gouverner. Quoiqu'on n'opposât aucun frein à ses penchans, il se trouvoit fatigué d'être en tutèle. Son frère le duc de Touraine, connu depuis sous le nom de duc d'Orléans, âgé de dix-huit ans, le pressoit de secouer un joug importun.

Ce prince annonçoit dès-lors un caractère qui devoit réunir tous les contrastes. Ayant profité plus que le Roi de ses premières études, il s'exprimoit avec grâce, parloit sans préparation sur toute sorte de sujets, et étonnoit souvent les orateurs qui le haranguoient, par des réponses improvisées, pleines de raison et d'esprit. Brillant et frivole, il avoit surtout le don de plaire aux femmes; et ses succès auprès d'elles contribuèrent, autant que l'exemple du Roi, à introduire à la cour la licence la plus effrénée. Enthousiaste de la chevalerie, il en violoit sans cesse les premières lois, qui prescrivent autant de respect pour la vertu des dames, que de discrétion à l'égard de leurs foiblesses; il n'avoit d'un chevalier qu'un penchant très-vif à la galanterie, et une bravoure à toute épreuve. Ses vices n'étouffoient pas en lui des sentimens de religion qui l'empêchoient quelquefois de se porter aux derniers excès, et qui lui faisoient mêler des pratiques de piété aux intrigues les plus profanes (1).

(1) *Les plus profanes.* Le moine de Saint-Denis (p. 626) fait ainsi le portrait du duc d'Orléans :

« La nature, qui l'avoit fait le plus beau de son age, lui avoit encore
« donné des graces excellentes; et celles qu'il possédoit avec plus d'a-

Le duc de Touraine n'eut pas de peine à persuader au Roi qu'ils avoient l'un et l'autre assez d'expérience pour gouverner; et ces deux jeunes gens formèrent un projet dont le mécontentement des peuples rendit la réussite facile. Charles venoit de faire une expédition heureuse contre le duc de Gueldre, qui avoit eu l'audace de le défier. A son retour, il s'arrêta dans la ville de Reims, où il convoqua tout-à-coup une assemblée de princes et de seigneurs. [Novembre 1388.]

Dans un discours étudié, il attaqua d'une manière indirecte l'administration de ses oncles : il insinua que, favorable à quelques particuliers, elle nuisoit au bien public, et conclut par demander s'il ne devoit pas céder au vœu des Français, qui désiroient depuis long-temps qu'il prît les rênes de l'Etat. Cette proposition excita des applaudissemens universels : les espérances trompées se réveillèrent, et tous les regards se tournèrent vers le jeune Roi, dont on attendoit des prodiges. Le chancelier demanda l'avis de Pierre Aizelin de Montagu, cardinal de Laon, pair ecclésiastique, qui, gagné d'avance, parla des abus, plaignit le sort des peuples, et promit au nom du Roi

---

« vantage, c'estoit cette merveilleuse éloquence, et cette facilité de
« parler sur-le-champ, dont je puis dire sans flatterie qu'il en avoit
« emporté le prix sur les plus fameux orateurs de son siecle, sans en
« excepter les plus grands hommes de l'Université, pour consommés
« qu'ils fussent dans toutes les subtilités de l'art de discourir : c'est ce
« qui rendoit le choix assez difficile des personnes de ce corps, qu'on
« lui députoit dans les occasions qui se présentoient. Tout ce qu'on
« peut opposer à de si beaux talens, c'est qu'il en abusa dans les em-
« portemens d'une jeunesse un peu encline à tous les vices de l'age et
« de la qualité. »

toutes les réformes qu'on désiroit. Les acclamations ne permirent pas aux autres seigneurs de développer leur avis.

Pendant cette scène, les oncles du Roi gardèrent le silence, et parurent même satisfaits de pouvoir aller jouir du repos dans leurs terres : ce sentiment, affecté par les ducs de Berri et de Bourgogne, n'étoit sincère que dans le duc de Bourbon. Les deux premiers quittèrent la cour : l'oncle maternel du Roi resta seul près de lui. Quelques jours après, le cardinal de Laon mourut empoisonné, et l'on ne fit aucune recherche pour découvrir l'auteur de ce crime : commencement funeste d'une administration qui sembla néanmoins s'ouvrir sous les plus heureux auspices.

Charles avoit la physionomie [1] la plus intéressante : son goût pour les expéditions guerrières, le courage

---

[1] *Charles avoit la physionomie.* Le moine de Saint-Denis (p. 159, 160) peint ainsi Charles VI au moment où il s'empara du pouvoir :

« Il estoit d'une taille si bien proportionnée, que s'il n'estoit aussi
« haut que les plus grands, il estoit au dessus des médiocres. Il étoit
« robuste de membres ; il avoit l'estomach fort, le visage beau et
« sain, le teint clair et délié, et le menton couvert d'un premier coton
« qui estoit fort agréable. Son nez n'estoit ni trop long ni trop court,
« ses yeux vifs, et sa chevelure blonde. Dans un corps si bien for-
« mé, logeoit un cœur grand et genereux. Il excelloit dans tous les
« exercices. Il est assez ordinaire aux princes qui sont possédés de
« cette noble passion, d'en être plus fiers, et d'être moins aimés et
« moins aimables ; mais il estoit si benin et si accueillant, qu'il s'ar-
« rêtoit devant qui que ce fût qui l'abordât : il ne refusoit audience à
« personne, quelque part qu'il se trouvât, et prenoit plaisir à s'entre-
« tenir avec les moindres gens ; il les saluoit fort civilement ; et pour
« les obliger davantage, il les appeloit par leurs propres noms. Il ves-
« quit toujours de cette sorte avec son peuple, et c'est ce qui lui a
« acquis cet amour et cette affection si générale que tous les mal-
« heurs de son règne ne purent étouffer..... Parmi tant de vertus, il se

personnel qu'il avoit montré dans les campagnes de Flandre, donnoient à sa jeunesse un caractère d'héroïsme qui faisoit fermer les yeux sur ses vices. Il étoit généreux, prodigue même (1), et ce défaut s'excusoit facilement dans un prince de vingt ans. Son penchant pour les femmes étoit traité avec la même indulgence; on croyoit que l'âge le rendroit moins vif. Habile dans tous les exercices, il aimoit les tournois, les fêtes brillantes, les bals masqués, qui commencèrent à cette époque, et qui avoient tout l'attrait d'une mode nouvelle. Il n'en falloit pas plus pour enivrer une cour avide de plaisirs. Moins instruit que son frère, il paroissoit avoir plus d'esprit naturel; ses réparties étoient promptes et piquantes. Quelque temps avant la scène de Reims, le duc de Berri, déjà fort âgé, étoit sur le point d'épouser la jeune comtesse Jeanne de Boulogne. « Mon oncle, lui dit le Roi, que ferez-vous de « cette petite fille? Elle n'a que douze ans, vous en « avez soixante; par ma foi, je crois que vous faites « une grande folie. — Monseigneur, répondit le duc, « si elle est jeune, je l'épargnerai pendant trois ou qua- « tre ans. — Je conçois cela, reprit Charles; mais, mon « oncle, êtes-vous sûr qu'alors elle vous épargnera? » Cette gaieté franche, cette familiarité si éloignée de la gravité de Charles v, plaisoient même aux personnes graves, parce qu'elles les croyoient unies à des qualités plus solides.

« coula quelques défauts. On ne le peut excuser d'avoir été un peu
« enclin à blesser l'honnesteté du mariage; aussi estoit-ce la seule
« marque qui fût en lui de la corruption de notre nature. »

(1) « Où Charles v, dit Juvénal des Ursins, donnoit cent écus,
« Charles vi en donnoit mille. »

La manière dont le Roi forma le ministère obtint l'assentiment général. Il annonça qu'il vouloit suivre le système de Charles v, dont on regrettoit vivement l'administration. Le connétable Olivier de Clisson fut mis à la tête des affaires, et le conseil se composa de Le Bègue de Vilaines, de Bureau de La Rivière, du seigneur de Noviant et de Jean de Montagu, anciens ministres employés sous le règne précédent. Le chancelier Pierre de Giac étant mort, Armand de Corbie, premier président, fut revêtu de cette dignité.

Le premier acte de ce ministère (1) fut de diminuer les impôts et de donner quelque satisfaction aux Parisiens, qui réclamoient leurs priviléges municipaux. La charge de prévôt des marchands, supprimée depuis cinq ans, fut rétablie avec certaines restrictions sous le nom de *garde de la prévôté des marchands pour le Roi*, et cette place importante fut donnée à Jean Juvénal des Ursins, avocat célèbre, père de l'historien du règne de Charles vi, homme plein de fermeté et de prudence, qui sut contenir pendant long-temps les factions. Le rétablissement de la prévôté des marchands n'empêcha pas qu'un officier royal, portant

---

(1) *Le premier acte de ce ministère.* Le moine de Saint-Denis (p. 161, 162) retrace très-bien le système de ce ministère.

« Leur premier soin, dit-il, dans un établissement si envié, fut de
« s'assurer entre eux d'une parfaite correspondance, de se jurer une
« amitié réciproque, et d'être toujours d'un même esprit et d'une
« même volonté, dans quelque état de bonheur ou d'adversité que la
« fortune les poussât. Enfin ils protesterent encore de s'unir contre
« tous ceux qui feroient tort à l'autre ; et pour se fortifier de l'affec-
« tion des peuples, en travaillant pour l'honneur du Roy et pour le
« soulagement de ses sujets, ils firent plusieurs ordonnances du gré
« de Sa Majesté, et du consentement du duc de Bourbon son oncle. »

le nom de *prévôt de Paris*, ne prît une grande part à la police de la capitale.

La plus douce satisfaction du Roi, devenu libre, fut de donner publiquement de nouvelles marques de son enthousiasme pour Du Guesclin; on fit à ce grand homme un service solennel dans l'église de Saint-Denis: l'évêque d'Auxerre officia, et prononça la première oraison funèbre (1) dont il soit parlé dans notre histoire. Son texte étoit: *Nominatus est usque ad extrema*

---

(1) *La première oraison funèbre.* Voici l'extrait de ce discours, conservé par le moine de Saint-Denis (p. 172).

« L'évêque d'Auxerre fit voir, par le récit des grands travaux de
« guerre de son héros, de ses merveilleux faits d'armes, de ses tro-
« phées et de ses triomphes, qu'il avoit été la véritable fleur de la
« chevalerie, et que le vray nom de preux ne se devoit qu'à ceux qui,
« comme lui, se signaloient également en valeur et en probité. Il prit
« sujet de passer delà aux qualités nécessaires à la réputation d'un
« vrai et franc chevalier; et s'il releva bien haut l'honneur de la che-
« valerie, il fit bien connoistre aussi, par le discours qu'il fit de son
« origine et de sa première institution, qu'on ne l'avoit pas jugé plus
« nécessaire pour la défense que pour le gouvernement politique des
« Etats; et que c'étoit un ordre qui obligeoit à de grands devoirs,
« tant envers le Roy qu'envers le public. Il les exhorta à servir Sa
« Majesté avec une parfaite soumission; il leur remontra que ce n'es-
« toit que par son ordre et pour son service qu'ils devoient prendre
« les armes; mais sa présence ne l'empêcha pas de dire aussi qu'il
« falloit que l'occasion en fût juste, et qu'il falloit encore que leur
« intention fût droite et équitable, pour les rendre innocens de tous
« les malheurs et des cruautés de la guerre, et afin que Dieu donnât
« un heureux succès à leurs entreprises. Enfin il prouva par bonnes
« raisons, et par toutes sortes d'exemples qu'il tira des histoires tant
« saintes que profanes, qu'il falloit autant d'honneur et de vertu que
« de valeur et d'expérience dans les armes pour mériter dans cette
« condition la grace de Dieu et l'estime des hommes, et pour être
« digne de la réputation du fidèle chevalier messire Bertrand, qu'il
« recommandoit à leurs prieres, et pour lequel il alloit achever la
« messe. »

terræ, et convenoit parfaitement à un capitaine qui avoit porté la gloire de la France jusque près des colonnes d'Hercule.

La réduction des impôts, les généreuses concessions faites aux Parisiens, et cette solennité vraiment française, auroient donné les espérances les mieux fondées, si des dépenses excessives n'eussent en même temps annoncé que le ministère seroit bientôt obligé de revenir à des mesures vexatoires pour se procurer de l'argent.

[1389] La reine Isabelle de Bavière, plus jeune que le Roi, ne s'occupoit encore que de plaisirs. Distinguée par sa beauté, objet de l'idolâtrie des courtisans, entourée de femmes qui ne cherchoient qu'à l'égarer, elle excitoit son époux à suivre une route pour laquelle il n'avoit que trop de penchant. Cependant, au milieu de cette gaieté bruyante, on remarquoit dans les traits d'Isabelle une sorte de sang-froid et de sérieux qui sembloient annoncer qu'une femme en apparence si frivole auroit un caractère décidé, et prendroit une grande influence sur la politique. Les grâces et les défauts de son beau-frère le duc de Touraine paroissoient avoir pour elle beaucoup d'attraits; et, guidée par ses conseils, elle n'avoit rien négligé pour déterminer le Roi à s'emparer de l'autorité. Une fête superbe fut donnée à Paris; Charles et son frère brillèrent dans le tournoi; la Reine décerna les prix: les festins se prolongèrent dans la nuit, et se terminèrent par un bal masqué, où l'on prétend que la licence fut portée à l'excès [1]. Cette multitude de jeunes gens et de jeunes femmes qui composoient la cour, n'étant pas réprimée

---

[1] Une chronique dit, en parlant de cette fête : *Lubrica facta sunt.*

par un maître qui donnoit au contraire l'exemple du désordre, crut pouvoir braver toutes les bienséances; et quelques personnes pensent que, dans le tumulte de ce bal, Isabelle fut entraînée à former avec son beau-frère une liaison qui devoit avoir les suites les plus funestes (1).

Ce prince s'occupoit alors de son mariage avec Valentine, fille du duc de Milan et d'Isabelle de France, que le roi Jean avoit cru dans sa détresse devoir donner à Galéas Visconti, moyennant un subside considérable. Valentine apportoit en dot de grands trésors et le comté d'Asti, qui devint, sous les règnes suivans, le prétexte de plusieurs guerres. D'un caractère entièrement opposé à celui de la Reine, aussi ambitieuse, mais plus décente, elle étoit destinée à jouer un rôle important dans les troubles qui se préparoient. Le mariage se fit à Melun, où se donnèrent de nouvelles fêtes, et fut suivi d'une entrée solennelle d'Isabelle à Paris.

(1) *Qui devoit avoir les suites les plus funestes.* Quelque temps auparavant, une fête du même genre avoit été donnée dans l'enceinte de l'abbaye de Saint-Denis; et, sans respect pour ce lieu sacré, on s'étoit livré à une licence aussi scandaleuse. Le moine, témoin oculaire, en parle ainsi (p. 170, 171):

« La dernière nuit gâta tout, par la dangereuse licence de masquer,
« et de permettre toute sorte de postures plus propres à la farce qu'à
« la dignité de personnes si considérables. Cette mauvaise coustume
« de faire le jour de la nuit, joint à la liberté de boire et manger avec
« excès, fit prendre des libertés à beaucoup de gens, aussi indignes
« de la présence du Roy que de la sainteté du lieu où il tenoit sa
« cour. Chacun chercha à satisfaire ses passions; et c'est tout dire
« qu'il y eut des maris qui patirent de la mauvaise conduite de leurs
« femmes, et qu'il y eut des filles qui perdirent le soin de leur hon-
« neur. »

Cette princesse voulut surpasser tout ce qui avoit été fait jusqu'alors, et attirer sur elle seule les regards qui devoient naturellement se fixer sur sa jeune belle-sœur, encore inconnue aux Parisiens. Tout ce que put imaginer le luxe du siècle fut prodigué dans cette magnifique cérémonie. Le cortége entra par la porte Saint-Denis : la Reine étoit sur un char somptueux, suivie de Valentine et d'une foule de dames; l'or, les diamans brilloient sur les armures des chevaliers qui formoient l'escorte. Des théâtres étoient élevés de distance en distance dans toutes les rues, et l'on y représentoit des mystères (1) ou des allégories analogues à la circonstance; mais un spectacle entièrement nouveau frappa les regards, lorsque le cortége fut arrivé près du pont au Change. Une corde immense étoit tendue depuis le sommet des tours de Notre-Dame jusque sur ce pont : le char d'Isabelle s'y arrêta, et tout-à-coup un jeune homme, sous les habits d'un ange, parut descendre du ciel, en marchant rapidement sur la corde. Parvenu aux pieds de la Reine, il lui présenta ses hommages, et lui mit une couronne sur la tête, aux applaudissemens de la multitude éblouie de sa beauté.

Lorsqu'on fut arrivé à l'hôtel Saint-Paul, Boucicaut et Regnault de Roye, brillans de jeunesse et d'ardeur chevaleresque, se présentèrent armés de toute pièce, et donnèrent aux dames le spectacle d'un combat. Pendant

---

(1) Il y avoit long-temps que le souvenir des croisades avoit donné lieu aux productions dramatiques appelées *mystères*. Ce fut sous le règne de Charles VI que ce spectacle prit quelque consistance; par un réglement du mois de décembre 1402, les confrères de la Passion en obtinrent à Paris le privilége exclusif.

cette fête, qui se prolongea bien avant dans la nuit, le Roi, déguisé, se mêla dans la foule, afin de jouir du triomphe d'Isabelle. Il n'étoit accompagné que de son chambellan Savoisy, homme dévoué à ses plaisirs. Les libertés qu'il prit avec quelques jeunes bourgeoises lui attirèrent des insultes graves, dont il ne rougit pas de plaisanter à son retour dans le palais.

Tous ces plaisirs ne laissoient à Charles que peu de momens pour s'occuper des affaires de son royaume. Cependant ses ministres profitèrent des troubles qui régnoient en Angleterre, pour faire avec Richard II une trêve de trois ans. Cet arrangement fut conclu dans la chapelle de Lelinghem, voisine du comté de Guines, qui appartenoit aux Anglais; et ce fut là que se renouvelèrent, jusqu'à l'avénement de Henri V, une multitude de suspensions d'armes qui n'empêchoient pas les deux Etats de se faire, dans leur foiblesse, tout le mal possible. Urbain VI, pape de Rome, mourut à cette époque [13 octobre 1389], et fut remplacé par Boniface IX. Clément VII, pape d'Avignon, qui avoit en vain cherché à traverser cette élection, pria le Roi de faire un armement pour donner à Louis d'Anjou le trône de Naples.

Ce jeune prince, malgré l'exemple terrible des malheurs de son père, brûloit d'aller occuper ce trône, et fondoit ses espérances sur ce que Charles de Duras, étant passé à la cour de Hongrie, y avoit été massacré, et n'avoit pour successeur que le jeune Ladislas, dont il s'exagéroit la foiblesse. Charles, ayant principalement pour objet de faire un voyage de plaisir, se rendit près de Clément avec les princes, qu'il avoit rappelés. Le Pape lui fit une réception magnifique, et couronna Louis d'Anjou roi de Naples. Ce prince partit, peu de temps après, avec une armée soldée par la France : soutenu par la famille de San-Severin, il s'empara facilement de Naples [14 août 1390]; mais s'endormant sur ce premier succès, se montrant ingrat envers les seigneurs qui l'avoient appelé, il perdit insensiblement tous ses avantages, et fut bientôt obligé de revenir en France, où il ne cessa point de s'occuper des moyens de recommencer cette entreprise.

En quittant Avignon, le Roi voulut faire une tournée dans le Languedoc, où l'on se plaignoit toujours des exactions du duc de Berri. Ce prince, qui s'étoit fait donner une autorité absolue dans son gouvernement, en avoit abusé, et sa victoire sur les *tuchins* avoit étouffé les révoltes, mais non les murmures et le mécontentement. Charles parut d'abord s'occuper très-peu des réclamations qui lui furent adressées. S'étant arrêté dans la ville de Montpellier, il s'y livra aux plaisirs avec encore moins de retenue qu'à Paris. Boucicaut l'avoit suivi dans ce voyage avec ses amis de Roye et de Saimpy.

De Montpellier, Charles se rendit à Béziers, où il écouta enfin les plaintes des habitans du Languedoc. Il résulta des informations qui furent faites en sa présence qu'une multitude d'injustices avoient été commises, et que l'administration de son oncle avoit été aussi ruineuse qu'oppressive; il lui ôta son gouvernement, et fit brûler vif Betisac, un de ses principaux agens. Cette justice ne soulagea que momentanément les habitans du Languedoc ; deux ans après, leur oppresseur recouvra sa puissance; et n'ayant plus à craindre la sévérité d'un monarque insensé, il mit le comble à leur misère.

Cette affaire avoit singulièrement fatigué le Roi, qui fuyoit toute occupation sérieuse. Brûlant de revenir à Paris, où la Reine étoit restée, et où il étoit attendu par une cour avide de plaisirs, il prit la résolution de s'y rendre avec toute la rapidité possible. Son frère étoit avec lui, et ne désiroit pas moins de retourner auprès d'Isabelle. Par un caprice de jeunes gens, dont les suites pouvoient être très-dangereuses dans l'état de fermentation où se trouvoient les provinces, ils firent une gageure, et fixèrent une récompense pour celui qui arriveroit le premier. Les deux princes, accompagnés chacun d'un seul homme, prirent des routes différentes, coururent jour et nuit, et ne mirent que quatre jours à faire ce long voyage. Le duc de Touraine précéda son frère de quelques heures, remporta le prix, et ne manqua pas de s'en faire un mérite aux yeux de la Reine.

[1391] Le duc de Bourbon, le seul des oncles du Roi qui fût resté à la cour, s'y trouvoit déplacé. Ses mœurs graves s'accordoient peu avec la licence qui régnoit. Il profita de la première occasion qui se présenta pour s'en éloigner. Les Génois, alliés de la France, envoyèrent des ambassadeurs au Roi pour demander des secours contre les pirates de Tunis, qui, maîtres de la mer, saisissoient leurs vaisseaux et interceptoient entièrement leur commerce. Le duc de Bourbon se fit charger de les réprimer, et partit avec une foule de jeunes chevaliers que les voluptés n'avoient pas rendus insensibles à l'amour de la gloire.

L'expédition fut très-brillante ; les Français, revoyant les rivages de Carthage, s'y distinguèrent par des exploits qui rappelèrent les hauts faits d'armes des soldats de saint Louis : mais cette guerre fut plus glorieuse qu'utile, et les pirates, un moment contenus, recommencèrent bientôt leur brigandage. A leur retour, les chevaliers parlèrent avec enthousiasme de leurs dangers, de leurs victoires, et du courage de leur chef.

Ces récits, qui par leur singularité occupèrent une cour que les plaisirs ne préservoient pas de l'ennui, enflammèrent l'imagination du Roi. Il voulut partir sur-le-champ pour l'Afrique avec une armée plus nombreuse que celle du duc de Bourbon ; ses ministres n'obtinrent que difficilement qu'il se bornât à porter la guerre en Italie pour chasser Boniface de Rome, et pour établir Louis d'Anjou sur le trône de Naples. Mais ces rêves d'un jeune homme énervé devoient s'évanouir avec autant de rapidité qu'ils avoient été conçus.

Charles tomba malade au commencement de l'année 1392, dans le moment où la trêve avec l'Angleterre venoit d'être prorogée. Sa maladie fut dangereuse, et pendant une longue convalescence il parut se livrer à la mélancolie. Au lieu de profiter des nobles inclinations qu'il avoit montrées dès l'âge le plus tendre, on employa, pour le distraire, les mêmes moyens dont on s'étoit servi pour le corrompre. Une cour d'amour fut établie ; la Reine y tint le premier rang : les princes et les princesses en firent partie, et l'on ne vit pas sans étonnement quelques ecclésiastiques y siéger. On y élevoit, sous le nom de *tenzons*, des disputes frivoles qui, avec une apparence de décence et de délicatesse, entretenoient le Roi dans des idées qui ne pouvoient que réveiller ses penchans.

Mais comme la mollesse et la volupté se lient presque toujours aux passions les plus violentes, ces vains amusemens furent bientôt interrompus par une horrible tentative d'assassinat. Pierre de Craon, que nous avons vu dissiper à Venise les trésors du roi de Naples, et causer la ruine de ce malheureux prince, étoit resté impuni par le crédit du frère du Roi. Admis à tous ses plaisirs, il avoit eu l'imprudence de révéler à Valentine un commerce de galanterie que le duc entretenoit avec une dame de la cour. Une explication violente ayant eu lieu entre les deux époux, Craon fut chassé, et attribua sa disgrâce au connétable de Clisson, premier ministre, qui avoit pris beaucoup d'influence sur le duc de Touraine. Réfléchissant à sa vengeance, il se retira près du duc de Bretagne dont il étoit parent, et lui transporta tous les biens qu'il possédoit en Anjou. Tranquille sur les suites de l'attentat qu'il méditoit, s'il parvenoit à s'échapper après l'avoir commis, il fit secrètement porter des armes dans son hôtel de Paris : quarante hommes déterminés s'y introduisirent sans être aperçus, et bientôt il y vint lui-même, et s'y tint renfermé jusqu'au moment où devoit éclater le complot.

Le 14 juin 1392, jour de la Fête-Dieu, le Roi avoit tenu sa cour à l'hôtel Saint-Paul; on avoit dansé après le souper, et le bal s'étoit prolongé dans la nuit. A une heure du matin, le connétable, accompagné de huit hommes sans armes, retournoit dans son palais, qui est aujourd'hui l'hôtel de Soubise : au moment où il passoit dans la rue Culture-Sainte-Catherine, une troupe armée l'entoura, et éteignit les flambeaux que portoient ses gens. Clisson, ne s'attendant à aucune violence, crut que c'étoit une plaisanterie du frère du Roi. « Par ma foi, monseigneur, « dit-il, c'est mal fait; mais je vous le pardonne, « parce que vous êtes jeune, et aimez à vous amuser. » On ne lui répondit que par ce cri terrible : « A mort! il « faut ici mourir... » Aussitôt les assassins dispersent sa suite, et fondent sur lui. Il se défend avec courage, lutte long-temps contre le nombre : enfin un coup qu'il reçoit à la tête le précipite de son cheval, et il tombe contre la porte entr'ouverte de la maison d'un boulanger. Les meurtriers, le croyant mort, prennent la fuite. Les domestiques, qui ne s'étoient pas écartés, reviennent; et comme ils ne lui trouvent aucun mouvement, ils se figurent qu'ils l'ont perdu. L'un d'eux court aussitôt en porter la nouvelle au Roi.

Charles alloit se mettre au lit. Aucune expression ne sauroit rendre le saisissement dont il fut frappé. Il regardoit le connétable comme le plus ferme appui de son trône, le seul général sur le dévouement duquel il pût compter; et son cœur, sensible à l'amitié, étoit déchiré par la perte d'un homme auquel il croyoit devoir la plus vive reconnoissance. Il courut aussitôt près de Clisson, qui venoit de reprendre ses sens. « Connétable, lui dit-il avec inquiétude, comment « vous trouvez-vous? — Sire, répondit Clisson, peti- « tement et foiblement. — Qui vous a traité ainsi? « poursuivit le Roi. — Sire, reprit le blessé, c'est « Pierre de Craon, avec déloyauté et trahison. » Les médecins arrivèrent. « Rendez-moi mon connétable,

« leur cria le Roi ! instruisez-moi de son état : je suis
« désespéré de son malheur. » Après un long examen
interrompu par l'impatience du monarque, les médecins dirent enfin qu'ils espéroient que Clisson pourroit monter à cheval dans quinze jours. Charles ne le
quitta qu'après avoir vu mettre le premier appareil..
« Ayez soin de vous, lui dit-il en se retirant, n'ayez
« point d'inquiétude ; aucun crime n'aura été payé si
« cher. Votre injure est la mienne. »

Charles, guidé par les sentimens les plus estimables,
mit dans la poursuite des auteurs de ce crime toute
la violence et toute la légèreté de son caractère. Quelques malheureux périrent dans les supplices, sans que
l'impatience du Roi permît de leur faire leur procès
suivant les règles. Pierre de Craon avoit eu le temps
d'arriver en Bretagne, où le duc ne rougit pas de le
recevoir et de lui dire : « Vous avez fait deux fautes,
« l'une d'avoir attaqué le connétable, l'autre de l'avoir
« manqué. » Ce mot, sorti de la bouche d'un ennemi
implacable de Clisson, ne prouve pas que ce prince
ait eu à cet attentat une part directe : les historiens
contemporains, loin de l'en accuser, semblent le justifier par leur silence. Quoi qu'il en soit, Montfort
repoussa toutes les instances du Roi pour que Pierre
de Craon lui fût livré ; et Charles, ne craignant pas
de compromettre la tranquillité de la France pour
satisfaire un ressentiment particulier, résolut de déclarer la guerre au duc de Bretagne. En attendant,
il proscrivit l'assassin de Clisson, fit raser son hôtel,
situé dans le lieu où se trouvoit avant la révolution
le cimetière de Saint-Jean ; confisqua la partie de ses
biens qu'il n'avoit pas cédés à Montfort, et en donna

une portion au prince son frère, auquel il venoit d'accorder l'échange du duché de Touraine contre le duché d'Orléans.

Ce prince, que nous ne désignerons plus que sous ce dernier nom qu'il rendit trop fameux, partageoit l'empressement du Roi pour la guerre de Bretagne; mais cette guerre étoit loin d'avoir l'assentiment général. Le connétable et les ministres étoient haïs, parce que, pour fournir aux prodigalités de la cour, ils se trouvoient obligés d'augmenter chaque année les impôts. Le duc de Bourgogne, profitant des anciens mécontentemens, et trouvant un parti tout formé depuis la condamnation injuste de Desmarets, se mit à la tête de l'opposition ; mais son caractère modéré, bien différent de celui que devoit déployer son fils Jean-sans-Peur, suspendit pour quelque temps les fléaux dont la France étoit menacée.

Cependant l'armée destinée à l'envahissement de la Bretagne s'étoit réunie dans les environs du Mans. Le Roi, malade d'esprit et de corps, s'y rendit avec les princes, malgré les remontrances de ses médecins. On étoit à la fin de juillet, et la chaleur étoit excessive. Le premier août, Charles partit du Mans, ayant l'air fort abattu, mais paroissant méditer de grands projets. Vers midi, il entra dans la forêt avec une suite peu nombreuse : ses gardes s'étoient éloignés de lui, pour ne pas l'incommoder par la poussière. Tout-à-coup, au moment où il se trouvoit presque seul, un homme d'une figure terrible, ayant la tête et les pieds nus, vêtu d'une longue robe blanche, parut entre deux arbres, et saisit la bride de son cheval. « Roi, « arrête, lui dit-il d'un ton solennel ; où vas-tu ? Tu

« es trahi : on veut te livrer à tes ennemis. » A l'approche des hommes qui venoient derrière le Roi, le spectre disparut dans la forêt, et Charles continua son chemin, plongé dans la plus profonde rêverie. Deux pages le suivoient en silence : l'un d'eux laissa par hasard tomber sa lance sur le casque de son compagnon : ce qui produisit un bruit aigu. A l'instant le Roi sort de sa rêverie, et semble se réveiller d'un profond sommeil : il croit que la prédiction qu'on vient de lui faire s'accomplit ; la raison l'abandonne entièrement, et il se précipite sur tous ceux qui l'entourent. Plusieurs sont frappés, et expirent à ses pieds ; les autres se mettent ventre à terre pour échapper à sa fureur. On court avertir le duc de Bourgogne, qui n'étoit pas loin : il réunit les troupes, et leur fait faire un vaste cercle autour du Roi : l'épée de ce malheureux prince étoit brisée, et il ne pouvoit plus porter de coups dangereux. Enfin Guillaume Martel, l'un de ses chambellans, saute adroitement sur la croupe de son cheval, le prend par derrière, et se rend maître de lui. On est obligé de l'enchaîner, et on le ramène sur une charrette traînée par des bœufs. Le duc de Bourgogne, qui avoit commandé toutes ces dispositions, ne parut point frappé d'un événement qui plongeoit la France dans l'anarchie. « Il faut re-
« tourner au Mans, dit-il froidement ; le voyage de
« Bretagne est fait pour cette saison. »

Tandis que les ducs de Bourgogne et de Berri couroient à Paris pour s'emparer de l'autorité, Charles fut transporté à Creil-sur-Oise, maison de plaisance où l'on essaya de le guérir, loin d'Isabelle qui étoit enceinte. Ce prince étoit aimé, malgré les maux que sa foiblesse avoit causés. On attribuoit ses fautes à ses ministres, et l'on se figuroit que, s'il étoit éclairé, il ne balanceroit pas à y porter remède. Dans toutes les villes on fit pour lui des prières, des offrandes, des pélerinages. Son état parut s'améliorer, mais sa raison étoit toujours égarée; et il apprit sans témoigner aucune joie que la Reine venoit de mettre au monde une princesse, qui fut destinée dès sa naissance à l'état monastique. Il avoit eu auparavant deux fils: le premier étoit mort en bas âge; le second, nommé Charles, et portant le titre de duc de Guyenne, étoit d'une santé fragile, et ne devoit pas atteindre l'adolescence.

Le connétable et les ministres espéroient que le duc d'Orléans auroit grande part aux affaires, et les maintiendroit dans leurs emplois. Leur attente fut cruellement trompée. Le duc de Bourgogne s'empara du pouvoir; et le frère du Roi, qu'on accusoit des prodigalités qui avoient ruiné le royaume, fut écarté. Des murmures universels s'élevèrent alors contre les ministres, qui cependant avoient conservé plusieurs années la tranquillité intérieure et extérieure. Leurs mesures fiscales pouvoient être excusées par la nécessité de pourvoir aux dépenses excessives de la cour, et l'on devoit bientôt les regretter; car, durant le long règne de Charles VI, le temps de leur administration fut la seule époque où la France jouit de quelque sécurité et de quelque bonheur.

Clisson, averti qu'il alloit être proscrit, se retira en Bretagne dans ses places, et tint tête à Montfort, qui vouloit profiter de sa disgrâce pour le dépouiller. On informa contre lui, et il fut privé de la charge de connétable, qui fut donnée à Philippe d'Artois, comte d'Eu. Montagu se retira dans Avignon : Le Bègue de Vilaines, Noviant et La Rivière furent arrêtés. On les accusa des crimes les plus atroces : selon leurs ennemis, ils avoient exercé un pouvoir tyrannique, commis des concussions, et empoisonné le Roi. Leur procès se poursuivoit avec activité : Juvénal des Ursins, qu'ils avoient élevé à la place de garde de la prévôté de Paris, prit généreusement leur défense : il montra dans cette affaire l'inébranlable fermeté qu'il déploya ensuite lorsque son mérite l'eut porté aux premières places de la magistrature. Cependant les ministres alloient succomber, lorsque la jeune duchesse de Berri se servit, à la sollicitation de la Reine, de l'ascendant qu'elle avoit sur son époux, et parvint à obtenir leur grâce.

On cherchoit à distraire le Roi, qui n'avoit, de temps à autre, quelques lueurs de raison que pour mieux sentir l'horreur de son état; et l'on persistoit à n'employer que des moyens propres à l'entretenir dans les passions qui l'avoient perdu. Au carnaval de l'année 1393, une demoiselle allemande, attachée à la Reine en qualité de fille d'honneur, épousa un seigneur de Vermandois. Il fut décidé qu'à l'occasion de ce mariage, un bal masqué seroit donné dans une maison de plaisance (1) située au faubourg Saint-Marceau, et que le Roi y paroîtroit déguisé.

Lorsque la fête fut commencée, Charles entra dans la salle habillé en sauvage, et conduisant avec une chaîne cinq seigneurs travestis comme lui. Leurs vêtemens, chargés d'étoupes, étoient enduits de poix. Le

---

(1) Cette maison appartenoit à la reine Blanche, veuve de Philippe de Valois.

duc d'Orléans, avec son étourderie ordinaire, approcha un flambeau du visage d'un des masques, pour tâcher de le reconnoître : à l'instant le feu prit aux matières combustibles dont ce malheureux étoit couvert, et se communiqua rapidement aux autres masques. Ils poussent des cris affreux, et la terreur s'empare de l'assemblée, qui sait que le Roi fait partie de la mascarade. Ce prince avoit heureusement quitté les masques depuis quelques momens, et sans s'apercevoir du tumulte causoit avec la duchesse de Berri, qui ne l'avoit pas reconnu. Tiré enfin de sa rêverie, il fit un mouvement pour se précipiter vers ses amis. « Où voulez-vous aller, lui cria la duchesse en le « retenant? Ne voyez-vous pas que vos compagnons « brûlent? » Elle le reconnoît alors; et, avec une présence d'esprit admirable dans une aussi jeune femme, elle le préserve du danger en l'enveloppant dans sa longue robe. Des cinq seigneurs qui accompagnoient le Roi, un seul évita la mort : ce fut Jean de Nantouillet, qui brisa la chaîne, et courut dans les cuisines, où il se jeta dans une cuve d'eau.

Cet horrible accident fit tomber le Roi dans un état plus déplorable qu'auparavant. A une profonde mélancolie, succédoient par intervalle des mouvemens de fureur. Pendant cet accès, qui dura sept mois, il prit en horreur la Reine son épouse, et ne parut aimer que la compagnie de Valentine, qu'il appeloit sa sœur chérie. Cette princesse, de concert avec Isabelle, se servit de cette préférence pour rendre au duc d'Orléans quelque crédit. Le duc de Berri, plus avide d'argent que d'autorité, n'y mit aucune opposition; et le duc de Bourgogne, quoique tout puissant, ne put empêcher que la volonté d'un roi insensé, dirigée par deux femmes qui s'intéressoient également à la grandeur du duc d'Orléans, ne balançât souvent le pouvoir que lui donnoit le parti nombreux à la tête duquel il s'étoit mis. Il y eut une espèce d'accord tacite entre ces rivaux, et ils s'abandonnèrent chacun une portion du gouvernement : ce qui fit naître partout le désordre et l'anarchie.

Les murmures du parti bourguignon n'épargnèrent pas la réputation de Valentine. Quoiqu'il résulte des Mémoires contemporains que cette princesse, ambitieuse et non galante, se bornoit à consoler un roi malheureux, et qu'il n'y avoit dans leur liaison rien de blâmable, on prétendit qu'elle tenoit à lui par les mêmes liens qui enchaînoient la reine au duc d'Orléans. La calomnie alla même plus loin : on répandit que, fille d'un prince italien, elle avoit appris à la cour de son père l'art des sortilèges, et que c'étoit elle qui avoit ensorcelé le Roi pour s'en rendre entièrement maîtresse : accusation qui, dans ce siècle, pouvoit avoir pour elle les conséquences les plus funestes. Plusieurs fois elle fut obligée de s'éloigner de l'infortuné Charles, qui la rappeloit toujours, et ne trouvoit qu'auprès d'elle ces entretiens pleins de douceur et de charme, qui apportoient quelque allégement à ses maux. On attribue généralement aux conseils de cette princesse l'invention des cartes, qui, selon plusieurs historiens, servirent dans leur nouveauté à calmer la mélancolie du Roi.

Tous ces moyens de consolation ne réussissoient qu'à prolonger de quelques mois les périodes où Charles, sans être entièrement guéri, jouissoit d'une sorte de tranquillité. Il paroissoit, dans ces intervalles trop courts, avoir l'usage de sa raison ; mais, foible et crédule, il cédoit à ceux qui s'étoient emparés du pouvoir, et n'étoit capable d'aucune volonté énergique. Telles furent les diverses alternatives de langueur et d'égarement dans lesquelles il traîna une existence qui dura encore près de trente ans.

Quelquefois, malgré l'horreur qu'il avoit témoignée pour son épouse dans ses premiers accès, il montroit le désir de se rapprocher d'elle; mais elle affectoit le plus souvent de craindre ses fureurs, et se faisoit remplacer la nuit par une jeune fille du peuple qui lui ressembloit un peu. Cependant ses craintes s'évanouissoient lorsqu'elle étoit guidée par quelque motif politique : elle partageoit alors sans répugnance le lit du Roi, dont elle eut, depuis leur première séparation, trois princes et quatre princesses. Charles étoit d'autant plus malheureux qu'il sentoit son état, et que, né avec les plus nobles inclinations, il s'indignoit de son oisiveté, et gémissoit du malheur de ses peuples. D'après les préjugés du temps, il croyoit quelquefois qu'on l'avoit ensorcelé, et on lui entendoit pousser ces plaintes touchantes : « Si quelques-« uns causent mes souffrances, je les conjure, au nom « de Jésus-Christ, de ne pas me tourmenter davan-« tage; qu'ils ne me laissent pas languir long-temps, « et qu'ils me fassent bientôt mourir. » Il ordonnoit qu'on lui enlevât tout ce qui, dans ses accès, pouvoit servir d'instrument à sa fureur. « J'aime mieux mou-« rir, disoit-il, que de faire du mal à quelqu'un. » Ces sentimens de bonté, qu'il eut toujours, le rendoient l'objet de l'intérêt général : on se sentoit plus tranquille lorsqu'il étoit à Paris; et les vœux du peuple le suivoient quand, sous prétexte de lui donner quelque distraction, on le transportoit successivement dans les maisons de plaisance de Creil, de Beauté-sur-Marne, et de Saint-Germain.

Il n'en étoit pas ainsi de la Reine et du duc d'Orléans; le peu de soin qu'Isabelle mettoit à cacher sa conduite, l'indigne subterfuge dont elle se servoit pour tromper l'amour renaissant de son époux, l'exposoient, ainsi que son amant, à une haine d'autant plus insupportable pour elle si son ame eût eu quelque noblesse, qu'elle s'allioit avec le mépris. Les regards se fixoient sur le duc de Bourgogne, qui paroissoit défendre avec chaleur les intérêts publics, mais qui en même temps étoit décidé à ne pas porter les choses à l'extrême : c'étoit à son fils qu'il étoit réservé de mettre en mouvement les élémens de discorde qui régnoient, et de montrer à quels excès les passions politiques peuvent se porter sous un roi incapable de gouverner.

Tant que les ducs de Bourgogne et d'Orléans, qui se partageoient le pouvoir, vécurent avec une sorte d'intelligence, c'est-à-dire depuis 1393 jusqu'à 1403, la France fut plongée dans une langueur qui ne fut interrompue que par quelques événemens publics que nous retracerons rapidement. Leur complication nous obligera de suivre plutôt l'ordre des matières que l'ordre chronologique.

Le schisme qui désoloit l'Eglise parut sur le point de s'éteindre par la mort de Clément, pape d'Avignon, qui arriva le 16 septembre 1394. L'Université de Paris, ayant acquis la plus grande influence depuis ces malheureuses divisions, fit, par l'organe de Nicolas de Clémengis, l'un de ses docteurs, des représentations au Roi, pour qu'il prît quelques mesures propres à réunir les esprits. Au lieu d'une ambassade, le duc de Bourgogne fit partir pour Avignon une petite armée, commandée par Boucicaut et Regnault de Roye. Les deux guerriers, entièrement étrangers aux matières ecclésiastiques, arrivèrent au moment où le conclave étoit assemblé (1). On les abusa par de vaines promesses, et quelques jours après Pierre de Lune, arragonais, fut nommé pape. Ce pontife, avant de

---

(1) *Au moment où le conclave étoit assemblé.* Voici la lettre que Charles VI écrivit aux cardinaux d'Avignon :

« Charles, par la grace de Dieu roi de France, à nos trés chers et
« spéciaux amis les cardinaux du sacré college romain estans à Avi-
« gnon, salut. Trés chers et spéciaux amis, vous sçavez qu'aussitost
« que nous avons appris la mort de feu nôtre Saint Père le pape Clé-
« ment VII, de bonne mémoire, dont l'ame jouissé d'un saint repos,
« nous vous avons écrit par l'un de nos chevaucheurs d'écurie, pour
« vous prier et requérir instamment et affectueusement, pour le bien
« de la paix universelle de l'Eglise, de ne point procéder à l'élection
« d'un nouveau Pape, jusques à ce que vous eussiez de nos nouvelles
« par une solemnelle députation d'ambassadeurs que nous vous en-
« voyons à cette fin. Or, comme vous n'ignorez pas, nos chers amis,
« que cette affaire est d'une extreme conséquence, parce qu'elle im-
« porte à toute la chrestienté, n'en ayans pu encore assez amplement
« délibérer par l'absence de nostre trés cher oncle le duc de Bour-
« gogne, nous vous prions derechef de tout notre cœur, et autant
« que nous pouvons, par l'amour de Jésus Christ, et sur tant que vous
« avez de passion pour la paix et union de l'Eglise, de ne faire élection
« aucune de qui que ce soit, que nos ambassadeurs ne soient arrivés ;
« car nous jugeons pour certain (et il n'y a rien de plus clair) que si
« vous faites autrement, vous continuerez d'autant plus cet horrible
« schisme qui dure depuis long-temps ; et ce seroit une plaie incurable
« qu'on croiroit avoir droit de vous imputer.

« Donné le 24 septembre 1394. »

parvenir à la tiare, avoit montré l'esprit le plus conciliant, et ne paroissoit guidé par aucun motif d'ambition; il avoit même fait plusieurs efforts pour la réunion de l'Eglise. Aussitôt qu'il fut élu, sa conduite changea, et l'on n'eut plus l'espoir de mettre fin au schisme tant qu'il vivroit. Il prit le nom de Benoît XIII.

L'Université, trompée dans son espoir, jeta de grands cris, et exposa les abus nombreux du pontificat d'Avignon. Le prédécesseur de Benoît, privé des tributs d'une grande partie de l'Europe, ne possédant que le petit territoire du comtat Venaissin, et se croyant obligé d'entretenir une cour brillante, avoit fait peser sur la France toutes ces dépenses excessives. Les réserves, les grâces expectatives, les promotions et collations de bénéfices, la simonie, la vente des prélatures, abolies sous saint Louis par la pragmatique-sanction, et rétablies depuis le schisme, avoient excité les plus justes plaintes (1). Une grande

---

(1) *Les plus justes plaintes.* Le moine de Saint-Denis (p. 22) fait une peinture très-énergique des abus de la cour d'Avignon.

« Clément renversoit, par la souffrance du Roi et des grands du
« conseil, toutes les libertés, et l'usage ancien des églises du royaume :
« il accabloit leurs revenus de décimes continuelles, et ce qu'elles
« avoient de reste ne servoit qu'à combler les trésors et à grossir les
« monjoyes de la chambre apostolique et du college d'Avignon. Les
« trente-six cardinaux qui le composoient avoient des procureurs par-
« tout, garnis de bulles expectatives, qui estoient en embuscade de
« tous costés pour découvrir s'il vaqueroit quelques gras bénéfices
« dans les églises cathédrales et collégiales, quelques priorés conven-
« tuels, ou quelques offices claustraux dans les abbayes, ou bien quel-
« ques commanderies de la dépendance des maisons hospitalieres,
« qui fussent de quelque considération, pour en prendre aussitôt pos-
« session au nom de leurs maistres, sans s'enquérir d'aultre chose que
« de ce qu'ils pourroient valoir portés en Avignon. »

assemblée du clergé fut tenue à Paris [2 février 1395] quelque temps après le retour de Boucicaut, et décida que Benoît devoit abdiquer. Ce fut là que Jean Charlier, connu depuis sous le nom de Gerson, qui devint chancelier de l'Eglise de Paris, commença sa glorieuse carrière. Conformément aux décisions de cette assemblée, les ducs de Bourgogne, de Berri et d'Orléans partirent pour Avignon, accompagnés de quelques docteurs de l'Université. Ils espéroient que leur présence aplaniroit toutes les difficultés. Benoît, qui connoissoit la foiblesse du gouvernement français, ne fut point effrayé de cette démarche. Il traîna la négociation en longueur, et finit par soutenir qu'un arrangement convenable ne pouvoit avoir lieu qu'à la suite d'une entrevue entre les deux papes. Il prit l'engagement de presser cette entrevue; et les princes furent obligés de se contenter de cette promesse, qui n'étoit pas sincère. En effet, après avoir fait en leur présence quelques démarches pour atteindre ce but, aussitôt qu'ils furent partis, il rompit toute relation avec son rival.

L'Eglise de France, comptant sur les promesses de Benoît, fut tranquille pendant trois ans. L'Université de Paris qui la dirigeoit, voyant que toutes les espérances étoient trompées et que le schisme prenoit de nouvelles forces, provoqua la réunion d'un concile national, qui s'assembla au printemps de l'année 1398 [22 mai]. Il y fut décidé, à la majorité de deux cent soixante-cinq voix contre trente-cinq, que la France seroit soustraite à l'obédience de Benoît, ne reconnoîtroit point Boniface pape de Rome, et que l'Eglise gallicane se gouverneroit selon ses lois et usages, jusqu'à ce que le schisme eût cessé (1). Cette fameuse décision ne trouva quelques contradicteurs que parce que le duc d'Orléans, par opposition au duc de Bourgogne, soutenoit secrètement les prétentions de Benoît.

Les cardinaux qui possédoient des bénéfices en France se séparèrent de ce pontife, qui demeura inflexible, et déclara publiquement qu'il mourroit pape. Boucicaut fut envoyé avec une armée, non plus pour négocier, mais pour combattre. Il s'empara facilement de la ville d'Avignon; Benoît se retira dans le château, où, foiblement attaqué, il se maintint jusqu'en 1403, époque à laquelle il trouva le moyen de s'échapper [12 mars]. Le 28 mai suivant, le duc d'Orléans ayant repris un grand crédit, la France rentra sous l'obédience de Benoît, malgré les murmures de l'Université. Cette révolution, causée par une intrigue de cour, accrut le nombre des partisans du duc de Bourgogne, et augmenta la haine qu'on avoit contre le frère du Roi.

Le 17 septembre de l'année suivante [1404], le gouvernement, d'autant plus arbitraire qu'il avoit moins de forces réelles, bannit les juifs sous des pré-

(1) Lettres-patentes du 27 juillet 1398 : « Nous Charles, etc., assisté « des princes de notre sang, et avec nous l'Eglise de notre royaume, « tant le clergé que le peuple, nous nous retirons entierement de « l'obédience du pape Benoist XIII et de celle de son adversaire, « dont nous ne faisons pas mention, parce que nous ne lui avons jamais obéi ni voulu obéir. Nous voulons que désormais personne ne « paye rien au pape Benoist XIII, et à ses collecteurs ou autres offi- « ciers, des revenus et émolumens ecclésiastiques; et nous défendons « étroitement à nos sujets de lui obéir, ou à ses officiers, en quelque « maniere que ce soit. »

textes frivoles, et s'empara de leurs trésors. Cette mesure violente, prise dans un temps d'anarchie, ne fut point révoquée par les successeurs de Charles. Les juifs se réfugièrent en Lorraine et en Alsace, qui devinrent depuis provinces françaises, et où ils continuèrent d'être tolérés, sans qu'il leur fût permis de reprendre leurs anciens établissemens. Cet état de choses dura jusqu'à la fin du dix-huitième siècle.

Les négociations avec l'Angleterre avoient pris beaucoup d'activité dès l'année 1394. Les provinces que le duc de Bourgogne possédoit en Flandre avoient besoin de la paix pour la prospérité de leur commerce. Une trève de quatre ans fut alors signée; et bientôt des ambassadeurs anglais vinrent à Paris pour épouser, au nom de Richard, Isabelle, fille du Roi, qui étoit encore au berceau. Ils sollicitèrent en même temps la grâce de Pierre de Craon, assassin de Clisson, et l'obtinrent facilement, par la haine que le duc de Bourgogne portoit à l'ancien ministère.

Ce seigneur fut donc rappelé, après avoir été proscrit par le Roi lui-même. Changé par le malheur, il donna l'exemple d'une expiation qui peut servir à caractériser ce siècle, où de grands coupables se montroient accessibles au repentir, et, dans leurs excès les plus condamnables, n'étouffoient pas entièrement les souvenirs de la religion. Pierre de Craon fit cesser le scandale de sa présence au milieu d'une ville qui avoit été le théâtre de son crime, en élevant, dans la place même où il auroit dû périr sur l'échafaud, une croix de pierre, à laquelle fut attaché l'écusson de ses armes. Il ne craignit pas de transmettre ainsi à la postérité l'aveu que sa conscience lui arrachoit, et de reconnoître qu'il avoit mérité le supplice auquel il n'étoit échappé que par le silence des lois dans un temps d'anarchie. Se souvenant que s'il avoit été arrêté au moment de son attentat, il eût été privé, suivant l'usage alors pratiqué, des secours de la religion, il voulut qu'à l'avenir les malheureux qui marcheroient sur ses traces pussent jouir de cette dernière faveur. Il obtint donc que les coupables, en allant au supplice, fussent assistés par un confesseur; et il donna une somme considérable aux cordeliers pour remplir à perpétuité cette pieuse et pénible fonction. Depuis cette époque, la coutume s'est maintenue de ne pas refuser aux condamnés les moyens de mériter le pardon de leurs crimes : la communion seule leur a été interdite; et dans les derniers temps les docteurs de Sorbonne ont rempli à Paris les engagemens que les cordeliers avoient pris avec Pierre de Craon.

Au commencement de l'automne 1396, Richard vint à Calais pour qu'on lui remît sa jeune épouse. Charles se portant mieux, les deux Rois eurent une entrevue entre Ardres et Guines. Le duc de Bourgogne, plus habile que les ministres de Richard, obtint une trêve de vingt-huit ans, dont la principale condition fut le rachat de Cherbourg et de Brest, que les Français avoient tenté vainement de surprendre pendant la dernière guerre. Cette cession excita en Angleterre beaucoup de murmures, et fut le principal prétexte de la révolte qui éclata quelques années après contre Richard.

Ce prince, au commencement de son règne, s'étoit

trouvé à peu près dans la même position que Charles VI; mais sa fermeté et ses talens pour la guerre l'avoient bientôt affranchi de la tutèle de ses oncles, et rendu vainqueur de ses sujets révoltés. Ebloui des avantages qu'il avoit obtenus, il voulut exercer le pouvoir arbitraire, et ne connut pas assez le peuple auquel il commandoit. Les Anglais avoient déjà déposé quelques-uns de leurs rois; des révolutions sanglantes avoient réussi au gré des ambitieux, et les lois conservatrices de l'hérédité de la couronne n'existoient alors qu'en France. C'est ce qui explique pourquoi Charles, quoique incapable de gouverner, ne vit, au milieu des troubles qui désolèrent la fin de son règne, aucun complot se former contre sa personne; et pourquoi Richard, doué de toutes les qualités qui manquoient à son beau-père, fut renversé du trône par un usurpateur (1).

(1) *Par un usurpateur.* Le moine de Saint-Denis (p. 37) étoit à Londres pendant que cette révolution se préparoit. Il fut témoin du massacre d'un archevêque; et il raconte à ce sujet une anecdote fort singulière.

« J'étois alors en cette cour, dit-il, pour les affaires de notre Eglise;
« et sur ce qu'il m'arriva de témoigner de l'horreur d'entendre dire
« que la tête sacrée de cet archevêque eust été tout un jour roulée à
« coups de pieds par les carrefours de la ville de Londres, il me fut
« répondu par un de la compagnie : *Sachez qu'il arrivera des révolu-*
« *tions plus horribles en vostre France, et dans peu de temps.* Je me
« contentai de répartir : *A Dieu ne plaise que cette ancienne et géné-*
« *reuse fidélité des François puisse jamais être capable d'accoucher*
« *d'un si horrible monstre!* »

Le même auteur (p. 74) peint ainsi les Anglais du quatorzième siècle:
« C'est une nation qu'il faut faire agir contre autrui, de peur qu'elle
« ne se dévore elle-même; et qui est plus à craindre, pour ceux qui la
« gouvernent, quand elle est dans le calme, que dans l'agitation et
« dans l'orage. »

Henri, duc d'Hereford, fils du duc de Lancastre, proscrit dans sa patrie, s'étoit réfugié en France [1398]. La cour, quoique unie à Richard par les traités les plus solennels, l'avoit accueilli avec empressement. Plusieurs jeunes courtisans le connoissoient et l'estimoient, parce qu'il avoit suivi avec eux le duc de Bourbon dans son expédition d'Afrique. Logé dans l'hôtel du connétable de Clisson, toujours en disgrâce, il ne paroissoit s'occuper qu'à partager les distractions qu'on donnoit au Roi. Sous cette apparence de frivolité, il cachoit des intentions plus sérieuses. Pendant que Richard, croyant avoir pris des mesures suffisantes pour contenir les mécontens, faisoit en Irlande une expédition glorieuse, l'archevêque de Cantorbéry, son ennemi personnel, vint secrètement à Paris. Il vit le duc d'Hereford dans le château de Vicestre, qui appartenoit au duc de Berri ; et donnant à ce prince des détails trop vrais sur la situation de l'Angleterre, il lui offrit le trône. Cette proposition, si propre à séduire un ambitieux, effraya d'abord le duc par les difficultés insurmontables qu'il croyoit entrevoir ; mais l'archevêque parvint à lui prouver qu'il n'avoit qu'à se montrer pour avoir une armée, et pour être en état de lutter avec avantage contre Richard. Le prince quitta Paris sous le prétexte d'aller en Bretagne voir Montfort, avec lequel il avoit d'anciennes liaisons. Il s'y rendit en effet, et trouva une flotte toute préparée, qui le porta sur les côtes de l'Yorckshire. A peine son arrivée fut-elle connue, qu'un soulèvement général éclata. Il marcha sur Londres, et s'en empara [1399]. Richard, instruit de cette révolution, revint promptement en

Angleterre, comptant sur la fidélité d'une armée qu'il avoit conduite à la victoire; mais les intrigues des mécontens la lui avoient déjà enlevée, et ce malheureux prince n'eut pas même la consolation de combattre pour sa couronne. Abandonné de ses généraux et de ses soldats, qui passèrent du côté de son rival, il se réfugia dans un château où il croyoit pouvoir attendre les secours de ses sujets fidèles. Ses espérances furent trompées : aucun soulèvement ne se fit en sa faveur; et, manquant de vivres, il fut obligé de se livrer à l'usurpateur, qui lui promit d'épargner sa vie, et de le laisser partir pour la France avec sa jeune épouse. Cet engagement fut indignement violé. Richard, traité comme un prisonnier, fut conduit à la tour; le parlement lui fit son procès, le déposa, et donna le trône vacant au duc d'Hereford, qui prit le nom de Henri IV. Le premier soin du nouveau Roi fut de procurer à Richard quelque adoucissement; mais, dévoré de soupçons, craignant une nouvelle révolution tant que le Roi légitime vivroit, devenu le jouet des délateurs qui s'enrichissoient de ses frayeurs chimériques, il déroba l'infortuné monarque à tous les regards, et le fit secrètement mener au château de Pomfred, où l'on eut la cruauté de le laisser mourir de faim.

Cette révolution, qui enlevoit le trône au gendre de Charles VI, ne fit que peu de sensation en France. La cour réclama la jeune veuve de Richard, qui ne fut rendue à la liberté que deux ans après, et qui épousa par la suite le fils aîné du duc d'Orléans. On entra en négociation avec Henri IV, qui, occupé d'affermir son autorité et de contenir les factions, crut devoir renoncer à des expéditions lointaines, et consentit volontiers à confirmer la trêve de vingt-huit ans. Le seul duc de Bourbon voulut profiter de l'embarras de l'usurpateur pour rendre à la France Bordeaux et Bayonne : il se distingua, par sa valeur, à l'attaque de ces deux villes; mais n'étant pas soutenu, il échoua dans cette noble entreprise, qu'il avoit faite à ses frais.

L'année suivante, l'empereur Venceslas, qui quelque temps auparavant étoit venu voir Charles VI, à l'occasion d'un mariage projeté entre une des filles du duc d'Orléans et un prince de la maison de Brandebourg, éprouva comme Richard II, mais d'une manière moins terrible, l'effet de l'esprit de révolte qui sembloit alors s'être emparé des peuples. Livré à l'ivrognerie et à la débauche, il avoit, à son dernier voyage en France, révolté par ses excès une cour qui ne portoit pas très-loin ses scrupules. Devenu l'objet de la haine et du mépris des princes de l'Empire, il fut solennellement déposé par l'archevêque de Mayence dans le château de Laenstein, et remplacé par Robert, palatin du Rhin et duc de Bavière [20 août 1400]. Venceslas parut insensible à cet affront, et ses vassaux le craignirent assez peu pour ne pas attenter à sa liberté. Conservant le trône de Bohême et pouvant dans ce pays suivre le genre de vie qu'il avoit adopté, il s'y retira, pour traîner encore quelques années une existence aussi scandaleuse que pénible. La France ne prit part à cet événement que par des négociations qui finirent par rendre le duc d'Orléans plus puissant. Le crédit qu'Isabelle de Bavière avoit en Allemagne valut à son amant la possession momentanée du duché de Luxembourg, dont il s'empara pendant les troubles qui suivirent la révolution.

La mollesse dans laquelle la cour étoit plongée n'empêchoit pas qu'elle ne fût remplie de chevaliers pleins de valeur, et qui, quoique avides de plaisirs, s'indignoient souvent de perdre les occasions d'acquérir de la gloire. Aussi, au moindre appel fait à leur courage, on les voyoit quitter avec empressement ce séjour de délices pour affronter les fatigues et les dangers. Dans les années 1396 et 1397, leur secours ne fut pas vainement imploré par Sigismond, roi de Hongrie, et par Manuel Paléologue, empereur de Constantinople.

Bajazet, après avoir rempli l'Orient du bruit de ses victoires, menaçoit la Hongrie. Plusieurs princes et plusieurs chevaliers français, enflammés de l'enthousiasme qu'avoient eu leurs pères pour la délivrance des lieux saints, se réjouirent d'avoir trouvé un adversaire digne d'eux, et de pouvoir défendre un pays chrétien contre les efforts des Infidèles. Jean, comte de Nevers, fils du duc de Bourgogne, fut autorisé par son père à faire ses premières armes dans cette noble expédition; il montroit déjà ce caractère sombre, ardent, ambitieux, qui devoit être si funeste à la France. Le connétable d'Eu fut chargé de diriger son jeune courage. Boucicaut, fort jeune encore, partagea la gloire de cette entreprise, dont les détails se trouvent dans ses Mémoires. Les Français obtinrent d'abord beaucoup de succès; mais emportés par leur impétuosité, ils livrèrent imprudemment la bataille de Nicopolis [15 septembre 1396], dans laquelle ils furent entièrement défaits, et où le jeune comte de Nevers montra tant de bravouredge qu'il reçut de ses compagnons le nom de *Jean-sans-Peur*. Ce prince, le connétable, Boucicaut et une multitude de gentilshommes tombèrent au pouvoir du vainqueur, et coururent plusieurs fois le risque d'être massacrés. Le connétable mourut dans sa prison, et fut remplacé par le maréchal de Sancerre, qui avoit si noblement refusé l'épée de Du Guesclin. Boucicaut et le comte Jean furent rachetés et revirent leur patrie, où les dangers qu'ils avoient courus les rendirent l'objet de l'intérêt général.

Les désastres éprouvés en Hongrie n'avoient point découragé Boucicaut, dont l'imagination chevaleresque ne rêvoit qu'expédition à faire dans des pays éloignés, et services à rendre, soit aux rois, soit aux dames. La carrière lui fut bientôt ouverte pour une entreprise mieux concertée, et qui fut plus heureuse. Le neveu de l'empereur Manuel Paléologue vint, en 1397, demander des secours ; Constantinople, serrée de tous côtés par Bajazet, étoit sur le point d'être prise. Boucicaut, maréchal de France depuis quelques années, partit au commencement de 1398, accompagné de douze cents hommes d'armes, entra dans Constantinople, et avec cette poignée de soldats parvint à délivrer la ville. Après avoir rendu à l'Empereur cet important service, il revint en France décoré du titre de connétable de l'Empire grec. Châteaumorant, l'un de ses lieutenans les plus braves, fut chargé de maintenir son ouvrage. La chute de cet empire, qui ne consistoit presque plus que dans le territoire de sa capitale, fut retardée par la victoire décisive que Tamerlan remporta sur Bajazet en 1400, dans les plaines d'Angora. Boucicaut, en servant l'empereur Manuel, avoit aussi servi sa patrie, dont les intérêts se lioient au succès de cette expédition. Gênes, déchirée par les factions intestines, craignant que le duc de Milan n'en profitât pour l'asservir, s'étoit librement donnée à la France (1). Son doge Adorno avoit pris le titre de gouverneur au nom de Charles VI, et la politique vouloit qu'on ne négligeât rien pour attacher ses nouveaux sujets. Les Génois possédoient à Constantinople le faubourg de Péra, et c'étoit l'entrepôt du commerce immense qu'ils faisoient dans l'Orient. Au moment où Boucicaut arrivoit au secours de la capitale de l'Empire grec, ce faubourg alloit être pris par les troupes de Bajazet, et les Génois lui durent la conservation de leurs richesses. Ce service important lui fit à Gênes beaucoup de partisans. Le gouvernement de cette ville tumultueuse lui fut confié en 1401, après avoir été l'écueil de trois généraux français qui, habitués à la licence de la cour

---

(1) *S'étoit librement donnée à la France*. Voici le discours des ambassadeurs génois à Charles VI, lorsqu'ils le reconnurent pour souverain :

« Sire, la seigneurie de Gênes ayant considéré que la dextre puissante de Votre Majesté est ouverte à tous ceux qui implorent son assistance, elle a recours à elle pour des besoins que nous ne vous sçaurions représenter qu'avec un deplaisir sensible, d'être obligés de rappeller l'idée d'un Estat florissant pour rendre sa décadence plus déplorable. C'est avec moins de vanité que de regret et de douleur, prince sérénissime; mais nous devons ce respect à vos ancestres de dire qu'ils ont établi la gloire de leur nation par toutes sortes de grands et difficiles exploits, et que nous leur devons l'admiration que tout l'Orient aura éternellement pour le nom des Génois, malgré toutes nos disgraces, et qui survivra à la durée de tous les Estats. Il est sans exemple jusques à présent qu'aucune puissance étrangère les ait assujettis; il est même certain que ceux qui l'ont entrepris ont plutôt affermi qu'ébranlé leur seigneurie par leur confusion et par ses triomphes : mais il faut avouer que ce qui étoit

d'Isabelle, n'avoient pas gardé assez de réserve avec les femmes. Boucicaut, en habile politique, sut se conformer aux mœurs du pays, et contint long-temps les factieux par une sévérité qu'il ne sépara jamais de la justice.

Le repos que donnoit à la France l'union apparente des ducs de Bourgogne et d'Orléans auroit pu être troublé par la mort du duc de Bretagne, qui arriva en 1399. Sa veuve, Jeanne de Navarre, étoit encore jeune, et il laissoit trois enfans. Clisson, par le mariage de sa fille avec le comte de Penthièvre, héritier de Charles de Blois, avoit des droits à faire valoir, et ces droits eussent été sans doute aussi fortement appuyés par le duc d'Orléans que combattus vivement par le duc de Bourgogne : ce qui entraînoit sur-le-champ la guerre civile, à laquelle les esprits n'étoient que trop disposés. Dans cette circonstance importante,

---

« invincible à nos voisins et à nos ennemis ne l'a pu être à l'ambi-
« tion et à la malheureuse faim de dominer qui nous a divisés, et qui
« nous a réduits en tel état, qu'il n'y a plus de port pour un naufrage
« presque présent, et qu'il n'y a de salut pour nous que dans une sou-
« mission volontaire qui nous délivre de la tyrannie de nos conci-
« toyens. Tous les ordres de la république ont gouté ce conseil ; et
« après avoir pesé, avec une mure délibération, le nom, les qualités et
« les mœurs, et la grandeur de tous les princes de la chrestienté, ils
« n'en ont point trouvé de plus digne de leur obéissance que Votre
« Majesté. Il est en votre puissance, prince très excellent, de calmer
« toutes les factions et toutes les séditions qui s'agitent : c'est de vous
« seul qu'ils attendent le bonheur de jouir en repos de ce qui leur
« reste de biens, sous l'abri de votre protection ; et si vous leur accordez
« cette grâce, nous avons lieu de vous assurer que vous ne leur aurez
« rien conservé qu'ils ne sacrifient avec passion pour votre service,
« et qu'il n'y a point de nation qui les puisse égaler en l'obéissance et
« en la fidélité qu'ils vous promettent, et que nous vous jurons de
« leur part. » (*Moine de Saint-Denis*, p. 325.)

Clisson tint une conduite qu'on ne doit attribuer qu'à sa magnanimité, quoiqu'il soit possible que son ancien amour pour la duchesse y ait eu part. Il empêcha sa fille de lever des troupes, et fit confirmer par son gendre l'abandon qu'il avoit fait du duché de Bretagne. Cette noble conduite ne fléchit point les ennemis qu'il avoit à la cour de France; et le connétable de Sancerre étant mort en 1403, Clisson fut trompé dans l'espoir dont il s'étoit justement flatté, de reprendre cette épée qu'il avoit autrefois reçue de Du Guesclin. Elle fut donnée à Charles d'Albret, brave guerrier, bon général, mais aveuglément dévoué au pouvoir, et bien moins généreux que Sancerre.

Deux années s'étoient à peine écoulées depuis le veuvage de la duchesse de Bretagne, lorsqu'elle épousa le roi d'Angleterre; cette union, qu'elle forma contre la loi des fiefs, puisqu'elle n'avoit pas obtenu l'autorisation de Charles VI, donna de vifs soupçons au duc de Bourgogne, et remplit Clisson de dépit. Henri IV essaya de s'emparer de la Bretagne; le duc de Bourgogne vola dans ce pays, empêcha cette nouvelle usurpation, et força la duchesse à lui livrer ses trois fils, qu'il fit élever à la suite de la cour, dans la haine du duc d'Orléans et de ses partisans. Il y parut lorsque Clisson mourut, en 1406, dans la ville de Josselin. Ce seigneur pouvoit espérer, après la générosité qu'il avoit montrée, de terminer tranquillement ses jours, consumés depuis quelque temps par une maladie mortelle. Tout-à-coup, dans une assemblée qui se tint à Ploermel, au nom du jeune duc il est accusé de plusieurs crimes; on le décrète de prise de corps, on ordonne la saisie de ses biens, et sur-le-champ des troupes sont envoyées pour exécuter ce jugement. La comtesse de Penthièvre et le vicomte de Rohan s'enferment avec Clisson dans le château de Josselin ; ils y sont assiégés, et ce n'est qu'en payant une amende de cent mille livres qu'ils obtiennent que ce noble vieillard puisse mourir en paix. Quoique destitué de la charge de connétable, il en avoit conservé l'épée ; dernier présent de son illustre frère d'armes ; mais il avoit cessé de la porter. Avant d'expirer, il chargea Robert de Beaumanoir de la remettre au Roi, et protesta qu'il n'avoit jamais cessé d'être fidèle à son suzerain et à la France. Cette violence si peu méritée remplit d'une profonde indignation la comtesse de Penthièvre, qui, quelques années après, en tira une vengeance terrible.

Pendant cette période de dix à douze années, qu'on peut, malgré l'énormité des impôts, considérer comme supportable pour les Français, puisqu'en général l'ordre public fut maintenu, nous avons peu parlé du Roi, de la Reine, des princes et de la cour, parce que nous avons voulu éviter le retour uniforme et monotone des mêmes intrigues aux diverses variations de la santé de Charles, des mêmes moyens employés pour le distraire et s'emparer de son esprit, des mêmes scènes de volupté et de débauche, au milieu de la misère publique. Cependant il est nécessaire de donner ici une idée de la position des personnages, au moment où les semences de guerre civile commencèrent à fermenter.

Valentine avoit conservé le même empire sur Charles, et paroissoit décidée à lui continuer ses soins, quoiqu'une imputation horrible lui eût été faite par les partisans du duc de Bourgogne. Pendant qu'on l'accusoit toujours d'ensorceler le Roi, elle eut le malheur de perdre son fils aîné, enfant en bas âge, qui mourut subitement. Alors les bruits les plus sinistres se répandirent contre cette mère infortunée, et l'on prétendit que, par une erreur difficile à concevoir, son fils avoit mangé une pomme empoisonnée qu'elle avoit destinée au Dauphin. Le duc d'Orléans, quoique convaincu de son innocence, crut qu'elle devoit céder à l'orage, et la relégua pour quelque temps à Neuchâtel, sur la Loire. Elle revint bientôt à la cour, où l'on parut avoir tout oublié, et fut de nouveau la compagne assidue du Roi.

La Reine continuoit d'afficher ses relations avec l'époux de Valentine; et ces deux femmes, qui ne sembloient unies que pour l'agrandissement de l'homme auquel elles étoient attachées par des liens si différens, divisées sur tout autre point, se haïssoient, quoique vivant à l'extérieur dans la plus grande intimité. Avec de tels appuis, le duc d'Orléans devoit l'emporter sur le duc de Bourgogne; mais ce dernier se maintenoit par le parti très-nombreux de ceux qui étoient mécontens du gouvernement, et qui vouloient que la France recouvrât ses anciennes libertés. Il avoit fait à dessein confier les finances à son rival, dans la certitude qu'il en abuseroit; et il ne perdoit pas une occasion de déclamer contre les prodigalités, le luxe et les folles dépenses de la cour, insistant principalement sur ce que le Roi manquoit de tout, tandis que son frère nageoit dans les délices. Ce parti, qui n'étoit pas seulement composé des classes inférieures de la société, imposoit à la Reine et à Valentine, et les forçoit à laisser une grande partie du pouvoir au duc de Bourgogne.

Le duc d'Orléans, loin de chercher à prévenir l'orage qui se formoit contre lui, par une conduite sinon décente, du moins mesurée, se livroit dans l'âge mûr à des excès plus scandaleux que dans sa première jeunesse. Il affichoit les femmes qui avoient la foiblesse de lui céder, et ne craignoit pas de répandre lui-même le ridicule sur leurs époux : outrage qui ne se pardonne pas dans les temps les plus corrompus, et qui dans ce siècle, où les sentimens d'honneur n'étoient pas éteints, devoit appeler sur lui les plus horribles vengeances. Son intrigue avec Mariette d'Enghien, femme d'Aubert de Cany, fit surtout beaucoup de bruit ; si l'on en croit Brantôme, il eut l'indignité de rendre en quelque sorte le mari témoin de son triomphe, avec l'unique précaution de couvrir d'un voile le visage de cette femme infortunée, qui essaya en vain de se dérober à cette épreuve infâme. L'indiscrétion et la vaine gloire du prince dévoilèrent bientôt ce mystère, et Cany devint son ennemi mortel. Mariette mit au monde un fils qui, sous le nom de Dunois, se couvrit de gloire. La même année [22 février 1403] fut celle de la naissance de Charles VII.

Juvénal des Ursins avoit jusqu'alors conservé la prévôté des marchands de Paris : il s'étoit souvent trouvé médiateur entre les ducs de Bourgogne et d'Orléans, avoit eu l'art de suspendre leurs ressentimens, et la paix s'étoit maintenue pendant son administration sage et intègre. Appelé par le choix des membres du parlement à la place d'avocat général, il quitta les fonctions municipales, après avoir mérité que Jean Juvénal son fils ne fût pas démenti, lorsque, dans l'histoire de ce règne, il dit que sous l'administration de son père on n'eut à gémir que sur la maladie du Roi. Il ne se distingua pas moins dans ses nouvelles fonctions. Nous le verrons, au milieu des troubles où l'Etat va être plongé, combattre avec courage les excès de tous les partis, et forcer les princes à respecter sa noble fermeté.

Un événement qui arriva quelques années après suffira pour donner une idée de ce caractère si extraordinaire à une époque de corruption, et si rare dans tous les temps. Le duc de Lorraine, allié du duc de Bourgogne, ayant fait abattre les armes de France dans la partie de ses domaines qui relevoient de cette couronne, le parlement l'avoit condamné par contumace, et avoit ordonné la confiscation de ses terres. Ce prince vint à Paris, dans l'espoir de faire casser cet arrêt. Le parlement, instruit de ses démarches, députa Juvénal des Ursins pour supplier le Roi de ne pas interrompre le cours de la justice. Au moment où la députation entroit à l'hôtel Saint-Paul, le duc de Bourgogne s'y rendit aussi, tenant par la main l'accusé, qu'il vouloit faire absoudre. Arrivés les uns et les autres devant le Roi, le duc témoigne son mécontentement, et menace Juvénal. Celui-ci, loin de se déconcerter, justifie la conduite du parlement; et s'adressant aux courtisans : *Que tous ceux*, dit-il, *qui sont bons Français passent de mon côté, et que les autres se rangent autour de M. de Lorraine.* Aussitôt tout le monde répond à l'appel de l'avocat général, et le duc de Bourgogne lui-même quitte la main de son client pour s'unir au vœu général. Cette scène, d'autant plus singulière que le duc de Bourgogne étoit alors tout puissant, paroît comparable aux plus beaux traits de l'antiquité.

Cependant le mécontentement éclatoit de toutes parts [1403], et une crise sembloit inévitable. La Reine et Valentine sentirent que, pour la prévenir, il falloit prendre quelques mesures propres à calmer les esprits. Dans un moment où le Roi se trouvoit mieux, un grand conseil fut chargé du gouvernement de l'Etat, et il fut convenu que tout s'y décideroit à la pluralité des voix. Ce conseil fut composé de la Reine, de Valentine, des princes, du connétable, du chancelier, des ministres et de quelques seigneurs. On décida que si le Roi mouroit, l'autorité seroit confiée à la Reine jusqu'à la majorité de son fils. Pour satisfaire les partisans du duc de Bourgogne, le Dauphin fut fiancé à Marguerite, fille de Jean-sans-Peur, et le mariage de ces deux enfans eut lieu deux ans après. Toutes ces mesures ne servirent qu'à pallier le mal.

Dans le cours de l'année suivante, quelques troubles éclatèrent en Flandre. Le duc de Bourgogne y vola, et parvint à les réprimer. Il étoit sur le point de revenir à Paris, lorsqu'il mourut subitement dans la ville de Halle, âgé de soixante-trois ans.

La mort de ce prince ambitieux, mais modéré, plongea la France dans les désastres dont nous allons commencer le récit. Son fils Jean-sans-Peur, qui n'avoit pas le même caractère, se trouva l'un des princes les plus puissans de l'Europe. Il tenoit de son père le duché de Bourgogne, et les comtés de Bourgogne et de Flandre. Par son mariage avec Marguerite de Bavière, il étoit maître du Hainault, de la Hollande et de la Zélande; et l'alliance qu'il venoit de contracter avec la famille royale le rendoit le beau-père de l'héritier du trône.

Cette énorme puissance, loin de lui inspirer des sentimens de modération et de paix, ouvroit au contraire une vaste carrière à la fougue et à l'impétuosité de ses passions. Son caractère a été une énigme pour beaucoup d'historiens. Brave jusqu'à la témérité, il manquoit de générosité dans la victoire : affectant de défendre avec zèle les prétentions du peuple, il tendoit au pouvoir arbitraire; scrupuleux dans les pratiques de piété, il fouloit aux pieds les lois de cette religion sainte, lorsqu'il s'agissoit de se venger; fidèle à ses amis, implacable envers ses ennemis, il devenoit sanguinaire et féroce aussitôt qu'il rencontroit quelque obstacle; enfin, doué des vertus privées, mais entièrement dépourvu des vertus publiques, ses mœurs austères faisoient le contraste le plus frappant avec les dissolutions de la cour, et le rendoient l'objet du respect et de l'amour de la multitude. Tel étoit le rival terrible que la Providence opposoit au duc d'Orléans.

Les prodigalités de son père pour soutenir le parti des mécontens avoient chargé de dettes cette maison si puissante. A la mort de Philippe, on ne put les payer; et les historiens remarquent que la duchesse douairière fut obligée de renoncer à la communauté, et, suivant l'usage du temps, déposa sa ceinture, ses clefs et sa bourse sur le cercueil de son époux (1).

(1) « Nos pères, dit Pasquier (livre 3, lettre 10), considérant ce
« qui estoit de leur necessité, et non de piaffe, portoient pendus à
« leurs ceintures les clefs pour entrer dans leurs maisons, leurs cos-

L'ordre que le nouveau duc établit dans ses affaires le fit bientôt sortir de cet embarras momentané.

Le duc d'Orléans en profita pour se rendre maître absolu du gouvernement. Il se fit nommer lieutenant général du royaume, et ne mit plus de bornes à ses imprudentes prodigalités. Il s'étoit attaché quelques gentilshommes d'un courage téméraire, entièrement dévoués, et prêts à tout entreprendre pour son service. Parmi eux on remarquoit Tanneguy Du Châtel, qui commença dès-lors à se faire connoître. Simple gentilhomme breton, il fit cette année [1304] une descente en Angleterre, accompagné seulement de quatre cents hommes équipés à ses frais, et revint dans son pays chargé de butin. Cette expédition, aussi heureuse que hardie, montra ce qu'il étoit capable d'entreprendre dans les discordes civiles.

Le duc de Bourgogne, n'étant pas encore en état d'éclater, excitoit en secret ses partisans à commencer les troubles. L'Université, les magistrats municipaux, les chefs de la milice lui étoient dévoués. Le parlement seul paroissoit décidé à soutenir l'autorité royale, en quelque main qu'elle se trouvât. Un événement, qui n'auroit eu aucune importance dans d'autres temps, pensa livrer Paris à l'anarchie. Le 14 juillet 1404, le Roi éprouvant un accès plus fort qu'à l'ordinaire, l'Université fit une grande proces-

« teaux pour s'en aider à table, leurs bourses ou gibecières pour y
« mettre leur argent, et encore leurs espées, escritoires, selon la di-
« versité de leurs vacations ; et delà vient que quand un homme vou-
« loit faire cession de biens, il étoit contraint devant la face de son
« juge de quitter sa ceinture : ce qu'encore nous pratiquons aujour-
« d'hui, non point pour le noter d'infamie, ains pour dénoter par sa
« ceinture la figure de toutes les commodités de la vie. »

sion pour obtenir du ciel son rétablissement. Elle partit de Sainte-Geneviève, et vint à Sainte-Catherine du Val des Ecoliers. Derrière cette église étoit l'hôtel de Charles de Savoisy, dont nous avons déjà parlé, chambellan du Roi, l'un de ses favoris, personnage vendu à la Reine. Ses domestiques insultèrent quelques membres de l'Université; et cette compagnie, saisissant ce prétexte, résolut de se venger de la manière la plus éclatante. Les classes furent fermées, les prédications interdites (1), et les déclamations contre l'impiété de la cour retentirent de toutes parts. Vainement Savoisy offrit de faire les réparations qu'on pouvoit raisonnablement exiger, vainement la Reine et le duc d'Orléans montrèrent pour lui le plus vif intérêt : leur médiation ne servit qu'à aigrir les esprits; il falloit une vengeance au peuple, qui avoit embrassé avec ardeur la cause de l'Université. L'hôtel du chambellan fut rasé, il fut obligé de payer une amende considérable, et ses domestiques furent livrés au bourreau pour être fustigés. L'Université ne se borna point à cette satisfaction, qui lui montroit combien on la redoutoit. A l'occasion de la mort de Boniface IX, pape de Rome, et de l'élection d'Innocent VII son successeur, elle fit de nouvelles représentations; et, sous le prétexte d'éteindre le schisme, elle essaya d'intervenir dans le gouvernement.

Au plus fort de cette fermentation, le duc de Bourgogne demanda hautement d'entrer au conseil, et d'y tenir la place de son père. On n'osa le refuser; et, pour le gagner à la cause de la Reine, on

---

(1) On ne pouvoit prêcher à Paris qu'avec l'autorisation de l'Université.

donna au jeune comte de Charolais son fils la princesse Michelle, quatrième fille du Roi : mariage qui ne servit qu'à le rendre plus puissant, sans le rendre plus souple aux volontés de la cour. Il prouva son inflexibilité dès les premiers jours de son entrée au conseil [1405]. Il commença par exiger que les fonds provenant des impositions fussent déposés dans une tour du palais, et qu'on ne pût en disposer sans un ordre formel du gouvernement. On n'osa rejeter cette proposition, qui plaisoit singulièrement au peuple, et qui sembloit devoir prévenir les dilapidations dont on se plaignoit; mais le duc d'Orléans, pour satisfaire à la cupidité de la Reine, viola ce dépôt : ce qui mit bientôt le conseil dans la nécessité d'imposer de nouvelles taxes. Le duc de Bourgogne montra l'opposition la plus énergique : on n'y eut aucun égard; il se retira de la cour, et retourna en Flandre, comblé des bénédictions de la multitude, et devenu l'espoir d'un parti qui s'augmentoit chaque jour par les imprudences de ses ennemis.

Le départ précipité du duc de Bourgogne fit croire à la cour qu'il abandonnoit la partie, et qu'elle pouvoit désormais se livrer sans obstacle à ses projets insensés; mais cette sécurité fut courte. Les agens du duc agissoient en son absence, et soulevoient les esprits contre les fausses démarches de la Reine, qui, âgée de trente-six ans, sembloit abandonner la retenue de son sexe à mesure qu'elle perdoit les grâces de la jeunesse. Le jour de l'Ascension 1405, Jacques Le Grand, moine augustin, osa faire un sermon contre elle et contre le duc d'Orléans. Il les désigna clairement l'un et l'autre, et s'éleva contre le scandale de leur conduite (1). Ce discours produisit le plus grand effet, et les détails odieux qu'il contenoit furent aussitôt dans toutes les bouches. Le bruit en vint jusqu'aux oreilles du Roi, qui voulut entendre le prédicateur dans sa chapelle le jour de la Pentecôte. Le Grand répéta son sermon sans y rien changer; et Charles, qui en parut profondément frappé, prit sur lui de rappeler le duc de Bourgogne, sans consulter la Reine ni son frère.

Aussitôt qu'il eut reçu cette invitation, Jean-sans-Peur s'avança rapidement vers Paris. La Reine, le

---

(1) *Le scandale de leur conduite.* Voici un passage de ce sermon :
« Je voudrois bien, grande Reine, que mon devoir s'accordât avec
« la passion que j'aurois de ne rien débiter ici qui ne vous fust
« agréable; mais votre salut m'est plus cher que vos bonnes graces : et
« quand même je devrois tomber dans le malheur de vous déplaire,
« il m'est impossible de ne pas déclamer contre l'empire que la déesse
« de la mollesse et des voluptés a établi dans votre cour. Elle a, pour
« ses suivantes inséparables, la bonne chere et la crapule, qui font le
« jour de la nuit, qu'on passe en des danses dissolues : et ces deux
« pestes de la vertu ne corrompent pas seulement les mœurs, elles
« énervent les forces de plusieurs personnes, elles retiennent dans une
« honteuse oisiveté des chevaliers et des écuyers efféminés, et leur
« font même craindre les combats, que peut-être ils rechercheroient
« s'ils ne craignoient d'y recevoir des playes qui les défigurassent. »
Le moine de Saint-Denis qui nous a conservé ce sermon (p. 515) loue beaucoup le prédicateur, qui n'ignoroit pas, dit-il, *que le sexe feminin, et particulierement les grandes dames, veulent être flattées, et que plusieurs se sont mal trouvés de leur dire leurs vérités.* Quelques dames lui firent sentir qu'elles étoient étonnées de son audace. *Et moi, leur répondit-il, je m'étonne bien plus que vous ayez la hardiesse de vous livrer à des désordres que je revelerai au Roi, quand il lui plaira de m'entendre.* Un courtisan lui dit : *Si j'en étois cru, vous seriez puni de votre insolence.* — *Il est vrai*, lui répliqua le prédicateur, *que cela seroit facile; et je me trompe fort si vous n'êtes le ministre le plus propre qu'on pût choisir pour l'exécution d'un si lache ressentiment et d'une si noire vengeance.*

duc d'Orléans, Valentine, pris au dépourvu et remplis d'effroi, résolurent de fuir, et d'emmener le Dauphin, qui, séduit par les émissaires de son beau-père, auroit voulu rester. Cette cour fugitive s'arrêta d'abord à Corbeil; et Louis de Bavière, frère d'Isabelle, fut chargé d'y conduire le Dauphin de gré ou de force. Il venoit de remplir cette commission, lorsque le duc de Bourgogne entroit à Paris par la porte opposée. Ce prince traverse rapidement la ville au milieu des acclamations du peuple, court à l'hôtel Saint-Paul, apprend que son gendre a été enlevé, vole à sa poursuite, et l'atteint à Juvisy. Le jeune Dauphin, se croyant délivré, témoigne la plus vive reconnoissance à son beau-père, et fait avec lui une entrée solennelle dans Paris, où le duc de Bourgogne est regardé comme le sauveur de la patrie. Ce prince triomphant fait publier aussitôt qu'il est venu pour rétablir l'ordre et la justice, pour assembler les États-généraux, et surtout pour veiller à la santé du Roi, et pourvoir à ses besoins. En effet, au milieu des profusions de son épouse et de son frère, ce malheureux monarque manquoit souvent du nécessaire, et cet abandon étoit un des prétextes dont on se servoit pour exciter le peuple. On racontoit avec attendrissement qu'un jour, apprenant que ses enfans, tristes objets des dédains de leur mère, étoient privés des fonds affectés à leur entretien, il avoit répondu en soupirant : *Hélas! vous voyez que je ne suis pas mieux traité.*

Les ducs de Berri et de Bourbon embrassèrent le parti du duc de Bourgogne, leur neveu. Montagu, que nous avons vu chassé du ministère au moment où le Roi étoit tombé malade, et que la Reine avoit depuis rappelé à la cour, quitta sa bienfaitrice pour se ranger du côté du vainqueur, qui lui donna le commandement de la Bastille. Peut-être étoit-ce afin de mieux servir Isabelle, qu'il paroissoit ainsi trahir sa cause. Cette démarche, quel qu'en fût le motif, lui enleva l'estime des deux partis, et fut par la suite la principale cause de sa perte.

La cour avoit quitté Corbeil, et s'étoit retirée à Melun. Le duc d'Orléans y leva une armée de vingt mille hommes : de son côté, le duc de Bourgogne arma les Parisiens, fit réparer les fortifications de leur ville, leur rendit les chaînes et les maillets dont ils étoient privés depuis les dernières révoltes, et appela ses troupes que la rapidité de sa marche l'avoit forcé de laisser sur les frontières de Picardie. Tout paroissoit disposé pour la guerre civile. Le parlement, qui étoit resté à Paris, avoit perdu l'espoir de provoquer un rapprochement : ces dignes magistrats ne pouvoient plus que déplorer les malheurs de la patrie; et l'on trouve sur leurs registres de cette année [1405] ces paroles remarquables : « Dieu pourvoie à ce qui « adviendra! car en lui seul nous devons mettre notre « espoir, et non dans les princes et dans les enfans « des hommes, dont nous ne pouvons plus attendre « notre salut. »

Cependant les déchiremens affreux qu'on craignoit furent encore suspendus pour cette fois, et ce fut au Roi qu'on dut le retour apparent de la paix. Il étoit resté à Paris au pouvoir du duc de Bourgogne : se trouvant en état de présider le conseil, il obtint des ducs de Berri et de Bourbon qu'ils entamassent une négociation avec la Reine. Cette négociation eut lieu au château de Vincennes, où Isabelle se transporta, et fut promptement terminée; parce que les deux chefs ne se croyoient pas encore suffisamment préparés pour la guerre civile. L'autorité de lieutenant général du royaume fut partagée entre les ducs de Bourgogne et d'Orléans : ils eurent l'air de se réconcilier sincèrement; et, suivant l'usage du temps, on les vit plusieurs fois coucher dans le même lit.

L'année 1406 et une partie de l'année 1407 se passèrent dans cette tranquillité morne qui annonce les grandes commotions politiques. Les deux rivaux méditant chacun la perte de leur ennemi, s'entouroient d'hommes dévoués, se disposoient à tout événement, et feignoient une intimité plus forte, à mesure que leur haine s'augmentoit. Sans cesse en présence, et s'irritant mutuellement par leurs prétentions, ils affectoient de se ménager, afin de se nuire plus sûrement. Deux mariages, par lesquels ils parurent resserrer leurs liens, et qui n'eurent en effet pour motif que l'agrandissement de leurs maisons, en donnant lieu à des fêtes magnifiques, firent quelque diversion aux inquiétudes dont les hommes prévoyans étoient dévorés. Jean, quatrième fils du Roi, épousa Jacqueline, fille du comte de Hainaut, beau-père du duc de Bourgogne, entièrement dévoué à ses intérêts. Isabelle, l'aînée des jeunes princesses, veuve du malheureux Richard II, fut donnée à Charles, fils aîné du duc d'Orléans. Aussitôt après la cérémonie, les deux couples furent conduits, l'un dans le Hainaut, sous la dépendance du chef de la faction populaire, l'autre à Château-Thierry, qui appartenoit au chef du parti de la cour, afin que les enfans du Roi servissent d'otages à ces deux princes dans le bouleversement général qui ne pouvoit plus être éloigné.

Une expédition guerrière, qu'ils essayèrent en 1406, fit néanmoins espérer une chance plus favorable. Quoique la trêve entre l'Angleterre et la France ne fût pas rompue, le duc d'Orléans conduisit une armée en Guyenne, tandis que le duc de Bourgogne disposa une tentative sur Calais. On comptoit beaucoup sur la séparation de ces deux princes, et l'on se flattoit que s'ils réussissoient, leur ambition, au lieu de tendre à la ruine de leur patrie, tourneroit à son agrandissement et à sa gloire. Mais le duc d'Orléans échoua complètement dans une entreprise mal combinée; et par dépit il employa son crédit sur la Reine pour faire manquer l'expédition de son rival : intrigue dans laquelle il n'obtint que trop de succès.

De retour à Paris, et plus animés que jamais l'un contre l'autre, les deux princes redoublèrent d'artifices, afin de cacher leurs projets sinistres. Uniquement occupés de leurs ressentimens particuliers, ils ne donnèrent aucune attention à la mort d'Innocent VII, pape de Rome, qui arriva le 6 novembre 1406, et à l'élévation de Grégoire XII, qui parut faire quelques efforts pour éteindre le schisme. Gerson, devenu chancelier de l'Eglise de Paris, et curé de Saint-Jean-en-Grève, entouré alors de toute la considération due à ses talens et à ses vertus, chercha, mais en vain, à rétablir la paix dans l'Eglise et dans l'État. Il prononça devant les princes le sermon le plus pathétique; il exposa les malheurs où la France étoit livrée par leurs divisions, prédit les malheurs plus grands dont elle étoit menacée, et les conjura de se réunir, tant pour obtenir la fin du schisme que pour écraser les factions. « Si l'on eût suivi les « conseils de ce grand homme, observe des Ursins, « historien contemporain, nous n'aurions pas vu tout « ce qui est arrivé. » Mais les passions étoient parvenues à leur dernier degré d'exaltation, et la raison ne pouvoit plus avoir aucun empire sur elles.

Au commencement de 1407, l'aigreur parut encore plus forte entre le duc de Bourgogne et le frère du Roi. Le premier, jouissant de la faveur du peuple, et augmentant chaque jour le nombre de ses partisans, enflamma la jalousie de son rival, qui, avant de prendre un parti décisif, eut, d'après son caractère inconséquent et frivole, l'imprudence de lui susciter d'abord des contrariétés, et de lui faire ensuite les derniers outrages. Il obtint, malgré l'opposition du duc de Bourgogne, le gouvernement de la Guyenne, où ses armes avoient été malheureuses l'année précédente ; et cette faveur, accordée si mal à propos, excita l'indignation et les railleries. L'évêque prince de Liége étoit le parent, l'allié et l'ami intime de Jean-sans-Peur ; c'étoit avec son secours qu'il étoit parvenu à maintenir la tranquillité dans ses Etats de Flandre : le frère du Roi le fit destituer par Benoît, pape d'Avignon, avec lequel, comme on l'a vu, il avoit toujours conservé des liaisons secrètes. Mais un tort bien plus grave accéléra le coup qui le menaçoit.

Son orgueil et sa fatuité lui faisoient non-seulement sacrifier l'honneur des femmes qui avoient la foiblesse de l'écouter, mais le portoient encore à compromettre celles dont il n'avoit éprouvé que des dédains. Dans un salon qu'il ouvroit volontiers à ses familiers intimes, il avoit placé les portraits de plusieurs dames de la cour, dont il prétendoit avoir été favorablement traité. Voulant humilier le duc de Bourgogne, il eut l'audace d'y mettre celui de la duchesse son épouse, princesse aussi vertueuse que belle, à laquelle même il n'avoit osé jamais adresser ses hommages. Non content de cet affreux scandale, il ne craignit pas de raconter les circonstances de son prétendu triomphe, qu'il soutenoit avoir obtenu dans le tumulte des dernières fêtes, et derrière une des tapisseries de la salle de bal. L'époux outragé ne se plaignit point, garda le silence; et ce calme trompeur, qui annonçoit la vengeance la plus terrible, entretint le duc d'Orléans dans une sécurité qui l'empêcha de prendre aucune précaution.

On dit que le duc de Bourgogne médita pendant six mois les moyens de se défaire de son ennemi. Il acheta l'hôtel Notre-Dame, situé dans la vieille rue du Temple, entre l'hôtel Saint-Paul où demeuroit le Roi, et l'hôtel Barbette, maison de plaisance bâtie par le ministre Montagu, et achetée nouvellement par la Reine, pour y recevoir plus commodément sa société particulière. C'étoit le lieu où passoit le plus souvent le duc d'Orléans pendant la nuit, et presque toujours mal accompagné. Le duc de Bourgogne introduisit secrètement dans cet hôtel dix-huit assassins, à la tête desquels il plaça Raoul d'Octonville, gentilhomme normand, qui se montroit aussi dévoué à ses volontés que Tanneguy Du Châtel l'étoit à celles du duc d'Orléans.

Quoique ces préparatifs fussent très-secrets, l'œil pénétrant des courtisans découvrit qu'il se tramoit quelque attentat; et l'on fit de nouveaux efforts pour réconcilier les deux rivaux. Le duc de Berri leur oncle, également bien vu de l'un et de l'autre, mit beaucoup de zèle dans cette négociation, et parut avoir réussi. On les vit, le dimanche 20 novembre 1407, communier ensemble dans l'église des Augustins : le même jour, le duc de Bourgogne alla dîner chez le duc d'Orléans, parut calme et paisible, et invita le frère du Roi pour le dimanche suivant. Les deux princes se donnèrent, en présence des courtisans, plusieurs marques d'amitié.

Tout fut tranquille pendant deux jours, et l'on commençoit à se rassurer. Le mercredi 23, le duc d'Orléans passa la journée chez le Roi, et le soir il alla chez la Reine, qui relevoit de couches. A huit heures, un officier de l'hôtel Saint-Paul vint lui dire que le Roi le demandoit sur-le-champ. Il partit aussitôt, monté sur une mule, suivi de deux écuyers, et précédé de quatre valets qui portoient des flambeaux. L'esprit occupé d'une conversation agréable qu'il venoit d'avoir avec la Reine, il chantoit en cheminant assez lentement. Arrivé devant l'hôtel Notre-Dame, il est attaqué par les dix-huit assassins, qui lui crient : *A mort!* Il répond : *Je suis le duc d'Orléans. — Tant mieux!* répliquent-ils; et ils redoublent leurs coups. Un des assassins lui abat la main droite avec une hache; on le frappe avec des massues, il tombe : on lui écrase la tête. Alors un homme en manteau rouge, enveloppé dans son chaperon, et qu'on a cru être le duc de Bourgogne lui-même, lui donne un dernier coup, et dit à ses complices : *Eteignez les flambeaux, éloignons-nous; il est mort.* Les assassins mettent le feu à l'hôtel Notre-Dame, prennent la fuite, et répandent derrière eux des chausse-trapes, afin d'arrêter ceux qui voudroient les poursuivre.

Telle fut, à l'âge de trente-sept ans, la mort de Louis, duc d'Orléans, dont le caractère offroit le plus singulier mélange d'étourderie et de talens; de vices et de qualités estimables. Mal élevé, livré au libertinage dès sa plus tendre jeunesse, jeté dans les affaires avant d'avoir acquis la moindre expérience, ses fautes parurent avoir droit à l'indulgence, et sa mort affreuse inspira, dans le moment, de la compassion, même à ses ennemis. Quelque temps avant cette catastrophe, il avoit fait son testament, qui nous a été conservé : il y montre des sentimens de repentir qui semblent indiquer que, parvenu à l'âge mûr, il vouloit changer de conduite. Peut-être aussi cet acte expiatoire n'étoit-il que l'effet d'un retour momentané et peu solide. Quoi qu'il en soit, cet assassinat du frère du Roi, commis par le plus puissant des princes du sang, ouvrit à la France une immense carrière de maux. Tous les excès semblèrent justifiés par un tel exemple : les haines, long-temps comprimées, ne connurent plus aucun frein; les principes de la religion et de la morale furent foulés aux pieds; le peuple, en cherchant une liberté chimérique, ne trouva que le désordre et la licence; tout amour de la patrie s'éteignit; l'usurpation et le despotisme succédèrent à l'anarchie; et, après plus de vingt-cinq ans de calamités, la France ne put être sauvée et rendue à son Roi légitime que par une espèce de miracle. Le duc d'Orléans laissoit trois fils :

Charles, qui fut le père de Louis XII; Philippe, comte de Vertus, qui n'eut pas de postérité masculine; et Jean, comte d'Angoulême, aïeul de François I.

La nouvelle de la mort du duc d'Orléans étant parvenue rapidement à l'hôtel Barbette, la Reine, consternée, se fit sur-le-champ transporter à l'hôtel Saint-Paul près de son époux. Elle craignoit pour ses jours; mais le duc de Bourgogne, ne la trouvant pas un obstacle à ses projets, n'avoit rien médité contre elle. Ayant fait appeler ses plus intimes confidens, elle passa le reste de la nuit à se perdre en conjectures sur les causes de cet attentat, et à délibérer sur les moyens de conserver sa puissance. La perte d'un homme pour lequel elle avoit tout sacrifié, et qu'elle regardoit comme un seul appui, la remplissoit d'inquiétudes pour l'avenir; elle étoit tourmentée par la crainte plus que par les regrets; car depuis long-temps une liaison refroidie par le temps et par des torts réciproques n'étoit plus fondée que sur l'ambition.

Le lendemain de grand matin, les princes se réunirent à l'hôtel d'Anjou, situé dans la rue de la Tixeranderie, et qui appartenoit au roi de Naples, revenu en France depuis quelques années. Le duc de Bourgogne eut l'audace de prendre place à ce conseil, et il affecta contre les assassins plus d'emportement que les autres princes. Ils chargèrent Tignonville, alors prévôt de Paris, de faire une information rigoureuse. Les soupçons de ce magistrat se portèrent d'abord sur le seigneur de Cany, dont l'épouse, devenue mère de Dunois, avoit été livrée par le duc d'Orléans à l'épreuve la plus infâme. Pensant que l'assassinat du prince ne pouvoit être que l'effet d'une vengeance particulière, il l'attribua, non sans vraisemblance, à un homme qui avoit été si indignement outragé ; mais ayant acquis la certitude que Cany étoit absent de Paris depuis plus d'un an, il tourna ses poursuites d'un autre côté.

Cependant le duc d'Orléans fut enterré avec beaucoup de pompe dans l'église des Célestins, dont il étoit bienfaiteur. Toute la cour voulut assister à cette triste solennité. Le roi de Naples, les ducs de Berri, de Bourbon et de Bourgogne portèrent les coins du drap mortuaire; et l'on ne remarqua sur la physionomie de ce dernier que l'expression de la douleur.

Les recherches du prévôt furent quelque temps vaines : enfin il découvrit que l'un des assassins s'étoit réfugié dans l'hôtel d'Artois, séjour ordinaire du duc de Bourgogne. Le conseil des princes s'étant assemblé sur ce premier indice, il vint y demander l'autorisation d'y visiter ce palais, et d'y faire les perquisitions nécessaires. Le coupable se trahit alors, et perdit toute la fermeté qu'il avoit affectée jusqu'à ce moment : dévoré de remords, effrayé des suites de l'attentat qu'il avoit commis, il prit à part le roi de Naples et le duc de Berri, et leur avoua son crime en les priant de lui indiquer ce qu'il devoit faire. Les deux princes furent consternés de cet aveu ; et le duc de Berri lui conseilla de prendre aussitôt la fuite. Il sortit brusquement, et laissa le conseil dans l'incertitude du parti qu'il adopteroit. On connoissoit son caractère emporté, implacable et téméraire ; on savoit qu'il étoit capable de tout dans un moment de fureur ; on n'ignoroit pas qu'il avoit un pouvoir sans bornes sur le peuple et sur les milices bourgeoises. Le conseil craignit donc de le pousser au désespoir; et l'on ne prit aucune mesure, ni pour l'arrêter, ni pour l'empêcher de fuir. Il quitta Paris le lendemain matin avec une suite nombreuse, et prit sa route vers la Flandre. On sut bientôt qu'il s'étoit retiré dans le château de Lens, où ses complices le joignirent. Le duc de Bourbon fut le seul des princes qui demanda qu'on lui fît son procès dans les règles : il n'étoit plus temps, puisqu'on l'avoit laissé échapper.

Valentine étoit à Château-Thierry lorsqu'elle apprit la mort de son époux. Malgré ses torts envers elle, il lui étoit toujours cher; et l'ambition, la passion dominante de cette princesse, lui rendoit sa perte encore plus sensible. Plongée dans le plus sombre désespoir, elle ne pensa plus qu'à le venger. Ses partisans consternés arrivèrent de tous côtés, et lui représentèrent que, dans la crise où l'on se trouvoit, il étoit possible que ses enfans ne fussent pas en sûreté à Château-Thierry, ville peu éloignée de la Bourgogne. Elle consentit à ce que les deux aînés partissent pour Blois, et prit la courageuse résolution de venir à Paris avec le plus jeune.

Elle y arriva quelques jours après le départ du duc de Bourgogne, et traversa toute la ville, accompagnée d'une longue suite de femmes vêtues de deuil. Etant descendue à l'hôtel Saint-Paul, elle se jeta aux pieds du Roi, qui, la recevant dans ses bras, mêla ses larmes aux siennes, et lui promit justice. Mais le malheureux monarque n'avoit plus assez de puissance pour punir l'assassin de son frère. Le duc de Bourgogne levoit en Flandre une armée formidable, et faisoit trembler la cour. Le conseil essaya de négocier avec lui, et de profiter des remords qu'il avoit montrés avant de partir, pour obtenir une satisfaction quelconque; mais ce foible repentir s'étoit évanoui avec la crainte, et l'audace avoit succédé à la honte. Il ne voulut ni avouer qu'il étoit coupable, ni se soumettre à aucune expiation : il exigea même insolemment que le Roi approuvât sa conduite, soutenant (ce qui peut-être n'étoit pas dépourvu de fondement) que Tanneguy Du Châtel et les autres gentilshommes attachés au duc d'Orléans avoient comploté sa perte, et qu'il n'avoit fait que les prévenir. Cette apologie, répandue avec profusion, détruisit l'effet qu'avoit produit la mort sanglante du frère du Roi. Paris et presque toutes les grandes villes s'attachèrent davantage au prince qu'elles regardoient comme le défenseur du peuple.

Dans cette circonstance critique, le Roi éprouva un accès qui fit craindre pour sa vie : la Reine en profita pour s'emparer du pouvoir, et pour écarter Valentine, avec laquelle elle n'étoit plus liée par aucun intérêt depuis la mort du duc d'Orléans. Ses partisans, réunis à ceux du duc de Bourgogne, l'accusèrent d'avoir de nouveau ensorcelé le Roi; et cette malheureuse princesse, obligée de renoncer momentanément à l'espoir de venger son époux, quitta Paris pour aller se confiner dans Blois avec sa famille. Alors Isabelle fit tenir un lit de justice, où l'on déclara que si le Roi mouroit, la régence seroit supprimée; que la Reine seroit à la tête du gouvernement, et que tous les actes publics porteroient le nom du jeune Roi. Le parlement, toujours fidèle à l'autorité royale, donnoit à Isabelle les mêmes pouvoirs qu'avoit eus autrefois la reine Blanche, dans l'unique espoir de maintenir l'autorité légitime, et d'anéantir les factions. Le duc de Bourbon, qui connoissoit mieux que le parlement tout ce dont la Reine étoit capable, n'adhéra point à cette déclaration, et se retira dans ses terres.

Cependant le duc de Bourgogne s'avançoit vers Paris avec une armée, disant au peuple, qui se précipitoit sur son passage, qu'il étoit mandé par le Roi, et qu'il alloit se justifier. Il entra dans la capitale sans éprouver aucun obstacle de la part de la Reine : les bourgeois et la populace parurent avoir oublié son crime, et lui prodiguèrent les acclamations. Encouragé par cet accueil, il alla trouver le Roi, qui, mieux portant, ne lui témoigna aucune horreur. La Reine l'observoit avec inquiétude. Il leur déclara qu'il désiroit que sa justification fût publique.

Le 8 mars 1408, on disposa la grande salle de l'hôtel de Saint-Paul pour une assemblée solennelle, et toute la cour s'y réunit. Le duc de Bourgogne se présenta plein d'assurance; et le cordelier Jean Le Petit, chargé de son apologie, prit la parole. Il soutint que le duc d'Orléans avoit été un exécrable tyran; qu'il s'étoit rendu coupable du crime de lèse-majesté divine et humaine; que, de concert avec Valentine, il avoit ensorcelé le Roi; qu'il avoit essayé de le tuer, et que ses liaisons avec le pape d'Avignon avoient pour objet de le déposer, pour s'emparer ensuite du trône. Abusant d'une manière indigne d'un texte de l'Ancien Testament, il compara le meurtrier à Phinées, qui tua Zambri; et sa conclusion fut que la mort du duc d'Orléans avoit été juste et nécessaire (1).

(1) *Avoit été juste et nécessaire.* On sera probablement curieux de

Ce discours monstrueux consterna l'assemblée, qui, épouvantée de l'audace et du pouvoir du coupable, feignit d'y applaudir. Le duc de Bourgogne, non content de ce triomphe, exigea que le peuple écoutât aussi son apologie : elle fut répétée le lendemain par Jean Le Petit sur le parvis de Notre-Dame, au milieu d'une foule immense qui y répondit par des applaudissemens féroces.

Le même jour le duc parut à la cour, où le Roi le reçut bien, et sembla convaincu qu'il n'étoit pas coupable. La Reine, sentant le danger qu'elle couroit, prodiguoit depuis quelques jours ses soins à ce malheureux prince qu'elle avoit si long-temps délaissé, et cherchoit à lui faire oublier la duchesse d'Orléans. Elle passa près de lui la nuit suivante, et fut assez malheureuse pour qu'il retombât cette nuit même dans un accès de frénésie plus alarmant que ceux qui avoient précédé. Alors le duc de Bourgogne, répandant sur elle les mêmes calomnies dont elle s'étoit

---

connoître quelques traits de cette apologie. Nous les puisons dans l'extrait qui en a été fait par le moine de Saint-Denis (p. 632, 633.)

« Afin que le Roi, tourmenté d'une douleur incurable, mourut plu-
« tôt, le duc d'Orléans s'accointa, pour haster ses jours, d'un moine
« apostat, qu'il manda secretement avec un certain chevalier, un
« écuyer et un valet : il leur donna une épée, un couteau et un anneau
« pour les consacrer, ou plutôt pour les exécrer, s'il est permis de
« faire ce mot, au nom d'un démon. » Le prédicateur entre ensuite dans le détail des opérations diaboliques faites contre la vie du Roi ; et il ajoute : « Ce même duc, comme devot serviteur de la déesse
« Vénus, avoit reçu du moine apostat un anneau dont les charmes
« estoient si puissans, qu'il n'y avoit personne dans le sexe féminin
« qu'il ne pût fasciner, et qu'il ne fît condescendre à ses sales desirs
« sans aucune résistance ; et ce, dans le temps de la semaine sainte,
« pour faire plus d'injure à son Créateur. »

servie quelque temps auparavant pour éloigner Valentine, l'accusa d'être la cause de cette rechute. Heureusement pour elle, Isabelle avoit eu la précaution d'implorer le secours du duc de Bretagne, irrité d'une alliance que le duc de Bourgogne avoit récemment contractée avec la maison de Penthièvre. Ce jeune prince venoit d'arriver à Paris avec des troupes. La Reine profita de son appui pour enlever le Dauphin; et elle se retira dans Melun, suivie du duc de Berri et du roi de Naples.

Le Roi, resté seul à Paris, fut entièrement au pouvoir du duc de Bourgogne, qui lui fit signer une déclaration par laquelle il sembloit approuver le meurtre de son frère. Le duc, devenu maître absolu, au lieu de prendre des mesures pour affermir sa puissance, se donna la vaine satisfaction de persécuter les partisans de la cour. Il en vouloit surtout à Tignonville, prévôt de Paris, qui cependant n'avoit fait qu'obéir à ses ordres en informant contre les assassins du duc d'Orléans. Le zèle qu'il avoit mis dans cette poursuite le lui faisoit considérer comme son ennemi le plus redoutable. N'osant néanmoins agir ouvertement contre ce digne magistrat, qui jouissoit de l'estime des deux partis, il lui suscita une affaire dans laquelle il le fit succomber.

L'Université, si puissante alors, étoit entièrement dévouée aux factieux. Quelque temps auparavant, deux de ses étudians, Legier Dumoussel et Olivier Bourgeois, avoient été arrêtés par ordre du prévôt: convaincus d'homicide et de vol, ils avoient péri sur l'échafaud. Le crime avoit été si public, la procédure avoit prouvé si clairement qu'ils en étoient coupables, que l'Université n'avoit osé réclamer ses priviléges. Mais, appuyée par le duc de Bourgogne, elle exigea la satisfaction la plus éclatante. D'après une décision qui montra que tous les crimes dont la faction dominante pourroit tirer quelque avantage resteroient impunis, Tignonville fut obligé d'aller à pied aux fourches patibulaires, de baiser les corps des deux suppliciés, de les dépendre, et de les escorter aux Mathurins, où ils furent enterrés magnifiquement. Une épitaphe qui existoit encore avant la révolution consacra ce triomphe de l'Université sur l'autorité civile. Le prévôt fut ensuite honteusement chassé, et remplacé par Pierre Desessarts, qui, ainsi que Montagu, avoit quitté le parti de la Reine pour s'attacher au duc de Bourgogne.

On a vu que par les intrigues du duc d'Orléans, qui comptoit sur l'assistance du pape d'Avignon, l'Eglise de France, qui en 1398 avoit décidé qu'elle se gouverneroit elle-même jusqu'à la fin du schisme, après être restée quatre ans dans cette sorte d'indépendance, étoit rentrée en 1402 sous l'obédience de Benoît. Cette soumission, qui n'étoit fondée que sur des intérêts particuliers, avoit excité beaucoup de murmures. Le duc de Bourgogne, s'étudiant à tenir une conduite absolument contraire à celle du rival qu'il venoit d'abattre, accueillit les plaintes des mécontens, et convoqua, sous la présidence de l'archevêque de Sens, une assemblée de prélats, qui décida que l'Eglise de France cesseroit de nouveau d'avoir aucune relation avec la cour d'Avignon. Boucicaut, gouverneur de Gênes, eut ordre d'arrêter Benoît, qui se trouvoit sur le territoire ligurien ; mais le pontife échappa aux poursuites, et se réfugia dans la ville de Perpignan, presque abandonné des ecclésiastiques qui jusqu'alors l'avoient reconnu. Quelque temps après, plusieurs cardinaux de Rome et d'Avignon, mécontens de la conduite de Grégoire et de Benoît, se réunirent à Pise, formèrent un concile, malgré les oppositions de l'empereur Robert, protecteur de Grégoire; et, dans l'espoir d'éteindre le schisme, nommèrent un troisième pape, qui prit le nom d'Alexandre v. Cette nomination ne fit qu'augmenter le désordre, auquel le concile de Constance put seul mettre fin.

Tandis que le duc de Bourgogne, maître de Paris et de presque toutes les grandes villes du royaume, ne s'occupoit qu'à servir les passions de son parti, la Reine assembloit des troupes à Melun; Valentine, réconciliée avec cette princesse, en réunissoit à Blois, et le duc de Bretagne, retourné dans son pays, se préparoit à les soutenir. Un autre danger menaçoit encore le duc de Bourgogne. La Reine, de concert avec le duc d'Orléans, avoit, l'année précédente, soulevé les Liégeois contre leur évêque, allié intime et beau-frère de Jean-sans-Peur; et cette guerre, qui continuoit à l'avantage des révoltés, compromettoit la tranquillité du comté de Flandre. D'ailleurs Paris renfermoit beaucoup de mécontens qui, à l'approche d'une armée, ne manqueroient pas de se déclarer en faveur de la cour.

Le duc de Bourgogne, reconnoissant donc, en homme habile, la difficulté de sa position, résolut d'abandonner la capitale, d'aller vaincre les Liégeois, et de revenir ensuite combattre ses ennemis avec une armée triomphante. Avant de partir, il conjura ses partisans de ne pas perdre courage, et leur promit qu'ils le reverroient bientôt.

La Reine, enivrée de ce succès, et convaincue que son ennemi seroit vaincu par les Liégeois, fit les préparatifs de son entrée à Paris. Elle y parut avec son faste ordinaire, suivie de l'héritier du trône et du duc de Bretagne. Des murmures se firent entendre sur son passage, et quelques applaudissemens achetés ne purent lui faire croire que son triomphe fût complet. Quelques jours après [28 août 1408], un spectacle bien différent frappa les regards des Parisiens. Valentine, accompagnée de la jeune douairière d'Angleterre, épouse de son fils aîné, arriva suivie d'un nombreux cortége. Le deuil et la tristesse profonde de ces deux princesses, dont l'une étoit l'unique amie du Roi, et l'autre sa fille la plus chérie, inspirèrent de l'intérêt aux ennemis mêmes du duc d'Orléans.

A peine la Reine se fut-elle établie à l'hôtel Saint-Paul, qu'elle réunit un grand conseil, où le parlement fut admis. Après plusieurs délibérations, on crut, par des motifs semblables à ceux qui avoient dicté la déclaration de l'année précédente, devoir mettre Isabelle à la tête des affaires, du vivant même de son époux. On décida donc, au nom du Roi, que *la puissance souveraine étoit commise à la Reine et à monseigneur le Dauphin, le Roi empêché ou absent;* et l'avocat général des Ursins, qui prononça cette déclaration, observa que, dans l'état où se trouvoient les choses, c'étoit le moins mauvais parti que l'on pût prendre.

Le 20 septembre suivant, la même assemblée se

réunit pour entendre l'apologie du duc d'Orléans, où l'on devoit confondre les monstrueux sophismes de Jean Le Petit. Valentine et ses enfans se présentèrent comme supplians. L'abbé de Saint-Denis, chargé de l'apologie, n'eut pas de peine à prouver que le duc de Bourgogne étoit coupable, et qu'il méritoit d'être puni. Ensuite l'avocat Cousinot requit que Jean fût tenu de demander pardon à Valentine et à ses enfans, tête découverte, sans ceinture, et à genoux; que ses hôtels fussent rasés, et qu'il allât passer vingt ans dans la Terre Sainte. Ces conclusions furent admises, et la condamnation prononcée. On avoit beaucoup compté sur cette scène touchante pour émouvoir le peuple, et lui faire oublier les pernicieuses maximes de Jean Le Petit; mais il se montra froid, et ne parut accorder qu'une pitié stérile aux augustes victimes de la fureur du duc de Bourgogne.

Pendant que ce prince étoit ainsi condamné à Paris, il remportoit une victoire décisive sur les Liégeois. Leur armée, deux fois plus considérable que la sienne, fut entièrement défaite près de Tongres; et son courage, dans cette bataille mémorable, lui fit confirmer, par le suffrage unanime des soldats, le nom de *Jean-sans-Peur*, qu'il avoit acquis à la journée désastreuse de Nicopolis.

Aussitôt que cette nouvelle fut arrivée dans la capitale, le découragement s'empara d'Isabelle; et les Parisiens se déclarant les partisans du vainqueur, demandèrent à grands cris son retour. Les affiches, les libelles scandaleux contre la Reine se multiplièrent; et cette princesse, voyant à son tour qu'elle ne pouvoit plus tenir à Paris, eut l'art d'affecter la plus grande sécurité. Elle commença par faire partir secrètement le Roi dans un bateau couvert, et le suivit bientôt [le 2 novembre], accompagnée du duc de Bretagne et de quinze cents hommes d'armes. Elle s'arrêta d'abord à Gien, puis alla s'établir à Tours. Le parlement et le chancelier restèrent à Paris par son ordre, afin d'ouvrir une voie aux négociations qu'elle vouloit entamer.

Le duc de Bourgogne arriva dans la capitale sans avoir rencontré aucun obstacle sur sa route. Il fit son entrée le 24 novembre, et tout parut lui être soumis. Cependant, instruit par l'échec qu'il avoit récemment éprouvé, et voulant avoir le temps de donner de la consistance à son parti, il ne rejeta pas les avances de la cour, certain que, dans la position où il se trouvoit, il resteroit toujours le maître. Il choisit pour négociateur le comte de Hainaut son beau-père : Louis de Bavière, frère de la Reine, et Montagu, qui étoit resté à son service, furent chargés par elle de défendre ses intérêts. D'après la disposition des choses, tout portoit à croire que le traité se concluroit bientôt, parce que les partis ne se croyoient pas encore en état de lutter avec avantage.

A cette nouvelle, le désespoir s'empara de Valentine, qui, revenue à Blois, perdit tout espoir de tirer vengeance de la mort de son époux. N'étant encore âgée que de trente-huit ans, elle fut attaquée d'une maladie qui bientôt ne laissa plus d'espoir. Avant d'expirer, elle appela ses enfans près de son lit, et voulut que les fils naturels de son mari s'y trouvassent aussi. Alors elle leur parla de la perte irréparable qu'ils avoient faite, s'attendrit sur ce qu'ils alloient rester orphelins et presque sans appui, les exhorta à ne point perdre courage, et à soutenir la gloire de leur maison; puis, d'un ton plus ferme, elle dit au jeune Dunois, dont elle sembloit prévoir les hautes destinées : « La nature m'a envié le bonheur de vous « donner le jour; aucun de mes enfans ne me paroît « plus digne que vous de venger la mort de son « père. »

Les jeunes princes tombèrent à ses pieds, lui jurèrent de remplir ses intentions, et cette promesse solennelle parut adoucir l'horreur de ses derniers momens. Ainsi mourut Valentine, le 4 décembre 1408. Douée d'un grand caractère, distinguée par la décence de ses mœurs au milieu d'une cour corrompue, n'ayant d'autre défaut qu'une ambition excessive, elle eût peut-être préservé la France des malheurs qui la menaçoient, si la Providence l'eût placée sur le trône au lieu d'Isabelle. Profondément sensible, elle ne put se consoler de la perte de son époux. Depuis sa mort, elle avoit pris pour emblême un arrosoir qui sembloit répandre des larmes, et pour devise ces mots :

>Rien ne m'est plus,
>Plus ne m'est rien.

La mort de Valentine aplanit les difficultés de la négociation, et le traité fut conclu à Chartres au commencement de l'année 1409. Montagu affecta un grand zèle; et le duc de Bourgogne, qui dès-lors avoit résolu de le perdre, lui témoigna beaucoup de satisfaction. Il fut convenu, malgré l'opposition des princes d'Orléans, que Jean s'excuseroit devant eux, et que le comte de Vertus, puîné de cette maison, épouseroit l'une de ses filles. On voulut, suivant le goût de la Reine, donner tout l'éclat possible à la cérémonie de cette vaine réconciliation, qui fut fixée au 29 mars. Une estrade avoit été élevée dans la cathédrale de Chartres : le Roi et la Reine y montèrent, et se placèrent sur des trônes magnifiques. Toute la cour étoit présente; et l'on apercevoit les enfans de Valentine en grand deuil, et plongés dans la plus profonde tristesse.

A un signal convenu, le duc de Bourgogne entra dans l'église, suivi du seigneur d'Ollehaing, qui prit la parole en son nom, et qui dit que quoique le prince fût prêt à se justifier, il supplioit le Roi de calmer sa colère. Alors le duc de Berri, et les rois de Naples et de Navarre, se jetèrent aux pieds du Roi, en le conjurant d'accorder le pardon qu'on lui demandoit. « Je « le veux, répondit Charles, pour l'amour de vous. « Mon cousin, poursuivit-il en s'adressant au duc de « Bourgogne, je vous pardonne tout. » Le duc alla ensuite vers les princes d'Orléans, qui fondoient en larmes, et refusoient de se prêter à ce qu'on exigeoit d'eux. Le Roi fut obligé de les presser à plusieurs reprises d'exécuter le traité. « Sire, répondit enfin « l'aîné de ces orphelins, puisque vous le comman- « dez, nous lui pardonnons; car nous ne voulons pas « vous désobéir. » Cette scène, presque semblable à celle dans laquelle Charles, encore enfant, avoit, vingt-six ans auparavant, paru pardonner aux Parisiens révoltés, ne réunit pas mieux les esprits. Les fils de Valentine retournèrent à Blois, plus avides de vengeance que jamais. Le Roi, la Reine et le duc de Bourgogne s'acheminèrent vers Paris. Deux cent mille personnes vinrent à leur rencontre : ce qui ne laissa aucun doute sur l'ascendant qu'alloit prendre le meurtrier impuni du duc d'Orléans.

Isabelle, s'étant aperçue qu'elle n'auroit aucun crédit dans le nouveau gouvernement, quitta Paris pour se retirer à Melun, où elle emmena le jeune Dauphin, qui, n'ayant pas encore atteint l'âge de quatorze ans, ne devoit pas, suivant l'usage, cesser d'être sous sa garde. Le duc de Bourgogne, feignant d'être en bonne intelligence avec elle, ne s'opposa point à cette retraite. Débarrassé de tout obstacle, il voulut remplir les espérances que les factieux avoient fondées sur lui : et ce fut alors qu'on vit un prince du sang propager et réaliser les idées anarchiques qui fermentoient depuis si long-temps. Poursuivi par les remords, il ne parvint à les étouffer qu'en adoptant les principes qui semblent justifier toutes les espèces d'attentats. Pour ne pas trop révolter d'abord les hommes attachés au bon ordre, il composa son conseil du duc de Berri, et des rois de Naples et de Navarre, qui lui promirent une obéissance passive. Le duc de Bourbon, trop vertueux pour se soumettre à de telles conditions, ne voulut pas y prendre place.

Cependant le duc de Bourgogne, afin de ne laisser aucun doute sur le système qu'il alloit suivre, fit remettre un niveau d'or à chacun des princes, et un niveau d'argent à chacun des chevaliers qui formoient sa cour : il annonçoit, par cet emblême, qu'il vouloit faire régner la plus parfaite égalité.

Mais cette démonstration, et le vain étalage des principes chers aux factieux, n'étoient pas de nature à les contenter : il fallut en venir aux effets. Des recherches rigoureuses furent faites contre les financiers, et surtout contre les partisans de la maison d'Orléans : on les proscrivit, on les dépouilla de leurs biens. Toutes les concessions arrachées à l'enfance de Charles VI par les Etats de 1382 furent remises en vigueur; les Parisiens eurent le choix de leur prévôt des marchands et de leurs échevins : ce qui n'empêcha pas néanmoins le duc de Bourgogne de conserver à sa disposition la place de prévôt de Paris occupée alors par Pierre Desessarts. La bourgeoisie put s'armer, nommer ses officiers, et veiller à la garde de la ville.

Ces sacrifices aux volontés populaires ne suffisoient pas encore : il falloit que le supplice injuste d'un grand personnage liât irrévocablement le prince à la faction. Montagu, que nous avons vu, soit par foiblesse, soit par ambition, flotter entre les deux partis, et qui venoit de rendre au duc de Bourgogne un service signalé, en pressant la conclusion du traité de Chartres, fut choisi pour victime. Il avoit été ministre de Charles V, et estimé de ce sage prince; depuis l'avénement de Charles VI, il s'étoit maintenu dans les honneurs, et il étoit alors grand-maître de la maison du Roi, et surintendant des finances. D'une naissance obscure, il avoit contracté les plus belles alliances. Son fils avoit obtenu la main d'une des filles du connétable d'Albret; ses trois filles étoient mariées au comte de Braine et aux seigneurs de Montbazon et d'Autoing; l'un de ses frères étoit archevêque de Sens, et l'autre évêque de Paris. Plus il étoit élevé, plus il importoit aux factieux de l'avilir.

Tout se trama dans le plus profond secret. Montagu, averti par ses amis, eut l'imprudence de se fier à l'accueil favorable que continuoit de lui faire le duc de Bourgogne. Il fut arrêté inopinément dans la rue Saint-Victor par le prévôt de Paris Pierre Desessarts, qui fut aussitôt nommé président d'une commission chargée de le juger. Sans égard pour son rang, on lui arracha par les tortures tous les aveux qu'on désiroit. Il étoit surtout accusé d'avoir aidé Valentine à ensorceler le Roi, et cette imputation ridicule fut le principal motif de sa condamnation. On lui reprochoit aussi d'avoir dilapidé les finances : tort plus réel dont il auroit pu difficilement se justifier, mais excusable peut-être, si l'on pense qu'il avoit eu à pourvoir pendant plusieurs années aux dépenses d'une cour aussi voluptueuse que prodigue. La Reine, sur la protection de laquelle il comptoit, ne fit que de foibles efforts pour le sauver. Le duc de Bourgogne mit fin aux sollicitations de cette princesse en favorisant le mariage de son frère Louis de Bavière avec la fille du roi de Navarre, et en donnant aux deux époux le château de Marcoussy, que Montagu avoit passé presque toute sa vie à embellir. Cet infortuné ministre fut donc condamné : il eut la tête tranchée le 17 octobre 1409, et ses restes furent portés à Montfaucon, comme ceux des plus vils coupables. Ils y restèrent jusqu'en 1411, objets de l'avide curiosité de la populace. Son fils le vicomte de Laon obtint alors la permission de les déposer dans le monastère des Célestins de Marcoussy, fondé par Montagu dans des temps plus heureux.

Desessarts croyoit, par ce service, s'être acquis toute la faveur du duc de Bourgogne; mais il connoissoit peu ce caractère altier qui récompensoit magnifiquement les lâches, mais qui leur portoit autant de haine que de mépris. Fier de l'ascendant qu'il avoit pris, et de l'état brillant de ses affaires, il osa un jour contrarier le duc, qui ne lui répondit que par cette terrible menace : « Prévôt de Paris, Jean de Montagu « a mis vingt-deux ans à se faire couper la tête : au « ton que vous prenez, je vois que vous n'en mettrez « pas trois. » Desessarts atterré se retira, et voulut un moment tout abandonner ; mais il étoit trop avancé pour reculer ; et la place de surintendant des finances, qui lui fut donnée peu de temps après, lui fit oublier cette prédiction, qui se réalisa d'une manière presque miraculeuse (1).

Pendant que le duc de Bourgogne jouissoit de cette prospérité trompeuse, la cour de Blois étoit plongée dans la désolation. Le jeune duc d'Orléans, destiné à être toujours malheureux, venoit de perdre Isabelle de France son épouse. Cette princesse, veuve à douze ans de Richard II roi d'Angleterre, entrée dans une famille aussi infortunée que celle de son premier mari, n'a-

---

(1) *Presque miraculeuse.* Le moine de Saint-Denis (p. 716) nous donne le portrait de Pierre Desessarts, lorsqu'il remplaça Montagu dans la charge de surintendant des finances.

« C'estoit un homme fort emporté, qui agissoit avec plus de cha-
« leur et de précipitation que de jugement en tout ce qu'il exécu-
« toit ; qui d'ailleurs n'estoit pas de naissance assez illustre, et qui ne
« pouvoit mieux faire voir que son imprudence le rendoit incapable
« de mesurer le futur au passé, et de profiter des exemples de la
« cour, que de s'embarasser, comme il fit, dans les factions ; d'ac-
« cepter le même emploi de Jean de Montagu, qu'il venoit de faire
« mourir, et de souffrir qu'on l'engageât dans le perilleux maniment
« de toutes les finances du royaume. »

voit pu, non plus que Valentine, supporter l'humiliation de reconnoître la puissance du meurtrier de son beau-père.

L'anarchie qui régnoit empêchoit le gouvernement de s'occuper des affaires du dehors. Le maréchal Boucicaut, gouverneur de Gênes, avoit quitté cette ville pour porter des secours aux deux frères de Valentine, pressés par le marquis de Montferrat, qui vouloit s'emparer du Milanais. Il obtint des succès; mais pendant son absence les Génois, toujours inconstans, se révoltèrent d'après les insinuations des Spinola et des Doria. Les Français furent massacrés ou chassés. Boucicaut, n'ayant pu arriver assez à temps pour prévenir le désordre, tenta vainement de rentrer dans la ville. Obligé de se retirer dans le Milanais, il demanda des secours qu'on ne lui envoya pas. Ainsi cette acquisition importante, la seule que la France eût faite sous ce règne, fut irrévocablement perdue.

Cet exemple n'empêcha pas Louis d'Anjou, qui ne s'étoit attaché au duc de Bourgogne qu'afin d'obtenir des secours pour remonter sur le trône de Naples, de profiter d'une occasion qui lui parut favorable pour accomplir ce dessein. Alexandre v, ennemi de Ladislas, partisan de Grégoire, pape de Rome, lui promit ses secours. Il partit, obtint quelque succès; mais la mort d'Alexandre, qui fut remplacé par Jean xxiii, moins bien disposé pour lui, le força de revenir en France. Il équipa une flotte à Marseille, tenta de nouveau la fortune, et débarqua près de Naples. Ses troupes, commandées par Tanneguy Du Châtel, qui étoit depuis quelque temps à son service, remportèrent une victoire complète entre Ceprano et Rocca-Sicca :

mais la légèreté de son caractère l'empêcha d'en profiter; et la France le revit, pour la troisième fois, chassé par sa faute d'un royaume sur lequel il ne conservoit plus que de vaines prétentions.

Cependant, au commencement de 1410, le Dauphin atteignit l'âge de quatorze ans, fixé par Charles V pour la majorité des fils des rois. Il fut tiré des mains de la Reine; et le duc de Bourgogne, son beau-père, prit la surintendance de son éducation. Ce prince ayant en son pouvoir le Roi et l'héritier du trône, se crut entièrement le maître; mais le duc de Berri, qui jusqu'alors avoit pris place au conseil, l'abandonna, et le duc de Bourbon quitta Paris pour se retirer à Moulins. Ces princes se rapprochèrent du jeune duc d'Orléans, dont le parti reprit courage. La Reine, habitant toujours Melun et y vivant dans son luxe accoutumé, ne paroissoit pencher pour aucun parti. Elle prévoyoit un éclat prochain, et se réservoit les négociations dans lesquelles elle espéroit recouvrer son autorité : politique pusillanime qui, loin de réussir, ne pouvoit qu'augmenter le désordre. Le duc de Bourgogne, pour donner quelque éclat à son autorité, déclara la guerre à l'Angleterre, et fit une tentative sur Calais. Ayant échoué, il obtint que la trève fût prolongée; et ce premier revers ternit, aux yeux de ses partisans, la gloire qu'il avoit acquise en soumettant les Liégeois.

La guerre civile, que chacun désiroit dans son aveuglement, s'alluma bientôt à l'occasion des affaires de Bretagne, où la fermentation régnoit toujours depuis la mort de Clisson. Sa fille avoit épousé, comme on l'a vu, l'aîné des Penthièvre : l'ambition et la vengeance la portoient à employer tous les moyens pour nuire à la maison de Montfort. Le duc de Bourgogne l'appuyoit ouvertement : les ducs d'Orléans, de Berri et de Bourbon, les comtes d'Alençon et d'Armagnac, embrassèrent vivement le parti du duc de Bretagne. Ces princes se réunirent à Gien, et commencèrent par prendre des mesures pour assurer le triomphe à la maison de Montfort. Bientôt encouragés par l'échec que le duc de Bourgogne venoit d'éprouver sous les murs de Calais; instruits que l'opinion de Paris lui étoit moins favorable, parce qu'au lieu de diminuer les impôts comme il l'avoit promis, il s'étoit trouvé dans la nécessité de les augmenter, ils formèrent une confédération contre lui. S'étant accordés sur les principales opérations, ils retournèrent chacun dans leurs terres pour armer les vassaux, et se donnèrent un rendez-vous prochain à Melun-le-Châtel. Là ils firent leurs dernières dispositions; et le duc d'Orléans, qui n'avoit perdu sa jeune épouse que depuis quelques mois, contracta une alliance qui devoit attirer sur la France les plus horribles fléaux.

Bernard, comte d'Armagnac, de Fezenzac et de Rodez, étoit l'un des plus grands seigneurs du royaume. Se croyant issu de Clovis, il avoit une secrète haine contre la famille régnante, et nourrissoit des prétentions insensées sur le trône de France. Au milieu des désordres qui depuis trente ans désoloient son pays, il s'étoit rendu presque indépendant. Libéral jusqu'à la prodigalité, il avoit des vassaux dévoués : brave sans témérité, versé dans la science de la guerre, habile dans l'intrigue, dépourvu de scrupules, imposant avec ses égaux, familier avec ses inférieurs, répandant adroitement les bienfaits, ne ménageant pas les promesses, ami fidèle, ennemi implacable, il avoit tous les talens et toutes les qualités d'un chef de parti. Ce fut sur cet homme dangereux, qui s'étoit déjà rapproché du trône en devenant le gendre du duc de Berri, que les princes jetèrent les yeux pour en faire le chef de la confédération. Ils imposèrent au duc d'Orléans le devoir d'épouser Bonne, sa fille; et ce mariage lia de la manière la plus intime les deux maisons.

Les princes réunirent leurs troupes près d'Angers, et commencèrent la guerre civile. L'un d'eux, le duc de Bourbon, qui s'étoit toujours distingué par sa sagesse et sa modération, eut le bonheur de ne pas voir les premières hostilités : il mourut à Montluçon, âgé de soixante-treize ans. Son fils, nommé Jean, qui jusqu'alors avoit penché pour le duc de Bourgogne, entra dans la confédération.

Le duc de Bourgogne, voyant cet orage se former, employa divers moyens pour le conjurer. Il fit sur-le-champ la paix avec le duc de Bretagne : ce qui n'empêcha pas le comte de Richemont, son frère, de se mettre du côté des princes. Il donna sa fille Catherine, destinée par le traité de Chartres au comte de Vertus, frère du duc d'Orléans, à l'aîné des fils du roi de Naples. Il resserra les nœuds qui l'unissoient déjà au roi de Navarre et aux comtes de La Marche et de Vendôme. Mais ses précautions ne purent être assez promptes pour empêcher les confédérés de faire des progrès : ils s'emparèrent en très-peu de temps de l'Anjou, de l'Orléanais et de la Beauce, provinces dévouées à la maison d'Orléans, et vinrent faire des courses jusque dans le voisinage de Paris.

La Reine, dont les espérances étoient fondées sur la discorde de ses ennemis, crut avoir trouvé l'occasion de recouvrer le pouvoir. Elle fit offrir sa médiation aux deux partis, qui parurent d'abord l'accepter, mais qui bientôt la méprisèrent. Ses voyages auprès des chefs ne servirent qu'à montrer son impuissance, et le peu de considération qu'on avoit pour elle : ces dédains, loin de décourager cette femme altière, lui firent concevoir les projets les plus sinistres. Le duc de Bourgogne exigeoit que les princes missent bas les armes ; le comte d'Armagnac vouloit que le duc lui abandonnât le pouvoir, et donnât toute satisfaction aux princes d'Orléans. Ces propositions n'étoient acceptables ni d'un côté ni de l'autre.

Cependant l'armée de la confédération s'étant augmentée par de nouveaux appels faits dans les provinces de la Loire, le comte d'Armagnac s'approcha de Paris, dont il dévasta les environs. Il établit son quartier-général à Vitry : le duc d'Orléans occupa Gentilly, et le duc de Berri le château de Vicestre, qui lui appartenoit. Le peuple de Paris, qui déjà commençoit à souffrir de la disette, prit en horreur les confédérés, auxquels il donna le nom d'*armagnacs* ; de leur côté, ceux-ci appelèrent leurs ennemis *bourguignons* : dénominations fatales inventées par la haine, et qui firent bientôt couler des flots de sang. Mais si la populace étoit dévouée au duc de Bourgogne, les bons bourgeois, égarés un moment par les promesses séduisantes de ce prince, revenoient de leur erreur. Entrés à

peine dans les troubles civils, ils en étoient fatigués :
ils n'avoient aucun penchant ni pour le duc d'Orléans
ni pour le comte d'Armagnac, mais ils désiroient par
dessus tout un arrangement qui ramenât la paix (1).

Cette disposition nouvelle n'échappa point au duc
de Bourgogne, et lui fit faire des réflexions d'autant
plus sérieuses, que dans ce moment les bourgeois
seuls étoient admis à porter les armes. Il vit que, pour
conserver le pouvoir, il falloit descendre jusqu'à solliciter l'appui des dernières classes, qui seules avoient
conservé de l'enthousiasme pour ses idées politiques.
Cette humiliation, dont il ne pouvoit se dissimuler
les horribles suites, ne l'auroit pas arrêté dans la carrière où ses passions et ses remords l'avoient entraîné :
mais il n'étoit plus temps de désarmer la bourgeoisie
pour armer la populace. Paris étoit assiégé, et toute
mesure précipitée pouvoit entraîner la ruine de sa faction. Le duc se décida donc à négocier de nouveau,
mais sans l'entremise de la Reine, également odieuse
aux deux partis.

La négociation qui s'ouvrit au château de Vicestre montra la mauvaise foi des chefs ; elle se
termina par un traité [1411], qui n'étoit qu'une trève
que chaque parti se ménageoit les moyens de rompre
à la première occasion. On décida que Pierre, comte
de Mortaing, frère du roi de Navarre, seroit le seul
prince du sang qui résideroit auprès du Roi; que les
ducs de Bourgogne et de Berri ne pourroient être

---

(1) *Ramenât la paix.* L'effroi étoit extrême : on avoit ajouté à l'office de l'Église l'oraison suivante : *Domine Jesu Christe*, *parce populo
tuo, et ne des regnum Franciæ in perditionem ; sed dirige in viam pa-
cis principes!*

appelés par le monarque l'un sans l'autre; que néanmoins ces deux princes partageroient la surintendance de l'éducation du Dauphin, près duquel chacun placeroit un gentilhomme pour le remplacer; que le conseil du Roi seroit composé de douze chevaliers, de quatre évêques et de quatre conseillers du parlement; qu'enfin les deux partis ne pourroient reparoître en armes qu'en 1412.

Ce traité, plus favorable au duc de Bourgogne qu'à ses ennemis, puisque sa faction, qui étoit à Paris, n'éprouvoit aucun affoiblissement, fut aussitôt exécuté. Pierre Desessarts, ayant perdu ses places de surintendant et de prévôt, suivit en Flandre le duc de Bourgogne. Les princes se retirèrent dans leurs terres sans désarmer.

Ce calme, obtenu par des concessions également pénibles aux deux partis, ne fut pas de longue durée. Les partisans des armagnacs osèrent faire arrêter le seigneur de Crouy, membre du conseil, comme complice de l'assassinat du duc d'Orléans. En même temps le Roi retomba dans son funeste délire; et la Reine, se prévalant de la déclaration du mois d'août 1408, voulut se mettre à la tête des affaires. Le duc de Berri, venu à Paris malgré le traité, l'empêcha d'exécuter ce projet. La haine rallumée entre les deux factions ne connut plus de bornes: les ducs de Bourgogne et d'Orléans publièrent, l'un contre l'autre, des cartels injurieux; et le premier ne craignit pas d'avouer de nouveau son crime, en accablant d'outrages ceux qu'il avoit rendus orphelins.

Ces écrits ne manquèrent pas d'exciter à Paris une fermentation dont les partisans du duc de Bourgogne profitèrent. Ce prince avoit résolu de paroître fidèle à la lettre du traité, et de n'agir par lui-même qu'à la dernière extrémité. Pierre Desessarts, de retour à Paris, et le comte de Saint-Paul, l'un de ses généraux les plus distingués, soulevèrent facilement le peuple : une révolte éclata, les chaînes furent tendues, et le foible gouvernement établi par le dernier traité fut aussitôt dispersé. La régence fut remise au Dauphin, dont l'étourderie se prêta sans peine aux désirs des factieux. La Reine n'y eut aucune part, et la véritable autorité fut entre les mains de Pierre Desessarts, qui redevint prevôt de Paris, et du comte de Saint-Paul, à qui le commandement de cette ville fut confié.

Le premier soin de ce dernier fut de donner au parti bourguignon une force militaire dont il avoit manqué jusqu'alors dans la capitale. Les bons bourgeois, toujours partisans de la paix, lui paroissant peu sûrs, il prit le parti désespéré d'armer la populace. Il forma donc, sous le nom de *milice royale*, une troupe nombreuse composée de bouchers et d'écorcheurs. A la tête de cette milice avide de carnage, il plaça les plus emportés des factieux : Goix, Saint-Yous, Thibert, propriétaires de la grande boucherie ; Jean de Troyes, chirurgien ; Jacqueville, artisan ; Simon, surnommé *Caboche*, écorcheur, devinrent les dignes chefs du parti bourguignon, et se permirent tous les excès. Les campagnes de l'Ile de France étoient, s'il est possible, encore plus malheureuses que la capitale : le Roi ayant permis aux paysans de s'armer pour leur défense, ces malheureux, sur lesquels tous les précédens désordres avoient pesé, devinrent des brigands, pillèrent et égorgèrent indifféremment les deux partis.

Le comte d'Armagnac et les princes, qui n'avoient pas posé les armes, se mirent en campagne, et résolurent d'aller attaquer le duc de Bourgogne dans ses Etats, persuadés que s'ils parvenoient à le vaincre, Paris leur ouvriroit aussitôt ses portes. Ils passèrent donc la Seine sans faire aucune tentative contre cette ville, et se portèrent sur la Somme. Le duc, feignant d'exécuter le traité, se tenoit sur la défensive : mais il avoit secrètement négocié avec le roi d'Angleterre, et il avoit obtenu qu'une troupe nombreuse, faisant partie de la garnison de Calais, se joignît à son armée. Lorsqu'il se crut assez fort, le comte de Saint-Paul arracha au Roi et au Dauphin un ordre par lequel il étoit enjoint au duc de Bourgogne de se rendre à Paris, et aux peuples de lui obéir.

Ce prince, ayant pour lui l'apparence du bon droit, avantage presque décisif dans les troubles civils, se mit en mouvement : ses premiers efforts se portèrent sur la ville de Ham, place importante de la Picardie, occupée par Bernard d'Albret, parent du connétable. L'attaque fut vive, la défense opiniâtre; mais d'Albret reconnut qu'il ne pourroit tenir long-temps dans le château, dont les fortifications étoient en ruines. Il offrit en vain de capituler : l'implacable duc de Bourgogne refusa toute espèce d'arrangement. Il déclaroit ainsi, en commençant la guerre civile, qu'il vouloit la ruine entière de ses ennemis, et qu'il n'observeroit avec eux aucune de ces lois qui, dictées par l'humanité et par l'honneur, sont destinées à tempérer les horreurs du plus terrible des fléaux. D'Albret, ne consultant que son courage, fit une sortie, perça l'armée bourguignonne, et parvint à se joindre aux princes.

Après quelques marches, les deux armées se trouvèrent en présence près de Montdidier. On alloit en venir aux mains, et la bataille eût été probablement décisive, lorsque le duc de Bourgogne éprouva une défection inattendue. Les Flamands, qui composoient la plus grande partie de ses troupes, prétendirent qu'ils avoient servi le temps prescrit par les lois féodales, et demandèrent à retourner dans leur pays. Le prince, qui manquoit d'argent, ne put les retenir : frémissant de rage, il dissimula son ressentiment, et ne parut songer qu'à mettre en sûreté les troupes qui lui restoient. Le comte d'Armagnac, au lieu de profiter de cette occasion pour le poursuivre, retourna sur ses pas, et marcha vers Paris, dans l'espoir de s'emparer du Roi et du Dauphin.

Tout parut d'abord lui réussir : il occupa, sans éprouver de résistance, les postes importans de Saint-Denis et de Saint-Cloud. Dès-lors il espéra que ses succès réveilleroient le courage de ses partisans, et qu'une révolution éclateroit bientôt à Paris. Mais le voisinage de l'ennemi, et le danger dont les bourguignons se crurent menacés, ne servirent qu'à les rendre plus furieux, et à précipiter la ruine du parti opposé. L'ardeur de la faction devint une espèce de frénésie. Les églises retentirent d'imprécations contre les armagnacs, et ils furent solennellement excommuniés chaque dimanche (1). Tout le monde fut obligé de porter l'é-

(1) Urbain v, dans les premières années du règne de Charles v, avoit fulminé une bulle contre les grandes compagnies : on prétendit

charpe rouge et la croix de saint André, signe de ralliement du parti populaire. Les images et les statues des saints furent revêtues de ce signe; à peine osa-t-on donner le baptême aux enfans des armagnacs, et jusqu'au signe de la croix fut changé : il fallut qu'on le fît dans la forme d'une croix de saint André. Le schisme qui duroit toujours avoit dénaturé les idées religieuses : on les appliquoit mal à propos à la politique; les hommes éclairés, tels que Gerson, ne pouvoient faire entendre leur voix; et l'Eglise de France, abandonnée à elle-même, se trouvoit entraînée par les factions.

Il n'est pas besoin d'observer que chaque bourguignon voyoit dans son ennemi personnel un armagnac, et que les vengeances particulières s'exercèrent avec fureur sous le voile de l'intérêt public. Pour donner plus de régularité à ces terribles enquêtes, on forma, sous le nom de *commissaires réformateurs*, un comité chargé de punir ceux qui étoient soupçonnés de favoriser les princes. Il ne falloit pas d'information, observe des Ursins, témoin oculaire; il suffisoit de dire : *Celui-là est armagnac.* On dépouilloit les riches, on noyoit les pauvres.

Au milieu de cette anarchie, les Parisiens appeloient de tous leurs vœux le duc de Bourgogne, qui faisoit de son côté des dispositions pour se rendre à leurs désirs. Les hommes paisibles espéroient, mais vainement, que la présence de ce prince, dont le caractère ferme étoit connu, contiendroit les agitateurs, et rétabliroit du moins la sûreté publique. Pour lui

que cette excommunication s'étendoit sur les armagnacs, qui tenoient la même conduite.

donner les moyens de s'introduire dans la capitale, le comte de Saint-Paul ordonnoit fréquemment des sorties. Une de ces expéditions, commandée par Le Goix, l'un des chefs de la milice royale, eut un plein succès : il s'empara de Vicestre, château magnifique, embelli par les prodigalités du duc de Berri, et le brûla. La France fit, dans cet incendie, une perte irréparable : une suite de portraits originaux des rois de la troisième race et des empereurs d'Orient et d'Occident fut consumée, et n'excita aucun regret.

Le duc de Bourgogne, accompagné d'une escorte anglaise, trompa ses ennemis en faisant un détour pour s'approcher de Paris. Après avoir manqué d'être assassiné à Pontoise, il se porta rapidement vers la capitale, et y fut reçu avec ivresse. Cependant les Parisiens virent avec peine les troupes anglaises : on calma les factieux en logeant ces troupes chez les armagnacs. A peine le duc de Bourgogne fut-il arrivé, que le Roi proscrivit les princes : ils perdirent les postes dont ils s'étoient emparés, et en se retirant ils enlevèrent le trésor de la Reine, déposé dans l'abbaye de Saint-Denis (1). Cette princesse, qui vivoit à

---

(1) *Dans l'abbaye de Saint-Denis.* Le comte d'Armagnac assembla les religieux, et leur adressa ce discours :

« Vous sçavez bien, religieux, les peines et les travaux que les sei-
« gneurs qui sont ici ont généreusement supportés pour exécuter le
« dessein qu'ils ont, non pas tel qu'on le fait croire au vulgaire, quoi
« qu'il en dise, mais seulement de rétablir en sa splendeur la justice
« du royaume jusques à présent humiliée, ou, pour mieux dire, foulée
« aux pieds; de remettre le Roi en liberté, de le délivrer de la servi-
« tude où il est réduit, et de le faire servir et honorer comme il estoit
« par le passé. Tous les Français, à la vérité, devoient prendre part à
« une entreprise si juste et si agréable à Dieu : ce devoit être une même

Paris près de son époux, comme prisonnière des factieux, fut très-irritée de cette soustraction, à laquelle la nécessité avoit peut-être contraint les armagnacs : elle commença dès-lors à se rapprocher du parti bourguignon, dont elle n'éprouva dans ce moment que des mépris.

Le chef de ce parti fut loin de justifier les espérances qu'on avoit fondées sur son caractère. Entraîné par sa destinée, non-seulement il ne réprima pas les factieux, mais il sembla partager leurs fureurs. Après avoir ordonné plusieurs exécutions sanglantes, il poussa le mépris de la foi publique jusqu'à s'emparer des dépôts judiciaires; et, sans égard pour les services qu'avoit autrefois rendus d'Albret, il lui ôta l'épée de connétable pour la donner au comte de Saint-Paul, premier auteur de tous les maux qu'on éprouvoit. Ce n'étoient pas là les moyens d'établir une puissance durable.

Il ordonna quelques expéditions, qui eurent peu de succès. Ayant confié au comte de La Marche un corps d'armée, il lui commanda de faire une tentative sur

« cause entre les nobles et le peuple, et sur un si juste motif on a
« levé de toutes parts et l'on a amené ici cette armée que vous voyez
« composée de tant de seigneurs et de brave noblesse, qui se sont
« inséparablement attachés à la poursuite d'un si grand intérêt. Mais
« l'argent qu'on attendoit nous ayant manqué, et les affaires ne pou-
« vant souffrir de retardement qui ne soit aussi préjudiciable qu'en-
« nuyeux, les sentimens de tous les chefs se sont trouvés conformes
« d'y suppléer par le moyen du trésor de la Reine, que vous avez en
« garde. L'on est bien assuré qu'elle n'en sera pas fâchée, et je vous
« le proteste en mon particulier : neanmoins je vous promets, pour
« plus grande sureté, que messieurs les princes vous donneront une
« décharge par écrit, scellée de leurs seaux, de tout ce qu'ils en pren-
« dront. » (*Moine de Saint-Denis*, p. 789.)

Orléans. Boucicaut conduisoit l'avant-garde; et le boucher Le Goix, qui avoit brûlé Vicestre, étoit à la tête d'un détachement de ce corps. Les bourguignons furent battus, et Le Goix reçut une blessure grave : on le transporta à Paris, où il mourut quelques jours après. La mort de cet homme, d'autant plus chéri des factieux qu'il avoit montré plus de férocité contre les armagnacs, occasiona un deuil public. On affecta de le considérer comme un héros, comme un martyr; et, pour mettre le comble au scandale ainsi qu'au ridicule, on lui fit à Sainte-Geneviève de magnifiques funérailles, auxquelles le duc de Bourgogne se crut obligé d'assister.

Les armagnacs, trop foibles pour s'emparer de la capitale, prirent la résolution de traiter avec le roi d'Angleterre, et d'enlever au duc de Bourgogne cet allié puissant [1412]. Henri IV, dont la santé s'affoiblissoit, mais qui prévoyoit tout le parti que son fils pourroit tirer des troubles de la France, trompoit les deux factions. Il retira les secours qu'il avoit jusqu'alors donnés aux bourguignons, et promit aux princes son assistance, bien résolu à ne tenir cette promesse qu'autant qu'elle s'accorderoit avec sa politique ambitieuse.

Le duc de Bourgogne, qui par sa complaisance pour les caprices de la populace s'étoit attiré la haine des bons bourgeois de Paris, non-seulement regrettoit la perte d'un allié qu'il croyoit nécessaire à l'exécution de ses desseins, mais voyoit encore s'élever près de lui un rival qui pouvoit en un instant lui ravir sa puissance. C'étoit le jeune Dauphin son gendre, sur qui tous les regards se fixoient, et dont les hommes paisibles attendoient, mais en vain, leur délivrance. Louis, âgé de seize ans, avoit été encore plus mal élevé que son père et que son oncle. Ce malheureux prince, dont le caractère étoit inconstant et bizarre, perdoit ses plus belles années dans des jeux frivoles, dans le commerce prématuré des femmes, et dans la débauche des festins. Affoibli par ses excès, il n'en avoit pas moins le désir ardent de dominer; et les horreurs qui venoient de se commettre sous ses yeux lui avoient inspiré l'idée funeste qu'on ne pouvoit régner sans se mettre au-dessus des lois (1).

Cependant le duc de Bourgogne, espérant qu'une entreprise prompte et imprévue abattroit les armagnacs, détermina le Roi, qui se trouvoit dans un intervalle de santé, à marcher contre eux. Leurs forces étoient concentrées à Bourges, ville alors très-fortifiée, et le duc de Berri les commandoit. A peine le siége fut-il commencé, que ce prince, qui depuis long-temps entretenoit des relations secrètes avec le Dauphin, proposa de négocier. Le Roi et son fils accueillirent cette proposition, et il fut impossible au duc de Bourgogne de s'y refuser.

(1) *Au-dessus des lois.* Le moine de Saint-Denis (p. 1018) parle ainsi du dauphin Louis :

« C'estoit un beau prince, grand, robuste, et de belle constitution,
« et qui néanmoins ne fut pas long temps regretté, parce qu'il étoit
« peu sensible à la passion et à la gloire des armes, donnant tout son
« temps aux divertissemens de la cour, outre qu'il n'estoit pas si
« accessible et d'un si gracieux accueil que nostre bon Roi, son pere.
« L'on trouvoit encore à redire qu'il tînt table jusqu'à minuit, qu'il
« passât la moitié du jour dans le lit, et qu'il abusât par conséquent
« du temps qu'il devoit aux affaires d'État, que le Roi son pere lui
« renvoyoit. »

On convint qu'il auroit une entrevue avec le duc de Berri, et des deux côtés on prit, pour la sûreté des négociateurs, toutes les précautions que les derniers événemens ne rendoient que trop nécessaires. Le duc de Berri parut surpris et affligé. « Mon neveu, « dit-il en abordant le duc de Bourgogne, quand « votre père vivoit, il ne falloit pas de barrières « entre nous. — Monseigneur, répondit sèchement « l'assassin du duc d'Orléans, c'est pour votre sûreté « et non pour la mienne. » Malgré ces dispositions inquiètes, d'après la volonté bien prononcée du Roi et du Dauphin, la paix se fit, ou plutôt on renouvela le traité de Chartres, dont l'expérience avoit prouvé que les bases étoient si peu sûres. On crut avoir anéanti les partis, en déclarant qu'il n'y auroit plus ni d'*armagnacs* ni de *bourguignons*.

Quelque temps après, tous les princes des deux factions se réunirent à Auxerre pour confirmer ce traité par des sermens. Le comte d'Armagnac ne parut point à cette réunion, où les princes se donnèrent réciproquement des fêtes, et où les ducs de Bourgogne et d'Orléans se prodiguèrent les témoignages de la réconciliation la plus vraie. On remarqua cependant que le dernier n'avoit point cessé de porter le deuil de son père. On prétendit en même temps que le duc de Bourgogne avoit eu le projet de profiter de cette occasion pour faire massacrer tous ses ennemis, et que Pierre Desessarts, jusqu'alors instrument aveugle de ses desseins, non-seulement s'y étoit opposé, mais encore avoit averti le duc d'Orléans de son danger.

Pendant le cours de cette négociation, le roi d'Angleterre, qui en étoit instruit, feignit d'envoyer des secours aux princes : le duc de Clarence débarqua près de La Hogue-Saint-Vaast avec une armée nombreuse. Apprenant que la paix venoit d'être conclue, il ravagea la Normandie, l'Anjou, le Maine et l'Orléanais, sans qu'on lui opposât aucune résistance : on obtint enfin, à force d'argent, qu'il évacueroit ces malheureuses provinces; et il se retira en Guyenne pour attendre les événemens. Tel étoit l'abaissement où la France se trouvoit réduite par les discordes civiles.

Le Dauphin, qui croyoit que la paix lui assureroit le pouvoir, vit son espérance complètement déçue. Le duc de Bourgogne, plus puissant que les autres princes, continua de gouverner, et tira seul quelque profit de ce traité conclu pour le renverser. Les conseillers du Dauphin le déterminèrent à une tentative qui pouvoit réussir si son caractère eût été plus ferme. Il quitta subitement Paris, se retira dans le château de Melun, et y appela le duc d'Orléans, qu'il combla de bontés. Pour montrer combien il étoit opposé au duc de Bourgogne, il fit venir le fils du malheureux Montagu, le nomma son chambellan, et réhabilita la mémoire de son père. Les partisans du duc de Bourgogne conçurent de vives inquiétudes en voyant le jeune prince agir avec une sorte de hardiesse, et quelques ambitieux furent convaincus que le pouvoir tomberoit nécessairement entre ses mains. Pierre Desessarts, souillé du sang de Montagu, ne craignit pas de traiter avec une cour où le fils de cet infortuné ministre étoit sur le pied d'un favori.

Pour anéantir ce nouveau parti qui se formoit

contre lui, le duc de Bourgogne eut recours aux moyens qui jusqu'alors lui avoient réussi. Il réveilla l'agitation du peuple par des déclamations nouvelles, et prit le parti de convoquer à Paris les Etats-généraux pour le commencement de l'année 1413. Il étoit sûr d'y dominer. Les princes d'Orléans ne se rendirent pas à cet appel. On dit que Pierre Desessarts les fit avertir que s'ils venoient, ils seroient égorgés.

Les Etats s'assemblèrent au milieu d'une grande fermentation : on ne voyoit dans la noblesse et dans le clergé que les partisans de la maison de Bourgogne : la députation du tiers-Etat n'étoit composée que de factieux. Eustache de Pavilly, religieux carme, plus audacieux encore que Jean Le Petit, fut chargé de parler au nom du peuple. D'après les inspirations du duc de Bourgogne, il se déchaîna contre le Dauphin et les princes d'Orléans : il attaqua les financiers, et porta l'accusation la plus grave contre Pierre Desessarts, dont les relations avec la cour de Melun étoient connues. Il lui reprocha son avidité, qui lui faisoit réunir les places de prévôt de Paris, de grand bouteillier, de grand fauconnier, de grand-maître des eaux et forêts, de gouverneur des villes de Cherbourg et de Montargis, de trésorier de l'épargne, et de surintendant des finances. Il l'accusa d'avoir dilapidé les fonds publics, et notamment de s'être approprié quatre millions. Il paroît, par la procédure qui fut faite quelque temps après, que Desessarts n'avoit pas profité de cette somme alors très-considérable, mais qu'il s'étoit trouvé obligé de la remettre au duc de Bourgogne sans observer les formalités nécessaires. Quoi qu'il en soit, l'accusé prit la fuite, se réfugia dans

Cherbourg, y reconnut l'autorité du Dauphin, et devint l'un de ses partisans les plus zélés. D'après ses conseils, ce prince eut l'audace de rentrer dans Paris, quoique la faction populaire y dominât. Cette démarche, si elle eût été appuyée par des talens et un grand caractère, auroit peut-être sauvé la France : elle ne fit qu'augmenter le désordre, et donner lieu à de nouveaux scandales.

Au moment où, malgré l'ascendant du duc de Bourgogne, tous les partis étoient en présence dans la capitale, on apprit la mort du roi d'Angleterre, Henri IV. Ce prince, qui avoit usurpé le trône, ne s'y étoit maintenu qu'en s'occupant sans cesse à réprimer les mécontens; et ses inquiétudes sur l'intérieur de son royaume l'avoient empêché de tenter contre la France des entreprises sérieuses. Lorsque son fils Henri V lui succéda, le pouvoir de la maison de Lancastre étoit affermi. Henri V, après avoir eu la jeunesse la plus orageuse, étoit devenu un grand prince; et il excitoit l'enthousiasme de ses sujets par des projets de conquête dont la situation de la France ne rendoit l'exécution que trop facile.

Lorsque le duc de Bourgogne hésitoit encore à déchaîner la populace contre ses ennemis, Desessarts, arrivé secrètement de Cherbourg, s'introduisit dans la Bastille et s'en empara. Aussitôt le trouble se répand dans la ville, les hommes paisibles frémissent, et les factieux se soulèvent, bien sûrs d'être secondés par un chef puissant. Les bouchers se mettent à la tête de la populace, et la partagent en deux grandes troupes. L'une, commandée par Caboche, investit la Bastille, et somme Desessarts de se rendre. L'autre, sous les ordres de Jean de Troyes, va planter la bannière de la ville devant le Louvre, où demeuroit le Dauphin. Le prince paroît à une fenêtre, et la foule lui crie d'éloigner ceux qui le corrompent. Son chancelier requiert Jean de Troyes de les nommer : il en donne la liste, et le chancelier voit en frémissant qu'il est à la tête des proscrits. Les hurlemens de la populace le forcent à recommencer deux fois la lecture de cette liste. Abreuvé d'humiliations, il se retire, et l'on arrête les serviteurs les plus fidèles du Dauphin, parmi lesquels on remarquoit le duc de Bar, de La Rivière, et Jean de Wailly. Le duc de Bourgogne étoit alors auprès du jeune prince, qui lui reprocha son indigne conduite. « Monseigneur, lui répondit froidement le « duc, je me justifierai quand votre colère sera « passée. »

Cependant Desessarts paroissoit décidé à tenir dans la Bastille jusqu'à la dernière extrémité. Le duc de Bourgogne lui fit conseiller de rendre cette forteresse, qui ne pouvoit être secourue ; et traitant ensuite directement avec lui, il le flatta d'obtenir un pardon absolu, et de recouvrer son ancienne faveur. Desessarts voyant l'avilissement où étoit tombé le Dauphin, et se fiant aux promesses qu'on lui faisoit, ouvrit les portes de la Bastille. Aussitôt il fut arrêté, et enfermé au châtelet. Le duc de Bourgogne eut l'air de ne pouvoir s'opposer à la fureur des factieux, qui établirent une commission pour juger le prisonnier. Ce malheureux, qui s'étoit arrêté trop tard dans la carrière du crime, fut traité avec la même injustice dont il avoit usé quatre ans auparavant avec Montagu : on refusa d'entendre ses justifications, et il fut condamné au dernier supplice. En y marchant, il parut conserver l'espoir que le duc de Bourgogne le sauveroit : et ce ne fut que sur l'échafaud qu'il comprit enfin que l'homme auquel il avoit tout sacrifié l'abandonnoit entièrement.

Le désordre augmentoit chaque jour, et l'autorité même du chef de la faction étoit souvent méconnue. Il se trouvoit alors à Paris des députés de la ville de Gand, si fameuse par ses révoltes contre les comtes de Flandre : ces députés portoient le chaperon blanc, signe de ralliement donné jadis par les deux Artevelle. Les factieux s'entretinrent avec eux des anciens soulèvemens de la Flandre, s'enflammèrent aux récits qui leur en furent faits, et quittèrent tout-à-coup les couleurs de Bourgogne pour prendre celles de la ville de Gand. Cette mode nouvelle fut adoptée avec la fureur qui caractérise l'esprit de faction, et fit voir au duc de Bourgogne combien peu il devoit compter sur ses prétendus partisans. Lui-même fut obligé de prendre le chaperon blanc; le clergé, le parlement et l'Université le prirent aussi; et la mort fut donnée à ceux qui refusoient de se soumettre à ce caprice de la populace. Il n'y eut que la cour qui parut opposer quelque résistance.

Cette foible opposition fut domptée par l'éclat le plus scandaleux. Le Roi, selon sa coutume, alloit à Notre-Dame pour remercier le ciel d'un retour de santé, lorsque sur le quai Saint-Paul il fut arrêté par la populace, qui lui fit accepter le signe de la révolte. Non contens de cet attentat, les factieux, conduits par Pavilly, forcèrent le palais, et exigèrent que la Reine parût devant eux. Cet orateur du peuple fit à Isabelle une harangue, où, suivant le goût du temps, il plaça une allégorie dont le sens n'étoit pas difficile à deviner. Il compara sa cour brillante à un jardin rempli de belles fleurs, mais où il se trouvoit aussi des plantes vénéneuses; et sa conclusion fut de présenter une liste de proscrits, parmi lesquels se trouvoient Louis de Bavière, frère de la Reine, son confesseur, son chancelier, son trésorier, les dames Du Quesnoy, d'Ancluse, de Noviant, Du Châtel et de Barres. Isabelle protesta en vain contre cette violence : les proscrits furent livrés; Pavilly les fit lier deux à deux, et la populace les conduisit dans les prisons du châtelet. Les factieux, devenus les maîtres absolus, contraignirent ensuite le Roi à nommer douze commissaires pris parmi eux, pour juger ceux qu'ils appeloient des conspirateurs. Cet attentat fut suivi d'une multitude d'arrestations, et de quelques meurtres.

Le duc de Bourgogne, qui n'avoit pas désiré qu'on allât si loin, commençoit à s'inquiéter sur les suites d'un mouvement qu'il avoit excité. Il craignit pour la sûreté de son fils aîné Philippe, comte de Charolais, et profita du départ des députés de Gand pour lui faire quitter une ville livrée à tous les désordres de l'anarchie. Les factieux voyant la terreur qu'ils inspiroient, même à leur chef, ne gardèrent plus aucune mesure. Sans daigner le consulter, ils s'érigèrent en législateurs, et dressèrent une espèce de code qu'ils appelèrent *ordonnances cabochiennes*, du nom d'un de leurs agitateurs les plus ardens. Ce code, rédigé contre les nobles et le clergé, et contenant toutes les maximes de la faction, fut présenté au Roi, qui ne pouvoit plus opposer aucune résistance aux volontés de la populace; et l'on vit ce malheureux prince, accompagné de la Reine et des membres du conseil, aller en grande pompe le faire enregistrer au parlement. Cette apparence de légalité donna plus de consistance à la faction : elle imposa des taxes, fit de nouvelles arrestations, et se montra disposée à n'épargner aucun de ses adversaires. L'effroi devint général, les hommes paisibles se cachèrent, ou quittèrent Paris; et le célèbre Gerson, dont l'éloquence avoit plus d'une fois confondu les factieux, se réfugia dans les voûtes de l'église de Notre-Dame.

Dans ce désordre, le Dauphin, qui venoit de prendre pour chancelier l'avocat général Juvénal des Ursins, lia une négociation avec les armagnacs. A sa prière, les princes se réunirent à Verneuil, sous le prétexte tant de fois allégué de confirmer le traité de Chartres. Le duc de Bourgogne, dont la position devenoit de jour en jour plus embarrassante, fut obligé de consentir à négocier. Les conférences eurent lieu à Pontoise; et les princes, couvrant leurs desseins secrets par des propositions modérées, se bornèrent à demander la liberté du Roi et du Dauphin, promettant une amnistie entière aux factieux de Paris.

L'hésitation et l'embarras du duc de Bourgogne ranimèrent le courage des bons bourgeois de la capitale. Juvénal des Ursins, qui avoit été obligé de garder le silence comme avocat général, agit efficacement comme chancelier du Dauphin. Il trouva le moyen de former une coalition secrète des bourgeois qui détestoient les excès des factieux : il leur procura des armes, leur donna des chefs, fit entrer le parlement dans cette association, dont le but étoit de rétablir l'ordre, et se trouva bientôt à la tête d'une force imposante. Ce courageux magistrat, père de onze enfans, payoit de sa personne, et sacrifioit sa fortune à la cause qu'il croyoit juste. Par son habileté, le Dauphin put tout-à-coup disposer d'une armée de trente mille hommes. Tanneguy Du Châtel, qui avoit passé du service du duc d'Orléans à celui de l'héritier du trône, fut chargé de soumettre Paris. Le duc de Bourgogne, brouillé momentanément avec sa faction, fut obligé de se joindre à lui. Ils s'emparèrent du Louvre, du palais de Justice, de l'hôtel-de-ville; et la Bastille leur fut bientôt rendue. Alors tous les prisonniers furent mis en liberté; le gouvernement de la capitale fut donné au duc de Berri, et Tanneguy Du Châtel devint prévôt de Paris.

Quelques jours après cette révolution, qui auroit pu donner à la France un repos durable si le Dauphin eût été digne de gouverner, le duc de Bourgogne, voyant tous ses projets confondus, essaya d'enlever ce jeune prince dans une partie de chasse au bois de Vincennes. Juvénal des Ursins, instruit à temps de ce complot, fit sortir de Paris quatre cents cavaliers qui sauvèrent le Dauphin, et le ramenèrent en triomphe. Le duc de Bourgogne, consumé de rage, ne rentra point dans une ville où il n'auroit pu essuyer que des humiliations : il partit pour la Flandre, en conservant toujours des intelligences avec les factieux.

Le parlement et les hommes étrangers aux partis eurent pendant quelque temps l'espérance trompeuse que leurs maux étoient finis; ils se persuadoient que la faction ne pardonneroit jamais à son chef d'avoir combattu contre elle. Le Dauphin eut l'air de justifier leur attente : il obtint du duc d'Orléans qu'il cesseroit de porter le deuil de son père, et introduisit une écharpe violette sur laquelle étoient écrits ces mots : *Le droit chemin ;* nouveau signe de ralliement qui ne fut adopté qu'à la cour. Gerson prêcha devant lui ; et, dans un discours aussi fort d'éloquence que de raisonnement, il lui donna les conseils les plus salutaires (1). On fit des poursuites contre les principaux factieux, sans y mettre cet acharnement qui tient à l'esprit de parti. Le frère de Jean de Troyes fut arrêté ; on trouva dans ses papiers la liste de quatorze cents proscrits, et son supplice fut presque le seul exemple de rigueur qu'on donna dans les premiers momens.

Ce fut ainsi que commença l'année 1414, célèbre par l'ouverture du concile de Constance, destiné à réunir l'Eglise, et à lui donner une paix dont la France ne devoit pas jouir de long-temps.

La foiblesse du Dauphin, son goût pour les plaisirs, lui firent bientôt perdre l'influence momentanée qu'il avoit acquise. Les princes rentrèrent à Paris, quoiqu'ils eussent promis à Pontoise de s'en tenir éloignés, et l'écharpe des armagnacs remplaça partout l'écharpe violette. Ce parti, devenu maître absolu des affaires, ne songea plus qu'à exercer ses vengeances. La Reine, qui n'avoit pas à se louer des bourguignons, se flatta de pouvoir recouvrer sa puissance en s'appuyant sur

---

(1) *Les plus salutaires.* Ce sermon avoit pour texte : *In pace in idipsum dormiam et requiescam.* Gerson s'étend principalement sur la miséricorde de Dieu, qui a permis qu'on rétablit la paix sans effusion de sang, malgré les obstacles presque insurmontables apportés par les factieux.

le parti contraire, et favorisa secrètement les princes. La fille du duc de Bourgogne étoit fiancée au fils aîné du roi de Naples : ce prince la lui renvoya, en lui faisant dire qu'il ne vouloit contracter avec lui aucune alliance. En même temps il donna sa fille Marie à Charles de Ponthieu, troisième fils du Roi, âgé de douze ans, prince sur lequel on fondoit de grandes espérances, et qui devoit parvenir au trône sous le nom de Charles VII.

Le comte d'Armagnac étoit rentré à Paris avec les princes; et le duc de Berri, gouverneur de cette ville, ne se conduisoit que par ses conseils. Les bourguignons, ou ceux qui étoient soupçonnés de l'être, furent écartés de tous les emplois : on leur fit éprouver, sans formes légales, une multitude de persécutions qui ne servirent qu'à les aigrir davantage; les Parisiens furent désarmés avec la même imprévoyance que pendant la jeunesse du Roi, et sans qu'on eût égard aux services de ceux qui s'étoient dévoués pour rétablir l'ordre. Les chaînes furent portées à la Bastille. Les gens bien intentionnés blâmoient ces mesures violentes, et s'en prenoient moins aux princes du sang qu'au comte d'Armagnac, dont ils connoissoient le caractère implacable. Ils virent cependant avec satisfaction d'Albret reprendre l'épée de connétable, qui lui avoit été enlevée par le comte de Saint-Paul, auteur de tous les maux qu'ils avoient soufferts: mais d'Albret, réintégré dans sa charge, n'eut aucune part au gouvernement.

Le Dauphin, trompé dans toutes ses conjectures, et ayant comme sa mère la folle espérance de recouvrer le pouvoir par de misérables intrigues, traita secrètement avec le duc de Bourgogne. Les princes, instruits de cette négociation, en avertirent la Reine, qui, se transportant inopinément au Louvre, où demeuroit son fils, fit arrêter en sa présence quatre de ses favoris, réputés bourguignons. On tint ensuite un conseil ; et le nouveau chancelier Henri de Marle osa reprocher au Dauphin son inconstance et sa vie voluptueuse. Le jeune prince parut vivement touché de ces reproches ; et, soit qu'il les trouvât fondés, soit plutôt qu'il voulût attendre les événemens, il abandonna toute relation avec son beau-père.

Le duc de Bourgogne, malgré les arrêts de proscription portés contre lui, reparut bientôt en France, et s'approcha de Paris. Son armée n'étoit pas assez nombreuse pour emporter cette ville de vive force, mais il espéroit que sa présence y opéreroit un soulèvement. Le duc de Berri, conseillé par le comte d'Armagnac, prit les mesures les plus sévères ; tous les habitans, de quelque opinion qu'ils fussent, éprouvèrent les rigueurs qu'une armée victorieuse inflige à une ville ennemie : il leur fut même défendu, sous peine de mort, d'approcher des murs et des remparts. Cette sévérité contint momentanément les factieux ; et le duc de Bourgogne, remettant l'exécution de ses projets à des temps plus favorables, s'éloigna de Paris. En retournant en Flandre, il laissa des garnisons à Compiègne et à Soissons, et fit répandre partout des manifestes dans lesquels il déclara qu'il n'étoit venu que pour délivrer le Roi. Les princes lui répondirent en lui reprochant de nouveau l'assassinat du duc d'Orléans ; et pour donner un spectacle propre à frapper les esprits, ils firent brûler solennellement devant le portail de Notre-Dame l'apologie de Jean Le Petit. Gerson, devenu chancelier de l'Université, s'efforça de faire sentir l'absurdité monstrueuse de la doctrine de ce moine; mais il ne fut compris que par ceux qui en étoient déjà convaincus, et cette justice tardive ne produisit pas l'effet qu'on avoit attendu.

Pour affermir leur pouvoir, les princes prirent la résolution de porter la guerre en Flandre; et décidèrent le Roi à marcher avec eux. Ce monarque, revêtu de l'écharpe des armagnacs, suivit l'armée; et le Dauphin y parut avec son inconséquence ordinaire. Epris alors d'une des filles d'honneur de la Reine, il affecta d'avoir sur son armure un emblême qui la désignoit (1). Il se figuroit qu'on le croiroit irréconciliable avec le duc de Bourgogne, puisqu'il outrageoit ainsi sa fille. Cette armée très-nombreuse reprit Compiègne et Soissons, et s'empara de Bapeaume. On trouva dans cette ville le fameux Caboche qui s'y étoit réfugié; et il fut puni de mort.

Les princes mirent ensuite le siége devant Arras : cette ville étoit forte, et le Roi paroissoit déjà fatigué de la guerre. Le duc de Brabant et la comtesse de Hainaut, unis par les liens du sang au duc de Bourgogne, profitèrent de cette disposition, et demandèrent la paix. Le monarque, depuis si long-temps le jouet des partis, montra dans cette occasion une fermeté à laquelle les princes n'étoient pas accoutumés. Touché des malheurs de ses peuples, il voulut qu'on entamât une négociation. On fit jouer une multitude de ressorts pour le détourner de ce dessein. Un jour que ce

---

(1) Cette demoiselle étoit fille de Guillaume Cassinelle : l'emblême étoit un *K*, un *cygne* et un *L*.

malheureux prince étoit encore au lit, et prenoit quelque repos après une nuit agitée, un seigneur entra brusquement dans sa chambre. « Sire, lui dit-il, vous « allez donc faire la paix avec l'assassin de votre « frère? — Tout lui a été pardonné par le duc d'Or- « léans mon neveu, répondit le Roi. — Hélas! sire, « poursuivit le courtisan, vous ne le verrez jamais, « votre frère. — Je le verrai, répliqua Charles, au « jour du jugement; » et il persista dans sa résolution.

Le traité fut conclu le 16 octobre 1414, et fut en apparence défavorable au duc de Bourgogne. On convint qu'Arras seroit rendu au Roi, qu'on restitueroit des deux côtés les biens saisis, et que le duc de Bourgogne obtiendroit des lettres de réhabilitation. Ce prince, de son côté, prit l'engagement d'éloigner de sa cour les personnes qui lui seroient désignées par le Roi et par le Dauphin; et cinq cents de ses partisans furent exclus de l'abolition. Ce traité, dont Juvénal des Ursins fut l'un des principaux négociateurs, et auquel le duc ne souscrivit que pour avoir le temps de recevoir les secours qu'il attendoit de l'Angleterre, fit encore une fois espérer aux hommes peu expérimentés que les troubles étoient finis.

Tandis que Henri V traitoit secrètement avec le duc de Bourgogne, il ouvroit une négociation publique avec les princes. Pendant les conférences d'Arras, l'évêque de Norwich étoit venu à Paris, où le duc de Berri étoit resté pour maintenir l'ordre; il avoit demandé au nom de Henri l'exécution rigoureuse du traité de Bretigny, presque oublié depuis les conquêtes de Charles V, et la main de la princesse Catherine, fille du Roi. La première de ces propositions avoit été rejetée avec hauteur, et l'ambassadeur s'étoit retiré très-mécontent.

Dans la position où se trouvoit le gouvernement, il ne pouvoit donner qu'une foible attention aux événemens du dehors. Cependant il envoya Gerson au concile de Constance, et cet homme célèbre y porta ses lumières et son excellent esprit. Il essaya de faire confirmer le jugement qui avoit été rendu à Paris sur la doctrine de Jean Le Petit; mais les agens du duc de Bourgogne prétendirent que cette doctrine n'avoit pas été comprise, et prodiguèrent les sophismes pour la justifier. Le concile, sans entrer dans les questions politiques qui divisoient la France, condamna en général cette proposition, qu'un prince qui abuse de son pouvoir peut légitimement être tué par son égal ou son sujet.

Dans le même temps Ladislas, roi de Naples, mourut à la suite d'une partie de débauche : il ne laissoit point d'enfans; et sa sœur, déjà décriée pour ses mœurs, lui succéda sous le nom de Jeanne II. C'étoit une belle occasion pour la maison d'Anjou de faire valoir ses droits sur ce trône : mais le chef de cette maison, qui portoit toujours le titre de roi de Naples, découragé par trois expéditions malheureuses, espérant profiter plus utilement pour sa grandeur des troubles de la France, ne fit aucune tentative. Jeanne épousa peu de temps après Jacques de Bourbon, cadet de cette famille, qui, vivant dans une espèce de captivité, n'eut que le vain titre de roi, et se déroba par la suite au joug d'une femme altière et infidèle, pour venir terminer ses jours dans un cloître de Franche-Comté.

Le duc de Bourgogne étoit retourné en Flandre, la

cour étoit revenue à Paris, et le Dauphin n'avoit pas abandonné ses projets. Entièrement livré à de jeunes flatteurs, il n'écoutoit plus les avis de Juvénal des Ursins son chancelier, qui lui avoit concilié le parlement et la bonne bourgeoisie. Il résolut, d'après les conseils de ses courtisans, d'user d'adresse pour tromper la surveillance des armagnacs, et d'escamoter en quelque sorte la souveraine puissance. Feignant quelques mécontentemens, et se plaignant surtout de l'oppression sous laquelle gémissoit le peuple, il quitte la capitale et se retire à Mehun-sur-Yèvres : la Reine et les princes, craignant qu'il ne se joigne au duc de Bourgogne, lui envoient des députés, et le conjurent de revenir. Il paroît touché de leurs représentations, et déclare qu'il ira bientôt à Corbeil, où il désire traiter directement avec sa mère. Isabelle et les princes s'empressent de s'y rendre : le Dauphin, instruit de leur marche, prend un autre chemin, et arrive inopinément à Paris, où ses partisans lui avoient préparé une espèce de triomphe. Les armagnacs et les bourguignons, sans chefs, sont obligés de céder; les bourgeois croient que la tranquillité va renaître; et le jeune Dauphin, maître de la personne de son père, règne en son nom.

Il n'usa de son pouvoir que pour enrichir ses jeunes conseillers, et donner un libre cours à ses passions. Il défendit aux princes de rentrer à Paris, et n'excepta que le duc de Berri, qui, dépourvu d'ambition personnelle, ne songeoit qu'à profiter des largesses de ceux qui gouvernoient. Il s'empara des trésors de sa mère déposés chez quelques bourgeois, et relégua sa femme à Saint-Germain, pour faire rendre à la belle Cassinelle les honneurs dus à une reine. Rebuté par les représentations du vertueux Juvénal des Ursins, qui refusa de signer des ordonnances injustes, il le dépouilla de sa charge de chancelier, et répandit ainsi le mécontentement parmi tout ce qu'il y avoit d'honnête dans la capitale. Le duc de Bourgogne, aimant mieux voir le pouvoir entre les mains d'un tel prince qu'entre celles des armagnacs, ne se plaignit que foiblement de l'éloignement de sa fille, et confirma le traité d'Arras.

Ainsi au commencement de l'année 1415, si funeste à la France, il existoit trois partis, celui du duc de Bourgogne, celui des armagnacs et celui du Dauphin, qui à peine en méritoit le nom. Une invasion inattendue et le danger commun firent durer quelques mois cet ordre de choses.

Henri v, qui jusqu'alors avoit imité la conduite circonspecte de son père, ne dissimula plus ses projets. Profitant de l'anarchie, il envoya des ambassadeurs qui, sans détour, demandèrent pour lui la couronne de France, en se fondant sur les droits prétendus d'Edouard iii. Les conseillers du Dauphin ayant, malgré leur foiblesse, rejeté hautement cette monstrueuse proposition, les ambassadeurs parurent se relâcher, et réclamèrent les provinces cédées par le traité de Bretigny, auxquelles ils ajoutèrent la Normandie, l'Anjou et le Maine, avec l'hommage de la Bretagne et de la Flandre. C'étoit exiger la cession de presque toute la France : aussi ces nouvelles propositions ne furent-elles pas mieux accueillies que les premières.

Henri, qui avoit en même temps négocié avec le duc de Bourgogne, descendit en Normandie à la tête d'une armée formidable. Le Dauphin se trouvoit hors d'état de résister par lui-même à cette invasion : il n'avoit à sa disposition que quelques troupes de son apanage, et les forces militaires étoient à la disposition des bourguignons et des armagnacs. Il répugnoit beaucoup à se joindre à l'un de ces partis; mais les progrès de l'ennemi, et le danger qui croissoit, le tirèrent de son irrésolution. D'après les conseils de l'évêque de Chartres, il se jeta dans les bras des armagnacs, et vint avec le Roi jusqu'à Vernon. L'armée fut bientôt réunie : tous les princes s'y trouvoient, à l'exception du comte d'Armagnac leur chef, qui faisoit alors la guerre dans le midi de la France contre le comte de Foix.

Le roi d'Angleterre avoit pris la ville d'Harfleur après un siége de trente jours. Le connétable d'Albret étoit dans Honfleur; et le maréchal Boucicaut, qui ne connoissoit point de parti quand il s'agissoit de défendre la France, tenoit la campagne. L'armée anglaise étant déjà diminuée par les maladies, Henri résolut de la conduire à Calais pour lui procurer quelque repos.

Le connétable d'Albret prit alors avec le maréchal Boucicaut le commandement de l'armée française, où la présence de tant de princes, qui se croyoient indépendans, empêchoit d'établir un ordre sévère. Il résolut d'empêcher les Anglais de passer la Somme. Dans ce moment le duc de Bourgogne offrit le secours de ses troupes; mais les armagnacs rejetèrent ses propositions avec dédain. Le roi d'Angleterre essaya vainement de passer la Somme à Blanquetagne et à Pont de Dormi : un détachement considérable de la garnison de Calais, qui venoit au devant de lui, fut entièrement défait ; la disette fit bientôt dans son armée autant de ravages que les maladies, et tout paroissoit lui annoncer sa ruine. Henri, ne se laissant point décourager, déploya les talens d'un grand prince et d'un grand général : il donna l'exemple de la patience et des privations, et voulut partager avec ses soldats ses dernières ressources. Après avoir côtoyé la Somme pendant trois semaines, il trouva enfin un passage entre Peronne et Saint-Quentin, et se hâta de gagner Miraumont, d'où il envoya proposer aux Français de réparer tous les dommages qu'il avoit causés, si l'on consentoit à le laisser se retirer tranquillement à Calais.

Le connétable ne vouloit pas prendre sur lui la décision d'une affaire si importante. Il donna des ordres pour empêcher l'armée anglaise de décamper, et se rendit avec les princes et Boucicaut dans la ville de Rouen, où la cour se trouvoit. Un grand conseil fut tenu, et l'on délibéra long-temps sur les propositions du roi d'Angleterre. Le duc de Berri, qui dans sa première jeunesse avoit vu la journée désastreuse de Poitiers, fut d'avis qu'on harcelât les Anglais, qu'on leur coupât les vivres, mais insista pour qu'on ne livrât pas une bataille générale. Cet avis, quoique partagé par le connétable, par Boucicaut et par tous les militaires expérimentés, ne fut pas adopté : ils obtinrent seulement que le Roi et le Dauphin ne se trouveroient pas à cette bataille, qui devoit être décisive.

Henri, instruit que ses propositions étoient rejetées, se hâta de décamper. Les Français le poursuivirent en désordre, et les deux armées se trouvèrent en présence près d'Azincourt dans le comté de Saint-Paul.

Les princes, ne doutant pas de la victoire, envoyèrent un héraut porter un défi au roi d'Angleterre. Ce prince, entièrement maître de lui-même, accueillit le héraut, lui fit des présens, et le chargea de nouvelles propositions encore plus avantageuses que les premières. Il offroit de rendre sur-le-champ Honfleur, et de se désister de toutes ses prétentions sur les provinces de France. Il étoit encore temps de profiter de l'embarras du roi d'Angleterre : le connétable et Boucicaut insistèrent pour qu'on rouvrît les négociations sur cette base ; mais les ducs d'Orléans, de Bourbon, d'Alençon, et la jeune noblesse impatiente de vaincre, se récrièrent sur la pusillanimité de ce conseil, et le malheur de la France voulut qu'ils l'emportassent.

L'armée française, extrêmement nombreuse, étoit placée désavantageusement entre une petite rivière et un bois : il lui étoit impossible de se déployer. Les Anglais, beaucoup mieux postés, occupoient Maisoncelles et quelques villages voisins. Henri, près de livrer une bataille dont son sort dépendoit, remplit ses soldats d'espérance et d'ardeur par la noble conduite qu'il tint en leur présence. N'ayant pas assez de troupes pour garder les prisonniers qu'il avoit faits depuis l'ouverture de la campagne, il les mit tous en liberté, n'exigeant d'eux que la promesse de revenir s'il étoit vainqueur. Ensuite il parcourut les rangs de son armée, rappela les journées de Crécy et de Poitiers, et enflamma les soldats d'indignation, en leur faisant croire que s'ils étoient pris, on leur couperoit trois doigts de la main droite. Enfin, pour leur inspirer de l'enthousiasme, il promit que tous ceux qui se seroient trouvés à cette bataille auroient le droit de porter des cottes d'armes semblables à celles de la noblesse d'Angleterre.

La position de l'armée française fit qu'au lieu d'attaquer, elle fut obligée de recevoir le combat. Elle opposa aux Anglais la plus opiniâtre résistance, et deux fois elle les repoussa, en leur faisant perdre beaucoup de monde. Mais Henri se mit à la tête d'une troisième charge, qui fut décisive. Les Français cédèrent en frémissant à la discipline anglaise, et surtout à la supériorité des archers de cette nation, qui passoient pour les premiers de leur temps. Les princes firent dans les postes qu'ils défendoient des prodiges de valeur. Le duc d'Alençon combattit corps à corps avec le roi d'Angleterre, et succomba glorieusement. Vers la fin du combat, quelques centaines de paysans picards, commandés par deux gentilshommes du pays, croyant que les Anglais étoient vaincus, vinrent piller leur camp. Henri, se figurant qu'il alloit être attaqué par un renfort dont la marche lui avoit été dérobée, ordonna le massacre des prisonniers, et n'excepta que les princes et les généraux : cet ordre barbare fut exécuté, et souilla sa victoire.

Telle fut la funeste issue de la bataille d'Azincourt, livrée le 28 octobre 1415. Les Français y perdirent neuf mille chevaliers : le connétable, le maréchal Boucicaut et presque tous les princes furent faits prisonniers. Le duc d'Orléans, au nom duquel le parti d'Armagnac appeloit la vengeance sur le duc de Bourgogne, passa une grande partie de sa vie dans la captivité. Il avoit jusqu'alors été toujours malheureux ; et il ne sembla recouvrer quelque tranquillité que lorsqu'il fut éloigné des factions qui déchiroient la

France. On le vit charmer par l'étude ses loisirs forcés; et ce fut en Angleterre qu'il composa ces poésies pleines de douceur et de naïveté, qui sont un des monumens les plus précieux de la littérature de ce siècle.

Cette horrible défaite, qui auroit dû rapprocher les esprits, ne fit que les aigrir davantage. Cependant tout espoir n'étoit pas perdu, puisque le roi d'Angleterre, loin de profiter d'une victoire qu'il avoit en quelque sorte obtenue malgré lui, continuoit sa retraite sur Calais.

La consternation régnoit à la cour, qui n'avoit pas quitté Rouen : elle fut augmentée par une nouvelle à laquelle on auroit dû s'attendre. On apprit que le duc de Bourgogne étoit parti de Dijon avec une armée, qu'il avoit déjà franchi les frontières de Champagne, et qu'il menaçoit la capitale. La cour revint précipitamment à Paris : la Reine, malade et accablée de chagrins, s'y fit transporter dans une litière.

Le Dauphin, entouré des partisans des princes, qui formoient la seule force dont il pût disposer, appela près de lui le comte d'Armagnac leur chef, qui venoit de vaincre le comte de Foix : il le fit connétable et premier ministre. Alors ce parti se crut pour long-temps le maître des affaires : il rejeta les propositions du duc de Bourgogne, qui vouloit précéder à Paris le nouveau connétable, et qui offroit ses forces pour combattre les Anglais. Les armagnacs, devinant ses desseins, exigèrent qu'il ne vînt à la cour qu'avec sa suite ordinaire : ils se bornèrent à renouveler en termes plus clairs l'acte par lequel il avoit été réhabilité, et lui proposèrent d'une manière dérisoire le gouvernement de Picardie. Pendant cette négociation, qui ne pouvoit avoir aucun résultat, puisque des deux côtés on ne cherchoit qu'à se tromper et à gagner du temps, le Dauphin mourut presque subitement [18 décembre 1415]. La mort d'un personnage si important n'apporta aucun changement dans la situation des partis. Le connétable d'Armagnac arriva quelques jours après, et commença, au nom du Roi, l'exercice de ses fonctions de premier ministre.

Persistant dans son système d'inflexibilité, il établit un gouvernement tyrannique, ne connut d'autre règle que ses volontés, et poursuivit avec plus d'acharnement que jamais les bourguignons : ce qui ne fit que multiplier leurs partisans. Le nouveau dauphin Jean, duc de Touraine, étoit alors à la cour du comte de Hainaut, dont il avoit épousé la fille. Le connétable, qui désiroit l'avoir en son pouvoir, le pressa de revenir; mais son beau-père et le duc de Bourgogne, sentant quel ascendant ce prince prêteroit à un parti si le Roi venoit à mourir, s'opposèrent à son départ. Alors le connétable, pour avoir dans ce cas un nom qu'il pût opposer à celui du Dauphin, fit donner au jeune comte de Ponthieu, troisième fils du Roi, qui fut depuis Charles VII, le duché de Touraine et le gouvernement de Paris. Le duc de Bourgogne, voyant l'autorité de son rival affermie pour quelque temps, quitta la Brie, se retira dans l'Artois sans désarmer, et parut obéir aux ordres du nouveau Dauphin.

Le connétable d'Armagnac, devenu maître absolu, s'empara des finances, et fit ajouter à ses titres celui de gouverneur général des forteresses du royaume. Le commencement de la première année de son administration [1416] eut quelque éclat par la visite de l'empereur Sigismond, aux soins duquel on devoit la réunion du concile de Constance, et qui traversoit le royaume en revenant d'Espagne, où il étoit allé engager Pierre de Lune à renoncer au pontificat. Ce prince, en voyant l'attitude des partis, conçut le projet de faire revivre les anciens droits de l'Empire sur le royaume d'Arles. Il partit pour l'Angleterre, promettant au connétable de ménager une bonne paix avec la France, et dans l'intention de partager avec Henri les dépouilles de ce malheureux pays.

Le duc de Bourgogne entretenoit toujours des relations secrètes avec ses partisans de Paris, dont le nombre s'étoit augmenté depuis les excès auxquels s'étoit portée la nouvelle administration. En l'absence du connétable, qui étoit allé visiter les forteresses de Normandie, ils tramèrent une conspiration, à la tête de laquelle étoit Nicolas d'Orgemont, chanoine de Notre-Dame, fils du chancelier de ce nom, et qui devoit avoir cette charge en cas de succès. Le projet des conjurés étoit de massacrer les armagnacs, de confiner dans un cloître le duc de Berri et le roi de Naples, d'enfermer le Roi et la Reine dans un château fort, d'appeler le Dauphin, et de lui remettre l'autorité sous la direction du duc de Bourgogne. La conjuration devoit éclater le vendredi saint de l'année 1416. Quelques obstacles la retardèrent de deux jours: elle fut remise au jour de Pâques.

L'un des conjurés, nommé Michel Luillier, changeur, ne put cacher ce secret à sa femme, qui, effrayée des horreurs qui alloient se commettre, alla tout découvrir à la Reine. Cette princesse n'aimoit pas les armagnacs; mais irritée de ce qu'on vouloit attenter à sa liberté, elle instruisit les princes du danger qu'ils couroient. A cette nouvelle, ils se réfugièrent dans le Louvre.

Tanneguy Du Châtel, l'un des hommes les plus intrépides de son parti, étoit toujours prévôt de Paris. Il ne partagea point l'effroi général, fit hardiment tête à l'orage, et arrêta lui-même les conjurés, qui, ayant avoué leur crime, furent livrés au supplice. D'Orgemont dut au caractère sacré dont il étoit revêtu d'échapper à l'échafaud : il fut conduit secrètement à Menu-sur-Loire, et jeté dans un cachot, où il mourut trois ans après. Cet attentat fit sentir au parlement le danger des doctrines pernicieuses que les bourguignons répandoient parmi le peuple. Il condamna de nouveau, et de la manière la plus solennelle, les principes de Jean Le Petit, et défendit sous peine de mort, aux habitans de Paris, de conserver ses discours. Dans l'effervescence où les esprits se trouvoient, cet arrêt ne servit qu'à rendre aux bons principes un hommage stérile, et, loin d'anéantir les ouvrages proscrits, ne produisit d'autre effet que de les faire rechercher davantage.

Le connétable revint à Paris transporté de fureur contre les factieux, et crut détruire entièrement l'esprit de révolte en multipliant les punitions. Se figurant qu'il suffisoit de faire disparoître le foyer des insurrections pour en tarir la source, il ordonna de raser la grande boucherie, d'où étoient sortis les Goix, les Saint-Yons, les Thiberts. On démolit donc cet immense édifice, l'un des plus beaux de Paris, qu'il eût été facile de surveiller en y établissant une police sévère; et l'on fit bâtir quatre petites boucheries dans divers quartiers. Cette mesure irrita les bourguignons sans les effrayer : au lieu de se réunir dans un lieu public, ils tinrent leurs conciliabules dans des asyles secrets, où il fut impossible de les atteindre.

Le duc de Berri mourut alors, fort âgé [15 juin 1416]. Inconstant, dissipateur, il avoit contribué à la ruine de la France par sa prodigalité, comme les autres princes par leur ambition. Sa veuve, jeune encore, qui avoit autrefois sauvé la vie au Roi, épousa quatre mois après le seigneur de La Trémouille, l'un des favoris de la Reine.

Le duc de Bourgogne, irrité d'une nouvelle déclaration que le connétable venoit de publier contre lui, ouvrit avec l'Angleterre une négociation qui devoit avoir pour la France les suites les plus désastreuses. Dans les actes conservés par Rymer, on voit qu'il reconnoît que Henri v a des droits incontestables au trône de France, et qu'il annonce qu'aussitôt que ce prince aura fait la conquête d'une partie du royaume, il se déclarera son vassal. Les historiens favorables à son parti soutiennent que ce traité n'a pas été conclu, et que ce n'étoit qu'un projet qui n'a jamais été signé par aucune des parties. La conduite que tint par la suite le duc de Bourgogne peut faire douter de cette assertion.

L'empereur Sigismond partit d'Angleterre, où il avoit aussi conclu un traité secret pour le partage de la France : il traversa de nouveau le royaume, vint à Paris, combla de louanges le connétable, ne lui inspira aucun soupçon, et continua son voyage sans qu'on pût soupçonner qu'il avoit des desseins hostiles.

Arrivé à Constance, il déclara la guerre, au grand étonnement de la cour qu'il avoit trompée.

La situation d'Isabelle devenoit de jour en jour plus pénible. Cette femme ambitieuse n'avoit plus aucune part aux affaires : sa cour, quoique composée des femmes les plus séduisantes du royaume, étoit abandonnée ; et le connétable lui faisoit craindre la réduction des fonds affectés à ses dépenses. Elle résolut de faire revenir le Dauphin, se flattant de réunir autour de lui le parti de son malheureux frère, de renverser avec ce secours un ministère généralement détesté, et de gouverner ensuite sous le nom de ce fils, pour lequel elle affectoit la plus vive tendresse.

Le connétable, qui de son côté ne doutoit pas qu'il ne lui fût très-facile de s'emparer de l'esprit du jeune prince, se prêta volontiers à cette négociation. Ils envoyèrent donc des ambassadeurs au comte de Hainaut, à la cour duquel étoit le Dauphin. Le beau-père et le gendre s'avancèrent jusqu'à Compiègne ; et le premier, d'après les assurances qu'on lui donna, vint à Paris. Il y prit hautement la défense du duc de Bourgogne, et exigea, pour première condition du retour du Dauphin, que le duc l'accompagnât. Ces prétentions, auxquelles le ministère ne s'attendoit pas, irritèrent tellement le connétable, qu'il essaya de faire arrêter le comte de Hainaut. Ce prince parvint à sortir furtivement de Paris, et courut à Compiègne, où il ne croyoit pas que le Dauphin fût en sûreté. Il le trouva mourant, et eut à peine le temps de recueillir ses derniers soupirs [5 avril 1417]. Cette mort si prompte, en détruisant toutes les espérances du comte de Hainaut, lui inspira les soupçons les plus affreux : on dit qu'il l'attribua au poison, et qu'il crut que le roi de Naples, beau-père du troisième fils du Roi, en étoit coupable. Le caractère de ce prince, beaucoup moins ambitieux que ne l'avoit été son père, ne permet pas d'adopter cette imputation odieuse. D'ailleurs la mort du Dauphin ne fut, pour le moment, véritablement utile qu'au connétable, qui, ayant en son pouvoir le nouvel héritier du trône, devint plus puissant que jamais.

Le jeune prince, qui devoit porter le nom de Charles VII, et que le ciel destinoit à sauver la France, étoit âgé de treize ans : il annonçoit dès-lors les qualités qui devoient le placer au rang des plus grands rois; mais, livré aux armagnacs, il ne voyoit que par leurs yeux, et partageoit toutes leurs passions.

La Reine, odieuse à l'unique fils qui lui restoit, ayant perdu l'espoir de recouvrer le pouvoir, prit le parti de se retirer dans le château de Vincennes, où elle obtint, de la prodigalité du gouvernement, les moyens de continuer ses dépenses excessives. Elle y réunit une cour brillante, dans laquelle on distinguoit les seigneurs de La Trémouille et de Giac, et un grand nombre d'autres gentilshommes attirés par les femmes séduisantes dont Isabelle avoit toujours soin de s'entourer. Boisbourdon, son maître d'hôtel, dominoit dans cette retraite, où l'on s'occupoit beaucoup plus de plaisirs que de politique. Au milieu des malheurs qui désoloient la France, la Reine, âgée de quarante-sept ans, se livroit à tous les raffinemens du luxe et de la volupté. Les historiens contemporains parlent des parures nouvelles qu'elle inventoit presque chaque jour, des ameublemens fastueux dont elle ornoit son asyle, et de la conduite peu mesurée qu'elle permettoit à ses dames, ne pouvant les empêcher de suivre un exemple qu'elle donnoit elle-même (1).

Le connétable, qui probablement ne lui avoit laissé la liberté de vivre ainsi que pour acquérir les moyens de la perdre plus sûrement, parla au Roi des scandales publics qu'elle donnoit. Il lui dit qu'elle le trahissoit pour Boisbourdon, et offrit d'en fournir la preuve. Le Roi court à Vincennes avec son ministre, et surprend le maître d'hôtel sortant de la chambre de son épouse. On le saisit, on le met à la torture, on lui fait avouer tout ce qu'on veut; et la nuit suivante on le jette dans la Seine, enveloppé dans un sac de cuir sur lequel étoient écrits ces mots : *Laissez passer la justice du Roi.* La Reine est reléguée à Tours, et part furieuse contre son fils, qu'elle accuse d'avoir souffert qu'on lui fît cet affront.

Cependant Henri v faisoit des préparatifs pour une expédition en France : ne pouvant obtenir du parlement les fonds nécessaires, il mit sa couronne et ses pierreries en gage. Vainement les princes français, ses prisonniers, voyant les malheurs qui menaçoient leur patrie, cherchèrent-ils à obtenir la paix : ils

---

(1) *Qu'elle donnoit elle-même.* « Aucune renommée estoit que en « l'hostel de la Reyne se faisoient plusieurs choses deshonnestes; et y « fréquentoient le seigneur de La Tremouille, Giac, Bourrodon et « autres. Et quelque guerre qu'il y eust, tempestes et tribulations, les « dames et demoiselles menoient grands et excessifs estats, et cornes « merveilleuses, hautes et larges. Et avoient de chascun coté, en lieu « de bourlées, deux grandes oreilles si larges, que quand elles vou- « loient passer l'huis d'une chambre, il falloit qu'elles se tournassent « de costé, et baissassent, ou elles n'eussent peu passer. La chose des- « plaisoit fort à gens de bien. » (*Juvénal des Ursins*, p. 336.)

furent désavoués par le connétable. Ce ministre, se croyant débarrassé de tous les obstacles qui s'étoient opposés au développement de sa puissance, ne gardoit plus aucune mesure, et creusoit l'abyme qui s'ouvroit déjà sous ses pas. Il ordonna des emprunts forcés, fit refondre les monnoies, s'empara des trésors qui ornoient la châsse de saint Louis, persécuta indifféremment tous ceux qu'il ne croyoit pas entièrement dévoués ; et le parlement, craignant des malheurs plus grands, se crut obligé de céder à ses caprices. La Trémouille et L'Isle-Adam, qui jusqu'alors lui avoient été fidèles, passèrent au service du duc de Bourgogne, qui s'empressoit d'accueillir tous les mécontens.

Ce prince, à la tête d'une armée de soixante mille hommes, marcha sur Paris, tandis que le roi d'Angleterre descendoit en Normandie avec vingt-cinq mille. Dans un manifeste où le duc de Bourgogne relevoit tous les actes de tyrannie du connétable, il promettoit l'abolition des impôts, et le rétablissement des anciennes libertés. Reims, Troyes, Auxerre, Châlons-sur-Marne et Rouen se déclarèrent pour lui ; et il y eut dans ces villes d'affreux désordres. Le peuple pilla les caisses publiques, dépouilla les nobles, et se livra contre eux aux excès les plus atroces. Dès ce moment, la guerre civile prit un caractère de cruauté qu'elle n'avoit pas eu jusqu'alors, et tous les liens de la société parurent brisés. Les familles furent divisées, des pères s'armèrent contre leurs fils, des fils contre leurs pères ; les religieux quittèrent leurs couvens pour entrer dans cette carrière de crimes ; il ne fut plus permis de se fier aux anciennes lois de la guerre, fondées sur la bonne foi et sur l'honneur. On vit des négociateurs et des otages massacrés; et le fanatisme politique remplaçant toutes les autres passions, étouffa pour quelque temps les nobles sentimens qui avoient animé une nation aussi généreuse que brave.

Le duc de Bourgogne s'étant emparé des environs de Paris, établit son quartier général à Montrouge, d'où il envoya un héraut pour expliquer ses intentions. Le héraut, admis près du Dauphin, lui soutint qu'il n'étoit pas libre, et offrit les secours de son maître. Le jeune prince lui répondit avec autant de noblesse que de fermeté : « Votre seigneur le duc de « Bourgogne ne montre pas les sentimens qu'il an- « nonce : s'il veut que le Roi et moi le tenions pour « bon parent et vassal, qu'il aille combattre le roi « d'Angleterre, notre ennemi commun. Je ne suis « asservi par personne : je suis en pleine liberté. »

D'un autre côté, le roi d'Angleterre annonça clairement ses prétentions, que l'aveuglement des factions pouvoit seul lui permettre de réaliser. Il déclara qu'il demandoit la main de la princesse Catherine, qu'il vouloit pour dot la couronne de France, et qu'il s'empareroit sur-le-champ de la régence, consentant, néanmoins que Charles VI gardât le titre de roi jusqu'à sa mort. Cette déclaration, qui dans des temps ordinaires auroit suffi pour soulever toute la France, ne produisit alors d'autre effet que d'éveiller l'attention des factions sur le parti qu'elles pouvoient tirer des dispositions de l'étranger.

Le connétable sentit enfin le péril dans lequel ses passions violentes l'avoient engagé. Voulant le détourner, il tomba dans de nouvelles fautes. Une partie du parlement, qu'il soupçonnoit mal à propos de favoriser le duc de Bourgogne, fut exilée : il exigea ensuite un serment de fidélité que la crainte fit prêter aux Parisiens, de quelque parti qu'ils fussent. Non content de cette précaution, il établit une espèce d'inquisition d'Etat qui, d'après ses recherches mystérieuses, partagea les habitans en trois classes, ceux sur lesquels on pouvoit compter, ceux qui seroient bannis, et ceux qu'on emprisonneroit. Il est inutile d'observer que ces mesures produisirent un effet tout contraire à celui que le connétable avoit attendu.

Tandis que le duc de Bourgogne bloquoit Paris, et comptoit y entrer bientôt par un soulèvement de sa faction, il lia une négociation avec la Reine, reléguée à Tours, et très-irritée contre le connétable et le Dauphin. Cette princesse, opprimée par les vengeurs du duc d'Orléans, n'éprouvoit plus d'horreur pour l'assassin de l'homme qu'elle avoit aimé. De son côté, le duc de Bourgogne, regardant déjà le connétable comme vaincu, mais n'étant pas sûr de pouvoir s'emparer de l'héritier de la couronne, vouloit se servir du nom de la Reine pour donner plus de force à son parti.

Il assiégeoit Corbeil lorsqu'il reçut le consentement d'Isabelle : il quitta tout pour aller la délivrer, et arriva dans les environs de Tours avec quelques cavaliers. Ayant pris des informations, il apprit que la Reine devoit aller dans la matinée entendre la messe à l'abbaye de Marmoutiers, située à une demi-lieue de la ville : ce fut là qu'il résolut de l'enlever. La princesse étoit gardée à vue par trois magistrats, Thorel, Le Picard et Dupuis. L'un d'eux, ayant remarqué quelques soldats autour de l'église, témoigna de l'inquiétude : Isabelle le pria de ne pas l'interrompre dans ses prières. Enfin, Saveuse, gentilhomme du duc de Bourgogne, ayant paru à la porte de la chapelle, elle alla au devant de lui. « Où est votre maître, lui dit« elle tout bas? — Il n'est pas loin, répondit Saveuse. « — Arrêtez donc ceux qui me gardent, poursuivit « la Reine. » Aussitôt le duc entre avec son escorte, salue Isabelle qui le reçoit avec joie, disperse les gardiens, et part avec elle pour Chartres.

Depuis ce moment, le duc de Bourgogne parut contracter avec la Reine la liaison la plus intime. Jusqu'alors il s'étoit fait remarquer par l'austérité de ses mœurs : mais il perdit près d'Isabelle ses seules qualités estimables, et sembla désormais vouloir étouffer ses remords au sein des voluptés. Il s'attacha quelque temps après à une femme perfide qui, comme nous le verrons, fut la principale cause de sa mort. Ce changement ne le rendit ni moins ambitieux ni moins cruel.

La Reine, unie au duc de Bourgogne, fit revivre les actes du parlement des années 1407 et 1408. Elle se retira dans la ville d'Amiens, et se déclara régente. Elle publia des lettres-patentes qui commencent ainsi : « Isabelle, par la grâce de Dieu reine de France, ayant, « par l'occupation de monsieur le Roi, le gouverne« ment et l'administration de ce royaume, par l'octroi « irrévocable à nous fait par mondit seigneur et son « grand conseil, etc. » Se flattant d'attendrir les peuples sur son sort, elle fit graver un sceau qui représentoit une femme au désespoir, et réclamant des secours. Ces vaines démonstrations de sensibilité ne produisirent d'autre effet que de donner une apparence légale aux excès de la faction bourguignonne.

Le duc ne perdoit pas de vue les intelligences qu'il avoit à Paris. Une nouvelle conspiration s'y forma en sa faveur : on devoit livrer à un de ses généraux la porte Bourdelle. Mais ce complot fut découvert par un bourgeois de la rue Saint-Jacques, auquel les armagnacs, par reconnoissance pour un tel service, donnèrent le nom de *Sauveur*. Le duc de Bourgogne, ayant échoué dans cette tentative, conduisit la Reine à Troyes, où ils établirent un parlement; Eustache de Laistre fut nommé chancelier; et le duc de Lorraine, entièrement dévoué à la faction, obtint l'épée de connétable. Ainsi, depuis cette époque jusqu'aux triomphes de Charles VII [en 1437], pendant une période de vingt ans, il y eut en France deux gouvernemens ennemis implacables l'un de l'autre, et toutes les places eurent deux titulaires qui se disputoient les dépouilles des peuples.

Pendant que ces arrangemens politiques se terminoient, et que l'armée du duc de Bourgogne continuoit de bloquer Paris, le roi d'Angleterre s'emparoit sans obstacle de la Normandie, et ne trouvoit de résistance que sous les murs de Rouen, dont les magistrats, zélés bourguignons, n'étoient pas moins décidés à tout sacrifier pour ne pas subir le joug étranger.

Au milieu de la désolation qui régnoit, une lueur d'espérance donna quelque consolation à ceux qui croyoient encore à la possibilité de la paix. Le concile de Constance, qui venoit de réunir l'Eglise en élevant au pontificat Martin V, essaya de rendre le repos à la France. Deux légats, les cardinaux des Ursins et de Saint-Marc, eurent alternativement des conférences avec les deux partis, et parvinrent à obtenir d'eux qu'ils ouvriroient une négociation dans la ville de Montereau [mai 1418]. Il fut convenu que la Reine reviendroit à Paris, que le Dauphin gouverneroit, et que le duc de Bourgogne auroit la principale direction des affaires. Mais le connétable, qui faisoit la guerre en Normandie, refusa de ratifier un traité dont son rival auroit recueilli tous les avantages; et les conférences furent irrévocablement rompues.

Les Parisiens, assiégés depuis plusieurs mois, souffrant de la famine, craignant encore de nouveaux malheurs, désiroient vivement la paix : le connétable, qui seul s'y étoit opposé, devint l'objet de leur exécration. On assure que, connoissant leurs dispositions, il résolut de les subjuguer par la crainte, en faisant massacrer tous ses ennemis déclarés; et que ses émissaires distribuèrent des médailles de plomb à ceux qui devoient être épargnés. Il est possible que cet affreux projet n'ait jamais été conçu, et que les bourguignons l'aient imputé à leur ennemi pour justifier ensuite leurs propres excès; mais l'idée seule que le connétable étoit capable de l'avoir formé suffisoit pour le mettre hors d'état de conserver long-temps la puissance.

Dans cette position, il ne fallut que le dépit d'un jeune homme obscur pour déterminer la révolution la plus sanglante. Perrinet-le-Clerc étoit d'une famille dévouée aux armagnacs : son père, marchand de fer établi sur le Petit Pont, jouissoit de la confiance des chefs de ce parti, étoit *quartenier*, c'est-à-dire commandant d'un quartier, et avoit la garde de la porte Saint-Germain. Le jeune Perrinet fut, dans les premiers jours de mai [1418], maltraité et battu par des seigneurs : il demanda justice au prévôt Tanneguy Du Châtel, ne l'obtint pas, et résolut de se venger. Il parvint sans peine à lier une correspondance avec L'Isle-Adam, transfuge comme lui du parti des armagnacs, et commandant le corps de troupes bourguignonnes qui occupoit la rive gauche de la Seine. Ses arrangemens étant faits, il promit de dérober, dans la nuit du 28 et du 29, les clefs de la ville qui étoient sous le chevet du lit de son père, et d'ouvrir la porte aux assiégeans. Ce complot eut tout le succès que les conjurés pouvoient en attendre. L'Isle-Adam, introduit dans Paris, poussa jusqu'au châtelet sans donner l'alarme : plusieurs affidés se réunirent bientôt à lui; alors il fit crier : *La paix! vive Bourgogne!* Le peuple, qui connoissoit le connétable, craignit d'abord que ce ne fût un piége, et ne répondit point à ce cri; mais ne pouvant plus douter que les bourguignons ne fussent dans la ville, il fit retentir l'air d'acclamations, courut aux armes, et choisit, pour le commander, Lambert, potier d'étain, l'un des fanatiques les plus cruels du parti populaire. L'Isle-Adam, mettant à profit tous les instans, marcha vers l'hôtel Saint-Paul, où demeuroient le Roi et le Dauphin, en enfonça les portes, fit habiller le malheureux monarque, le contraignit à monter à cheval, et le conduisit dans toute la ville, pour montrer qu'il adhéroit à la nouvelle révolution.

Pendant ce désordre, le prévôt Tanneguy Du Châtel fit l'une des actions les plus hardies et les plus belles qu'on lise dans nos annales. Réveillé par les cris de la populace, il sort déguisé de sa maison, vole à l'hôtel Saint-Paul, dans l'intention de mourir ou de sauver le Dauphin, dernier espoir de la France; il pénètre dans le palais sans être reconnu, trouve le jeune prince dormant d'un sommeil paisible, le prend dans ses bras, l'enveloppe dans son manteau, et l'emporte à la Bastille au milieu de mille dangers. Ne le croyant pas encore en sûreté dans cette forteresse, il le conduit à Melun la nuit suivante.

Le connétable et les ministres, surpris par cette explosion terrible, n'eurent le temps ni de se réunir, ni de prendre séparément aucune mesure. Les derniers furent arrêtés dans leurs lits et conduits au châtelet. Le connétable, qui n'avoit point perdu courage, étoit parvenu à sortir de son palais déguisé en mendiant, et s'étoit réfugié chez un maçon qu'il croyoit fidèle. Deux jours après il fut livré à ses ennemis, et jeté dans la même prison que les ministres. Juvénal des Ursins, que nous avons vu se distinguer dans les circonstances les plus difficiles, par son intrépidité, ses sacrifices et son désir ardent de rétablir la paix, n'échappa qu'avec peine aux fureurs populaires. Un bourguignon nommé Debar, auquel ce digne magistrat avoit autrefois rendu des services, le sauva ainsi que sa nombreuse famille (1).

---

(1) *Sa nombreuse famille.* Juvénal des Ursins (p. 360) donne des détails intéressans sur la fuite de son père.

« L'entrée de Paris, faite par les gens du duc de Bourgogne, fut
« bien piteuse et cruelle, car plusieurs y demeurèrent morts et tués :
« toutefois y en eust-il beaucoup de sauvés de notables gens, tant du
« parlement, du chatelet et de l'université, que des bourgeois qui

Peut-être les vainqueurs auroient-ils mis quelque borne à leurs vengeances, s'ils avoient pu croire qu'ils jouiroient tranquillement de leur triomphe; mais une tentative, qui n'eut aucun succès, mit le comble à leur rage. Tanneguy Du Châtel, se livrant imprudemment aux impulsions de son courage téméraire, crut pouvoir surprendre Paris, et rétablir en un moment les affaires de son parti. De concert avec les armagnacs, qui tenoient encore la Bastille, il sortit de Melun avec seize cents hommes d'armes, pénétra dans la capitale par le faubourg Saint-Antoine, et poussa jusqu'à l'hôtel Saint-Paul, où il croyoit trouver le Roi. Mais les vainqueurs avoient pris, quelques jours auparavant, la précaution d'établir ce prince au Louvre, à l'autre extrémité de la ville. Tanneguy, trompé dans son espoir, et assailli tant par les troupes de L'Isle-Adam que par la populace, déploya le plus grand courage. Après avoir livré un combat sanglant dans le faubourg Saint-Antoine, il se retira sans être entamé.

Les malheureux prisonniers du châtelet eurent un moment d'espérance, en voyant l'inquiétude de leurs

« trouverent moyen de sortir de Paris, et abandonnerent tout. Du
« depuis, leurs femmes et enfans, par diverses subtilités, trouverent
« moyen d'aller aprés. Quelle pitié entre autres étoit-ce dudit messire
« Jean Juvénal des Ursins, seigneur de Traignel, qui possedoit bien
« deux mille livres de rente et de revenu, avoit belles places et maisons
« en France, Brie en Champagne, et son hostel garni de meubles qui
« pouvoient valoir de quinze à seize mille écus en toutes choses :
« ayant une dame de bien et d'honneur à femme, et onze enfans,
« sept fils et quatre filles, et trois gendres, d'avoir tout perdu ! et sa
« dite femme, avec ses enfans mis nuds pieds et revêtus de pauvres
« robes, comme plusieurs autres ! Et toutesfois tous vesquirent bien et
« honorablement. »

gardes; mais bientôt ils reconnurent, à l'assurance féroce qu'ils leur virent reprendre, que le danger étoit devenu plus grand que jamais. La Bastille fut bientôt rendue aux bourguignons, qui arrêtèrent presque toutes les personnes qu'ils soupçonnèrent d'être attachées aux armagnacs. Le châtelet n'étant pas assez grand pour contenir tant de victimes, on enferma le plus grand nombre dans des maisons particulières, et les autres furent conduites au château de Vincennes.

Les nouvelles de la révolution qui venoit de s'opérer parvinrent bientôt à Troyes, où se trouvoient la Reine et le duc de Bourgogne. Leurs partisans les pressoient vivement de venir s'établir à Paris. Isabelle, effrayée de l'audace que venoit de montrer Tanneguy Du Châtel, fut entraînée, par les craintes pusillanimes d'une ame dégradée, aux derniers excès de la cruauté, et déclara qu'elle n'entreroit point dans la capitale tant que le connétable et ses partisans existeroient. Sur ces seuls mots de la Reine, les chefs militaires eurent l'infâme complaisance d'exciter la populace à massacrer les armagnacs, désormais hors d'état de se défendre.

Le 12 juin, une multitude altérée de sang, et guidée par Lambert, se porta d'abord dans les nouvelles prisons : elle fit sortir les prisonniers un à un, et à peine eurent-ils franchi le guichet qu'ils furent égorgés. Elle courut ensuite au châtelet, où les principaux armagnacs, encouragés par le connétable, avoient résolu de vendre chèrement leur vie. On remarquoit, dans cette foible troupe dévouée à la proscription, le chancelier Henri de Marle, plusieurs seigneurs du premier rang, les archevêques de Reims et de

Tours, l'abbé de Saint-Denis, cinq évêques, et quarante magistrats.

Les assassins, trop lâches pour livrer un combat, mirent le feu au châtelet. Sans aucun égard pour leurs nobles victimes, ils les forcèrent à se précipiter du haut des tours sur leurs piques. Aucun des prisonniers n'échappa à cet horrible sort, et tous périrent avec intrépidité. Les cadavres du connétable et du chancelier furent exposés sur la table de marbre : les restes des autres proscrits furent traînés dans les rues, livrés à mille outrages, et privés de sépulture. La soif du sang qui dévoroit ces furieux ne s'éteignit point par le massacre des prisons : ils égorgèrent encore dans les maisons et dans les rues un grand nombre d'ecclésiastiques, de magistrats et de bourgeois, qui n'avoient eu d'autre tort que d'obéir au parti dominant. Il suffisoit, dit Juvénal des Ursins, d'avoir un bon bénéfice, ou d'être riche, pour partager le sort des armagnacs. Perrinet-le-Clerc, premier auteur de la révolution, figura dans ces scènes sanguinaires, et exerça la plus lâche vengeance : devenu le héros du jour, on lui éleva une statue au coin de la rue Saint-André-des-Arcs. Enfin, les généraux bourguignons publièrent la défense de continuer le carnage : le nombre des morts fut évalué par eux à trois mille cinq cents; et l'on ne s'occupa plus que des préparatifs de l'entrée de la Reine et du duc de Bourgogne.

Pour se conformer aux goûts d'Isabelle, on donna beaucoup de pompe à cette solennité. Malgré le deuil public, quoique les rues par lesquelles le cortége devoit passer fussent encore teintes de sang, la faction triomphante, enivrée de joie, prodigua les trésors des proscrits pour rappeler à la Reine la fête magnifique et dispendieuse dont elle avoit été l'objet, lorsque, trente ans auparavant, brillante de jeunesse et de beauté, elle étoit l'idole de tous les Français. Les chefs du peuple, vêtus en gentilshommes, allèrent au devant d'elle; et leurs femmes, affectant maladroitement les manières de la cour, se flattèrent de jouir de sa faveur. Elle parut aux portes de la ville, montée sur un char somptueux, à côté duquel on voyoit le duc de Bourgogne à cheval [14 juillet 1418]; douze cents hommes d'armes l'accompagnoient : dans toutes les rues on répandit des fleurs sur ses pas, et la sérénité qu'elle montra fit le contraste le plus frappant avec les scènes d'horreur qu'elle venoit de faire exécuter. Après s'être prodiguée aux regards du peuple, et avoir joui long-temps de ce triomphe, Isabelle alla voir son époux, qui, se trouvant alors dans un état de foiblesse, suite ordinaire de ses accès, la reçut avec une surprise muette qu'on prit pour de la joie.

Le duc de Bourgogne, qui ne croyoit plus les massacres nécessaires, rétablit le parlement, qu'il ne composa que de ses partisans dévoués : il fit en même temps des promotions dans son armée, tant pour y mettre quelque discipline que pour récompenser des services récemment rendus : L'Isle-Adam et Chatelux devinrent maréchaux. Mais il éprouva qu'il est plus aisé d'exciter la fureur de la multitude que de la réprimer. Ses soupçons, accrus par les remords, lui avoient fait de nouveau remplir les prisons. Le peuple, qui souffroit toujours de la disette, craignoit quelque entreprise de la part de l'audacieux Tanneguy, et ne voyoit sa sûreté que dans un nouveau massacre. Vainement chercha-t-on à calmer cette effervescence : les magistrats n'avoient plus aucune autorité; et Capeluche, bourreau de la ville, étoit devenu le chef de la populace. Ce monstre, après avoir fait égorger les malheureux enfermés récemment dans les prisons de Paris sans qu'on lui opposât aucune résistance, eut l'audace d'aller à l'hôtel d'Artois, où demeuroit le duc de Bourgogne : il se fait introduire, met sa main sanglante dans celle du prince, lui déclare que le peuple est convaincu que les prisonniers de Vincennes, épargnés jusqu'alors, ont tramé un complot, et demande que ces malheureux soient transférés au châtelet. Le duc, jadis si orgueilleux, est obligé de faire un accueil favorable à ce brigand ; il lui accorde sa demande, le charge de l'exécution, et quelques heures après les prisonniers sont massacrés sur la route.

Les détails que donne Juvénal des Ursins sur la situation de Paris, après ce troisième massacre, font naître les sentimens les plus pénibles. Presque tous les chefs des grandes familles, et presque tous les principaux bourgeois, avoient péri : les autres avoient pris la fuite. Leurs femmes, devenues l'objet de la haine populaire, dépouillées de leurs biens, chassées de leurs maisons, n'obtenant qu'avec peine des asyles peu sûrs, employoient toute sorte de travestissemens pour franchir les portes de la ville. Celles dont toute la vie s'étoit écoulée dans la tranquillité et dans l'aisance, privées de tout, se déguisoient en mendiantes, en paysannes; et si elles échappoient avec leurs enfans à la surveillance de la faction, ce n'étoit que pour aller traîner dans des campagnes dévastées une existence misérable, et se trouver exposées aux outrages des soldats de tous les partis (1). Pour comble de maux, une maladie contagieuse, causée par la mauvaise qualité des subsistances, exerça ses ravages dans Paris. Pendant les années 1418 et 1419, il y périt quatre-vingt mille personnes. Mais ces fléaux ne calmèrent pas la fureur des factions.

Le duc de Bourgogne n'avoit point pardonné à Capeluche l'outrage qu'il en avoit reçu. N'osant employer la force ouverte contre ce misérable, il lui tendit un piége. Sous le prétexte du siége de Montlhéry, qui étoit occupé par les troupes du Dauphin, il fit sortir de Paris ceux qui avoient pris part au dernier massacre. Pendant leur absence, Capeluche fut arrêté, jugé, condamné, et périt sur l'échafaud : à leur retour, une somme d'argent distribuée à propos leur fit approuver le supplice de leur chef.

Au milieu de son apparente prospérité, le duc de Bourgogne étoit toujours tourmenté par les remords de son premier crime. Poursuivi par ce cruel souvenir, les arrêts rendus contre la doctrine de son apologiste avoient été pour lui le plus sensible des outrages. Il crut pouvoir en étouffer la mémoire en les faisant révoquer. Ainsi, donnant un nouveau scandale, il fit déclarer, par le parlement, que le dis-

(1) *Exposées aux outrages des soldats de tous les partis* : « C'étoit moult grand pitié, dit Juvénal des Ursins, de voir tant de ménages détruits de plusieurs gens de bien, nobles, bourgeois et marchands ; les femmes et les enfans mis hors de leurs maisons comme tous nus, qui souloient avoir grande chevance, et ne savoient comment partir de Paris. Les unes s'en alloient en guise de vendangeresses, les autres comme femmes de village, etc. » (Pag. 354.)

cours de Jean Le Petit contenoit les vrais principes des rapports, soit entre les princes égaux en puissance, soit entre les sujets et les souverains. Le duc ne prévoyoit pas qu'il devoit, dans quelques mois, mourir victime de ces principes proclamés alors par lui-même avec tant de solennité.

Cependant le Dauphin, devenu l'espoir de la partie saine de la nation, avoit quitté Melun pour se retirer à Bourges. Non-seulement ce qui restoit du parti des armagnacs s'étoit armé pour lui, mais il étoit entouré de tous ceux qui, n'ayant jusqu'alors adopté aucune faction, étoient pénétrés d'horreur pour les crimes qui venoient de se commettre à Paris. Il composa facilement un parlement formé des magistrats exclus par le duc de Bourgogne, et où Juvénal des Ursins reprit les fonctions d'avocat général. Ce parlement fut éloigné du théâtre de la guerre, et fixé temporairement à Poitiers. Des guerriers qui devoient rendre à la France toute sa splendeur prirent en même temps le parti du jeune prince, qui compta parmi ses généraux le maréchal de Rieux, Vignoles de La Hire, Poton de Xaintrailles, La Trémouille et Barbasan. Agé de seize ans, donnant les plus belles espérances, il prit le titre de régent, et fut reconnu par tout le midi de la France.

Le duc de Bretagne, qui penchoit pour le duc de Bourgogne, mais qui craignoit la domination anglaise, vint à Beauvais, où le Roi et la Reine avoient été conduits à cause de la contagion, et se porta pour médiateur. Il obtint d'abord une trève de trois semaines, dont la jeune Dauphine, qui avoit été retenue comme otage, profita pour aller joindre son époux. Plusieurs proscrits en profitèrent aussi pour quitter la capitale, et s'empressèrent de grossir l'armée de l'héritier du trône. Les efforts du duc de Bretagne pour rétablir la paix ne réussirent pas : trop partial pour la faction qui dominoit à Paris, il conçut la vaine chimère de réunir deux rivaux implacables, et de leur faire partager l'autorité. Le duc de Bourgogne souscrivit volontiers à ce projet, qui le laissoit maître des affaires; mais il fut rejeté par le Dauphin avec indignation. Le duc de Bretagne, de retour dans son pays, éprouva le contre-coup des troubles qu'il n'avoit pu appaiser. Surpris au milieu d'une partie de plaisir par les fils de la comtesse de Penthièvre, ennemie implacable de la maison de Montfort, il fut enfermé dans un château, où la comtesse lui fit expier les persécutions qu'avoit autrefois éprouvées le connétable de Clisson. Rendu à la liberté par une espèce de miracle, il continua, comme on le verra, de flotter entre les deux partis; prince inconstant, mais ennemi des résolutions violentes que les fureurs de la guerre civile rendoient si communes.

Pendant que la France se déchiroit ainsi elle-même, Henri v faisoit de nouveaux progrès. Il avoit mis le siège devant Rouen, seule place de la Normandie qui ne fût pas en son pouvoir. Cette place étoit défendue par son maire Alain Blanchard, que l'histoire considéreroit comme un héros, s'il n'eût pas été dans sa province l'aveugle exécuteur des ordres sanguinaires du duc de Bourgogne. Cet homme, qui n'avoit jamais porté les armes, déploya tout à coup les talens d'un grand général. Il soutint un siége de six mois contre l'armée anglaise, commandée par le vainqueur d'Azincourt, et trouva le moyen de faire supporter à une nombreuse population les privations et les sacrifices qu'il s'imposoit à lui-même. Constamment au poste le plus périlleux, et à la tête de toutes les sorties, il fit souvent fuir les ennemis, et les étonna par son intrépidité. Vainement réclama-t-il les secours du duc de Bourgogne : ce prince négocioit avec Henri au Pont-de-l'Arche, et paroissoit disposé à remplir toutes les conditions de leur premier traité : il craignoit d'ailleurs que s'il s'éloignoit de Paris, le Dauphin ne trouvât le moyen d'y rentrer.

Blanchard, réduit à ses propres forces, sûr de succomber, mais décidé à s'ensevelir sous les ruines de Rouen, n'écouta aucune des propositions qui lui furent faites. Le roi d'Angleterre, voulant effrayer les habitans, fit dresser des potences autour de la ville, et ordonna d'y attacher les prisonniers. Cette exécution exalta le courage et augmenta l'intrépidité des assiégés. Sur la proposition du maire, ils prirent la résolution désespérée de mettre le feu à la ville, et de faire ensuite une sortie générale. Cette résolution n'ayant pas été sur-le-champ exécutée, le découragement gagna la multitude, et elle força ses chefs à renouer les négociations. Henri fut inflexible, et ne montra point la générosité qu'avoit déployée l'un de ses plus illustres prédécesseurs avec les habitans de Calais. Il exigea que la garnison sortît désarmée, que les biens des habitans fussent abandonnés à ses soldats, et que Blanchard lui fût livré. Sans égard pour l'intrépidité de ce magistrat, dont les fautes se trouvoient si noblement effacées par la conduite héroïque qu'il venoit de tenir, il le fit attacher à un infâme gibet, aux yeux de son armée et des malheureux qu'il avoit défendus (1) [13 janvier 1419].

Après cette conquête, souillée par le supplice de Blanchard, Henri devint en quelque sorte l'arbitre des affaires de France. Le Dauphin ouvrit avec lui des négociations à Montereau, tandis que le duc de Bourgogne continuoit les siennes dans la ville d'Alençon. Le roi d'Angleterre, feignant de l'indécision sur le parti qu'il prendroit, poursuivit ses conquêtes, s'empara du Vexin, et s'approcha de Paris. La Reine et le duc de Bourgogne se retirèrent à Troyes, où le siége de leur gouvernement fut établi. Henri, pressé par les négociateurs des deux partis, et croyant être assez puissant pour réaliser ses desseins, résolut de les réunir dans un même lieu, afin de faire un traité définitif. Il indiqua, dans une plaine située entre Meulan et Pontoise, l'entrevue qu'il vouloit avoir avec le Dauphin et le duc de Bourgogne. Le Roi, malade,

---

(1) *Qu'il avoit défendus.* Juvénal des Ursins (p. 357) cite, à l'occasion de la prise de Rouen, un trait remarquable de patriotisme et de fidélité.

« Il y avoit une jeune dame, fille du seigneur de La Riviere, vefve
« de feu messire Guy, seigneur de La Roche Guyon, lequel mourut
« en la bataille d'Agincourt : elle avoit deux beaux fils et une fille
« dudit seigneur, laquelle estoit dedans le chatel de La Roche Guyon
« bien garnie de biens meubles, autant que dame de ce royaume ; et
« si avoit, tant à cause d'elle que de ses enfans, plusieurs belles terres
« et seigneuries : devers laquelle le roi d'Angleterre envoya lui faire
« sçavoir que si elle vouloit faire le serment pour elle et ses enfans,
« qui estoient jeunes, qu'il estoit content que ses meubles, terres et
« seigneuries lui demeurassent, et à sesdits enfans : si non il auroit la
« place et tous ses biens. Laquelle, meuë d'un noble courage, aima
« mieux perdre tout, et s'en aller desnuée de tout bien et ses enfans,
« que de se mettre, ni ses enfans, ez mains des anciens ennemis du
« royaume, et délaisser son souverain seigneur. Ainsi elle en partit,
« et ses enfans, desnués de biens. »

ne put s'y trouver. La Reine y conduisit Catherine sa fille, qui devoit être le gage de la paix ; et le roi d'Angleterre parut ébloui de sa beauté. Tanneguy Du Châtel, qui, suivant l'apparence, rouloit déjà les projets les plus sinistres, vint déclarer que le Dauphin ne s'y rendroit pas, et protester contre tout ce qui se feroit. Dévoré du désir de venger l'infortuné duc d'Orléans son bienfaiteur, il profita du séjour qu'il fit près du duc de Bourgogne pour gagner la dame de Giac, qui avoit tout pouvoir sur lui. Nous avons observé que ce prince, depuis son alliance intime avec la Reine, n'avoit plus cette austérité de mœurs qui sembloit s'accorder avec son caractère inflexible, et qu'une femme artificieuse et perfide l'avoit entièrement subjugué. Nous allons voir la suite de cette funeste liaison.

L'absence du Dauphin ayant fait manquer l'objet de l'entrevue, Tanneguy Du Châtel, aidé par la dame de Giac, parvint à persuader au duc de Bourgogne de traiter directement avec le jeune prince. L'espoir d'une paix solide, la possibilité de chasser l'étranger du territoire, lui fournirent les raisons les plus spécieuses. Le duc, passant tout-à-coup de l'excès de la défiance à l'excès de la sécurité, consentit à voir le Dauphin dans le village de Poilly-le-Fort, entre Melun et Corbeil. Il s'y rendit presque sans suite, combla de caresses le Dauphin, et parut souscrire à des conditions qui auroient sauvé la France. Les deux princes se quittèrent avec les plus grandes démonstrations d'amitié ; le duc tint l'étrier du Dauphin, et lui témoigna le respect qu'il devoit à l'héritier du trône. Il paroît que Tanneguy Du Châtel, et ceux qui s'étoient unis à lui pour venger le duc d'Orléans, n'osèrent porter le coup qu'ils méditoient, dans une entrevue où avoit régné tant de cordialité. Ils eurent l'art de faire décider qu'il y en auroit une autre au mois d'août suivant dans la ville de Montereau ; et ils résolurent d'exécuter leur dessein avant que les deux princes eussent eu aucune explication.

Le roi d'Angleterre étoit perdu si la réunion du Dauphin et du duc de Bourgogne eût été sincère. Son armée s'étoit affoiblie par ses conquêtes : elle se trouvoit réduite à vingt-cinq mille hommes, et hors d'état de se soutenir sans l'appui d'une faction. Il se tira de cette position difficile par de nouvelles négociations avec le prince qui l'avoit appelé en France, et par la prise de Pontoise, où il trouva un trésor de deux millions. Le duc de Bourgogne n'ayant fait aucun effort pour sauver cette ville, le Dauphin fut convaincu qu'il avoit renoué avec les Anglais.

Les deux princes, aigris de nouveau l'un contre l'autre, montrèrent quelque inquiétude sur l'entrevue de Montereau, qui avoit été fixée au 18 août. L'incertitude du Dauphin fut levée par Tanneguy Du Châtel : les craintes plus réelles du duc de Bourgogne, entretenues par ses remords, furent plus difficiles à combattre. Il vouloit que l'entrevue eût lieu à Troyes, séjour du Roi et de la Reine, et où se trouvoient toutes les forces de son parti. Tanneguy Du Châtel eut l'audace de se rendre dans cette ville ; sa franchise apparente, aidée par les artifices de la dame de Giac, dissipèrent les inquiétudes du prince. Montereau étoit occupé par les troupes du Dauphin : elles livrèrent le château à celles du duc de Bourgogne ;

qui ne s'aperçut pas que ce château étoit de peu d'importance, puisqu'il étoit dégarni de vivres et d'artillerie.

Entraîné, contre son intention, par une sorte de fatalité, le duc de Bourgogne se mit en route. Arrivé à Bray-sur-Seine, il tomba dans de nouvelles incertitudes, et voulut retourner sur ses pas : mais sa maîtresse le rassura encore, et il poursuivit son chemin. Le Dauphin l'attendoit à Montereau depuis quinze jours.

Le 10 septembre 1419, tous les préparatifs de l'entrevue se trouvèrent achevés. Des barrières étoient élevées aux deux bouts du pont, et un salon de bois avoit été construit au milieu pour la conférence. Ces ouvrages furent soigneusement visités par les amis des deux princes. Le Dauphin arriva le premier, accompagné de Tanneguy Du Châtel, Narbonne, Louvet, Naillac, Loin, Layet, Froitier et Bataille. Le duc descendit aussitôt du château, ayant à sa suite Charles de Bourbon, Noailles, Fribourg, Neuchatel, Vienne, Vergy, Autrey, Giac et Pontarlier. Le récit de cette scène sanglante ayant été fait d'une manière différente par les historiens des deux partis, nous ne rapporterons que les particularités sur lesquelles ils s'accordent. Le duc de Bourgogne entra dans le salon, salua le Dauphin, et ils se dirent quelques mots à voix basse. Il paroît qu'un reproche du jeune prince irrita le duc, qui, par un mouvement involontaire, mit la main sur la garde de son épée. A l'instant la suite du Dauphin se précipita sur lui : on ignore qui lui porta le premier coup; mais Tanneguy le frappa ensuite avec sa hache d'armes, et lui fendit la tête. Layet et Froitier s'acharnèrent sur son cadavre; Noailles, qui voulut le défendre, fut massacré en le couvrant de son corps; ses autres partisans prirent la fuite, remplis d'effroi; et le Dauphin, frappé d'horreur, tomba évanoui.

Ainsi périt, à l'âge de quarante-huit ans, Jean-sans-Peur, duc de Bourgogne, l'un des guerriers les plus renommés de son siècle. Continuellement tourmenté par les remords de son premier crime, il vint de lui-même se livrer aux vengeurs du duc d'Orléans, et fut puni par un autre crime, après avoir joui douze ans d'une prospérité qui sembloit accuser la justice divine et la justice humaine. Son corps resta pendant tout le jour exposé sur le pont; le soir, le curé l'enterra sans cérémonie. Ses troupes occupoient le château : n'ayant aucun moyen de défense, elles se rendirent au Dauphin.

Tanneguy Du Châtel ne soupçonnoit pas que cet assassinat compromettroit de la manière la plus tertible son jeune maître, et croyoit au contraire que le parti du duc de Bourgogne étoit anéanti avec son chef. Il publia des récits mensongers, où le duc étoit accusé d'avoir voulu attenter aux jours du Dauphin : personne n'y crut. Lorsque cette nouvelle fut parvenue à Paris, elle excita l'émotion la plus violente : le peuple crut avoir perdu son père, et exprima ses regrets par les menaces les plus affreuses contre le Dauphin. Le jeune comte de Saint-Paul, chargé du commandement de la ville, fit rendre au duc des honneurs qui réveillèrent toutes les passions : son oraison funèbre fut prononcée par Larcher, recteur de l'Université. Tout l'auditoire fondit en larmes, et jura de le venger.

Sa mort ne produisit pas moins d'effet à Troyes. La Reine, qui avoit été si long-temps son ennemie, se montra profondément affligée, et ne respira que la vengeance. Indignée contre son fils, sous les yeux duquel l'assassinat avoit été commis, elle publia un manifeste contre lui, et sollicita hautement l'alliance des Anglais. Elle lia en même temps une négociation avec Philippe, comte de Charolais, fils et successeur du duc de Bourgogne, jeune prince de vingt-trois ans, aussi doux et aussi modéré que son père avoit été impétueux et violent. Philippe, qui étoit alors à Gand, n'avoit pas l'expérience que les malheurs de la France lui firent acquérir par la suite : il crut que son premier devoir étoit de venger le chef de sa famille. Entraîné par ce sentiment, il implora les secours de Henri, et lui offrit la couronne de saint Louis.

Ainsi, par l'attentat de Montereau, la faction bourguignonne étoit devenue plus forte que jamais, et le roi d'Angleterre, qui s'étoit trouvé quelques mois auparavant dans la position la plus embarrassante, n'avoit plus qu'à profiter de la haine irréconciliable des deux partis.

Il ouvrit dans la ville d'Arras un congrès, tant pour négocier avec la Reine et le nouveau duc de Bourgogne, que pour traiter séparément avec les villes qui voudroient favoriser ses desseins. Philippe s'y rendit, et le comte de Saint-Paul y parut au nom de la Reine. Henri, aussi profond politique qu'habile général, sentoit que pour établir solidement son autorité en France, il falloit qu'elle fût consacrée par une sorte d'assentiment de la part des communes. Jamais circonstance n'avoit été plus favorable pour arracher cette adhésion. Malgré l'aversion des Français pour une domination étrangère, la partie du royaume occupée par les Bourguignons avoit été si malheureuse depuis plusieurs années, que l'immense majorité des habitans ne demandoit plus que le repos, et une existence supportable : elle devoit naturellement se tourner vers le seul prince qui avoit assez de force pour établir un gouvernement quelconque. Le roi d'Angleterre reçut donc à Arras les députés d'un grand nombre de villes, et promit de conserver leurs priviléges. On s'habitua peu à peu à l'idée de l'avoir pour roi.

Henri, certain de cette disposition, suite de son adresse et de l'état des choses, dicta le traité dont les préliminaires furent signés le 17 octobre 1419. Il portoit que Henri épouseroit la princesse Catherine; que Charles VI continueroit de porter le nom de roi; que l'Etat seroit gouverné par son gendre, qui prendroit le titre de régent; et qu'à la mort de Charles, Henri succéderoit à la couronne. Après la signature de ces préliminaires, on convint d'une trève, dont les partisans du Dauphin furent exclus.

L'hiver se passa sans que le Dauphin fût assez fort pour s'opposer à un arrangement qui livroit le royaume à un prince étranger. Au mois de mai 1420, le roi d'Angleterre et le duc de Bourgogne se trouvèrent réunis à Troyes avec le Roi et la Reine, et le traité d'Arras y fut confirmé le 21 de ce mois. Le 2 juin suivant, Henri épousa la princesse Catherine : l'archevêque de Sens bénit ce mariage, et tous les habitans de Troyes prêtèrent serment de fidélité aux deux époux. Sens, Montereau et Melun étoient encore occupés par les partisans du Dauphin : Henri résolut de s'en emparer, avant de faire son entrée à Paris. Sens n'opposa presque aucune résistance : le roi d'Angleterre se rendit à la cathédrale, suivi de l'archevêque, auquel il dit avec bonté : « *Vous m'avez donné une femme, je vous rends la vôtre.* » Ce mot fit fortune, parce qu'on crut apercevoir que Henri auroit cette affabilité qui distinguoit nos rois. On ne tarda pas à reconnoître qu'on avoit mal jugé ce prince aussi altier qu'ambitieux. Montereau ne fut pas mieux défendu que Sens : le duc de Bourgogne y rendit les derniers devoirs à son père, et fit transporter son corps à la Chartreuse de Dijon, sépulture des princes de cette dynastie. Melun ayant capitulé, Henri ne pensa plus qu'à l'appareil de son entrée triomphante à Paris.

Cette solennité eut lieu le premier dimanche de l'avent. Le roi d'Angleterre parut avec sa jeune épouse, dont les charmes étoient relevés par tout l'éclat de la parure : il étoit suivi du Roi, de la Reine et du duc de Bourgogne. Ce triomphe, qui n'étoit pas dû à une victoire, mais aux divisions des Français, excitées par les intrigues de celui qui venoit de s'emparer du pouvoir, ne produisit d'autre effet que d'augmenter l'intérêt qu'on portoit au malheureux Charles VI, vieilli dans les souffrances, victime des passions de sa famille, et toujours cher à son peuple par une bonté qui ne s'étoit jamais démentie. Le monarque alla occuper avec la Reine l'hôtel Saint-Paul, son ancienne demeure : Henri s'établit au Louvre, et convoqua les Etats. Le prince anglais n'eut point pour cette assemblée les égards que la crainte avoit inspirés à tous ceux qui, sous ce règne, étoient parvenus à la puissance par la faveur du peuple. Il parla en conquérant, rétablit la gabelle, les aides, et les taxes odieuses qui avoient été le prétexte des révoltes; il refondit les monnoies, et les altéra; il abolit les concessions qui avoient été faites depuis quarante ans, et devint maître absolu. On le craignoit, il fut obéi; et l'anarchie, suivant l'ordre naturel des choses, fit place au despotisme. Isabelle, qui s'étoit flattée de régner sous le nom d'un gendre auquel elle avoit donné le trône de France, n'eut aucun crédit, et ne travailla qu'avec plus d'ardeur à la ruine du seul fils qui lui restoit. Henri ne plaça autour du Roi que des hommes sur lesquels il comptoit : presque tous les fidèles serviteurs de ce prince infortuné furent congédiés : il ne resta dans son intimité que quelques vieillards, anciens compagnons de sa jeunesse, peu redoutables à l'usurpateur, et n'ayant à offrir à leur maître qu'un dévouement et des vœux stériles.

Les hommes qui avoient livré leur pays au roi d'Angleterre ne tardèrent pas à éprouver les effets de son despotisme et de son orgueil. Le maréchal de L'Isle-Adam, l'auteur de la ruine des armagnacs, s'attendoit à toute sorte de faveurs : admis auprès de Henri, il crut pouvoir lui parler avec familiarité; et n'imitant pas les Anglais, qui avoient les yeux baissés devant lui, il osa le regarder en face. Le Roi montra beau-

coup d'humeur. « C'est la manière de France, lui dit
« L'Isle-Adam; lorsqu'on ne regarde pas celui à qui
« l'on parle, on passe pour un traître : et, grâce à
« Dieu, je ne le suis pas. » Cette réponse, qui auroit
dû désarmer Henri, le transporta de colère : il fit arrêter le maréchal, voulut le faire périr, et n'épargna
sa vie qu'en cédant aux sollicitations du duc de Bourgogne, qui ne put cependant obtenir qu'il fût mis en
liberté (1).

Ce prince, qui se repentoit déjà d'avoir mis un
étranger sur le trône de France, parut devant lui
comme un suppliant pour obtenir que son père fût
vengé. Le conseil et le parlement furent solennellement réunis dans la grande salle de l'hôtel Saint-Paul;
et le duc de Bourgogne s'y rendit, revêtu d'habits de
deuil. Renouvelant la scène qu'avoit donnée Valentine treize ans auparavant, mais ne produisant pas le
même effet, il appela sur la tête des assassins de son
père la punition la plus rigoureuse. Jean Larcher,
recteur de l'Université, qui avoit fait l'oraison funèbre de Jean-sans-Peur, plaida cette cause avec beaucoup de chaleur. Le Dauphin, d'après les sollicitations d'une mère dénaturée, fut condamné pour un
crime dont il n'avoit été que le témoin : un jugement,
revêtu du sceau de son malheureux père, déclara qu'il
étoit privé de toute succession, et que ses vassaux
étoient déliés du serment de fidélité. Le préambule de
ce jugement monstrueux porte cette formule : *Sur le
rapport du roi d'Angleterre, héritier et régent de*

(1) Fénin place cette anecdote à peu près quinze jours avant l'entrée
du roi d'Angleterre à Paris.

France. Charles y appelle Henri *son très-amé fils*, et il qualifie son héritier légitime de *soi-disant Dauphin*.

Le jeune prince appela de cet arrêt à Dieu et à son épée : ses malheurs et l'orgueil de son ennemi augmentèrent le nombre de ses partisans. Il fit un traité avantageux avec le roi d'Ecosse, qui lui envoya un secours de sept mille hommes, sous les ordres du comte de Buckam.

Cependant les Parisiens, qui par leurs excès avoient déterminé cette révolution funeste, étoient accablés de toutes les espèces de calamités. La ville étoit dépeuplée, des quartiers entiers se trouvoient abandonnés ; et la famine, suite de la ruine des campagnes, réduisoit au désespoir le peu d'habitans qui restoient. Dans cette crise terrible, la religion, si long-temps foulée aux pieds, se ranima, et devint la consolation d'un peuple qui n'avoit plus de patrie. Les riches employèrent les débris de leurs biens à secourir les malheureux, à fonder des hôpitaux, à pourvoir à la subsistance des enfans abandonnés (1). Les haines s'éteignirent dans le malheur commun, et la charité fut le lien qui réunit des hommes que l'esprit de faction avoit si long-temps divisés.

Henri partit pour l'Angleterre avec son épouse au commencement de 1421 : il laissa le gouvernement de Paris au comte d'Exeter son oncle, et celui de Norman-

---

(1) « Aucuns des bons habitans de Paris, dit Juvénal des Ursins, « acheterent trois ou quatre maisons dont ils firent hopitaux pour les « pauvres enfans qui mouroient de faim ; et avoient potage, bon feu « et bon couché. En moins de trois mois, avoit en chaque hopital « bien quarante lits que les bonnes gens y avoient donné. »

die au duc de Clarence son frère. Le duc de Clarence fit une invasion dans l'Anjou, qui tenoit pour le Dauphin. Ce prince envoya contre lui le comte de Buckam, qui le défit et le tua près de Beaugé. Ce premier avantage, obtenu par les troupes françaises, montra que les Anglais n'étoient pas invincibles : il ranima les espérances des véritables amis de leur pays, et valut au Dauphin l'alliance momentanée du duc de Bretagne.

Le roi d'Angleterre, peu content de la conduite de ses lieutenans, revint précipitamment en France, laissant à Londres sa jeune épouse près d'accoucher. Il signala son retour par de nouveaux impôts, et par une nouvelle altération des monnoies, qui causa la ruine entière du commerce et de l'industrie. Se mettant ensuite à la tête de son armée, il repoussa le Dauphin qui s'étoit avancé jusqu'à Chartres, et entreprit le siége de Meaux, dont il ne s'empara qu'après une résistance désespérée. Catherine lui ayant donné un fils [5 décembre 1421], il la rappela en France, où elle ne reparut que pour voir la désolation générale.

Le Dauphin, toujours vaincu dans les provinces voisines de la capitale, résolut d'attaquer les Etats du duc de Bourgogne. Il entra dans le Nivernais, et fit le siége de Cosne. Le roi d'Angleterre ne balança point à voler au secours de son allié : mais il éprouva dans sa route les atteintes douloureuses d'une maladie dont il étoit menacé depuis quelques années. Attaqué de la fistule, qu'on appeloit le *mal de saint Fiacre*, et pour lequel on ne connoissoit alors aucun remède, il fut obligé de s'arrêter à Melun, d'où il se fit transporter au château de Vincennes. Quoiqu'il fût arrêté au milieu de la plus brillante carrière, les approches de la mort ne lui firent rien perdre de sa fermeté. Ayant appelé les princes de son sang et Hue de Lannoy, envoyé du duc de Bourgogne, il leur dicta ses dernières volontés. Après leur avoir recommandé son épouse et son fils, il donna aux ducs de Bourgogne et de Bedford la régence de la France, au duc de Glocester la régence de l'Angleterre, et au duc de Warwick la surintendance de l'éducation du jeune Roi. Il les conjura de vivre unis, et insista fortement pour qu'ils ne délivrassent pas, avant la majorité de son fils, les princes français prisonniers en Angleterre depuis la bataille d'Azincourt. Henri reçut ensuite les secours de la religion. Tandis qu'on lui lisoit le psaume *Miserere*, où se trouvent ces mots : *ut œdificentur muri Jerusalem*, il sortit d'une profonde rêverie, et dit qu'il avoit eu le projet, après avoir pacifié la France, d'aller délivrer la Terre Sainte. Il mourut le 30 août 1422, âgé de trente-six ans, ayant préparé par son ambition insensée la ruine entière de sa famille ; prince doué de presque toutes les qualités héroïques, mais privé de cet esprit de justice et de modération qui peut seul les faire servir au bonheur des peuples.

Cette mort, qui devoit relever les espérances du Dauphin, ne produisit d'abord aucun effet favorable à sa cause. Le duc de Bourgogne ayant refusé de prendre part à la régence, le duc de Bedford devint l'unique dépositaire du pouvoir absolu, et parvint à rompre l'union qui régnoit entre l'héritier de la couronne et le duc de Bretagne. Isabelle chercha vainement à partager la puissance : devenue odieuse aux Anglais même, ses prétentions furent repoussées, et elle se vit reléguée près d'un époux que la mort alloit frapper.

Charles suivit de près son gendre au tombeau [21 octobre]. Isabelle, quoique habitant le même palais, n'assista pas à ses derniers momens. Le malheureux monarque n'eut près de lui que son premier gentilhomme, son confesseur et son aumônier. Ses funérailles, où l'on ne vit aucun prince du sang, et auxquelles le duc de Bedford se fit un devoir d'assister, remplirent d'attendrissement un peuple qui n'avoit pas cessé de lui être attaché. Lorsque son cercueil fut arrivé dans l'église de Saint-Denis, un huissier prononça ces mots : *Priez pour l'ame de Charles* VI, *roi de France : vive Henri de Lancastre, roi de France et d'Angleterre!*

Telle fut la fin de la pénible vie de Charles VI : à la suite des excès auxquels ses peuples se portèrent, un prince étranger fut proclamé sur son tombeau. Le Dauphin prit le titre de roi, et le nom de Charles VII. Sa constance dans l'adversité, les exploits de ses généreux défenseurs, et son heureuse restauration, appartiennent aux Mémoires qui suivront ceux de Boucicaut et de Fénin. Isabelle eut le malheur de survivre longtemps à son époux : elle déshonora sa vieillesse en persistant dans une haine implacable contre son fils. A ses derniers momens, elle vit le duc de Bourgogne, qui n'avoit abandonné son devoir que par excès de piété filiale, conclure avec Charles VII un traité qui assuroit à ce prince la possession du trône. Elle mourut dix jours après la signature de ce traité, le 30 septembre 1435, à l'âge de soixante-quatre ans. Chargée de la haine publique, ses obsèques n'eurent aucune pompe; un bateau transporta secrètement son cercueil à Saint-Denis. Elle y fut inhumée par l'abbé; et aucun évêque ne voulut assister au service funèbre qui fut célébré pour elle.

NOTICE
SUR BOUCICAUT.

La famille de Boucicaut étoit illustre sous le règne du roi Jean, et possédoit de grandes terres dans la Touraine : son véritable nom étoit Le Maingre ; et le surnom de Boucicaut, donné par plaisanterie au père de celui dont nous nous occupons, devint bientôt, par la gloire dont ces deux hommes célèbres surent le couvrir, le seul sous lequel elle fut connue. Boucicaut le père, toujours fidèle à Jean et à Charles v, leur rendit les plus grands services : plein de valeur dans les batailles, et possédant en même temps la prudence et le sang-froid d'un homme d'Etat, il fut l'un des principaux négociateurs du traité de Bretigny, accord dont les contemporains murmurèrent, mais qui étoit l'unique moyen de donner à la France le temps de réparer ses pertes (1). Ses succès à la guerre et dans les ambassades l'élevèrent au rang de maréchal, charge plus glorieuse qu'aujourd'hui, puisque l'armée française ne comptoit alors que deux maréchaux. Il avoit épousé dans un âge avancé Florie de Linières, dame d'Escoubleau et de la Bertinière.

La paix étant rendue à la France par la sagesse de

(1) Boucicaut le père étoit frère d'armes du brave Saintré. Unis par l'amitié la plus tendre, leurs caractères étoient entièrement opposés. On fit à leur sujet la plaisanterie suivante :

>Quand vient à un assault,
>Mieux vault Saintré que Bouciquault ;
>Mais quand vient à un traité,
>Mieux vault Bouciquault que Saintré.

son Roi, cette famille vivoit à Tours avec l'éclat qui lui convenoit. Ce fut là que naquit, vers l'année 1368, le héros qui devoit seul répandre quelque gloire sur le règne malheureux de Charles VI. Il fut nommé, comme son père, Jean Le Maingre, dit *Boucicaut*. L'année suivante, Florie eut un autre fils auquel on donna le nom de Geoffroy, et qui étoit destiné à marcher sur les traces de son aîné. La naissance tardive de ces deux fils, sur lesquels tout l'espoir de cette maison étoit fondé, combla les vœux du maréchal, mais ne le porta pas à chercher les moyens d'augmenter sa fortune. Ses amis lui reprochant un désintéressement peu convenable pour un père de famille, il leur répondit par ces belles paroles : « Je n'ai rien perdu de l'héritage « de mes aïeux, et je n'ai non plus rien acquis. Si « mes enfans sont vertueux et braves, ils auront assez : « s'ils ne valent rien, ils auront trop. » Ce généreux guerrier n'eut pas la satisfaction de voir les dispositions heureuses de ses enfans chéris : ayant été chargé par le Roi d'une mission en Bourgogne, il mourut à Dijon en 1370, lorsque son fils aîné n'avoit encore que deux ans.

Florie, devenue veuve, ne s'occupa plus que de l'éducation de sa famille. Charles V, qui avoit comblé de bienfaits le maréchal, lui demanda bientôt son fils aîné pour le faire élever avec le Dauphin, qui étoit du même âge. Ce ne fut qu'avec douleur qu'elle consentit à s'en séparer; mais l'intérêt de cet enfant l'emporta sur sa tendresse.

Boucicaut justifia l'espoir du Roi; et si le Dauphin eût pu acquérir les vertus d'un grand prince, c'est dans la société de son jeune compagnon qu'il en auroit trouvé l'exemple. Il faut voir, dans les Mémoires, les détails de cette éducation mâle que Boucicaut sut se donner dans une cour où l'esprit militaire commençoit à s'affoiblir. Il avoit douze ans lorsque la France perdit Charles v. Chéri de Charles vi et des princes ses oncles, il ne leur demanda d'autre faveur que d'entrer promptement dans la carrière des armes.

Ses vœux furent bientôt accomplis; il se distingua dans les campagnes de Flandre, qui ouvrirent d'une manière glorieuse le nouveau règne, et où il fut armé chevalier. A peine dans l'adolescence, il commanda cent hommes d'armes à l'expédition de l'Ecluse. Revenu au milieu d'une cour voluptueuse, après avoir acquis à la fleur de l'âge la réputation d'un homme de guerre, s'il n'échappa point entièrement aux séductions des compagnes d'Isabelle de Bavière, il mit du moins dans ces liaisons dangereuses cette délicatesse qui peut seule leur donner quelque charme. Jamais l'amour n'éteignit en lui le désir de la gloire. Il s'arrachoit aux délices de l'hôtel Saint-Paul pour aller, soit en Espagne, soit en Prusse, combattre les ennemis de la France, ou les Infidèles. Lorsque, couvert de lauriers, il reparoissoit dans ce cercle brillant, il ne répondoit aux avances qui lui étoient faites que par des égards respectueux pour toutes les dames, et par des soins plus empressés pour celle qu'il préféroit. « Toutes servoit, dit l'auteur des Mémoires; « toutes honoroit pour l'amour d'une. »

Bientôt fatigué du repos, et s'indignant de ce qu'aucune guerre en Europe ne lui fournissoit l'occasion de déployer sa valeur, il entreprit le voyage de la Terre Sainte, alla comme pélerin à Jérusalem, parcourut la Syrie et l'Archipel, visita Constantinople; et au milieu des nombreuses aventures qui lui arrivèrent, il fut assez heureux pour délivrer le comte d'Eu, parent du Roi, qui étoit prisonnier des Turcs. A son retour, il trouva Charles VI qui visitoit les provinces méridionales, et revint en même temps que lui dans la capitale, l'imagination remplie de grands projets.

La chevalerie s'affoiblissoit sous ce règne, où l'esprit de faction avoit remplacé l'amour de la patrie, et où la débauche faisoit oublier la galanterie décente. Quelques jeunes gens d'un caractère élevé, parmi lesquels étoit Boucicaut, essayèrent de s'opposer à la corruption du siècle. L'enthousiasme pour les vertus de leurs ancêtres devint chez eux d'autant plus vif qu'ils le trouvoient éteint dans tout ce qui les entouroit. Voyant que leurs efforts étoient vains, et révoltés des horreurs et des bassesses dont leurs yeux étoient involontairement témoins, ils résolurent d'aller chercher l'honneur et la véritable gloire dans des expéditions lointaines. Boucicaut, Saimpy, de Roye, Château-Morand, et beaucoup d'autres, remplirent la Hongrie, la Grèce et la Syrie du bruit de leurs exploits; et tandis que leur patrie étoit en proie aux fureurs des partis, et se disposoit à courber la tête sous le joug étranger, ils faisoient respecter le nom français aux extrémités de l'Europe, et sur les confins de l'Asie. C'est cette partie en quelque sorte extérieure de l'histoire de France, peu connue parce qu'elle ne se lie pas aux grands événemens du règne de Charles VI, qu'on trouvera développée dans les Mémoires de Boucicaut.

Il étoit en France, lorsqu'en 1388 Charles VI, âgé de vingt ans, voulut réprimer l'insolence du duc de Gueldres, qui avoit osé le défier : il suivit le Roi dans cette glorieuse expédition, courut les plus grands dangers, et se trouva l'un des conseillers du jeune monarque, quand, après avoir triomphé des Allemands, il s'affranchit, dans la ville de Reims, de la tutèle de ses oncles.

Boucicaut partit ensuite pour la Prusse. Pendant qu'il étoit à Kœnisberg, la mort frappa le maréchal de Blainville [1391]. Le Roi ne balança point à lui donner cette charge, quoiqu'il fût absent. Boucicaut s'empressa de venir recevoir le bâton, et joignit le monarque à Tours, où ce prince étoit logé dans la maison de sa famille. Charles lui dit, avec cette grâce qui le caractérisoit : « Vous êtes né dans cette cham-
« bre, et je l'ai choisie pour vous remettre moi-même
« cette charge que votre père a exercée avec gloire. »
Boucicaut, pénétré de reconnoissance pour le Roi, l'accompagna l'année suivante dans ce voyage de Bretagne où la vengeance l'entraînoit; et où l'accident le plus funeste devoit, en le mettant pour jamais hors d'état de gouverner, livrer son royaume à l'anarchie. Charles, avant de partir du Mans, donna au nouveau maréchal le gouvernement de la Guyenne.

En 1393, Boucicaut, âgé de vingt-cinq ans, parvenu aux premières dignités militaires, voulut former un établissement. Il adressa ses vœux à Antoinette, fille aînée de Raimond, vicomte de Turenne, recherchée depuis long-temps par Charles d'Anjou, cousin germain du Roi. Vainement le père de ce prince, qui portoit le titre de roi de Naples, s'opposa-t-il aux prétentions du maréchal; vainement le pape d'Avignon Clément VII intervint-il dans cette affaire : Boucicaut obtint la belle Antoinette, qui dédaigna pour lui une alliance royale, et qui lui apporta en dot les comtés d'Alet et de Beaufort.

Les charmes de cette union ne l'empêchèrent pas de partir trois ans après pour la Hongrie, menacée par l'empereur Bajazet. Il étoit chargé de guider le jeune courage du comte de Charolais, fils aîné du duc de Bourgogne, et si connu depuis sous le nom de Jean-sans-Peur. Après avoir pris d'assaut plusieurs villes, les Français, lâchement abandonnés par les Hongrois, perdirent la bataille de Nicopolis [15 septembre 1396]. Le comte de Charolais et Boucicaut, après une défense désespérée, y furent faits prisonniers.

Rendus à la liberté par la conduite pleine de sagesse du maréchal, ils revinrent en France, où l'on n'espéroit plus les revoir. Le comte de Charolais se jeta dans les factions : Boucicaut chercha l'occasion d'essayer quelque entreprise lointaine. Elle ne tarda pas à se présenter.

Bajazet, vainqueur des Hongrois, voulut achever la ruine de l'Empire grec. L'empereur Manuel Paléologue, privé de tout moyen de défense, envoya son neveu Théodore Cantacuzène demander des secours en France. Boucicaut partit aussitôt avec son fidèle ami Château-Morand : ils repoussèrent les troupes de Bajazet, fortifièrent Constantinople, et rétablirent la paix dans la famille impériale, qui, malgré les dangers dont elle étoit menacée, s'étoit affoiblie en se divisant. Pour prix de ses services, Boucicaut fut décoré par Manuel du titre de *connétable de l'Empire grec*.

A son retour [1399], il trouva la France livrée plus que jamais à l'anarchie : l'esprit de chevalerie étant presque éteint, les femmes, les enfans et les foibles manquoient d'appui, et devenoient victimes, soit des fureurs populaires, soit des passions des grands. Ce fut alors que le maréchal établit, pour venir au secours des opprimés, l'ordre de *la Dame blanche à l'écu vert*, où entrèrent tous ses amis, et dont les statuts, rédigés par lui, se trouvent dans les Mémoires, sous la date du 11 avril 1399.

En défendant Constantinople, Boucicaut s'étoit rendu cher aux Génois, dont il avoit sauvé les établissemens de commerce. Lassés de l'anarchie, ils s'étoient soumis à la France depuis quelques années; mais aucun gouverneur n'avoit pu prendre sur eux l'autorité nécessaire. Ils prièrent alors Charles VI de leur donner Boucicaut, dont ils connoissoient le désintéressement et la fermeté.

Cette mission importante plut au maréchal, parce qu'elle l'éloignoit d'un pays déchiré par les factions. Elle lui donnoit en même temps les moyens de conserver à sa patrie une riche possession, et de faire de nouvelles expéditions contre les Infidèles. Son arrivée à Gênes fut le signal de la paix : toutes les factions disparurent devant son administration juste et ferme, et l'on vit bientôt renaître la prospérité publique. Les détails circonstanciés de cette période, la plus glorieuse de la vie de Boucicaut, se trouvent dans les Mémoires. Quelques écrivains modernes ont prétendu que le maréchal n'avoit rétabli la tranquillité qu'en imposant à cette république un joug de fer. Ils ont émis cette opinion en jugeant d'après l'événement, et n'ont pas aperçu que le gouvernement français n'ayant plus en 1409 aucune considération à l'extérieur, il étoit tout naturel que Boucicaut, malgré son heureuse administration pendant plus de neuf ans, fût dans l'impossibilité de se maintenir, sans espoir de secours, à la tête d'un peuple qui, dans son inconstance, regrettoit en secret son ancienne liberté.

Il suffit, pour réfuter ces historiens, de leur opposer un témoignage qui paroît irrécusable. On trouve dans le livre neuvième de l'histoire de Gênes, écrite en latin par Foglietta, le passage suivant :

« L'an 1402, les opérations de Boucicaut furent si
« agréables aux citoyens, qu'ils envoyèrent, comme
« ambassadeurs près du roi de France, Dominico Im-
« periale et Cosme Tariga, pour obtenir que ce grand
« homme conservât pendant toute sa vie le gouverne-
« ment de Gênes : ils furent chargés de dire au mo-
« narque que, par sa prudence et sa fermeté, la répu-
« blique respiroit enfin de ses anciennes calamités, et
« qu'elle espéroit revenir aux temps les plus heureux
« de son existence. Lorsque les ambassadeurs eurent
« obtenu cette grâce, toute la ville fut transportée de
« joie, car Boucicaut se distinguoit par les vertus qui
« constituent un homme vraiment digne de gouverner.
« Il étoit éloigné par caractère de toute espèce d'excès
« et de débauche : exact observateur des préceptes de
« la religion, il en remplissoit publiquement les de-
« voirs. On admiroit en lui l'amour de la justice, l'élé-
« vation des sentimens, une générosité royale, une
« intrépidité à toute épreuve, et autant de lenteur à
« prendre une résolution, que de promptitude à l'exé-
« cuter. Il savoit se concilier la faveur publique par
« la douceur de ses mœurs, les agrémens de sa con-
« versation, et son affabilité avec tout le monde : qua-
« lités qui peuvent seules faire supporter aux hommes
« la grandeur de leurs semblables. Enfin il étoit par-
« venu à soumettre tous les esprits, en se faisant

« craindre par les méchans et chérir par les bons. »

Dans les intervalles de repos que lui laissèrent ses fréquentes expéditions contre les Turcs, Boucicaut s'occupa beaucoup des moyens de rendre la paix à l'Eglise. Il négocia souvent avec les deux Papes, cru quelquefois les avoir amenés à un accommodement, et fut toujours trompé dans son espoir. Ses démarches étoient dirigées par la tolérance la plus éclairée. « A « chose qui touche l'ame et la conscience, disoit-il, « on ne doibt homme contraindre par force, ne aussi « faire ne le vouldrois; car ce doibt venir de pure « franche volonté, ny Dieu ne veult être servi à « force. »

Toujours sage et mesuré dans l'exercice du pouvoir, il réprimoit les abus sans violence, punissoit sans passion, distribuoit les récompenses sans les prodiguer, et maintenoit la paix chez un peuple beaucoup plus difficile à gouverner que les Français, par une justice qui ne penchoit ni vers la dureté ni vers la foiblesse. Aussi son historien, témoin sans doute des désordres de la capitale de la France, s'écrioit dans son langage naïf : *Il y auroit bon besoin d'un tel gouverneur à Paris.*

En 1409, Jean-Marie, duc de Milan, se mit sous la protection de la France, afin de pouvoir réclamer l'appui de Boucicaut contre Francisque, marquis de Montferrat, qui vouloit envahir toute la Lombardie. Le maréchal se rendit à Milan pour recevoir son hommage au nom du Roi. Pendant son absence, Francisque excita une révolte à Gênes, parvint à y entrer avec l'aide des Spinola et des Doria, et ordonna le massacre des Français. Un grand nombre périrent :

les citadelles élevées par eux furent prises par la populace; et le gouvernement fût renversé aux cris de *vive le peuple! vive la liberté!*

Boucicaut, retrouvant en Italie les mêmes désordres qui lui avoient rendu le séjour de la France insupportable, voulut en vain rentrer dans Gênes : il ne reçut aucun secours de son pays. Le malheur qui le frappoit pour la première fois à l'âge de quarante-un ans, et qui ne devoit plus l'abandonner, lui enleva tous les alliés qu'il avoit en Italie.

De retour en France, où le duc de Bourgogne étoit tout puissant, il se crut obligé, puisqu'il agissoit au nom du Roi, de marcher avec lui contre les princes. Après la paix d'Auxerre, il vécut dans la retraite. Ayant eu la douleur de perdre son fils unique, il vit bientôt expirer son épouse, et se trouva dans l'isolement le plus absolu [1413].

Revenu des illusions qui avoient autrefois fait son bonheur, et ne trouvant des consolations que dans la religion, il reprit cependant les armes en 1415, lorsque Henri V fit une descente en France à la tête d'une armée anglaise. On a vu, dans le tableau du règne de Charles VI, qu'il s'opposa vainement à ce qu'on livrât la bataille d'Azincourt. Il y fut fait prisonnier avec presque tous les princes du sang, et ne recouvra point sa liberté. Il mourut dans sa prison en 1421, un an avant son malheureux maître. Quelques années après, son corps fut apporté en France, et déposé à l'église de Saint-Martin de Tours, dans la chapelle des Boucicaut.

LE LIVRE

DES FAICTS

DU BON MESSIRE JEAN LE MAINGRE,

DIT BOUCICAUT,

MARESCHAL DE FRANCE ET GOUVERNEUR DE GENNES.

LE LIVRE

DES FAICTS

DU MARESCHAL DE BOUCICAUT.

PREMIERE PARTIE.

CHAPITRE I : PROLOGUE.

Cy commence le livre des faicts du bon messire Jean Le Maingre, dit Boucicaut, mareschal de France et gouverneur de Gennes.

Deux choses sont par la volonté de Dieu establies au monde, ainsi comme deux piliers à soustenir les ordres des loix divines et humaines, qui à creature humaine donnent reigle de vivre en paix et deüement soubs les termes de raison, et qui accroissent et multiplient le sens humain en congnoissance et vertu, et l'ostent d'ignorance; et avec ce deffendent et soustiennent et augmentent le bien propre et aussi le public, et sans lesquels seroit le monde ainsi comme chose confuse, et sans nul ordre. Et par ce pouvons nous veoir que comme elles nous soient necessaires, pour le grand bien d'elles et le grand profit qui nous en vient, nous les devons souverainement priser, honnorer, soustenir; loüer, et avoir en reverence.

Iceulx deux piliers, sans faille, sont chevalerie et science, qui moult bien conviennent ensemble. Car en pays, royaume ou empire auquel l'une des deux faudroit, conviendroit que le lieu eust peu de durée; car là où science seroit destruicte, loy seroit nulle. Et comme homme ne puisse bien vivre sans loy, et seroit retourné comme en beste : avec ce, le royaume ou contrée là où deffence de chevalerie cesseroit, l'envieuse convoitise des ennemis, qui rien ne craindroient, tost à confusion le mettroit. Or nous a, Dieu en soit loüé! avec les autres biens que faicts nous a, donné ces deux defences. Mais de l'une parlerons plus avant au propos que nous voulons traicter, c'est à sçavoir de chevalerie, en la loüant en la personne d'un vaillant et noble chevalier encores au monde (Dieu luy tienne!), aujourd'huy vivant en bon aage, et prosperité de corps, d'esprit, et de noble estat.

C'est monseigneur messire Jean Le Maingre, dit Boucicaut, mareschal de France et gouverneur de Gennes, en la reverence et honneur duquel, pour les dessertes de ses biensfaicts, sera au plaisir de Dieu traicté et parfaict ce present livre : racomptant le bien de luy, tant en vertu de nobles mœurs, gentilesse et toutes graces, comme en proüesse et vaillantise de son corps, et biensfaicts par luy accomplis ; és quelles vertus on le veoid perseverer de mieulx en mieulx. Et comme à tous par nature ceste vie soit briefve, est chose deüe et de belle ordonnance, afin que le bienfaict des vaillans ne soit mie amorty, que ils soyent mis en perpetuelle souvenance au monde, c'est à sçavoir en registre de livres. Et pour ce est il dict de plusieurs vaillans trespassez, de qui les noms et bontez sont mis en memoire, que ils ne sont pas morts, ains vivent, c'est à dire que le bien d'eulx n'est pas mort; car leur bonne renommée est encores vive au monde, et vivra par le rapport des tesmoings des livres jusques à la fin du monde. Et avec ce, c'est chose convenable que en memoire autentique soient mis les bons, et leur nom authorisé : affin que ceulx qui tendent à honneur puissent prendre exemple de bien faire, pour attaindre au loyer de bonne renommée, qui est deüe à ceulx qui le desservent.

Mais à un peu revenir au propos de prouver ce que devant est dict, c'est à sçavoir que aussi avecques chevalerie science doibt estre loüée, comment sçaurions nous des bons trespassez les biensfaicts entre nous humains, de qui l'entendement ne comprend rien des choses passées, fors par le rapport d'autruy, si science n'estoit qui le nous certifie? Ce sont lettres et escriptures, lesquelles sont le premier membre de science, par qui nous sont rapportées les choses passées, et que à l'œuil nous ne voyons mie. Et pour ce dict Caton : « Lis les livres. » Car certes homme, de quelque estat qu'il soit, ne sera ja droictement appris, si n'est par introduction de lettres et de livres. Et pour ce me semble que moult devons loüer science et ceulx qui les sciences nous donnerent, par qui avons congnoissance de tant de nobles choses que nos yeux ne peuvent veoir, et des vaillans preux trespassez, qui tant honnorablement vesquirent en ce monde, qu'ils en ont desservy memoire à tousjours.

CHAPITRE II.

Cy dit par quel mouvement ce present livre fut faict.

Affin qu'il ne soit pas celé mais sceu de tous ceulx qui ce present livre verront et orront, par quel mouvement il a esté faict et mis sus, il est à sçavoir que plusieurs chevaliers de grand renom et gentils-hommes vaillans, poursuivans le noble faict et hautesse des armes, lesquels ont congneu et hanté dés son enfance (de tels y a, et encores font) le bon vaillant preux mareschal de qui nous parlons, et ses nobles ancestres; et esté avec luy en maintes nobles places, et assemblées chevaleureuses : parquoy tant l'ont veu et esprouvé en toutes conditions qui à vaillant chevalier advisent, ont advisé que affin que le temps advenir, si comme devant est dict, le nom et bienfaict de si vaillant preud'homme ne soit pery, ains soit demeurant au monde avec les vivans par longue memoire, et que les autres s'y puissent mirer, que bon seroit que certain livre de luy et de ses faicts fust faict.

Et pource, comme il en soit bien digne, adviserent personne propice à qui l'œuvre commeirent et chargerent, laquelle personne, pour l'authorité de luy et aussi d'iceulx nobles dignes de foy, ne contredit leur bon vouloir, ains promeit à l'aide de Dieu l'accomplir au mieulx que faire le sçauroit, selon la relation de leurs rapports, et sans rien du sien en parlant de luy adjouster; et ainsi entreprist ce dict œuvre, aprés le tesmoignaige et le rapport d'iceulx, qui estre nommez ne veulent, affin que envieux ne deissent que aulcune flaterie leur feist dire.

CHAPITRE III.

Cy dit de quels parens fut le mareschal Boucicaut; et de sa naissance et enfance.

Or entrons doresnavant au propos que nous entendons à poursuivre, c'est de parler du vaillant Boucicaut, à la loüange duquel, veritable et sans flaterie, sera continué ce livre, à l'aide de Dieu, jusques à la fin. Fils fut du noble et tres-vaillant chevalier monseigneur Jean Le Maingre, dit Boucicaut, lequel dict chevalier fut moult preud'homme et de grand sçavoir, et toute sa vie et son temps employa en la poursuite d'armes; et à l'exemple des vaillans anciens, qui ainsi le feirent, ne luy chailloit (1) de tresor amasser, ne de quelconques choses, fors d'honneur acquerir. Pour lesquels biensfaicts, et sa grand vaillance et preud'hommie, au temps des grandes guerres en France, au vivant du chevaleureux roy Jean, fut faict mareschal de France, lequel servit le dict Roy en ses guerres, si comme assez de gens encore vivans le sçavent si puissamment, que de present est appellé et tousjours sera le vaillant mareschal Boucicaut. Et encores pour un petit toucher de la grand'ardeur et seule convoitise qu'il avoit en la poursuite d'armes, sans ce qu'il luy

(1) *Ne luy chailloit :* il lui importoit peu.

chalust de quelconque autre avoir, dirons de luy en brief ce qu'il respondoit à ses parens et autres de ses amis, quand par plusieurs fois le blasmerent de ce qu'il n'acqueroit terres et seigneuries pour ses enfans, veu qu'il estoit tant en la grace du Roy. « Je n'ay « rien, disoit-il, vendu ne pensé à vendre de l'heri- « tage que mon pere me laissa, ne point acquis aussi « n'en ay, ne vueil acquerir. Si mes enfans sont preu- « d'hommes et vaillans, ils auront assez; et si rien ne « vaillent, dommaige sera de ce que tant leur demeu- « rera. »

Assez se pourroit dire de ce vaillant preud'homme, qui voudroit parler de ses faicts et vaillances : mais pour tirer à la matiere dont nous esperons parler, à tant nous en souffrerons. Si ne forligne mie son vaillant fils, s'il est plain de bonté; car, ainsi que dit le proverbe commun, de bonne souche bon syon (1). Sa femme, et mere de celuy dont nous faisons nostre livre, fut madame Fleurie de Linieres, qui en son vivant estoit tresbonne, belle, sage et tres-noble dame, et d'honneste vie. Né fut celuy dont nous parlons en Touraine, en la cité de Tours, et en baptesme eut nom Jean. Si fut cherement tenu de ses parens, comme leur premier fils, et nourry joyeusement, comme il appartient à enfant de tel parage. Mais le vaillant pere, dont cy dessus avons parlé, ne dura au fils que deux ans apres sa naissance. Si trespassa de ce siecle; dont dommage fut au royaume de France, aussi à la noble dame sa femme, qui moult le pleura, et grand dueil en fist; et aussi fut grand perte à ses enfans.

(1) *Bon syon* : bon renom.

Si fut cest enfant bel et doucet, et tres-plaisant à nourrir, qui au veufvage de la mere feut grant reconfort. Car au feur qu'il croissoit, grace et beauté croissoient et multiplioient en luy. Si fut enfant bel plaisant, gracieux, et de joyeux visaige, un peu sur le brunet, et assez coulouré; qui bien luy fist. Si estoit avenant, joyeux et courtois en tous ses enfantibles faicts. Et quand il fut un peu parcreu, la sage et bonne mere le fist aller à l'escole, et luy continua à y aller, tant qu'elle l'eut avec soy en ce temps de son enfance. Tout ainsi que dict le proverbe commun, ce que Nature donne, nul ne peut tollir : car quoy que l'on die, dés l'enfance de l'homme se peuvent appercevoir ses inclinations, de quoy que ce soit, si comme par experience se peut chacun jour veoir.

Et ce tesmoingnent assez les anciennes histoires des faicts de plusieurs vaillans, si comme de Cirus, qui en son enfance cuidoit estre fils du pasteur qui l'avoit nourry, et ses bestes gardoit aux champs; et il estoit de royale lignée, et fils de la fille d'Astiages, roy de Perse, lequel roy l'avoit commandé à occire dés qu'il feut né, de peur qu'il le desheritast quand en aâge seroit, pour cause d'un fier songe qu'il avoit songé, qui ainsi luy fut par sages exposé. Mais comme le dict commandement du Roy ne fust mie du tout obey, le trouva un pasteur au bois pendu par les drapelets à un arbre. Si le nourrit sa femme comme sien : mais quand il feut parcreu, Nature, qui ne peut celer ce qu'elle donne, ne voulut pas mucier (1) en luy son noble sang et sa royale venuë. Car avec ce que bel de corps et de visaige estoit, le gentil port de luy,

(1) *Mucier* : cacher.

son seigneurial maintien, l'alleure, le regard et la sage parole demonstroient en luy qui il estoit. Et qu'il soit vray que grand chose et merveilleuse soit que les dons de grace et de nature, tant estoit celuy Cirus naturellement de seigneurial maintien, que les autres pasteurs l'avoient en reverence, et en firent leur roy. Si le craignoient et doubtoient; et quand ils estoient aux champs, ils s'assembloient entour luy, et il oyoit leurs causes, et en determinoit, et leur faisoit droict. Et ainsi Nature prophetisoit en luy ce que puis adveint : car il feut roy de Perse, d'Assyrie et de Mede, et conquit Babilone la grande.

Semblablement advint de Romulus, qui fonda Rome, et de Remus son frere, qui dés leur enfance assembloient les petits enfans, par maniere de bataille; et ainsi le continuoient et maintindrent quand ils furent grands et hommes parfaicts, tant qu'ils conquirent grand pays. Pâris le fils de Priam, qui pasteur mescongneu fut en son enfance, et fils de pasteur cuidoit estre; mais son gentil maintien et son poly atour, ses chapelets de fleurs, et son arc doré, donnoient enseignes, avecques sa tres-grande beauté, tant de ses inclinations et conditions amoureuses, plus que batailleresses, quel il estoit. D'assez d'autres nobles hommes pourroit-on dire, desquels, quand jeunes estoient, les enseignes de leur enfance demonstroient enseignes de leurs conditions.

CHAPITRE IV.

Encores de l'enfance du dict Boucicaut.

A propos de ce que dict est dessus dés l'enfance du noble mareschal Boucicaut, duquel nous esperons ramener à digne memoire les tres notables et beaux faicts par luy achevez et accomplis, au contenu de ce livre, estoyent en luy apparens ses belles, bonnes et honnorables conditions, et inclinations naturelles : car ses jeux enfantelins estoyent communément de choses qui peuvent signifier faicts de chevalerie; et comme il est dict devant des susdicts chevaleureux, Nature prophetisoit en cestuy cy les haults offices que Dieu et bonne fortune luy apprestoient à venir en son temps. Car il assembloit les enfans de son aage, puis alloit prendre et saisir certaine place, comme une petite montaignete, ou aultre part; et avec luy Geoffroy son frere, qui en son parfaict aage a esté et est chevalier de tres-grand' emprise, fort et fier à ses ennemis, hardy et de grand courage, et bel de corps et de visaige, et en si grand office, comme gouverneur du Daulphiné; et aussi Mauvinet, leur frere de mere, qui moult vaillant chevalier a esté en son vivant. Iceux estoient avecques luy à garder le pas ou le lieu contre les autres petits enfans à qui de sa puissance chalengioient (1) la place; et autresfois vouloit estre l'assaillant, et par force en deboutoit

---

(1) *Chalengioient :* disputoient.

les autres ; puis faisoit assemblées, comme par batailles, et aux enfans faisoit bacinets (1) de leurs chapperons : et en guise de routes de gens d'armes, chevauchant les bastons, et armez d'escorces de buches, les menoit gaingner quelques places les uns contre les autres. A tous tels jeux volontiers joüoit, ou aux barres, ou au jeu que l'on dict le croq madame, ou à saillir, ou à jetter le dard, la pierre, ou si faictes choses. Mais à quelque jeu qu'il joüast, tousjours estoit le maistre, et vouloit congnoistre du droict ou du tort des autres enfans. Et dés lors estoit sa maniere seigneuriale et haulte ; et se tenoit droict, la main au costé, qui moult luy avenoit, regardant joüer les autres enfans, pour juger de leurs coups ; et ne parloit mie moult, ne trop ne rioit. Non pas que ce luy veint d'orgueil, ne oultrecuidance : car il estoit amiable, doux et humain, et courtois sur tous autres enfans, et tres-humble et tres-obeissant à son maistre qui le gouvernoit, et à toute gent ; mais que tort on ne luy feist : car ce ne souffroit-il en nulle guise. Et telle maniere avoir à si jeune enfant estoit demonstrance de son grand et noble couraige, qui dés lors se donnoit à congnoistre.

Et qu'il eust grand cœur, apparut bien une fois, que son maistre l'avoit batu, pour cause que un enfant s'estoit plaint qu'il luy avoit donné une buffe (2), pource qu'il l'avoit desmenty : Boucicaut ne pleuroit point, ains tenoit sa main soubs sa joüe, comme tout pensif. Son maistre, qui regarda la maniere qu'il ne pleuroit point, comme font les autres enfans communément, qui pleurent quand on les a battus, luy dist

---

(1) *Bacinets* : casques. — (2) *Une buffe* : un soufflet.

asprement : « Regardez, est-il bien fier ce seigneur là!
« il ne daigne pleurer. » L'enfant luy respondit :
« Quand je seray seigneur, vous ne m'oserez batre;
« et je ne pleure point, pour ce que si je pleuroye,
« on sçauroit bien que vous m'auriez batu. »

Quand il fut un peu grandelet, le saige roy Charles, qui lors vivoit, lequel n'avoit pas oublié les bons services que son pere le vaillant mareschal Boucicaut avoit faicts en son vivant au roy Jean et à luy, aussi és faicts des guerres du royaume de France, contre les Anglois, eut esperance que semblablement le fils seroit vaillant, et que bien estoit raison qu'il le remunerast des biensfaicts de son feu pere. Si voulut, et ordonna qu'il fust amené par deça, et qu'il demeurast à la cour du daulphin de Vienne son fils, qui à present regne. Et ainsi feut faict. Si fut nourry avec ledict Daulphin jusques à ce qu'il eut d'aage environ douze ans. Et tant comme il y feut se gouverna tres-gracieusement : tellement que le Daulphin l'avoit moult cher, et semblablement tous les autres haults et nobles enfans qui là estoyent nourris, et mesmement aussi les grans gens, l'aimoient; et moult reputoient ses belles manieres sages et gracieuses; et toutes telles que noble enfant taillé à venir à grand bien doibt avoir.

CHAPITRE V.

Cy dit de la premiere fois que Boucicaut prist à porter armes.

Boucicaut, comme dict est, estoit ja venu en l'aage de douze ans; et nonobstant que ce soit moult grande jeunesse à ja commencer à porter armes, cestuy enfant, oultre le commun cours des autres enfans, qui en cest aage naturellement ont coustume de plus desirer à joüer avec les autres enfans que à faire quelconque autre chose, ne cessoit de se debatre et guermenter [1] qu'il fust armé, et allast à la guerre. Et à bref parler, nonobstant que plusieurs qui l'oyoient se rigolassent [2] de luy, disans Dieu de l'homme d'armes; tant s'en debatit, que le duc de Bourbon en ouyt parler. Et de ce qui luy feut rapporté que l'enfant disoit, et du grand desir qu'il avoit d'aller en guerre, eût moult grand ris, considerant le grand courage qu'il avoit en si jeune aage; dont il presuma que s'il vivoit encorès seroit un vaillant homme : dont il feut moult joyeux; et pour le plaisir qu'il y prist, requist au Roy que il luy voulust bailler pour le mener avec luy en l'armée qu'on faisoit adonc, pour aller en Normandie assieger et prendre les chasteaux et forteresses du roy de Navarre qui lors vivoit, à qui le roy Charles avoit contens [3].

[1] *Guermenter :* se plaindre, gémir. — [2] *Rigolassent :* raillassent. — [3] *Contens :* démêlé, dispute.

A laquelle dicte requeste du duc de Bourbonnois, le Roy, par maniere de jeu et d'esbatement, et pour accomplir le desir de l'enfant, s'y consentit : mais bonne garde luy bailla. Si fut Boucicaut armé, et mis en estat. Quand il se veid habillé tout ainsi qu'il demandoit, ne convient à demander s'il eut grand joye. Et quand il estoit armé, ce ne luy sembloit mie charge, ains en estoit si joly que il s'alloit remirant comme une dame bien atournée. Et tant se contenoit bel, que ceulx qui le voyoient y prenoient grand plaisir. Et ainsi le jeune enfant Boucicaut alla en celle armée, de laquelle feut principal chef le duc de Bourgongne, frere du roy Charles, avec lequel estoit le duc de Bourbon, et le bon connestable de France messire Bertran de Claquin,° et maints autres vaillans capitaines, et grande foison de gens d'armes. Par laquelle puissance furent pris par force maints forts chasteaux et forteresses, c'est à sçavoir Bretueil, Beaumont, Requierville, Gauray, Saint Guillaume de Mortaing; et tant qu'il ne luy demeura que Cherebourg. Et ce faict, s'en retournerent en France. Mais tant gracieusement se gouverna l'enfant dessus dict en ce voyage, que oncques homme ne le veid lassé du fais du harnois, ne de quelconque peine qu'il conveint souffrir aux sieges; ains tousjours si joyeusement s'y contenoit, que vrayement on pouvoit juger par les contenances que armes debvoient estre son naturel mestier.

Mais au retour faillit la joye de l'enfant Boucicaut, car ja cuidoit estre un vaillant homme d'armes; mais esbahy se trouva quand on luy dist : « Or ça, ça, maistre « bel homme d'armes, revenez à l'escole. » Si fut dere-

chef mis à l'escole avec le Daulphin, comme devant;
dont moult se trouva marry. Et ainsi, comme vous
oyez, fut celuy voyage le premier où Boucicaut fut
oncques armé; mais de bonne heure y commença : car
si bien puis l'a continué, que pris n'a gueres de repos.

CHAPITRE VI.

Cy dit comment en jeune aage Boucicaut voulut poursuivre les armes, et se prist à aller en voyages.

AINSI un espace de temps feut l'enfant Boucicaut
tenu à sejour malgré luy avec le Daulphin, tant que
moult luy commença à ennuyer. Si se prist moult à
tourmenter d'estre tiré hors de là et de porter armes,
laquelle chose moult desiroit : car bien luy sembloit
que ja feust fort et dur assez pour donner et recevoir grands coups de lance et d'espée, et de soustenir le fais qu'il y convient. Et de ce tant mena grand
noise, que le Roy oüit parler de sa grand volonté, et
qu'il disoit vrayement que qui ne l'armeroit il iroit
servir aucun gentil-homme qui luy donneroit chevaux et harnois; car plus ne vouloit ainsi sejourner
en court. Le Roy eut grand plaisir de veoir en si
jeune cœur tel desir et volonté de ja venir à vaillance :
et si pensa que bien retrairoit à son chevaleureux pere.
Et quoy qu'il retardast de luy octroyer ce qu'il requeroit, pource que trop jeune luy sembloit, tant en
feit parler au Roy, et tant le requist, que en la parfin
conveint qu'il feust armé. Si le feit le Roy moult bien

ordonner de tout ce qui luy convenoit, et tresbien monter; et bonne compaignée luy bailla, et assez de quoy despenser. Et ainsi en tres bel estat l'envoya derechef en la compaignée du duc de Bourbon, qui joyeusement le receut; lequel alloit avec le duc de Bourgongne, par le commandement du Roy, à tout belle compaignée de gens d'armes, apres le comte de Bouquingam, anglois, qui adonc alloit dommageant le royaume de France. Si luy fut, par le dict duc de Bourgongne et sa compaignée, par fois porté maint dommage, tant que à petite compaignée s'en retourna en Angleterre, et petit eut gaigné en France.

En celuy voyage moult se commencerent à demonstrer les vaillances du bon courage et hardiesse du jouvencel Boucicaut; car és escarmouches et rencontres qu'ils faisoient sur leurs ennemis, tant et si avant s'y abandonnoit, que nul plus que luy ne s'y advanturoit; et tant que merveilles estoit à veoir à si jeune enfant faire ce qu'il faisoit : et plus en eust faict encores, qui luy eust souffert. Mais assez y avoit avecques luy qui ne le souffroit faire tous ses hardis vouloirs, pource que trop se vouloit abandonner. Et mesmement le bon noble duc de Bourbon, qui devant l'aimoit pour l'amour de son vaillant pere, l'accueillit adonc en plus grand amour, pour l'apparence et signe qu'il voyoit en luy d'estre vaillant homme; et depuis lors l'eut moult cher en sa compaignée. Ce voyage faict, s'en retourna à Paris le duc de Bourgongne et le duc de Bourbon, et Boucicaut avec eulx; si feut grandement receu du Roy et du Daulphin son fils, qui ja avoient ouy parler de l'espreuve de son hardiesse et grande volonté.

CHAPITRE VII.

Cy devise les essais que Boucicaut faisoit de son corps, pour soy duire aux armes.

Ne se tient pas à tant le noble jouvencel Boucicaut: si dit que plus ne le tiendra la court à sejour, et qu'il sera doresnavant maistre de soy; ja luy semble qu'il soit homme, et que il doive travailler comme les autres. Si s'en partit moult tost de Paris, et s'en alla en Guyenne avec le bon mareschal de Sancerre, qui alloit mettre le siege devant Monguison. Et comment Boucicaut se mainteint en celuy voyage, noûs vous dirons. Tant estoit grande l'ardeur de la volonté qu'il avoit aux armes, que nulle peine ne luy estoit griefve; et ce qui eust esté grand travail à un autre, à luy estoit tres-grand soulas : car quand il estoit un peu à sejour, adonc comme celuy que grand desir menoit, ne se pouvoit tenir coy. Dont maintenant s'essayoit à saillir sur un coursier tout armé, puis autre fois couroit ou alloit longuement à pied, pour s'accoustumer à avoir longue haleine, et souffrir longuement travail. Autre fois ferissoit d'une coignée ou d'un mail grand piece (1), et longuement, pour bien se duire (2) au harnois, et endurcir ses bras et ses mains à longuement ferir, et qu'il s'accoustumast à legerement lever ses bras.

(1) *D'un mail grand piece* : d'un maillet, avec force. — (2) *Duire* : dresser, accoutumer.

Pour lesquelles choses exercer duisit tellement son corps, que en son temps n'a esté veu nul autre gentil-homme de pareille appertise; car il faisoit le soubresaut armé de toutes pieces, fors le bacinet; et en dansant le faisoit armé d'une cotte d'acier. *Item*, sailloit, sans mettre le pied à l'estrier, sur un coursier armé de toutes pieces. *Item*, à un grand homme monté sur un grand cheval, sailloit de terre à chevauchon sur ses espaules, en prenant ledict homme par la manche à une main, sans autre avantage. *Item*, en mettant une main sur l'arçon de la selle d'un grand coursier, et l'autre empres les oreilles, le prenoit par les creins en plaine terre, et sailloit par entre ses bras de l'autre part du coursier. *Item*, si deux parois de plastre feussent à une brasse l'une pres de l'autre, qui feussent de la haulteur d'une tour, à force de bras et de jambes, sans aultre aide, montoit tout au plus hault, sans cheoir au monter ne au devaler. *Item*, il montoit au revers d'une grande eschelle dressée contre un mur tout au plus hault, sans toucher des pieds, mais seulement sautant des deux mains ensemble d'eschellon en eschellon, armé d'une cotte d'acier; et ostée la cotte, à une main sans plus, montoit plusieurs eschelons. Et ces choses sont vrayes, et à maintes autres grandes appertises faire duisit tellement son corps, que à peine peust-on trouver son pareil.

Puis, quand il estoit au logis, s'essayoit avec les autres escuyers à jetter la lance, ou à autres essais de guerre, ne ja ne cessoit. Et ainsi se contenit en celuy voyage, ne ja ne luy sembloit qu'il peust estre à temps à aulcune besongne pour soy bien esprouver. Et quand ils feurent au siege devant la dicte forteresse de Monguison, aux assaults qui y furent faicts, là s'essayoit Boucicaut, qui legerement couroit des premiers, pour faire en toutes choses en tel cas ce que appartient à tout bon homme à faire. Et tant s'y abandonnoit perilleusement, que tous s'en esmerveilloient. Pour lesquels biensfaicts, et l'apparence de sa grande hardiesse et vaillance, le prist le dict mareschal de Sancerre en moult grand amour, et dist, presens plusieurs de ses gens : « Si cest enfant vit, ce sera un « homme de grand faict. » Et à la parfin feut prise la dicte forteresse ; et plusieurs autres chasteaux et forteresses feurent prises par traicté. Et apres ce s'en revindrent en France.

CHAPITRE VIII.

Cy parle d'amour, en demonstrant par quelle maniere les bons doivent aimer pour devenir vaillans.

JA estoit venu Boucicaut en l'aage et au temps que Amour naturellement a coustume de prendre le treu (1) et la paye de tous jeunes nobles courages. Si ne fut mie droict qu'il feust exempt ne eschapast de l'amoureux lien, lequel n'empesche mie ne oste aux chevaleureux de bonne volonté à poursuivre le noble exercice des armes ; ainçois est ce qui plus faict és jeunes cœurs aviver et croistre le desir de l'honnorable poursuite chevaleureuse. Ha ! quants ont esté exaussez au nom de proüesse, que si ne feust amour, par qui leur

(1) *Treu* : tribut.

venoit la hardiesse d'entreprendre les fortes choses, lesquelles pour accroistre leur renommée ils achevoient, affin qu'ils eussent la grace de leurs dames, ce ne fust rien d'eulx ? Mais quelle chose est-ce qui soit griefve ne forte à faire à cœur qui bien aime, et qu'il n'ose entreprendre ? Certes nulle. Amour oste peur et donne hardiesse, faict oublier toute peine, et prendre en gré tout le travail que on porte pour la chose aimée. Et qu'il soit vray, qui veult lire les histoires des vaillans trespassez assez trouvera de ce preuve : si comme on lit de Lancelot, de Tristan et de plusieurs autres, que Amour feit bons, et à renommée attaindre. Et mesmement de nostre vivant y a eu assez de nobles hommes de France, et d'autre part en voyons et avons veu ; si comme on dict de messire Othe de Gransson, du bon connestable de Sancerre, et d'autrés assez, qui long seroit à dire, lesquels le service d'amour a faict devenir vaillans et bien morigenez. O noble chose est que d'amour qui bien en sçait user, quoy que à tort aulcuns le blasment ! Car si mal en prend à ceulx qui à droict n'en sçavent user, ce n'est pas la coulpe d'amour ; car de soy il est bon.

Et pource qu'il pourroit sembler à aucuns que il ne suffist mie de dire en termes si generaux, sans en plus avant declarer, que amour soit bon à qui bien en sçait user, est bon de toucher aulcunement par quels termes bien user on en peut, parquoy il soit bon. Et pour declaration de ce, sans querir trop de subtiles questions, me semble que le cœur qui veult aimer doibt principalement fonder l'entente de son amour sur trois choses. La premiere est qu'il aime pour en valoir mieulx en toutes mœurs et en conditions, et pour amender ses coustumes, vivre plus joyeusement, avoir cœur plus hardy et plus entreprenant, et en toutes vertus se vouloir habiliter et conjoindre. La seconde chose est qu'il advise bien de se mettre en lieu qui soit tel, si bien conditionné, si vertueux et si bon, qu'il y puisse prendre exemple de toute bonté, et où il y ait sens. Car soit certain que s'il aime en fol lieu, il deviendra fol; et si en vil lieu et mal morigené, semblablement deviendra vil et vicieux : car amour est de telle nature, qu'il faict tout cœur aimant traire à la nature (1) et aux conditions de la chose que on aime. Doncques, si mieulx valoir veult d'emprendre amoureuse vie, quelle que soit la personne qu'il veult aimer, soit belle ou laide, grande ou petite, garde soy bien d'aimer en lieu où il n'y ait sens, graces et vertus. La troisiesme chose sur quoy le bon cœur doibt fonder son entente est sur honneur, en telle maniere que en cest amour où il se mettra, de tout son pouvoir y garde honneur, ne pour mourir ne face à son pouvoir chose dont de nulle part deshonneur vienne à luy, ne à ce qu'il aime.

Et si sur ces trois choses le cœur qui veut aimer met bien son entente, c'est à sçavoir que pour aimer il amende ses conditions, en vive plus liément (2), et que son courage en accroisse en haultes pensées, et qu'il s'assiée en lieu noble de mœurs et bien conditionné, et qu'en cest amour en toutes choses garde honneur, il trouvera amour si bon et si profitable, qu'il en vauldra mieulx toute sa vie. Mais aulcuns me

(1) *Traire à la nature* : se conformer à la nature. — (2) *Plus liément* : plus joyeusement.

respondront à ces raisons ; voire mais je cuideray que le lieu où je m'arresteray soit bon et bien conditionné, et puis je trouveray le contraire : et si n'en pourray oster mon cœur, car je luy auray tout mis. Si fais telle responce : que puis que ils dient qu'ils ne s'en pourroient oster, et si y treuvent assez de mal, que ils n'usent donc pas du bon amour que je devise. C'est à sçavoir que ils doivent aimer pour mieulx en valoir, et non mie pour en empirer. Et celuy en empireroit qui plus s'y tiendroit, puis que le lieu rien ne vaudroit. Et de dire que ce feust faulseté, non feroit ; car il est fol qui du mauvais pas ne se tire, s'il y est entré.

Mais sçais-tu la cause pourquoy tu, qui veux aimer, trouves en amour communément tant d'amertumes et de maulx ? C'est pour ce que tu ne mets mie ton cœur en la vie amoureuse pour cause de mieulx en valoir, ne pour vertu : mais seulement pour la delectation que ton corps en a ou espere avoir. Et pour ce que telle folle plaisance et delectation est chose qui durer ne peult, toute chose qui est fondée dessus ne peult estre seure, et à peine se peult garder ; mais ce qui est fondé sur vertu est tres-durable, et en vient bien et joye. Mais trop peu sont qui aiment selon les susdictes regles ; et pour ce trouvent amour dur, quand à la chose que ils desirent ils faillent, c'est à sçavoir à leur folle plaisance. Si est à leur coulpe le mal qu'ils en ont, et non mie d'amour ; car eulx mesmes se font le mal et grief qu'ils en reçoivent.

Tout ainsi que je puis bailler exemple du vin, lequel est de soy tresbon, et qui resjouit le cœur de l'homme, et le reconforte et soustient, et assez de bonnes choses en sont faictes : mais si discretement il n'en prend, et que gloutement et en delectation plus que raison de son corps il luy destourne le sens, et le ramene comme à nature de beste qui n'a nulle raison, et luy trouble la veüe; si n'est mie à la coulpe du vin, mais de celluy qui follement en use. Doncques, selon mon opinion, en conclusion je veulx dire que amour qui est fondé plus sur delectation et folle plaisance que sur vertu et bonnes mœurs ne peult durer; et que tel amour est au cœur qui s'y boute cause d'assez de maulx et de griefves amertumes, et aucunes fois de destruction. Et de ceste matiere, qui n'est mal gracieuse, se pourroient mouvoir plusieurs questions, et de moult subtiles. Mais à temps m'en tairay pour tourner au premier propos, c'est à sçavoir de celuy de qui nostre matiere est encommencée.

CHAPITRE IX.

Cy dit comment amour et desir d'estre aimé creust en Boucicaut courage et volonté d'estre vaillant et chevaleureux.

Si preint à devenir joyeux, joly, chantant et gracieux plus que oncques mais : et se preint à faire balades, rondeaux, virelais, lais et complaintes d'amoureux sentiment. Desquelles choses faire gayement et doulcement Amour le feit en peu d'heures si bon maistre, que nul ne l'en passoit : si comme il appert par le livre des Cent Balades, duquel faire luy et le seneschal d'Eu feurent compaignons au voyage d'oultre mer. Et voulut avoir robes, chevaux, harnois, et tous habillemens cointes et faitis, plus que il ne souloit.

Ja avoit choisy dame belle et gracieuse, et digne d'estre aimée, si comme Amour l'avoit admonesté, pour laquelle preindrent ses pensées à croistre de plus en plus en desirs chevaleureux. Si prist devise et mot propice à l'entente et propos de son amour, qu'il porta en tous ses habillemens. Et feut secretement en son courage desireux de tant faire par bien servir, celer, et par vaillance, et poursuivre armes, que l'amour de sa dame peut acquerir. Si la voyoit quand il pouvoit, sans blasme d'elle. Et quand à danse ou à feste s'esbatoit, où elle feut, là nul ne le passoit de gracieuseté et de courtoisie en chanter, en danser, en rire, en parler, et en tous ses maintiens. Là chantoit chansons et rondeaux, dont luy mesme avoit faict le dict; et les disoit gracieusement, pour donner secretement et couvertement à entendre à sa dame, en se complaignant en ses rondeaux et chansons comment l'amour d'elle le destraignoit [1]. Mais il ne feut mie tost hardy de plainement dire sa pensée, comme font les lobeurs [2] du temps present, qui sans desserte vont baudement [3] aux dames requerir qu'ils soyent aymez, et de faintises et faulx semblans pour elles decepvoir bien se sçavent aider.

Ainsi ne fait mie l'enfant Boucicaut; ains devant elle et entre toutes dames estoit plus doux et bening que une pucelle. Toutes servoit, toutes honnoroit,

---

[1] *Le destraignoit*: le tourmentoit. — [2] *Lobeurs*: trompeurs. — [3] *Baudement*: hardiment.

pour l'amour d'une. Son parler estoit gracieux, courtois et craintif devant sa dame. Si celoit sa pensée à toute gent, et sagement sçavoit jecter son regard et ses semblans, que nul n'apperçeut où son cœur estoit. Humblement et douteusement servoit amour et sa dame : car il luy sembloit qu'il n'avoit mie assez faict de bien pour si haulte chose requerir et demander, comme l'amour de dame; et pource mettra ce dict toute peine que par son bien faire elle soit esmeüe à l'aimer et le prendre en grace, et vouldra toutes ses manieres et conditions et contenances amender, et continuer de mieulx en mieulx pour l'amour d'elle.

En celuy temps estoit assez de nouvel couronné le roy Charles, sixiesme du nom, qui à present regne. Adonc commencerent à multiplier festes et joustes et danses en France, plus que de long temps n'y avoit eu; pour cause du jeune Roy, à qui jeunesse, puissance et seigneurie admonestoient de se soulacier (1) et esbattre, comme à jeune cœur qui a puissance est chose naturelle. Si faisoit le Roy au temps de lors souvent et menu de belles festes à Paris et ailleurs, où haultes princesses, et dames, et damoiselles, de toutes parts estoient mandées. Si peut-on sçavoir que maintes en y avoit de belles, jolies, et richement atournées. Là s'efforçoient ces jeunes chevaliers et escuyers d'estre jolis, cointes (2) et avenans : car la veüe de tant de nobles et belles dames leur accroissoit le couraige et volonté d'estre amoureux et avenans plus que onques. Mais là estoient les joustes à tous venans grandes et

---

(1) *Se soulacier* : s'amuser. — (2) *Cointes* : agréables, aimables.

plainieres. Si ne s'y faingnoient gentilshommes de chascun endroict soy monstrer son vasselage pour l'amour des dames.

Là estoit le jouvencel Boucicaut, joly, richement habillé, bien monté et bien accompaigné, lequel, en recepvant le doux regard de sa dame, lance baissée vous poignoit son destrier de telle vertu, que plusieurs en abatoit en son encontre. Et tant bien s'y contenoit, que chascun s'esmerveilloit de ce qu'il faisoit; car moult jeune d'aage encores en celuy temps estoit. Si faisoit à merveilles parler de luy, et les dames et toutes gens par grand plaisir le regardoient, et grand plaid (1) en tenoient, que vous en feroye long compte. Ainsi, comme vous oyez, croissoit amour au courage de Boucicaut, desir et volonté d'estre vaillant. Si ne sera mie doresnavant des derniers en toutes besongnes belles et honnorables où employer se pourra. Toutes ses pensées et autres toutes bonnes volontez feit Amour croistre et multiplier au courage de Boucicaut, lequel bien le meit à effect : comme il apperra par la description de ses bons faicts et poursuite de chevalerie, comme nous dirons cy apres.

CHAPITRE X.

Cy dit comment Boucicaut fut faict chevalier; et des voyages de Flandres.

AFFIN que tous ceulx qui ce present livre verront et orront sçachent et voyent clairement comment

(1) *Plaid* : discours.

sans juste cause ne sont mie meus les dessus dicts chevaliers et gentils-hommes par le mouvement desquels et ordonnance ce présent livre est faict, à vouloir et desirer que le nom du vaillant homme de qui nous voulons traicter en cestuy volume soit mis en perpetuelle memoire au monde, pour donner, comme devant est dict, exemple à tous ceulx qui desirent venir au hault honneur et proüesse de chevalerie, en demonstrant qu'à ce ne peut nul attaindre sans grands travaux, et labeur continuel en armes et en bons faicts, leur plaist que, apres leur tesmoignage autentique et digne de foy, je declare et demonstre en ceste presente escriture tout au long et par quelle maniere le bon Boucicaut a employé sa vie diligemment et continuellement en exercice d'armes et en faicts de vaillance; et que en racomptant ses faicts, et les voyages où il feut, commenceant dés sa premiere jeunesse jusques à ores, je puisse demonstrer s'il a son temps employé en oisiveté et folie.

Pour entrer en la narration des choses touchées, il est à sçavoir que, environ le temps dessus dict, les Flamans se rebellerent contre leur seigneur le comte de Flandres, et de faict le chasserent. Pour laquelle chose le dict comte veint devers le roy de France Charles sixiesme du nom, qui à present regne, comme à son souverain seigneur, requerir aide et secours contre iceulx, pour subjuguer et remettre en obeissance les villes de Flandres et le dict pays, comme seigneur doibt secourir son vassal, si besoing en a et il l'en requiert. Et aussi à la priere du duc Philippes de Bourgongne, oncle du dict Roy, lequel duc avoit espousé Marguerite, fille du susdict comte de Flandres, n'y envoya pas le Roy tant seulement, ains luy mesme en propre personne y alla, accompaigné de ses oncles et de ceulx de son noble sang, à moult grande baronnie, et tres-grand ost de chevaliers et de gens d'armes.

En celuy voyage alla le jouvencel Boucicaut, qui encores estoit moult jeune : mais nonobstant son jeune aage y fut faict chevalier de la main du bon duc de Bourbon, oncle du Roy, qui moult l'avoit cher, et en laquelle compaignée et soubs lequel il estoit. Là s'assemblerent par leur presomption les Flamans à bataille contre leur souverain seigneur le roy de France, et contre leur naturel seigneur le comte de Flandres; dont la mercy Dieu, qui à toutes choses justement pourveoit, leur en prist comme il doibt faire à tous subjects qui contre leur seigneur se rebellent. Car en leur pays mesmes, és plaines de Rosebech, feurent, present le Roy, estant armez en la bataille, nonobstant qu'il feust encores enfant, morts et desconfits soixante mille Flamans.

Advint en icelle bataille que le chevalier nouvel dont nous parlons se voulut, par sa grande hardiesse, coupler main à main à un Flamand grand et corsu. Si le cuida (1) ferir à deux mains de la hache qu'il tenoit. Le Flamand, qui le veid de petit corsaige, presuma bien que encores estoit enfant; si le desprisa, et si grand coup luy frappa sur le manche de sa hache, que il luy feit voler des poings, en luy disant : « Va teter, va, « enfant. Or veois-je bien que les François ont faute de « gens, quand les enfans menent en bataille. » Bouci-

---

(1) *Cuida, cuider* : penser, croire, s'imaginer, présumer, se persuader. Ce mot se retrouve souvent dans ces différentes acceptions.

caut, qui ce oüit, et qui grand deuil eut que sa hache estoit perduë, tira tantost la dague, et soubdainement se fiche soubs le bras de l'autre, qui jamais ne l'eust cuidé. Si luy donna si grand coup au dessoubs de la poitrine, que il faulsa tout le harnois, et avec toute la dague luy ficha és costez; et il cheut en terre de la douleur qu'il sentit, ne puis ne luy meffeit. Si luy dit Boucicaut par mocquerie : « Les enfans de ton pays « se joüent-ils à tels jeux? »

D'autres beaux coups et adventureux biensfaicts feit le nouvel chevalier à ceste besongne; et tant et si bien s'y porta, que il donna bonne esperance de son faict à tous ceulx qui le voyoient. Et ainsi feut tout le pays de Flandres subjugué par le roy de France. Et tout ce faict, le Roy s'en retourna à Paris. Mais les Flamans indignez contre les François, et desirans de eulx vanger s'ils eussent peu, apres que le Roy se feut party, pour ce qu'ils veirent bien que ils ne pourroient forçoyer (1) contre le Roy, et que leur puissance estoit trop petite pour grever les François, appellerent les Anglois à leur aide, et les meirent en leur pays : dont quand le Roy le sceut, il y retourna; c'est à sçavoir l'année d'apres. Et cestuy feut le voyage de Bourbourg, où le Roy prist Bergues d'assault, où les Anglois estoient, qui s'enfuirent. A cest assault et és autres besongnes ne fut mie des derniers monseigneur Boucicaut; ains si bien s'y porta, que nul mieulx. Et ainsi, par trois années, le Roy alla en Flandres, tant qu'il rendit les Flamans et tout le pays subject à luy, et obeissant à leur naturel seigneur. Le Roy, apres la prise de Bergues, en s'en retournant

---

(1) *Forçoyer*: exercer ses forces.

en France laissa son connestable Clisson à Teroüenne, accompaigné de bonnes gens d'armes, pour garder la frontiere. Mais le jouvencel Boucicaut ne ressembla mie ceulx lesquels apres le grand travail fuyent tant qu'ils peuvent au repos et aise, comme font les nouveaux et tendres; ains voulut à toutes fins demeurer en garnison avec le dict connestable.

CHAPITRE XI.

Comment Boucicaut feut la premiere fois en Prusse, et puis comment la deuxieme fois il y retourna.

Apres le departement de la frontiere dessus dicte, ne s'en voulut mie retourner monseigneur Boucicaut à Paris, ainsi que les autres faisoient; ains dit que il accompliroit le desir qu'il avoit d'aller en Prusse. Et comme communément font les bons, qui voyager desirent pour accroistre leur prix, entreprist adonc celuy voyage. Si se partit; et bien accompaigné s'en alla en Prusse, là où il se mist en toute peine à son pouvoir de porter dommaige aux sarrasins (1); et là demeura une saison, puis s'en retourna en France.

Bien fut temps, et assez avoit desservy, que il eut la joye de reveoir sa dame; et n'est pas doubte que son gracieux cœur, jeune, gentil, et tout parfaict en loyauté, sentoit ardemment la pointure du desir amoureux qui tire les amans à convoiter veoir leurs amours,

(1) *Sarrasins*: l'auteur appelle ainsi les peuples idolâtres de la Lithuanie, qui étoient en guerre avec l'ordre Teutonique.

quand tres-loyaument aiment. Mais nonobstant ce desir, qui point de luy ne partoit, vouloit, avant qu'il s'aventurast à requerir si grand don comme l'amour de sa dame, le desservir par bien faire. Si prisoit tant si hault don, que il ne luy sembloit mie, si comme dict est, qu'il peust assez faire pour si grand grace acquerir; et tous ses faicts tenoit à peu de chose envers si riche guerdon (1). Mais Amour, qui ne desprise pas ses humbles servans, ne leur souffre mie pourtant, s'ils n'osent grace demander, perdre leur doux loyer et merite; et que ceulx qui en vaillance si bien s'espreuvent que il en soit renommée, ne soient apperceus de leurs dames estre vrais, loyaux, amoureux, et que Amour ne die et mette en l'oreille aux belles pour qui ils se penent, comme leurs vrais amans s'efforcent de valoir pour l'amour d'elles. Parquoy souventesfois tant y met peine Amour, que elle esveille courtoisie, qui tant s'en entremet avec franche volonté, que iceulx sont aimez sans ce que ils le sçaichent. Et tout ce leur est pourchassé par leurs biensfaicts et haultes dessertes. Si croy bien que par celle voye peut advenir messire Boucicaut à sa gracieuse entente sans vilain penser : car trop feust la dame vilaine qui refusast un tel servant. Parquoy je tiens que à son retour luy pourchassoit amour joye, et tout le doux accueil que à son amant dame par honneur peut donner et faire.

Et ainsi Boucicaut retourna en France, où il fut un peu à Paris à sejour. Au temps de lors avoit paroles de traicté entre les François et Anglois, auquel traicté allerent à Boulongne le duc de Berry et

(1) *Guerdon* : récompense.

celuy de Bourgongne, oncles du Roy. Si voulut Boucicaut pour tousjours son honneur accroistre en voyageant, et voyant de toutes choses aller avec eulx au dict traicté, et retourna avec les dicts nosseigneurs. Et pource que il luy sembla que on ne besongnoit mie moult adonc en France en faict de guerre, pour tousjours employer sa jeunesse en bien faire, s'en retourna la deuxiesme fois en Prusse, où l'on disoit que celle saison devoit avoir belle guerre. Là demeura un temps, puis s'en reveint en France.

CHAPITRE XII.

Comment messire Boucicaut apres le retour de Prusse alla avec le duc de Bourbon devant Taillebourg et devant Vertueil, qui furent pris, et autres chasteaux en Guyenne.

Au temps de lors, les Anglois occupoient moult le royaume de France en plusieurs lieux, c'est à sçavoir maintes villes et chasteaux que ils tenoient par force, tant en Picardie comme en Guyenne, et autre part : combien que Dieu mercy, par la vaillance des bons François, ja en estoit le pays moult descombré, et tousjours alloit en amandant au proffict du roy de France, par les bons vaillans qui peine y mettoient. Entre lesquels bons et vaillans estoit le bon duc de Bourbon dessus nommé, qui aux dicts Anglois faisoit souvent maintes envahies, dont il yssoit(1) à son hon-

(1) *Yssoit* : sortoit.

neur. Et pour ce, comme dict le proverbe commun, que chacun aime son semblable, pourtant qu'il estoit bon, aimoit-il moult cherement Boucicaut, pour cause qu'il le voyoit hardy et vaillant, et passer tous les jouvenceaux de son aage. Si le tenoit volontiers pres de luy, et grand plaisir avoit que il feust en sa compaignée.

Si avint, en la saison apres que le dict Boucicaut fut retourné de Prusse, comme dict est, que le duc de Bourbon s'appresta pour aller en Guyenne mettre le siege devant aucuns chasteaux que les Anglois tenoient. Si mena avec luy moult belle compaignée : c'est à sçavoir mille cinq cent hommes d'armes, et foison de traict. En celle compaignée ne s'oublia pas le bon Boucicaut, qui moult envis eust demeuré derriere; ains, tout ainsi que les belles dames ont coustume se resjoüir d'aller à feste, ou les oiseaux de proye quand on les laisse voler apres la proye, se resjoüissoit celuy gracieux jouvencel d'aller en armée. Quand le duc de Bourbon fut en Guyenne, il meit le siege devant Taillebourg, qui moult estoit fort chastel, et fut prins par force. Puis alla mettre le siege devant Vertueil, qui est une forteresse de grand force; et là trouverent moult grand defence. Là feut faicte une mine dessoubs terre, laquelle feut si bien continuée que elle perça le mur du chastel, tant que les ennemis la vindrent defendre, et là endroict à estriver (1). Contre les dicts ennemis feut des premiers Boucicaut, qui à pousser de lance et d'espée main à main vaillamment se combatit, et longuement y souffrit. En telle maniere que par luy et par ceulx qui le sui-

(1) *Estriver*: combattre.

voient fut pris le dict chastel, où moult eut grand honneur Boucicaut; et moult l'en priserent ses bons amis.

Apres ces forteresses prises, le duc de Bourbon alla devant un autre fort chastel appellé Mauléon. Là feut livré fort assault, et au dernier feut pris par mine et par eschelle, où feurent faictes moult de belles armes. Le premier en eschelle feut Boucicaut, qui longuement se combatit, et tant que nonobstant les pesans coups que on luy lançoit d'amont, tant de pierres comme d'espées, nul ne le peut garder que il ne feust des premiers sur le mur : et là feit tant d'armes que plus faire nul n'en pourroit. Ces choses faictes, le duc de Bourbon alla devant un autre chastel appellé le Faon; mais la prise des autres forts chasteaux espouventa ceulx qui dedans cestuy estoient, pource que ils voyoient que moult estoit le capitaine et sa compaignée vaillans. Si n'oserent attendre l'assault, ains se rendirent à la volonté du bon capitaine; et pareillement se rendit au duc de Bourbon un autre fort chastel, appellé le bourg Charante.

Pour ce que tout ne se peut dire ensemble, convient parler des matieres l'une apres l'autre. Si est à sçavoir que tandis que le siege duroit devant Vertueil, veindrent nouvelles en l'ost que les Anglois s'estoient assemblez pour aller combatre une forte eglise de Nostre Dame. Ces choses ouyes, s'assemblerent une compaignée de chevaliers et escuyers, desireux d'acroistre leur honneur et renommée; et dirent que ils leur seroient au devant. Boucicaut, qui autre chose ne queroit fors advanture d'armes, voulut estre de la route; et tant qu'ils feurent par route trente chevaliers et escuyers, tous de grande renommée. De ceste compaignée fut capitaine et conduiseur, pour ce que le pays sçavoit, et les destours et les adresses, un chevalier qui au dict siege estoit, que on nommoit messire Emery de Rochechouart. Si monterent tantost à cheval les trente bons gentils-hommes, bien habillez de leurs harnois; et tant allerent par destours que ils vindrent à rencontrer les Anglois, qui garde d'eulx ne se donnoient, et bien estoient en nombre soixante dix. Tantost s'entrecoururent sus; et forte et aspre feut la bataille, qui n'estoit mie pareille : car plus du double les Anglois estoient. Mais nonobstant ce tant s'y porterent vaillamment les nostres, et tant feit bien chacun endroict soy, que les Anglois furent à la parfin tous morts et desconfits, excepté neuf qui s'enfuirent. Ce faict, le dict messire Emery de Rochechouart les mena advanturer devant un chastel bien garny, appellé le Bourdrun; lequel par leur vaillance ils combatirent trois fois en un jour. Mais pour ce que trop peu de gens estoient, ne le peurent prendre; si leur en conveint partir.

CHAPITRE XIII.

Cy dict comment le duc de Bourbon laissa messire Boucicaut és frontieres son lieutenant; et comment il jousta de fer de glaive à messire Sicart de La Barde.

JA s'estoit tant esprouvé messire Boucicaut, que sa vaillance, laquelle avec la force luy croissoit de jour en jour, estoit congneüe et manifestée à tous ceulx qui se trouvoient en armes en place où il fust. Parquoy si grand honneur luy feit le duc de Bourbon, que au partir du pays, apres les dessus dicts chasteaux pris, comme dict avons cy devant, et que il s'en voulut partir et venir en France, le feit son lieutenant és frontieres et au pays de delà, et ne laissa mie, pour son jeune aage, que il ne luy laissast grand' charge de gens d'armes. Et avec luy demeurerent messire Le Barrois, monseigneur de Chasteaumorant et messire Regnauld de Roye, cent cinquante hommes d'armes, et cent arbalestriers. Si n'en fut mie deçeu le duc de Bourbon de là le laisser, car n'y demeura pas en oisiveté, ne en vain : car, nonobstant l'hyver et la dure saison, alla tantost assaillir une forteresse appellée La Granche, laquelle ils combatirent par trois jours, puis fut prise. Ne se deporta pas à tant en celuy hyver; ains ainsi comme en icelle morte saison les gentils-hommes se seulent esbatre à chasser aux connins (1) et lievres, ou autres bestes sauvages; le bon Boucicaut, par maniere de soulas, s'esbatoit à chasser aux ennemis; et le plus souvent ne failloit mie à prendre. Et tout ainsi comme on a de coustume prendre icelles bestes en diverses manieres, c'est à sçavoir à force de bons chiens, ou par traict d'arc et de dards, ou par bourses et filets, ou autres manieres de les decevoir, ainsi semblablement le vaillant capitaine, qui contre ses ennemis se debvoit aider de plusieurs sages cauteles, les surprenoit en maintes manieres.

Si voulut aller assaillir la forteresse de Corbier; et va ordonner une embusche, où il feut, et avec luy

(1) *Connins :* lapins.

messire Mauvinet son frere, et ses autres dessus dicts compaignons, tant que ils feurent vingt huict chevaliers et escuyers sans plus, tous hommes d'eslite; et ordonna que une route de ses autres gens d'armes iroient courir par devant la dicte forteresse. Et ainsi feut faict : car il s'alla embuscher au plus pres qu'il peut du chastel, et se cacha tout coyement entre arbres et masures qui là estoyent. Tantost apres veindrent courir ceulx qu'il avoit ordonnez par devant le chastel. Quand ceulx de dedans veirent nos gens courir par devant eulx, tantost saillirent dehors, et les meirent en chasse; car tout de gré les nostres fuyoient. Quand ils feurent davantaige eslongnez, adonques saillit l'embusche; et prirent à courir vers la porte du chastel pour eulx ficher dedans. Quand la guette du chastel veid saillir l'embusche, tantost escria par son signe au capitaine, et à ceulx qui estoient avec luy saillis dehors, que ils retournassent; et ils le feirent tantost. Mais si tost ne sceurent arriver que ils ne trouvassent ja messire Boucicaut combatant à pied pardevant la porte : car tout le premier devant ses compaignons, comme le plus courageux, estoit là arrivé, où il faisoit merveilles d'armes, mesmement devant que ses compaignons veinssent; car ja avoit pris le compaignon du capitaine, qui le plus vaillant de ceulx de dedans estoit. Ja estoyent ses gens arrivez, avant que ceulx du chastel peussent estre retournez. Lors commencea la bataille grande et fiere : mais tant y ferit le bon Boucicaut avec sa compaignée, que ceulx du chastel feurent tous morts et pris, exceptez cinq qui s'enfuirent, et se bouterent au chastel tandis que les autres se combatoient. Quand ce feut faict, Boucicaut avec les siens se va loger devant le chastel, et envoya querir tout le demeurant de ses gens. Si meit son siege par belle ordonnance. Quand ceulx de dedans veirent ce, ils n'oserent attendre l'assault; ains se rendirent, sauves leurs vies. Si feit Boucicaut la forteresse raser par terre. Et apres s'en retourna en son logis : car il en y avoit qui mestier (1) avoient de repos.

Mais comme messire Boucicaut laissoit guairir ses gens et reposer, luy fut rapporté que un chevalier anglois de Gascongne, appellé messire Sicart de La Barde, avoit par maniere d'envie dit de luy aulcunes paroles, comme en disant que il n'avoit mie le corps taillé d'estre si vaillant comme on le tenoit. Pour lesquelles paroles, nonobstant que celuy fust un des beaux chevaliers que on sceust, et tres-vaillant homme d'armes, luy manda Boucicaut que pour ce que il le sçavoit un des meilleurs et des plus beaux chevaliers que on sceust, il se tiendroit moult honnoré d'avoir aulcune chose à faire avec luy; et pour ce le prioit que il luy voulust faire cest honneur, que il luy voulust accomplir aucunes armes telles comme luy mesme voudroit choisir et deviser. Car il estoit jeune et novice en faict d'armes : si avoit bien mestier d'estre apris et enseigné d'un si vaillant homme comme il estoit. Quand le chevalier eut entendu ceste requeste, pour ce qu'il se sentoit bon jousteur, il luy remanda qu'il luy accompliroit volontiers un certain nombre de coups de fer de glaive.

Ceste chose accordée, la journée feut emprise, et la place où seroit. Quand ce veint au jour devisé, messire Boucicaut se partit bien monté et bien habillé, accompaigné des principaux gentils-hommes des

---

(1) *Mestier* : besoin.

siens, et alla devant le chasteau de Chaulucet, de laquelle garnison le dict messire Sicart de La Barde estoit : car par sa grande hardiesse avoit le dict messire Boucicaut accepté la place devant la dicte forteresse. Là s'assemblerent les deux chevaliers à la jouste. Le premier coup ne faillit pas messire Sicart, ains assena messire Boucicaut en targe (1) si grand coup, que à peu ne le feist voler des arçons. Ne l'assena pas à celuy coup Boucicaut, pour son cheval qui se desroya (2). Si feut durement courouçé. Les lances leur feurent rebaillées, et derechef poignirent l'un contre l'autre. A celuy coup ne faillit mie Boucicaut, qui grand peine meit à bien viser. Si assena son compaignon en la visiere, que il rompit les boucles, et à peu qu'il ne luy fist voler le bacinet (3) du chef; et du coup fut si estourdy, que qui soustenu ne l'eust, il alloit par terre. La tierce fois poignirent l'un contre l'autre. Il assena messire Boucicaut, si que la lance vola en pieces, et l'eschine luy feit plier. Mais Boucicaut le assena tellement, qu'il n'eut si bon harnois qui le garentist qu'il ne luy fischast la lance par entre les costez, et le porta par terre, si que on cuidoit qu'il fust mort : et ainsi finit ceste jouste sans parfaire le nombre des coups, qui vingt debvoient estre. Mais l'essoine (4) de l'une des parties acheva l'emprise. Si s'en partit messire Boucicaut à tres-grand honneur; et assez tost apres le duc de Bourbon, par le commandement du Roy, l'envoya querir. Si s'en retourna à Paris.

(1) *En targe*: sur son bouclier. — (2) *Desroya*: détourna. — (3) *Bacinet*: casque. — (4) *L'essoine*: l'empêchement.

CHAPITRE XIV.

Comment messire Boucicaut jousta de fer de glaive à un Anglois appellé messire Pierre de Courtenay, et puis à un autre nommé messire Thomas de Clifort.

Quand l'hyver fut passé, et le renouvel du doux printemps fut revenu; en la saison que toute chose meine joye, et que bois et prez se revestent de fleurs, et la terre verdoye; quand oisillons par les boscaiges menent grand bruit; lors que rossignols demeinent glay (1); au temps que Amour faict aux gentils cœurs aimans plus sentir sa force, et les embrase par plaisant souvenir, qui faict naistre un desir qui plaisamment les tourmente en douce langueur de savoureuse maladie : adonc, au gay mois d'avril, estoit le bel, gracieux et gentil chevalier messire Boucicaut, à la court du Roy, où festes et danses souvent se faisoient. Si estoit gay et joly, richement habillé, et en toutes choses si avenant que nul ne le passoit. Si croy bien que quand Amour departoit ses grands tresors et ses tres-douces joyes, qu'il n'oublioit mie Boucicaut son loyal servant, qui tout bien desservoit. Si le nourrissoit ainsi Amour de ses doux mets, tandis qu'il avoit temps et aise de veoir sa douce dame. Mais vaillantise, qui ne le laissoit longuement estre à sejour, luy tournoit son plaisir en grande amertume, quand la belle eslon-

---

(1) *Glay :* chant, ramage.

gnoit. Si le conduisoit douce esperance, qui luy disoit qu'à son retour seroit doucement receu de sa plaisante maistresse, pour l'amour de laquelle il feroit tant, qu'elle en oiroit toutes bonnes nouvelles. Et ainsi apres qu'il eust eu des doulx biens amoureux en celle dicte plaisante saison, pour les mieulx desservir (1), voulut derechef Boucicaut aller au labeur d'armes en frontiere au pays de Picardie.

Dont il advient, tandis qu'il estoit là, que il oüit dire que un chevalier d'Angleterre, appellé messire Pierre de Courtenay, lequel estoit passé en France, s'alloit vantant qu'il avoit traversé tout le royaume de France; mais oncques n'avoit peu trouver chevalier qui eust osé jouster à luy de fer de glaive, et si s'en estoit mis en son debvoir de le requerir. Quand messire Boucicaut eut ouy ceste vantise, moult en eut grand despit. Et tantost par un herault luy manda que il ne vouloit mie que il eust cause de tant se plaindre des chevaliers de France, comme que ils luy eussent failly de si peu de chose, comme de jouster de fer de glaive; et que luy, qui estoit un des plus jeunes et du moindre pris, si ne luy faudroit mie de greigneur chose (2). Si voulust adviser toutes telles armes comme il luy plairoit, et il les luy accompliroit tres-volontiers.

Laquelle chose fut tres-briefvement faicte : car bien sembloit à celuy de Courtenay, qui moult estoit vaillant chevalier et tres-renommé, que de Boucicaut viendroit-il tost à chef. Si assemblerent à la jouste les deux chevaliers. Mais sans que j'alonge plus ma

(1) *Desservir* : mériter. — (2) *De greigneur chose* : de plus grande chose.

matiere pour deviser l'assiete des coups d'un chacun, pour dire en brief, tous leurs coups parfirent; mais ce feut si bien, et si grandement au bien de Boucicaut, que il en saillit à son tres-grand honneur et loüange.

Pour laquelle chose tantost apres, par maniere d'envie, un autre chevalier d'Angleterre, nommé messire Thomas de Clifort, l'envoya requerir de faire certaines armes nommées, lesquelles il luy accepta tres-volontiers. Et nonobstant que le droict et coustume d'armes soit telle que le requerant va et doibt aller devant tel juge comme celuy qui est requis veult eslire, messire Boucicaut, doubtant que il peust estre empesché par le Roy ou autre de nos seigneurs de France, si ceste chose leur venoit à congnoissance, ou que le juge que il esliroit ne les y voulust recevoir, alla accomplir les dictes armes à Calais devant messire Guillaume de Beauchamp, pour lors capitaine de Calais, et oncle du dict messire Thomas. Quand ils feurent au champ, et veint à la jouste, sans faillé tous deux moult vaillamment le feirent : et à la parfin de leurs coups, messire Boucicaut porta à terre de coups de lance messire Thomas, cheval et tout en un mont; si descendit tost à pied Boucicaut, et se prirent aux espées. Et sans plus alonger le compte des armes qu'ils firent à pied, c'est à sçavoir d'espées, de dagues et de haches, sans faille messire Boucicaut tant y feit, que tous dirent que il estoit un tres-vaillant chevalier. Et ainsi en saillit à son tres-grand honneur.

Apres ces choses, en celle mesme année le Roy eut conseil que grand bien seroit pour luy et pour son royaume, et grande confusion à ses ennemis, si luy mesmes passoit à grand puissance en Angleterre : si fut faict adonc à celle entente moult grande armée, en laquelle fut baillé à messire Boucicaut la charge de cent hommes d'armes. Mais ne tint pas le dict voyage : car avant qu'il peust estre mis sus du tout, l'hyver vint si fort que despecer le conveint. Et feut appellée celle allée le voyage de L'Escluse, par ce que là vouloit le Roy monter en mer, et jusques là alla. Si s'en retourna en France. Et ainsi fut messire Boucicaut à sejour celle saison; dont ne despleut mie à celle qui de bon cœur l'aimoit, qui maintes hachées souventesfois avoit en son cœur pour les perilleuses advantures où il s'abandonnoit.

CHAPITRE XV.

Comment messire Boucicaut alla en Espaigne, et comment au retour le seigneur de Chasteauneuf, anglois, entreprist à faire armes à luy, vingt contre vingt; et puis ne le voulut ou n'osa maintenir.

CESTE année ensuivant, adveint que le duc de Lanclastre, à tres-grande puissance, alla en Espaigne pour destruire le pays : et pource que il n'avoit mie intention de tost retourner, mena avec luy sa femme et ses enfans. Si avoit en son aide le roy de Portugal, à cause de certaines alliances qui estoient entre eulx. Quand le roy d'Espaigne se veid ainsi oppressé de ses ennemis, il envoya tantost ses messaigers devers le roy de France, le supplier que il luy voulust envoyer brief secours : de laquelle chose le Roy dit que ce feroit-il tres-volontiers. Si y envoya messire Guillaume de Nouillac et messire Gaucher de Pasac, avec certain nombre de gens d'armes : mais tantost apres le duc de Bourbon y alla avec grand foison de gens, avec lequel messire Boucicaut alla. Si y eut si belle compaignée, que quand le duc de Bourbon, avec ceulx qui estoient allez devant, furent ensemble, ils se trouverent en nombre de gens d'armes bien deux mille. Adonc, pour le secours qui alors veint au roy d'Espaigne, les Anglois, qui ne veirent leur advantaige à celle fois, se retrairent en Portugal. Et quand le duc de Bourbon eust esté une piece (1) au pays, pource que il luy sembla que on ne faisoit mie moult, il s'en partit pour retourner en France, et passa en retournant par le comté de Foix.

Là se trouvoit aucunes fois messire Boucicaut en compaignée d'Anglois, où ils beuvoient et mangeoient ensemble quand le cas s'y adonnoit. Et adonc, pour ce que les dicts Anglois apperceurent quelques abstinences que le dict messire Boucicaut faisoit, demanderent si c'estoit pour faire armes, et si c'estoit pour ceste cause que tost trouveroit qui l'en delivreroit. Boucicaut leur respondit que voirement estoit ce pour combatre à oultrance : mais que il avoit compaignon (c'estoit un chevalier nommé messire Regnauld de Roye), sans lequel il ne pouvoit rien faire. Et toutesfois s'il y avoit aucuns d'eulx qui voulussent la bataille, il leur octroyoit, et que à leur volonté prissent jour, tant que il l'eust faict à sçavoir à son compaignon. Et

---

(1) *Une piece :* quelque temps.

encores s'ils vouloient estre plus grand nombre, il se faisoit fort de leur livrer partie tant que ils voudroient estre, c'est à sçavoir depuis le nombre de deux jusques au nombre de vingt. Si allerent tant avant ces paroles, que un seigneur anglois du pays, que on appelloit le seigneur de Chasteauneuf, et estoit parent du dict comte de Foix, accepta ceste bataille : c'est à sçavoir vingt contre vingt; dont des Anglois celuy dict seigneur debvoit estre chef, et des François messire Boucicaut.

Si fut ainsi ceste chose accordée des deux parties, et debvoit Boucicaut querir juge. Si esleut le duc de Bourbon, et de ce l'alla tant requerir que il s'y accorda, et pour l'amour de luy voulut bailler bons ostages pour tenir la place seure. Mais je ne sçay si les Anglois trouverent en ce leur excuse pour delaisser la chose, et que repentifs de celle emprise fussent : car ny le duc de Bourbon, ny plusieurs autres que messire Boucicaut leur presenta, ils ne voulurent accepter pour juges. Quand messire Boucicaut veid ce, moult luy en pesa, pour ce que bien voyoit que ja s'en repentoient. Parquoy luy, qui sur toute chose desiroit la bataille, afin que ils ne s'en peussent excuser, et que plus ne sceussent que dire, leur offrit que la bataille fust devant le comte de Foix : mais le dict comte ne le voulut oncques accepter, ne leur tenir place. Si demeura ainsi la chose au tres-grand honneur de Boucicaut.

Et le duc de Bourbon, luy party du comté de Foix, s'en vint par la duché de Guyenne, et alla combatre une ville appellée le bras Saint Paul, auquel lieu on fit de moult belles et chevaleureuses armes, et par espécial de la personne de Boucicaut en eschelle, et autrement à grand danger et peril : car les fossez estoyent profonds de plus d'une lance, et tranchez à plain comme un mur; et si y avoit moult grand garnison qui bien defendoit la place. Mais nonobstant ce, quant ce veint au fort de l'assault, Boucicaut au hardy courage, sans rien doubter, saillit és fossez sans aide nulle; et plusieurs autres le suivirent, pour gravir et monter sur un pont qui là estoit, dont les ennemis avoient despiecé plusieurs ais; et alloit le dict pont droict à leur porte sans pont levis. Mais l'on n'y pouvoit aller sans le danger de deux tours; et avec ce les dicts ennemis avoient faict devant la dicte porte, comme du long d'une lance loing, un bon et fort palis, qui estoit gardé des dictes deux tours.

En ce fossé, comme dict est, estoit Boucicaut et autres, ausquels le duc de Bourbon envoya une eschele pour monter sur le dict pont, à laquelle dresser à grand diligence meit la main Boucicaut, et tout le premier monta sus, et tout devant les autres vint au palis d'enhault. Mais apres luy monterent tant d'autres desireux semblablement d'avoir honneur à la journée, comme bons et vaillans, que l'un empeschoit l'autre : si que en nulle guise ne pouvoit combatre de leurs lances, pour la petitesse de la place. Quand Boucicaut veid que ainsi empeschoient l'un l'autre, il bouta et feit cheoir l'eschele, pour faire descendre la grand charge de gens qui dessus estoit. Si ne fault mie parler comment là estoient bien servis de grosses pierres lancées des deux tours de dessus. Plus feirent les ennemis : car, pour empescher aux nostres la montée, ils ouvrirent leurs portes, et veindrent combatre main à main avec nos gens de lances et d'espées. Là leur veint au devant messire Boucicaut et ceulx qui avec luy estoient, qui ne leur faillit mie. Si feit là de tres-grandes armes Boucicaut, et moult y sousteint grand faiz : car trop estoyent les ennemis de gens qui tant y pousserent, que ils feirent ressaillir nos gens és fossez sans eschele. Mais tousjours encores que tout seul feust demeuré des siens, leur tenoit estail (1) Boucicaut. Grand piece se combatit, et tant d'armes faisoit, que les amis et les ennemis le regardoient par grand merveille.

Et ainsi dura si grand piece ceste bataille, que un lyon de grande fierté deust estre lassé; tant que les dicts ennemis veindrent sur luy à si grande quantité, que à force de pousser des lances le feirent cheoir au fossé. Si cessa à tant l'assault : car tard estoit. Mais ne fault demander le grand honneur et la feste que le duc de Bourbon fist le soir à cestuy vaillant champion Boucicaut. Et generalement tous chevaliers et escuyers grande loüange luy donnoient, et petits et grands ne parloient sinon de luy; et de ce que on luy avoit veu faire grand compte en tenoient, en racomptant chascun à son tour diverses armes de grand force que veu faire luy avoient : et à brief parler, au jugement de tous l'honneur de la journée en emporta Boucicaut. Le lendemain voulurent nos gens recommencer l'assault : mais quand les ennemis veirent ce, ils se rendirent; et pour celle prise semblablement se tournerent François plusieurs chasteaux et villes de là environ.

(1) *Leur tenoit estail :* se soutenoit contre eux.

CHAPITRE XVI.

Comment messire Boucicaut alla outre mer, où il trouva le comte d'Eu prisonnier.

Faictes et accomplies les choses dictes cy dessus, le duc de Bourbon s'en retourna à Paris : mais messire Boucicaut, qui grand desir avoit de visiter la terre d'outre mer, prit congé du dict duc. Et luy et messire Regnauld de Roye de compaignée partirent ensemble, et tant errerent qu'ils veindrent à Venise, où ils monterent sur mer, et allerent descendre en Constantinople, et là demeurerent tout le caresme. Et en ces entrefaites envoyerent devers Amurat, pere de Bajazet, qui estoit adonc en Grece, pres de Galipoli, pour requerir un saufconduit, lequel il leur octroya tres-volontiers. Si s'en allerent apres devers luy, et il les receut à grand feste, et leur fit tres-bonne chere, et ils luy presenterent leur service, en cas que il feroit guerre à aucuns sarrasins. Si les en remercia moult Amurat; et demeurerent avec luy environ trois mois : mais pour ce que il n'avoit pour lors guerre à nul sarrasin, ils prirent congé, et s'en partirent; et il les feit convoyer seurement par ses gens par le pays de Grece et par le royaume de Bulgarie, et tant qu'ils feurent hors de sa terre.

Si tournerent vers Hongrie; et tant allerent qu'ils arriverent devers le roy de Hongrie, qui les receut à tres-grand chere, et grand honneur leur fit. Si avoit adonc le dict Roy moult assemblée de gens, pour un grand debat qu'il avoit avec le marquis de Moravie, dont il fut pour ceste cause encores plus joyeux de leur venuë. Là demeurerent trois mois, et apres prirent congé du Roy et s'en partirent, et adonc se separerent l'un de l'autre: car messire Regnauld de Royé tourna vers Prusse; et messire Boucicaut, qui desiroit, comme dict est, visiter la Terre Saincte, retourna à Venise, et prit son passaige outre mer.

Si alla en Hierusalem, au pelerinage du Sainct Sepulchre, que il visita tres-devotement; et aussi fut par tous les saincts lieux accoustumez. Et lors qu'il faisoit ladicte cerche (1), il oüit nouvelles que le comte d'Eu, lequel venoit au dict sainct pelerinage, avoit esté arresté à Damas de par le souldan de Babilone. Si tost que Boucicaut eut ce entendu, adonc nonobstant que il eust laissé toute sa robe (2) en une nave sur la mer, en intention d'aller en Prusse, par sa tres-grande franchise, et pour l'honneur du roy de France, à qui le dict comte estoit parent, nonobstant qu'il n'eust oncques à luy gueres d'acointance; alla devers luy à Damas; dont le comte eut grand joye quand il le veid. Si y arriva Boucicaut si à point, que le Souldan avoit envoyé querir le comte pour amener au Caire devers luy. Quand il y feut, le dict Souldan feit mettre en escript tous les gens qui estoient au dict comte d'Eu, et de sa mesgnie (3); et aux autres pelerins qui estoient avec luy, et n'estoient pas de ses gens, il feit donner congé de eulx en aller.

---

(1) *Cerche*: visite, tournée. — (2) *Toute sa robe*: tout son bagage. — (3) *Mesgnie*: suite.

Mais le tres-bon gentil chevalier franc et liberal Boucicaut, qui s'en fut allé s'il eust voulu, ne le voulut laisser là estre prisonnier sans luy, ains pour luy faire compaignée se fist escrire et se meit en la prison avec. Et là demeura de sa volonté et sans contrainte, à ses propres despens, par l'espace de quatre mois que le dict comte feut és prisons du Souldan, qui apres les laissa aller. Et quand ils furent hors de prison, ils retournerent à Damas, et de là prirent leur chemin à aller à Sainct Paul des deserts, et de là à Saincte Catherine du mont de Sinaï, et puis s'en veindrent droict en Hierusalem. Et là derechef messire Boucicaut visita le Sainct Sepulchre, et paya tous les treus qui y sont establis, pour luy et pour ses gens, comme devant, et refist la cerche en tous les autres lieux. Et quand le comte d'Eu et Boucicaut eurent par tout ainsi esté, ils s'en partirent et veindrent à Barut, en intention de monter là sur mer pour eulx en retourner : mais ils furent arrestez des sarrasins, et l'espace d'un mois fut passé avant qu'ils les laissassent partir. Si monterent en mer, et de là s'en allerent en Cipre, et puis de Cipre à Rhodes; et là prirent une galée qui les mena jusques à Venise : et ainsi s'en retournerent en France. Et quand ils furent en Bourgongne, ils trouverent en leur chemin le Roy, qui estoit à l'abbaye de Clugny, et s'en alloit prendre possession du Languedoc, où il n'avoit oncques esté. Si les receut le Roy moult joyeusement, et grand feste feit de leur venuë. Si se loüa le comte d'Eu moult grandement au Roy de Boucicaut, et de la bonne compaignée que il luy avoit faicte; et dit que oncques n'avoit trouvé tant de franchise ny de bonté en chevalier. Si luy sceut le Roy moult bon gré du bon amour que il avoit porté à son cousin ; et tous ceulx qui la verité en sceurent le tindrent à grand franchise et bonté, et moult en loüerent Boucicaut.

CHAPITRE XVII.

De l'emprise que messire Boucicaut feit, luy troisiesme, de tenir champ trente jours à la jouste à tous venans, entre Boulongne et Calais, au lieu que on dict Sainct Ingelbert.

Il est à sçavoir que messire Boucicaut avoit esté en sa jeunesse communément en voyages avec le bon duc de Bourbon, lequel, pour la bonté que il avoit veüe en luy dés son premier commencement, l'avoit retenu de son hostel, et avec luy, comme il est dict cy devant. Si advint alors, comme le Roy estoit alors à Clugny, comme il est dict, que pour le grand bien que il voyoit qui tousjours multiplioit en Boucicaut, il l'aima plus que oncques mais, combien que l'amour fut commencé dés leur enfance. Si le voulut avoir du tout en sa compaignée, et de faict le demanda au duc de Bourbon, qui en fut content, pour l'advancement de Boucicaut : et ainsi fut du tout de la cour du Roy, et s'en alla avec luy en ce voyage de Languedoc.

En ce voyage advint, ainsi comme amour et vaillance chevaleureuse admonestent souvent le courage des bons à entreprendre choses honnorables, pour accroistre leur pris et leur honneur, pourpensa Boucicaut une entreprise la plus haute, la plus gracieuse et la plus honnorable que passé a long temps en chrestienté chevalier entreprist. Et soit noté et regardé aux faicts de ce vaillant homme comment sans doubte il est bien vray ce que le proverbe dict, que aux œuvres, non mie aux paroles, se demonstrent les affections du vaillant preux. Car il n'y a point de doubte que homme qui a affection et desir d'attaindre et parvenir à honneur ne pense tousjours comment et par quelle voye il pourra tant faire que il puisse desservir que on die de luy qu'il soit vaillant. Ne jamais ne luy semble que il ait assez faict, quelque bien que il face, pour avoir acquis los (1) de vaillance et prouesse. Et que ceste chose soit vraye, nous appert bien par les œuvres de cestuy vaillant chevalier Boucicaut : car, pour le grand desir qu'il avoit d'estre vaillant et d'acquerir honneur, n'avoit autre soing fors de penser comment il employeroit sa belle jeunesse en poursuite chevaleureuse. Et pource que il luy sembloit que il n'en pouvoit assez faire, ne prenoit aussi comme point de repos : car, aussi tost que il avoit achevé aucun bienfaict, il en entreprenoit un autre.

Si fut telle l'emprise, que apres que il eut congé du Roy, il fit crier en plusieurs royaumes et pays chrestiens, c'est à sçavoir en Angleterre, en Espaigne, en Arragon, en Alemaigne, en Italie et ailleurs, que il faisoit sçavoir à tous princes, chevaliers et escuyers, que luy, accompaigné de deux chevaliers, l'un appellé messire Renault de Roye, l'autre le sei-

(1) *Los* : louange.

gneur de Sampy, tiendroient la place par l'espace
de trente jours sans partir, si essoine raisonnable de
la laisser ne leur venoit : c'est à sçavoir depuis le
vingtiesme jour de mars jusques au vingtiesme jour
d'avril, entre Calais et Boulongne, au lieu que l'on
dict Sainct Ingelbert. Là seroient les trois chevaliers
attendans tous venans, prests et appareillez de livrer
la jouste à tous chevaliers et escuyers qui les en
requerroient, sans faillir jour, excepté les vendredis.
C'est à sçavoir un chacun des dicts chevaliers cinq
coups de fer de glaive ou de rochet (1) à tous ceulx
qui seroient ennemis du royaume, qui de l'un ou
de l'autre les requerroient ; et à un chacun autre,
qui fut amy du royaume, qui demanderoit la jouste,
seroit delivré cinq coups de rochet. Ce cry feut faict
environ trois mois avant le terme de l'entreprise ; et
le fit ainsi faire Boucicaut, affin que ceulx qui de
loing y vouldroient venir eussent assez espace, et que
plus grandes nouvelles en feussent, par quoy plus de
gens y veinssent.

Quand le terme commença à approcher, Boucicaut preint congé du Roy, et s'en alla luy et ses
compaignons en la dicte place que on dict Sainct
Ingelbert. Là feit tendre en belle plaine son pavillon,
qui fut grand, bel et riche. Et aussi ses compaignons
feirent coste le sien tendre les leurs, chascun à part
soy. Devant les trois pavillons un peu loignet avoit un
grand orme. A trois branches de cest arbre avoit
pendu à chacune deux escus, l'un de paix, l'autre de
guerre. Et est à sçavoir que mesmes en ceulx de
guerre n'avoit ne fer ne acier, mais tout estoit de bois.

(1) *Rochet* : sorte d'arme qui ne pouvoit faire aucun mal.

Coste les escus, à chacune des dictes trois branches, y avoit dix lances dressées, cinq de paix, et cinq de guerre. Un cor y avoit pendu à l'arbre; et devoit, par le cry qui estoit faict, tout homme qui demandoit la jouste corner d'iceluy cor; et s'il vouloit jouste de guerre, ferir en l'escu de guerre; et s'il vouloit de rochet, ferir en l'escu de paix.

Si y avoit chacun des trois chevaliers faict mettre ses armes au dessus de ses deux escus, lesquels escus estoient peints à leurs devises differemment, afin que chascun peust congnoistre auquel des trois il demanderoit la jouste. Outre cest arbre, avoit messire Boucicaut faict tendre un grand et bel pavillon pour armer et pour retraire, et refraischir ceulx de dehors. Si devoit, apres le coup feru en l'escu, saillir dehors monté sur le destrier, la lance au poing, et tout prest à poindre celuy en la targe duquel on auroit feru, ou tous trois, si trois demandans eussent feru és targes. Ainsi feit là son appareil moult grandement et tres-honnorablement messire Boucicaut, et feit faire provisions de tres-bons vins, et de tous vivres largement, et à plain, et de tout ce qu'il convient si plantureusement, comme pour tenir table ronde à tous venans tout le dict temps durant, et tout aux propres despens de Boucicaut. Si peut-on sçavoir que ils n'y estoient mie seuls : car belle compaignée de chevaliers et de gentils-hommes y avoit pour les accompaigner, et aussi pour les servir grand foison de mesgnie : car chascun des trois y estoit allé en grand estat. Si y avoit heraults, trompettes et menestriers assez, et autres gens de divers estats. Et ainsi, comme pouvez ouyr, fut mis en celle besongne si bonne diligence, que toutes choses dés avant le temps de trente jours furent si bien et si bel apprestées, que rien n'y conveint quand le dict jour de la dicte emprise feut venu.

Adonc furent tous armez et prests en leurs pavillons les trois chevaliers, attendans qui viendroit. Si fut messire Boucicaut par especial moult habillé richement, et pource que il pensoit bien que avant que le jeu faillist y viendroit foison d'estrangers, tant Anglois comme autre gent. A celle fin que chacun veid que il estoit prest et appareillé, s'il estoit requis d'aucun delivrer, et faire telles armes comme on luy voudroit requerir et demander, prit adonc le mot que oncques puis il ne laissa, lequel est tel : CE QUE VOUS VOULDREZ. Si le fist mettre en toutes ses devises, et là le porta nouvellement.

Les Anglois, qui volontiers se peinent en tout temps de desavancer les François, et les surmonter en toutes choses s'ils peuvent, ouyrent bien et entendirent le cry de la susdicte honnorable emprise. Si dirent la plus part et les plus grands d'entre eulx que le jeu ne se passeroit mie sans eulx. Et n'oublierent pas, dés que le dict premier jour fut venu, à y estre à belle compaignée, mesmes des plus grands d'Angleterre, si comme cy apres on les pourra ouyr nommer. A celuy premier jour, ainsi comme messire Boucicaut estoit attendant tout armé en son pavillon, et aussi ses compaignons és leurs, à tant est veu venir messire Jean de Holande, frere du roy Richart d'Angleterre, qui à moult belle compaignée tout armé sur le destrier, les menestriers cornans devant, s'en veint sur la place. Et en celuy maintien de moulte haulte maniere, presente grande foison de gentils-hommes qui là estoient, alla le champ tout environnant. Et puis quand il eust ce faict, il veint au cor, et corna moult haultement. Et apres on luy lassa son bacinet, qui fort luy fut bouclé : adonc alla ferir en l'escu de guerre de Boucicaut, qu'il avoit bien advisé.

Apres ce coup ne tarda mie le gentil chevalier Boucicaut, qui, plus droict que un jonc sur le bon destrier, la lance au poing et l'escu au col, les menestriers devant, et bien accompaigné des siens, vous sort de ce pavillon et se va mettre en rang. Et là bien peu s'arreste, puis baisse sa lance et met en l'arrest, et poind vers son adversaire, qui moult estoit vaillant chevalier, lequel aussi repoind vers luy. Si ne faillirent mie à se rencontrer ; ains si tres-grands coups s'entredonnerent és targes, que à tous deux les eschines conveint ployer, et les lances volerent en pieces. Là y eut assez qui leurs noms haultement escrierent : si prirent leur tour, et nouvelles lances leur furent baillées, et derechef coururent l'un contre l'autre, et semblablement se entreferirent. Et ainsi parfirent leur cinquiesme coup, assis tous de fer de glaive, si vaillamment tous deux que nul n'y doibt avoir reproche. Bien est à sçavoir que au quatriesme coup, apres que les lances furent volées en pieces, pour la grande ardeur des bons destriers qui fort couroient, s'entreheurterent les deux chevaliers si grand coup l'un contre l'autre, que le cheval de l'Anglois s'accula à terre, et feust cheu sans faille, si à force de gens il n'eust esté soustenu ; et celuy de Boucicaut chancela, mais ne cheut mie.

Apres ceste jouste, et le nombre des coups achevez,

se retirerent les deux chevaliers és pavillons; mais ne fut mie là laissé à sejour moult longuement Boucicaut: car d'autres y eut moult vaillans chevaliers anglois qui semblablement comme le premier luy requirent la jouste de fer de glaive, dont en celuy jour en delivra encores deux autres, et parfist ses quinze coups assis, si bien et si vaillamment, que de tous il se départit à son tres-grand honneur. Tandis que Boucicaut joustoit, comme dict est, ne cuide nul que ses autres compaignons feussent oiseux, ains trouverent assez qui les hasterent de jouster, et tout de fer de glaive. Si le firent si bel et si bien tous deux, que l'honneur en fût de leur partie. Si ne sçay à quoy je esloigneroye ma matiere pour deviser l'assiette de tous les coups d'un chacun, laquelle chose pourroit tourner aux oyans à ennuy: mais pour tout dire en brief, je vous dis que les principaulx qui jousterent à Boucicaut les trente jours durant furent premierement celuy dont nous avons parlé, et puis le comte d'Arli (1), qui ores se dict Henry roy d'Angleterre (lequel jousta avec dix coups de fer de glaive: car quand il eut jousté les cinq coups selon le cry, le duc de Lanclastre son pere luy escrivit que il luy envoyoit son fils pour apprendre de luy: car il le sçavoit un tres vaillant chevalier, et que il le prioit que dix coups voulust jouster à luy); le comte Mareschal, le seigneur de Beaumont, messire Thomas de Perci, le seigneur de Clifort, le sire de Courtenay, et tant de chevaliers et d'escuyers du dict roy d'Angleterre, que ils furent jusques au nombre de six vingt, et d'autres pays, comme Espaignols, Alemans et autres, plus de quarante; et tous jous-

---

(1) *Le comte d'Arli:* le comte de Derby.

terent de fer de glaive. Et à tous Boucicaut et ses compaignons parfeirent le nombre des coups, excepté à aulcuns, qui ne les peurent achever parce que ils furent blecez. Car là furent plusieurs des Anglois portez par terre, maistres et chevaulx, de coups de lances, et navrez durement. Et mesmement le susdict messire Jean de Holande fut si blessé par Boucicaut que à peu ne feust mort, et aussi des autres estrangers. Mais le vaillant gentil chevalier Boucicaut, et ses bons et esprouvez compaignons, Dieu mercy, n'eurent mal ne blesseure; et ainsi continua le bon chevaleureux sa noble emprise par chacun jour, jusques au terme de trente jours accomplis. Si en saillit à tres-grand honneur du Roy et de la chevalerie de France, et à si grand los de luy et de ses compaignons, que à tousjoursmais en devra estre parlé. Et s'en partit de là Boucicaut avec les siens, et s'en retourna à Paris, où il fut très-joyeusement receu du Roy et de tous les seigneurs, et aussi des dames grandement festoyé et honnoré; car moult bien l'avoit desservy.

CHAPITRE XVIII.

Comment messire Boucicaut alla la troisiesme fois en Prusse; et comment il voulut venger la mort de messire Guillaume de Duglas.

NE demeura mie longuement, apres l'achevement de la susdicte entreprise, que le duc de Bourbon entreprist le voyage pour aller sur les sarrasins en Barbarie, à moult grande armée. D'icelle allée eut moult grand joye Boucicaut, car ne cuida mie que ce deust estre sans luy : mais quand il en demanda congé au Roy, il ne le voulut nullement laisser aller ; dont moult grandement pesa à Boucicaut, et tel desplaisir en eut que il ne se voulut tenir en cour, pour chose que le Roy luy deist. Si feit tant à toutes fins, que il eut congé d'aller derechef en Prusse. Si partit apres le congé le plus tost qu'il peut, de peur que le Roy ne se r'advisast et ne le laissast aller : mais quand il feut par de là, il trouva qu'il n'y avoit point de guerre.

Si delibera de demeurer au pays toute celle saison pour attendre la guerre. Et tandis qu'il estoit là, ja y avoit si longuement attendu, que son frere messire Geoffroy, lequel on a nommé le jeune Boucicaut, qui estoit retourné de Barbarie avec le duc de Bourbon, auquel voyage avoit esté plus de huict mois, le veint là trouver. Si s'entrefeirent les deux freres moult grande joye; et ainsi comme messire Boucicaut et son frere attendoient temps et saison que la dicte guerre se feist, luy veint messaige de par le Roy qui luy mandoit qu'il avoit en propos de faire certain voyage, si vouloit qu'il feust avec luy; et pour ce luy mandoit expressément que tantost et sans delay s'en retournast vers luy. Ces nouvelles ouyes, Boucicaut, qui desobeir n'osa, quoy que il luy en pesat, se mist au retour, si comme raison estoit; et tant erra pour venir tost devers le Roy, que il estoit ja venu au pays de Flandres. Et comme il estoit à Bruxelles, messaige luy vint de par le Roy, qui luy mandoit que par l'ordonnance de son conseil il avoit changé propos : si luy remandoit qu'il estoit à sa volonté de s'en revenir ou de tenir son voyage. Quand Boucicaut oüit ce, il fut moult joyeux, et s'en retourna dont il venoit.

Et ainsi comme il s'en retournoit, et ja estoit à Konigsberg, advint telle advanture : que comme plusieurs estrangers feussent arrivez en la dicte ville de Konigsberg, lesquels alloient pour estre à la susdicte guerre; un vaillant chevalier d'Escosse, appellé messire Guillaume de Duglas, fut là occis en trahison de certains Anglois. Quand ceste mauvaistié fut sceüe, qui desplaire debvoit à tout bon homme, messire Boucicaut, nonobstant que à celuy messire Guillaume de Duglas n'eust eüe nulle accointance, mais tout par la vaillance de son noble courage, pour ce que le faict luy sembla si laid qu'il ne deust estre souffert ne dissimulé sans vengeance, et pour ce que il ne veid là nul chevalier ni escuyer qui la querelle en voulust prendre, nonobstant qu'il y eust grand foison de gentils-hommes du pays d'Escosse, ains s'en taisoient tous, il fist à sçavoir et dire à tous les Anglois qui là estoient que s'il y avoit nul d'eulx qui voulust dire que le dict chevalier n'eust esté par eulx tué faulsement et traistreusement, que il disoit et vouloit soustenir par son corps que si avoit, et estoit prest de soustenir la querelle du chevalier occis. A ceste chose ne voulurent les Anglois rien respondre, ains dirent que si les Escossois qui là estoient leur vouloient de ce aulcune chose dire, que ils leur en respondroient : mais à luy ne vouldroient rien avoir à faire.

Et ainsi demeura la chose; et Boucicaut s'en partit, et fut tout à point en Prusse à la guerre, qui fut la plus grande et la plus honnorable que de long-temps y eust eu : car celle année estoit mort le hault maistre de Prusse; et celuy qui de nouvel estoit en son lieu establi meit sus si grande armée qu'ils estoient bien deux cent mille chevaux, qui tous passerent au royaume de Lecto, où ils firent grande destruction de sarrasins, et y preindrent par force et de bel assault plusieurs forts chasteaux. Et en ceste besongne, pour ce que messire Boucicaut veid que la chose estoit grande, et moult honnorable et belle, et qu'il y avoit grande compaignée de chevaliers et d'escuyers, et de gentils-hommes, tant du royaume de France comme d'ailleurs, leva premierement banniere, et fist en celle besongne tant d'armes que tous l'en loüerent; et par l'entreprise de luy avec le hault maistre de Prusse fut fondé et faict en celuy pays de sarrasins au royaume de Lecto, malgré leurs ennemis, et à force, un fort et bel chastel en une isle; et nommerent le dict chastel en françois *le chastel des Chevaliers*. Et demeurerent sur le lieu le dict hault maistre et Boucicaut, accompaignez de belle compaignée de gens d'armes, pour garder la place tant que il feust achevé; et apres s'en retournerent en Prusse.

CHAPITRE XIX.

Comment messire Boucicaut fut faict mareschal de France.

Au temps que messire Boucicaut estoit en Prusse, comme dict est cy devant, trespassa de ce siecle le mareschal de Blainville. Mais, comme dict la balade :

Qui bien aime, n'oublie pas son bon amy pour estre loing. Le bon roy de France, qui aimoit de moult grand amour, et aime encores et tousjours aimera Boucicaut, comme par plusieurs fois luy avoit demonstré, à celle fois derechef grandement luy monstra. Car nonobstant que si tost que le mareschal de Blainville fut trespassé, luy fut requis l'office par plusieurs haults et grands seigneurs; et nonobstant que Boucicaut ne fut mie present, ains ne l'avoit veu ja avoit pres d'un an, ne l'oublia pourtant le bon noble Roy : ains delibera incontinent que autre ne l'auroit que luy. Et de faict luy manda hastivement que tantost et sans delay il s'en retournast.

Si veint si à point le messaige du Roy devers Boucicaut, que il le trouva que ja il s'en retournoit du susdict voyage de Prusse. Si se hasta, pour ces nouvelles, encores plus de venir; et quand il fut approché de France, il sceut que le Roy estoit adonc au pays de Touraine. Si tourna celle part et tant erra, que il le trouva en la cité de Tours; et vint vers luy si à point que il estoit adonc au propre hostel où il mesme estoit né, et où son pere en son vivant demeuroit. Devant le Roy se meit à genoüils Boucicaut, et comme il debvoit humblement le salüa. Quand le Roy le veid, ne convient demander s'il luy fit grand chere : car ne cuidez pas que de long temps nul chevalier fust receu du Roy à plus grand feste. Si luy dict incontinent le Roy : « Boucicaut, vostre pere demeura en cest hostel,
« et gist en ceste ville; et feustes né en ceste chambre,
« si comme on nous a dit. Si vous donnons au propre
« lieu où vous naquistes l'office de vostre pere; et pour
« vous plus honnorer, le jour de Noel qui approche,

« apres la messe nous vous baillerons le baston, et
« ferons recevoir de vous le serment comme il est
« accoustumé. »

Boucicaut, qui estoit encores à genoulx, remercia
le Roy humblement, comme il debvoit faire. Et quand
veint au jour de Noel, se leva de matin messire Boucicaut, et se vestit moult richement. Là estoyent ja
venus grand foison de chevaliers et seigneurs ses parens et affins, pour l'accompaigner. Et quand temps et
heure luy sembla, s'en alla en moult noble appareil à
la messe devers le Roy. Quand la messe fut chantée,
le duc de Bourbon, qui moult l'aimoit comme celuy
que il avoit nourry, et duquel il avoit faict noble et
bonne nourriture, le prist et le mena devers le Roy;
et avec eulx feurent plusieurs autres seigneurs et
chevaliers, qui l'accompaignerent. Devant le Roy se
mit à genoulx Boucicaut; et le Roy le receut tres-
joyeusement, et le revestit de l'office de mareschal, en
luy baillant le baston. Et là estoit le duc de Bourgongne oncle du Roy, lequel, pour luy faire plus grand
honneur, voulut luy mesme en recevoir le serment,
nonobstant que ce ne soit chose accoustumée que
autre le reçoive que le chancelier de France, qui
mesme là estoit. Là estoit present messire Olivier de
Clisson pour lors connestable de France, et messire
Jean de Vienne admiral, et grand foison de baronnie,
qui tous dirent que le dict noble office ne pouvoit
estre en autre mieulx employé; et grand joye en
eurent, comme de celuy qui le valoit, et qui bien
l'avoit desservy. Et ainsi fut faict Boucicaut mareschal de France.

Si faict à noter en cest endroict le grand bien de

cestuy chevalier, lequel, ainsi qu'il est contenu és histoires des chevaleureux Romains, quand il advenoit que aulcun d'entre eulx estoit veu et apperceu dés son enfance plus que les autres enfans estre enclin en l'amour et poursuite d'armes, en continuant faiets chevaleureux par grande ardeur, tant et si vaillamment que mesmement en jeune aage eust ja faict maintes choses fortes et honnorables, et tousjours continuast de mieulx en mieulx, on presumoit et jugeoit-on par tels signes que tels enfans et jouvenceaux seroient en leur droict aagé tres-vaillans hommes : et pour ce, les Romains ne laissoient point, pour la grande jeunesse d'iceux, à les mettre és grands offices de la chevalerie, si comme les faire ducs, connestables, et chevetains de tres-grands osts, nonobstant que l'ordonnance commune ne feust de mettre hommes en tels offices que ils n'eussent à tout le moins accomply trente ans : mais ceulx qu'ils veoient advancez en excellence outre le commun cours de nature, ils les advançoient aussi en honneur outre les autres hommes. Et ce faisoient-ils affin que ils feussent plus avivez et embrasez en l'amour et ardeur des armes, de tant comme plus s'y verroient honnorez. Comme ils feirent de Pompée le tres-vaillant chevalier, qui tant avoit ja faict de bien en son enfance et jeunesse, que ils le reputerent digne dés l'aage de vingt deux ans d'estre consul de Rome, qui estoit office comme nous dirions duc et connestable de la chevalerie.

A cest exemple, comme il me semble, fut faict le noble jouvencel Boucicaut, lequel tant avoit ja faict de bien par longue continuation dés son enfance, tousjours multipliant en vertu et biensfaicts, que il feut reputé digne d'estre mis en si noble office comme de mareschal de France dés l'aage de vingt cinq ans, qu'il avoit sans plus accompli lors que le Roy le revestit du dict office. Mais vrayement, nonobstant ce jeune aage, ne descheut pas en luy l'honneur de si noble estat : car sa grand bonté, vaillance et vertu, exceda, passa et vainquit tous les mouvemens et inclinations de folle jeunnesse. En telle maniere qu'il estoit plus meur en vertu et mœurs dés l'aage de vingt ans, que plusieurs ne sont à cinquante. En laquelle grace et meureté a toujours perseveré et persevere, multipliant en bien, si comme il appert par ses faicts, lesquels, en continuant nostre matiere, seront declarez cy apres.

CHAPITRE XX.

Comment le mareschal Boucicaut alla avec le Roy à Boulongne, au traicté; et la charge de gens d'armes que le Roy luy bailla apres pour aller en plusieurs voyages; et comment il prit le Roc du Sac.

APRES que le Roy eust establly Boucicaut son mareschal, il s'en retourna à Paris, et le dict mareschal avec luy : si fut tout cest hyver à sejour avec le Roy en jeux et esbatemens avec les dames, qui de sa presence estoyent joyeuses. Car tout ainsi qu'il estoit propice et vaillant en faict d'armes, semblablement estoit tres-avenant et gracieux de toutes choses entre dames et damoiselles, et bien y sçavoit son estre; et pour ce, estoit tres-aimé et bien venu.

Si y avoit adoncques trefves entre François et Anglois, et pour ce un peu plus longuement fut à sejour. Quand veint l'esté d'apres, durant les dictes trefves le Roy tint un parlement à Amiens, et avec luy alla son frere le duc d'Orleans, ses oncles le duc de Berry, le duc de Bourgongne et le duc de Bourbon, et autres seigneurs du sang royal, et d'autres grand foison, et tous les capitaines de France : c'est à sçavoir le connestable de Clisson, le mareschal de Sancerre, le mareschal de Boucicaut, l'admiral de Vienne, et avec ce belle compaignée de seigneurs, et de chevaliers et escuyers. A Amiens devers le Roy veindrent à parlement les Anglois, c'est à sçavoir le duc de Lanclastre, à belle compaignée de seigneurs et de chevaliers, et d'escuyers. Et là fut traicté de paix : mais adonc ne la conclurent mie.

Si s'en retourna le Roy à Paris, et ne demeura pas moult longuement apres que un maltalent sourdit entre le Roy et le duc de Bretaigne : parquoy le Roy feit grand mandement et assemblée de gens d'armes, et luy mesme en personne se mut pour aller sur luy. Si ordonna le Roy en celuy voyage au mareschal de Boucicaut grande charge de gens d'armes, c'est à sçavoir six cent hommes d'armes soubs luy, dont ils furent joyeux d'estre soubs tel capitaine. Et pour le grand amour que les gentils-hommes avoient à luy, et la grande opinion que ils avoient de sa bonté, furent plus d'autres quatre cent hommes d'armes, qui oultre la susdicte charge se veindrent mettre soubs luy, et s'en tenoient bien honnorez. Et luy, comme tres-saige capitaine, bien les sçavoit tenir et gouverner; en telle maniere que tous l'aimoient et craignoient.

En celuy voyage le Roy bailla le gouvernement de la moictié du pays de Guyenne au dict mareschal, et ordonna que quand il auroit faict son emprise du voyage où il alloit, et qu'il s'en retourneroit en France, que le mareschal avec une grande compaignée de gens d'armes s'en iroit en Auvergne mettre le siege devant un tres-bel et fort chastel appellé le Roc du Sac, que les Anglois avoient pris pendant les trefves.

Le Roy, à tout ceste belle compaignée de gens d'armes, alla jusques au Mans, ne plus outre ne passa, pour maladie qui luy prist. Si fut ce voyage rompu; mais le mareschal au partir de là obtint le commandement du Roy, et s'en alla au plus tost qu'il peut en Auvergne mettre le siege devant le dict chastel du Roc du Sac. Et si meit son siege en si belle ordonnance que tous l'en loüerent, et que il sembla bien que il estoit ja duit de son mestier. Si fist livrer dur assault au chastel par plusieurs jours; car moult estoit forte place, et là fut faict de moult belles armes. Et au dernier ne peut plus tenir le chastel : si se rendirent ceulx de dedans au mareschal. Et fut celle prise moult honnorable : car grande deffence y trouverent, parquoy convint de tant plus grand sens et force à en venir à chef.

CHAPITRE XXI.

Comment le mareschal alla en Guyenne, et les forteresses qu'il y prit.

L'an apres que le mareschal eut prins le Roc du Sac, vindrent nouvelles au Roy que les Anglois avoient pris au susdict pays d'Auvergne une ville appellée le Dompine. Parquoy le Roy ordonna que le comte d'Eu, qui lors estoit faict nouvel connestable, iroit en Auvergne, et le mareschal avec luy, et meneroient mille hommes d'armes pour mettre le siege devant la dicte ville. Si se partirent du Roy le connestable et le mareschal à tout leur compaignée, en intention d'executer et mettre à effect ce qui leur estoit commis de par le Roy. Et quand ils feurent arrivez à Limoges, ils sceurent que le mareschal de Sancerre, qui pour lors estoit au pays, avoit delivré par traicté la dicte ville de Dompine, et qu'il en estoit à accord. Et pource le connestable et le mareschal, afin que les Anglois eussent honte de plus rompre les trefves, feirent venir devant eulx tous les capitaines anglois qui au pays tenoient chasteaux et forteresses, et leur feirent promettre et jurer de loyaument tenir et garder les trefves : et ces choses faictes, s'en revindrent en France.

Mais l'an apres, les Anglois, qui petit ont accoustumé de tenir ce qu'ils promettent, preindrent derechef sus les dictes trefves deux forteresses és marches de Xainctonge et d'Angoulesme, l'une appellée le Cor, et l'autre La Roche. Si les tenoit et gardoit contre le Roy un appellé Parot le Biernois. Si fut ordonné par le Roy que le mareschal iroit à tout cinq cent hommes d'armes pour les assieger; mais le Roy luy commanda que ainçois il allast à Bordeaux requerir au duc de Lanclastre, qui là estoit, qu'il luy feist delivrer icelles forteresses qui sus les trefves avoient esté prises. Ce commandement bien reteint le mareschal. Si s'en alla à tout sa compaignée droict à Bordeaux, et là trouva le duc de Lanclastre, qui le receut à moult grand honneur, et bonne chere luy feit. Le mareschal luy feit bien et saigement sa requeste, disant comment ce pouvoit tourner à petit honneur aux Anglois d'ainsi rompre les trefves, et d'aller contre ce qui avoit esté promis et juré; et que il luy feist rendre les forteresses qui sus les convenances, et en rompant les dictes trefves, avoient esté prises.

De ceste chose luy feit honnorable responce le duc de Lanclastre, en luy disant que ce n'avoit esté faict mie de son consentement, ne que oncques n'en avoit rien sceu. Si luy en promettoit restitution plainiere, et en faire faire telle amende comme il luy plairoit. Si manda tantost à celuy Parot le Biernois que incontinent rendist les forteresses, et amandast les forfaitures, ou il mesme l'iroit assieger. Si feurent tantost renduës les dictes forteresses, et restitué le dommaige. Et le mareschal demeura toute celle saison au pays, où il se trouvoit souvent en celuy temps de trefves avec les Anglois, qui pour sa valeur moult l'honnoroient. Et là estoit parlé entre eulx souventesfois de maintes armes et faicts de chevalerie. Si s'en retourna après devers le Roy.

CHAPITRE XXII.

Cy commence à parler du voyage de Hongrie; comment le comte d'Eu admonesta le mareschal d'y aller.

APRES ces choses, le voyage de Hongrie fut mis sus. Et pour que ce fut une entreprise de grand renom, et dont plusieurs gens ont desiré et desirent sçavoir du faict toute la maniere et la pure verité de la chose, pour cause que en plusieurs manieres et differemment l'une de l'autre on en devise, me plaist et assez faict à nostre propos que je devise de long en long depuis le commencement jusques à la fin tout le contenu de la verité d'iceluy voyage, et comment il meut premierement.

Si est à sçavoir que le comte d'Eu, cousin prochain du roy de France, avoit, comme vaillant chevalier qu'il estoit, et grand voyageur selon son jeune aage, ja esté en plusieurs parts avau le monde (1) en maints honnorables voyages. Entre les autres avoit esté en Hongrie, et le mareschal avec luy, si comme cy devant avons compté. Si l'avoit le roy de Hongrie moult honnoré en son pays, et à luy faict grande amitié et maint signe d'amour. Pour laquelle alliance et affinité le dict roy de Hongrie lui manda et fit sçavoir par un hérault que Bajazet venoit sur luy en son pays, à bien quarante mille sarrasins, dont les dix mille

(1) *Avau le monde* : tout par le monde.

estoyent à cheval, et les trente mille à pied. Si avoit deliberé de leur livrer la bataille. Et pour ce, comme tout bon chrestien, et par especial tous vaillans nobles hommes doivent desirer eulx travailler pour la foy chrestienne, et volontiers et de bon cœur aider à soustenir l'un l'autre contre les mescreans, il luy requeroit son aide, et aussi le prioit que il le feist à sçavoir au mareschal Boucicaut, en la bonté et vaillance duquel il avoit grande fiance ; et ainsi le voulust annoncer à tous bons chevaliers et escuyers qui desiroient accroistre leur honneur et leur vaillance. Car moult estoit le voyage honnorable, et aussi avoit grand besoing de leur secours et aide.

Quand le comte d'Eu eut ouy ces nouvelles, tantost il le dict au mareschal, lequel incontinent et de cœur delibera d'y aller. Si respondit que, au plaisir de Dieu, il iroit sans faille. Car à ce estoit-il meu pour trois raisons : l'une, pour ce que il desiroit plus que autre riens estre en bataille contre sarrasins ; l'autre, pour la bonne chere que le roy de Hongrie luy avoit faicte en son pays. Et la tierce raison estoit pour le grand amour que il avoit à luy qui entreprenoit le voyage, et le plaisir que il avoit d'aller en sa compaignée.

Si fut ceste chose tantost espanduë par tout ; et tant alla avant que le duc de Bourgongne, qui ores est et lors estoit comte de Nevers, en ouyt parler. Adonc luy qui estoit en fleur de grand jeunesse, desirant suivre la voye que les bons quierent, c'est à sçavoir honneur de chevalerie, considerant que mieulx ne se pouvoit employer que de donner au service de Dieu sa jeunesse, en travaillant son corps pour l'accroissement de la foy, desira moult d'aller en ceste honnorable besoigne. Et tant timonna son pere le duc de Bourgongne, qui lors vivoit, qu'il eut congé d'y aller.

De ceste chose alla le bruit partout; et pour ce que adonc estoient trefves en France, pour laquelle cause chevaliers et escuyers y estoient peu embesongnez des guerres, desirerent plusieurs jeunes seigneurs du sang royal, et autres barons et nobles hommes, à y aller, pour eulx tirer hors de oisiveté, et employer leur temps et leurs forces en faict de chevalerie. Car bien leur sembloit (et vray estoit) qu'en plus honnorable voyage et plus selon Dieu ne pouvoient aller. Si fut toute la France esmeüe de ceste chose. Et pour les nobles seigneurs et barons qui y alloient, à peine estoit chevalier ne escuyer qui puissance eust, qui n'y desirast aller. Et des principaulx qui furent de ceste emprise dirons les noms et le nombre des François.

Le premier et le chef de tous feut le comte de Nevers, qui ores est duc de Bourgongne, cousin germain du roy de France; monseigneur Henry et monseigneur Philippes de Bar freres, et cousins germains du Roy; le comte de La Marche, et le comte d'Eu connestable, cousins du Roy. Des barons, le seigneur de Coucy, le mareschal de Boucicaut, le seigneur de La Trimouille, messire Jean de Vienne admiral de France, le seigneur de Heugueville, et tant d'autres chevaliers et escuyers, toute fleur de chevalerie et de noble gent, que ils furent en nombre bien mille du royaume de France.

Si faict icy à noter le grand couraige et bonne volonté que les vaillans François ont tousjours eu et ont en la noble poursuite d'armes, pour lequel honneur acquerir n'espargnent corps, vie, ne chevance. Car il est à sçavoir que nonobstant que ils eussent faict le comte de Nevers leur chef, si comme raison estoit ; si y alloit chascun à ses propres despens, excepté les chevaliers et escuyers, qui y alloient soubs les seigneurs et barons pour les accompaigner, et pour leur estat. Et entre les autres le mareschal de Boucicaut y mena à ses despens soixante dix gentilshommes, dont les quinze estoyent chevaliers ses parens, c'est à sçavoir messire Le Barrois, messire Jean et messire Godemart de Linieres, messire Regnaud de Chavigny, messire Robert de Milli, messire Jean Degreville, et autres, jusques au nombre dessus dict. Et semblablement les autres seigneurs en menerent ; et par especial le comte de Nevers y mena belle compaignée de gentils-hommes de l'hostel de son pere, et des siens.

CHAPITRE XXIII.

Comment le comte de Nevers, qui ores est duc de Bourgongne, voulut aller au voyage de Hongrie ; et comment il fut faict chevetaine [1] de toute la compaignée des François qui là allerent.

Quand le comte de Nevers et les autres seigneurs et barons eurent tres-bien appresté leur erre [2], ils

---

[1] *Chevetaine* : capitaine. Ce mot revient souvent. — [2] *Erre* : voyage.

prirent congé du Roy, de la Royne et de nos seigneurs, et de leurs peres et parens. Si croy bien que assez y eut pitié au departir, des pleurs et des plaints de leurs prochains, et des meres et femmes, sœurs et parentes. Et n'estoit mie sans cause : car moult estoit le voyage perilleux, comme bien y a paru; et si elles eussent sceu les dures nouvelles qui leur en estoient à venir, je ne croy mie que à de telles y avoit, le cœur ne fust party. Si feut piteuse la departie à ceulx qui puis ne retournerent.

A tant se meit le comte de Nevers en voye à toute sa belle compaignée, et tant erra par l'Alemaigne, et puis par Austriche, qu'il arriva au royaume de Hongrie. Tantost allerent les nouvelles au Roy, qui estoit adonques en la cité de Bude, comment le comte de Nevers, à tout moult noble compaignée des seigneurs de la fleur de lys, et d'aultres haults barons et bonne gent, venoit à son aide. De ceste nouvelle fut moult joyeux le Roy, et le plus tost qu'il peut veint à l'encontre à tout moult grande compaignée de gent; car ja avoit faict moult grand amas de gens d'armes, tant d'estrangers comme de ceulx de son pays. Tant alla le Roy, qu'il rencontra le comte de Nevers.

Quand le Roy fut approché de luy, moult feit grande reverence au dict comte et à tous ceulx du sang royal, et aux autres barons; et tous receut à grand joye et honneur. Si les mena en sa cité de Bude, où grandement les honnora et aisa de tout ce que il peut. Si n'eurent pas esté là moult de jours à séjour, quand le roy de Hongrie, par la volonté et assentement des seigneurs françois qui fors la bataille ne desiroient, feit ses ordonnances, et ses gens meit en arroy bien et bël, et comme qu'il affiert (1) en tel cas. Et peu de jours après se meit sur les champs pour aller au devant des sarrasins, lesquels on luy avoit dict que ils approchoient. Et quand il feut dehors, trouva que nos François et les autres estrangers, et les siens propres qu'il avoit avec luy, montoient bien à cent mille chevaulx.

A l'issuë du royaume de Hongrie veindrent au fleuve que on nomme le Danube ; si le passerent à navires. Outre ceste riviere, avoit une grosse ville fermée que on nommoit Baudins, qui se tenoit pour les Turcs ; si la voulurent nos gens assaillir. Devant ceste ville feut faict le comte de Nevers chevalier, aussi le comte de La Marche et plusieurs autres. Le lendemain qu'ils feurent arrivez, prirent à combatre la dicte ville par grande ordonnance. Mais aussi tost que l'assault feut commencé, saillit dehors le seigneur du pays, lequel estoit chrestien grec, et par force avoit esté mis en la subjection des Turcs ; et veint rendre luy, la ville et tout son pays, au roy de Hongrie, et luy delivra tous les Turcs qui estoient dedans la forteresse.

CHAPITRE XXIV.

De plusieurs villes que le roy de Hongrie prist sur les Turcs, par l'aide des bons François ; et comment le vaillant mareschal Boucicaut, entre les autres, bien s'y porta.

APRES que la ville de Baudins eut esté prise, comme dict est, se partit de là le roy de Hongrie à tout son

(1) *Qu'il affiert :* Il convient.

ost, et s'en alla devant une autre ville appellée Raco. Mais si tost que le comte d'Eu et le mareschal de Boucicaut sceurent que le Roy avoit deliberé d'aller là, ils feirent une emprise pour y estre des premiers. Si allerent avec eulx plusieurs grands seigneurs, c'est à sçavoir messire Philippes de Bar, le comte de La Marche, le seigneur de Coucy, le seneschal d'Eu et plusieurs autres, et chevaucherent toute nuict tant, qu'ils y feurent le matin. Mais si tost que les ennemis les veirent approcher, ils issirent dehors en grand quantité pour aller rompre un pont gisant qui estoit par dessus un grand fossé, qui deffendoit que nul ne peust venir pres des murs ny de la closture de la dicte ville. Et estoit celuy fossé si tres-profond, que en nulle maniere on ne le pouvoit passer, fors par sus iceluy pont. Si arriverent là nos gens, qui se hastoient d'aller avant que les sarrasins peussent estre à temps à despecer le pont. Si s'entrecoururent sus en celle place; et nos gens les envahirent de grand vigueur, qui moult y feirent de belles armes. Car les sarrasins taschoient tousjours à venir rompre le pont; et avoient faict une telle ordonnance, que tandis que une partie d'entre eulx maintiendroit la bataille, les autres iroient despecer le dict pont. Mais tout ne leur valut rien : car le vaillant mareschal demanda au comte d'Eu, pour ce que il estoit premier chef d'icelle emprise, la garde du dict pont, qui forte chose estoit à garder, et difficile pour la grande quantité de sarrasins qui tousjours y arrivoient : et il luy bailla. Si le garda si vaillamment luy et ses gens, que sarrasins n'eurent pouvoir d'en approcher ; et moult y feit le mareschal de belles armes par plusieurs fois : car souvent repoussoit les sarrasins par vive force dedans leur ville, et puis derechef ils issoient dehors. Mais il leur estoit derechef à l'encontre, par telle vertu que ils ne pouvoient souffrir sa bataille; et r'aller les en convenoit. Et à bref parler de ce que il feit là endroict, sans faille tellement y ouvra que il monstra bien, si comme autresfois avoit faict, que il estoit un tres-vaillant et esprouvé chevalier. Le comte d'Eu et les autres barons françois qui avec luy estoient, qui se combatoient à l'autre partie des sarrasins, comme dict est, tant y feirent et tant y chappelerent, et tant bien s'y porterent, que par force rebouterent les sarrasins en leur ville, et moult en occirent.

Celle journée, arriva le roi de Hongrie à tout son ost celle part; et tantost prist à mettre ses gens en ordonnance pour assaillir la ville. Quand le mareschal Boucicaut veid ce, il envoya tantost de ses gens en un lieu près d'illec où il y avoit de beaux arbres, et feit faire deux grandes eschelles; et quand il veid la grand flotte des gens d'armes venir pour aller assaillir la ville, adonc dit-il à ses gens: « Certes, dit-il, grand
« honte nous seroit si autres gens passoient ce pont
« devant nous, qui l'avons eu en garde. Or sus, mes
« tres-chers compaignons et amis, faisons tant en ceste
« besongne que il soit renom de nous. »

A tant sans plus dire se meit devant, et tous ses gens le suivirent de bonne volonté. Si s'alla mettre au plus pres du mur, et là furent apportées les eschelles que il avoit faict faire. Si commencea l'assault luy et les siens, avant que autres gens y veinssent. Si veissiez là faire merveilles d'armes: car la grande hardiesse que ces bonnes gens prenoient és bien faicts de leur conduiseur les faisoit abandonner comme lyons; et pour la grande ardeur que ils avoient de monter contre mont les murs, ils chargeoient tant les eschelles, que à peu ne brisoient. Si estoit la bataille là moult grande de ceulx de dehors qui estrivoient à monter sur les murs, et de ceulx de dedans qui leur chalangeoient (1) vigoureusement. Si s'entrelançoient de merveilleux coups, dont moult y en avoit de morts et d'affolez d'un costé et d'autre : toutesfois feirent tant sarrasins, que ils froisserent une des eschelles des grands fais des pierres que ils lançoient contre val. Et sur l'autre fut monté Hugues de Chevenon, qui portoit le panon du mareschal, qui moult vigoureusement se combatit. Mais tant le presserent les sarrasins que ils luy arracherent le dict panon d'entre les poings, et à la fin renverserent luy et l'eschele contreval, où il fust moult froissé : mais tost y eut qui le tira hors de la presse.

Si fut là l'assault grand et merveilleux. Ja y estoyent arrivez les autres François, et le roy de Hongrie à tout son grand ost. Si dura ainsi tout le jour jusques à ce que la nuict les departit. Et si le mareschal y avoit esté des premiers, aussi feut-il des derniers retraits : et tant y feit d'armes celle journée, que de luy et de son faict feurent grandes et honnorables nouvelles, et aussi de ses bonnes gens, qui tant bien s'y porterent que nulles gens mieulx ne peussent. Mais nonobstant que le bon mareschal et ses gens feussent si foulez que à peu n'en pouvoient plus, ne cuidez mie que pourtant s'allassent reposer; ains quand tous furent passez, se teint à garder le susdict pont que les

---

(1) *Leur chalangeoient :* leur résistoient.

ennemis ne le veinssent despecer. Et si croyez fermement, vous qui ce oyez, que nul n'avoit envie de luy oster cest office, ni de prendre la garde du dict pont.

Le lendemain que nos gens cuiderent retourner à l'assault, ceulx qui estoient dedans, qui estoient la plus grande partie chrestiens grecs, veirent bien que nonobstant que fust leur ville moult forte, que ils ne se pourroient au dernier garder, se rendirent au roy de Hongrie, sauves leurs vies et leurs biens. Et le Roy, qui eut conseil que le mieulx estoit de les y prendre que ce que il meist plus en peril ses gens, et aussi veu que ils estoient chrestiens, les receut à celle convenance. Si feut estably le mareschal pour les garder, que nulle offense ne leur feust faicte. Si entra dedans la ville à tout ses gens; et si bien feit son debvoir de les garder, que rien ne leur fut meffaict. Et iceulx chrestiens baillerent tous les Turcs qui estoient dedans au roi de Hongrie, qui tous les feit mourir.

Ceste chose achevée, se partit le Roy pour aller mettre le siege devant Nicopoli, qui est une moult forte ville; et en allant à ce siege, le mareschal, qui le cœur n'avoit à autre chose fors à tousjours grever les sarrasins, sçavoit par ses espies les embusches et les retraits où sarrasins par routes et par troupeaux repairoient et se mettoient en embusches, pour cuider courir sus aux notres. Mais le vaillant mareschal, par son sens et par son aguet, leur estoit sur le col avant que ils s'en donnassent de garde; et par telle maniere leur porta de grands dommaiges par plusieurs fois, et moult en occirent luy et les siens. Et semblablement feit le comte d'Eu et nos autres barons françois, qui tant bien feirent tous jusques alors et tant monstrerent leurs proüesses, que le roy de Hongrie et tous ceulx de sa partie en estoient d'autant enhardis, et leur en estoit creu le couraige, que ils ne doubtoient (1) tout le monde.

Hélas! si Fortune ne leur eust nuit, bien pourroient encores benir l'heure et le jour que telle noble compaignée de François leur estoit venuë. Mais comme Fortune est souvent coustumiere de nuire aux bons et aux vaillans, sembla que elle eust envie du grand bien et de l'excellente vaillance qui estoit en eulx. Hé! qui est-ce qui se puisse garder de male fortune, quand elle veult courir sus et nuire à qui que ce soit? Bien en sçait trouver les tours. Ne s'en peut mie garder jadis Hercules le fort, quand il vestit la chemise envenimée dont il ne se donnoit de garde. Ny ne se plaignit mie moins de fortune le preux Hector, qui tant avoit faict de chevaleries, quand Achilles par derriere le veint ferir et le jetta mort. Ny Troye la grand cité ne cuidoit point que Fortune tant au bas la sceust mettre comme elle la meit. Alexandre le Grand, qui osa envahir tout le monde, ne feut-il pas par elle en un seul moment rué jus? Hannibal, grand empereur de Carthage, ne te peux-tu plaindre de ceste faulse deesse? Ne se joüa-elle pas bien de toy à la pelote, quand elle te meit si hault que tu surmontas, vainquis et subjuguas la grand force des Romains, et que tu ne redoutois tout le monde? Puis apres quand elle t'eust accueilly, en haine elle te alla minant par plusieurs malheurs, et tant que elle te conduisit au poinct que il n'estoit nul homme plus pauvre que toy : car avec ce que tout avois per-

(1) *Doubtoient* : craignoient.

du, il n'y avoit lieu ny place sur terre où tu osasses ne peusses à seur heberger; et en fin à tant te mena la desloyale, que tu feus contrainct, par desespoir, de toy mesme occire par dur venin. Que dirons-nous de Pompée le tres-excellent prince romain, lequel, apres que il eut conquis une grande partie du monde, cheut tellement és durs lacs de fortune, que au dernier feut contrainct fuir miserablement à refuge au roy Ptolomée d'Egypte, que il cuidoit estre son amy, pour ce que il l'avoit remis par sa puissance au droict de son royaume? Mais ce fut bien Fortune qui là le conduit : car le desloyal roy ingrat traistreusement le feit occire. Ha! Fortune, Fortune! trop fol est cil qui ne redoubte la mutabilité de tes doubles visaiges, et qui tousjours te cuide tenir en esgale beauté : car en peu d'heure souventesfois se change la prosperité en quoy tu sçais les hommes hault exaucer.

CHAPITRE XXV.

De la fiere bataille que on dict de Hongrie, qui feut des chrestiens contre les Turcs.

A revenir à ma matiere, quand le roy de Hongrie avec son ost (1) feut arrivé devant la ville de Nicopoli, il se logea par grande ordonnance, et tantost feit commencer deux belles mines par dessoubs terre, lesquelles feurent faictes et menées jusques à la muraille de la ville; et feurent si larges, que trois hommes

(1) *Ost*: armée.

d'armes pouvoient combattre tout d'un front. Si demeura à celuy siege bien quinze jours.

En ces entrefaictes, les Turcs ne muserent mie : ains feirent tres-grand appareil pour courir sus au roy de Hongrie. Mais ce feut si celément, que oncques le Roy n'en sceut rien. Et ne sçay s'il y eut trahison en ses espies, ou comment il en alla : car combien que il eust estably assez de gens pour bien prendre garde au dessein des sarrasins, n'en avoit-on ouy nouvelles jusques à celuy quinziesme jour que il avoit esté au siege, pour laquelle cause ne se donnoit d'eulx nulle garde. Quand veint le seiziesme jour jusques à l'heure de disner, veindrent messaiges batans au Roy dire que Bajazet avec ses Turcs estoit à merveilleusement grande armée si pres d'illec, que à peine seroient jamais à temps armé son ost, et ses batailles mises en ordonnance.

Quand le Roy, qui estoit en son logis, ouyt ces nouvelles, il feut moult esbahy. Si manda hastivement par les logis que chascun s'armast et saillist hors des logis. Si pouvez sçavoir que en peu d'heure feut cel ost moult esmeu. Chascun y courut aux armes, qui mieulx mieulx. Ja estoit le Roy aux champs, quand on veint dire au comte de Nevers qui seoit à table, et aux François, que les Turcs estoyent au plus pres de là, et que le Roy estoit tout hors des logis en plains champs, en ordonnance pour livrer la bataille. De ce se debvoient tenir aulcunement mal contents le comte de Nevers et les seigneurs françois, que plus tost ne leur avoit le Roy mandé; mais encores me doubte que il leur face plus mauvais tour.

Celle nouvelle ouye, tantost saillit le comte de Ne-

vers et les siens en pieds, et vistement s'armerent.
Si monterent à cheval, et se meirent en tres-belle ordonnance; et ainsi allerent devers le Roy, que ils trouverent ja en tres-belle bataille et bien ordonnée; et ja pouvoient veoir devant eulx les bannieres de leurs ennemis. Et est à sçavoir sur ce pas cy que sauve la grace des diseurs qui ont dict et rapporté du faict de la bataille, que nos gens y fuirent, et allerent comme bestes sans ordonnance, puis dix, puis douze, puis vingt, et que par ce feurent occis par troupeaux au feur que ils venoient, que ce n'est mie vray. Car comme ont rapporté à moy, qui apres leurs relations l'ay escript, des plus notables en vaillance et chevaliers qui y feussent, et qui sont dignes de croire, le comte de Nevers et tous les seigneurs et barons françois, avec tous les François que ils avoient menez, arriverent devers le Roy tout à temps pour eulx mettre en tres-belle ordonnance : laquelle chose ils feirent si bien et si bel que à tel cas appartient. Et la banniere de Nostre Dame, que les François ont accoustumé de porter en bataille, bailla le comte à porter à messire Jean de Vienne, admiral de France, pour ce que il estoit le plus vaillant d'entre eulx, et qui plus avoit veu : et feut mis au milieu d'entr'eulx comme il debvoit estre. Et de toutes choses tres-bien s'habillerent, comme faire on doibt en tel cas.

Les Turcs d'autre part ordonnerent leurs batailles, et se meirent en tres-belle ordonnance à pied et à cheval : et feirent une telle cautele pour decevoir nos gens. Tout premierement une grande tourbe de Turcs qui à cheval estoient se meirent en une grand bataille tout devant leurs gens de pied; et derriere ces gens à cheval, entre eulx et ceulx de pied, feirent planter grande foison de pieux aigus que ils avoient faict apprester pour ce faire : et estoyent ces pieux plantez en biaisant, les pointes tournées devers nos gens, si hault que ils pouvoient aller jusques au ventre des chevaux. Quand ils eurent faict cest exploict, où ils ne meirent pas grand piece (1) (car assez avoient ordonné gens qui de les ficher s'entremettoient), nos gens, qui le petit pas serrez ensemble alloient vers eulx, estoient ja approchez.

Quand les sarrasins les veirent assez pres, adonc toute celle bataille de gens à cheval se tourna serrée ensemble, comme si c'eust esté une nuée derriere ces pieux; et derriere leurs gens de pied, que ils avoient ordonnez en deux belles batailles si loing l'une de l'autre que ils meirent une bataille de gens à cheval entre les deux de pied, en laquelle pouvoit avoir environ trente mille archers. Quand nos gens feurent approchez d'eulx, et qu'ils cuiderent aller assembler, adonc commencerent les sarrasins à traire vers eulx par si grand randon (2) et si drument, que oncques gresil ne goute de pluye ne cheurent plus espoissément du ciel que là cheoient flesches; qui en peu d'heure occirent hommes et chevaux à grand foison. Quand les Hongres, qui communément, si comme on dict, ne sont pas gens arrestez en bataille, et ne sçavent grever leurs ennemis, si n'est à cheval traire de l'arc devant et derriere tousjours en fuyant, veirent ceste entrée de bataille, pour peur du traict commencerent une grande partie d'eulx à reculer, et eulx traire en sus, comme lasches et faillis que ils feurent.

(1) *Pas grand piece* : pas long-temps. — (2) *Randon* : impétuosité.

Mais le bon mareschal de France Boucicaut, qui ne veoid mie derriere luy la lascheté de ceulx qui se retrayoient (ce qu'il n'eust cuidé en piece), ny aussi ne veoid pas devant eulx et au plus pres les pieux aigus qui là malicieusement estoient plantez, va dire et conseiller comme preux et hardy qu'il estoit. « Beaux
« seigneurs, dit-il, que faisons-nous icy? Nous lair-
« rons nous en ceste maniere larder et occire lasche-
« ment? Et sans plus faire, assemblons vistement à
« eulx, et les requerons hardiment, et nous hastons;
« et ainsi escheverons (1) le trait de leurs arcs. » A ce conseil se teint le comte de Nevers à tout ses François; et tantost pour assembler aux sarrasins, frapperent avant, et se embatirent incontinent entre les pieux dessus dicts, qui fort estoyent roides et aigus : si qu'ils entroient és pances des chevaux; et moult occirent et mehaignerent des hommes qui des chevaux cheoient. Si feurent là nos gens moult empestrez, et toutesfois passerent oultre.

Mais ores oyez la grande mauvaistié, felonnie et lascheté des Hongres, dont le reproche sera à eulx à tousjours. Si tost qu'ils veirent nos gens enchevestrez és pieux, et que traict ne autre chose ne les gardoit que ils n'allassent courir sus aux Turcs, adonc, tout ainsi que Nostre Seigneur feut delaissé de sa gent si tost qu'il feut és mains de ses ennemis, ne plus ne moins tournerent les Hongres le dos, et prirent à fuir : si qu'il ne demeura oncques avec nos gens, de tous les Hongres, fors un grand seigneur du pays que on appelle le grand comte de Hongrie, et ses gens; et les autres estrangers qui estoient venus de divers pays

---

(1) *Escheverons* : éviterons.

pour estre à la bataille. Mais peu estoient contre si grande quantité. Mais ne croyez que pourtant ils reculassent ne gauchissent; ains tout ainsi comme le sanglier, quand il est atainct, plus se fiche avant, tant plus se sent envahy, tout ainsi nos vaillans François vainquirent la force des pieux et de tout, et passerent oultre, comme courageux et bons combatans.

Ha! noble contrée de François, ce n'est mie de maintenant que tes vaillans champions se monstrent hardis et fiers entre toutes les nations du monde! car bien l'ont de coustume dés leur premier commencement, comme il appert par toutes les histoires qui des faicts de batailles où François ayent esté font mention, et mesmement celle des Romains et maintes autres, qui certifient, par les espreuves de leurs grands faicts, que nulles gens du monde oncques ne feurent trouvez plus hardis ne mieulx combatans, plus constans ne plus chevaleureux, que les François. Et peu trouve l'on de batailles où ils ayent esté vaincus, que ce n'ait esté par trahison, ou par la faute de leurs chevetains, et par ceulx qui les debvoient conduire. Et encores osay-je plus dire de eulx, que quand il advient que ils ne s'employent en faicts de guerre et que ils sont à sejour, que ce n'est mie leur coulpe; ains est la faulte de ceulx à qui appartiendroit à les embesongner. Si est dommaige quand il advient que gent tant chevaleureuse n'ont chefs selon leur vaillance et hardiesse, car choses merveilleuses feroient.

Mais, à revenir à mon propos, les nobles François, comme ceulx qui estoyent comme enragez de la perte que ja avoient faicte de leurs gens, tant du traict des sarrasins comme à cause des pieux, leur coururent sus par si grand vertu et hardiesse, que tous les espouventerent. Si ne fault mie à parler comment ils ferirent sur eulx : car oncques sanglier escumant ny loup enragé plus fierement ne se abandonna. Là feut entre les autres vaillans le preux mareschal de France Boucicaut, qui se fichoit és plus drus; et s'il eut deuil, bien leur demonstroit : car sans faille tant y faisoit d'armes, que tous s'en esmerveilloient; et si durement s'y conteint, et tant y feit de chevalerie et d'armes diverses, que ceulx qui le veirent dient encores que l'on ne veid oncques nul chevalier ny autre, quel qu'il feust, faire plus de bien et de vaillances pour un jour que il feit à celle journée.

Aussi feit bien le noble comte de Nevers qui chef estoit des bons François, qui tant bien s'y portoit que à tous les siens donnoit exemple de bien faire. Le vaillant comte d'Eu ne s'y feignoit mie, ains departoit les grands presses avant et arriere. Si faisoient les nobles freres de Bar, qui de leur jeunesse, qui encores grande estoit, moult s'y conteindrent vaillamment. Et le comte de La Marche, qui le plus jeune estoit de tous, ne encores n'avoit barbe, y combatoit tant asseurément, que tous l'en priserent. Là estoit le vaillant seigneur de Coucy, chevalier esprouvé, qui toute sa vie n'avoit finé [1] d'armes suivre, et moult estoit de grand vertu.

Si demonstroit là sa proüesse, et bien besoing en estoit : car sarrasins, à grand massues de cuivre que ils portent en bataille, et à gisarmes [2], souvent luy estoyent sur le col. Mais leurs collées [3] cher leur

---

[1] *Finé* : cessé. — [2] *Gisarmes* : hallebardes. — [3] *Collées* : coups d'épée donnés sur le cou.

faisoit achepter; car luy qui estoit grand et corsu, et de grand force, leur lançoit si tres-grands coups que tous les destranchoit. Le chevaleureux admiral de France restoit d'autre part, qui n'en faisoit mie moins. Le seigneur de La Trimouille, qui à merveilles estoit beau chevalier, vaillant et bon, faisoit souvent sarrasins tirer en sus. Iceulx barons et esprouvez chevaliers, et de grand vertu, reconfortoient et donnoient hardiesse de faict et de parole aux nobles jouvenceaux de la fleur de lys qui là se combatoient, non mie comme enfans, mais comme si ce feussent tres-endurcis chevaliers. Et besoing leur en estoit : car tousjours croissoit sur eulx la presse et la foule. Les autres vaillans chevaliers et escuyers françois tant bien s'y porterent, que oncques nulles gens mieulx ne le feirent. Si feit le grand comte de Hongrie et tous les siens, à qui moult desplaisoit de la laide et honteuse departie que les Hongres avoient faicte. Aussi moult s'y efforcerent tous les autres estrangers.

Helas! mais que leur valoit ce? Une poignée de gens estoient contre tant de milliers. Car si peu estoient, que ils ne pouvoient occuper fors seulement le front de l'une des susdictes batailles, où il y avoit de gens plus de trois contre un d'eulx. Et toutesfois, par leur tres-grand force, vaillance et hardiesse, desconfirent icelle premiere bataille, où moult en occirent. Pour laquelle chose Bajazet feut tellement espouventé, que luy ne sa grand bataille de cheval n'oserent assaillir les nostres, ains s'enfuyoit tant qu'il pouvoit, luy et les siens, quand on luy alla dire que les François n'estoient que un petit de gens qui là ainsi se combatoient, et n'avoient aide de nuls. Car le roy de

Hongrie, à toute sa gent, s'en estoit fuy et les avoit laissez : si seroit grand honte à luy d'ainsi fuir à tout si grand ost devant une poignée de gens. Quand Bajazet oüit ce, adonc retourna, à tout moult grande quantité de gens qui frais estoient et reposez. Si coururent sus à nos gens, qui ja estoient foulez, navrez, lassez; et n'estoit mie de merveilles.

Quand le bon mareschal veid celle envahie, et que ceulx qui les debvoient secourir les avoient delaissé, et que si peu estoient entre tant d'ennemis, adonc cogneut bien que impossible estoit de pouvoir resister contre si grand ost, et qu'il convenoit que le meschef tournast sur eulx. Lors feut comme tout forcené, et dict en luy mesme que puisque mourir avec les autres luy convenoit, que il vendroit chere à ceste chiennaille sa mort. Si fiert le destrier des esperons, et s'abandonne de toute sa vertu au plus dru de la bataille; et à tout la tranchante espée que il tenoit fiert à dextre et à senestre si grandes collées, que tout abatoit de ce qu'il atteignoit devant soy. Et tant alla ainsi faisant devant luy, que tous les plus hardis le redouterent, et se prirent à destourner de sa voye : mais pourtant ne laisserent de luy lancer dards et espées ceux qui approcher ne l'osoient; et luy comme vigoureux bien se sçavoit deffendre. Si vous poignoit ce destrier qui estoit grand et fort, et qui bien et bel estoit armé au milieu de la presse, par tel randon qu'à son encontre les alloit abatant. Et tant alla ainsi faisant tousjours avant, qui est une merveilleuse chose à racompter (et toutesfois elle est vraye, comme tesmoignent ceulx qui le veirent), que il transperça toutes les batailles des sarrasins, et puis retourna arriere parmy eulx à ses compaignons. Ha, Dieu, quel chevalier! Dieu luy sauve sa vertu! Dommaige sera quand vie luy faudra. Mais ne sera mie encores, car Dieu le gardera.

Ainsi se combatirent nos gens tant que force leur peut durer. Ha! quelle pitié de tant noble compaignée, si esprouvée gent, si chevaleureuse, et si excellente en armes, qui ne peut avoir secours de nulle part, ains cheurent en la gueule de leurs ennemis, si comme est le fer sur l'enclume! car tous les environnerent et envahirent de toutes parts si mortellement, que plus ne se peurent deffendre. Et quelle merveille! car plus de vingt sarrasins estoyent contre un chrestien. Et toutesfois en occirent nos gens plus de vingt mille; mais au dernier plus ne peurent forçoyer. Ha, quel dommaige et quelle pitié! Ne deust-on pendre les desloyaux chrestiens qui ainsi faulsement les abandonnerent? Que male honte leur puisse venir! car si de bonne volonté eussent aidé aux vaillans François et à ceulx de leur compaignée, il n'y feust demeuré Bajazet ny Turc que tout n'eust esté mort et pris, qui grand bien eust esté pour la chrestienté. Si feurent là morts et occis de ceste chiennaille la plus grande partie des chrestiens, et des barons le seigneur de Coucy; dont moult feut grand dommaige, car vaillant chevalier, saige et esprouvé estoit. Aussi feut l'admiral et maints autres.

Mais nos seigneurs du sang de France, et la plus grande partie des barons, et plusieurs chevaliers et escuyers, feurent retenus prisonniers, qui avant ce moult vigoureusement se combatirent. Entre lesquels le mareschal, lequel comme celuy qui tenoit sa vie pour perdüe, et cher la vouloit vendre, avoit faict entour luy à force de coups si grand cerne de morts et d'abatus, que nul ne l'osoit approcher pour le prendre : car, comme lyon forcené qui rien ne redoubte, sembloit que il feust entre eulx. Pour laquelle chose moult y eurent grand peine, et plusieurs des sarrasins y conveint mourir avant qu'il peust estre pris : mais au dernier tant le presserent, qu'à force avec les autres l'emmenerent.

CHAPITRE XXVI.

De la grand pitié du martyre que on faisoit des chrestiens devant Bajazet; et comment le mareschal fut respité (1) *de mort.*

Le lendemain de la douloureuse bataille, de rechef feut la tres-grande pitié. Car Bajazet, seant en un pavillon emmy les champs, feit amener devant soy le comte de Nevers et ceulx de son lignaige, avec tous les autres barons françois, et les chevaliers et escuyers qui estoient demeurez de l'occision de la bataille. Là estoit grand pitié à veoir ces nobles seigneurs, jeunes jouvenceaux de si hault sang comme de la noble lignée royale de France, amener liez de cordes estroitement, tous desarmez en leurs petits pourpoints par ces chiens sarrazins, laids et horribles, qui les tenoient durement devant ce tyran ennemy de la foy, qui là seoit.

Si sceut par bons truchemens et par certaine infor-

(1) *Respité :* garanti, sauvé.

mation que le comte de Nevers estoit fils de fils de roy de France et cousin germain, et que son père estoit duc de grande puissance et richesse; et que les enfans de Bar, le comte d'Eu et le comte de La Marche estoyent d'iceluy mesme sang, et parens prochains du roy de France. Si se pensa bien que, pour les garder, auroit d'eulx grand tresor et finance : et pource delibera que iceulx, et aucuns autres des plus grands barons, il ne feroit pas mourir : mais il les faisoit là tenir assis à terre devant luy.

Helas! tantost apres feit commencer le dur sacrifice. Car devant luy faisoit amener les nobles barons, chevaliers et escuyers chrestiens tous nuds; et puis, tout ainsi que l'on peint par les parois le roy Herode assis en chaire, et les Innocens que l'on destranche devant luy; estoient là destranchez nos feaulx chrestiens à tous grands gisarmes par ces mastins sarrasins, en la presence du comte de Nevers, à ses yeux voyans. Si pouvez sçavoir, vous qui ce oyez, si grand douleur avoit au cœur, luy qui est un tres-bon et benin seigneur, et si grand mal luy faisoit d'ainsi veoir martirer ses bons et loyaulx compaignons, et ses gens, qui tant luy avoient esté feaulx, et qui si preux par excellence estoient! Certes je croy que tant luy en douloit le cœur, que il voulust à celle mort estre de leur compaignée.

Et ainsi l'un apres l'autre on les menoit au martyre, ainsi comme jadis on faisoit les benoists martyrs; et là on les frappoit horriblement de grands cousteaux par testes, par poitrines et par espaules, que on leur abatoit jus (1) sans nulle pitié. Si peult-on

(1) *Jus* : à bas, à terre.

sçavoir à quels piteux visaiges estoient menez à celle piteuse procession : car, tout ainsi que le boucher traisne l'aigneau au lieu de sa mort, estoyent là menez sans nul mot sonner, pour occire devant le tyran, les bons chrestiens. Mais nonobstant que ceste mort feust moult dure, et le cas tres-piteux, toutesfois tout bon chrestien doibt tenir que tres-heureux feurent, et de bonne heure nez, de telle mort recevoir. Car une fois leur convenoit mourir ; et Dieu leur donna la grace que ils moururent de la plus saincte et digne mort que chrestien puisse mourir, selon que nous tenons en nostre foy, qui est pour l'exaussement de la foy chrestienne, et estre accompaignez avec les benoists martyrs, qui sont les plus heureux de tous les ordres des autres saincts de paradis. Si n'est mie doubte que s'ils le receurent en bon gré, que ils sont saincts en paradis.

A icelle piteuse procession feut mené le mareschal de France Boucicaut tout nud, fors de ses petits draps. Mais Dieu, qui voulut garder son servant pour le bien qu'il debvoit faire le temps à venir, tant en vengeant sur sarrasins la mort de celle glorieuse compaignée, comme des autres grans biens qui par son bon sens et à cause de luy debvoient advenir, feit que le comte de Nevers, sur le poinct que on vouloit ferir sur luy, le va regarder moult piteusement, et le mareschal luy. Adonc prist merveilleusement à douloir le cœur au dict comte de la mort de si vaillant homme, et luy souvint du grand bien, de la prouesse, loyauté et vaillance qui estoit en luy. Si l'advisa Dieu tout soubdainement de joindre les deux doigts ensemble de ses deux mains en regardant Bajazet, et feit signe qu'il luy estoit comme son propre frere, et qu'il le repitast : lequel signe Bajazet entendit tantost, et le feit laisser.

Quand celle dure execution feut parfaicte, et que tout le champ estoit jonché des corps des benoists martyrs, tant de François comme d'autres gens de diverses contrées, le maudit Bajazet se leva de là, et ordonna que le mareschal qui de mort avoit été respité feust mené en prison en une grande bonne ville de Turquie appelée Burse. Si feut faict son commandement, et là fut tenu jusques à la venuë du dict Bajazet.

CHAPITRE XXVII.

Comment les nouvelles veindrent en France de la dure desconfiture de nos gens.

Apres ceste mortelle desconfiture, fut la grand pitié des chrestiens françois et autres qui estoient là allez pour servir le comte de Nevers et les autres seigneurs, chevaliers et escuyers, si comme chappellains, clercs, varlets, paiges, et aultres gens qui ne s'armoient mie, et mesmement d'aulcuns gentils-hommes qui eschapperent de la bataille. Si n'estoit pas petit l'esbahissement de eulx trouver en tel party sans chef, entre les mains des sarrasins. Si estoient comme brebis esparses sans pasteur entre les loups. Adonc prist à fuir (qui fuir peut) hastivement au fleuve du Danube à refuge : comme si ce feust lieu de leur sauvement, comme gent esperduë, et que peur de mort chassoit de peril en aultre. Là se ficherent és bateaux que ils trouverent, qui premier y peut venir; mais tant les chargeoient que à peu n'enfondroient, et que tous ne perissoient ensemble. Les autres qui advenir n'y pouvoient despouilloient leurs draps, et à nager se mettoient : mais la plus grand part en perit, pour ce que trop est ceste riviere large et courante. Si ne leur pouvoit durer haleine tant que ils feussent arrivez; et des noyez en y eut sans nombre.

De ceulx qui eschapperent, en reveint en France aulcuns gentils-hommes et autres, qui rapporterent les douloureuses nouvelles; et aussi les propres messaigers que le comte de Nevers envoya au duc de Bourgongne son pere, et les aultres seigneurs aussi à leurs peres et parens.

Quand ces nouvelles furent sceües et publiées, nul ne pourroit deviser le grand deuil qui fut mené en France, tant du duc de Bourgongne, qui de son fils se doubtoit que pour argent ne le peust r'avoir, et qu'on le feist mourir : comme des autres peres, meres, parens et parentes des autres seigneurs, chevaliers et escuyers qui morts y estoient. Et commencea le deuil grand par tout le royaume de France de ceulx à qui il touchoit; et mesmement generalement chascun plaignoit la noble chevalerie, qui estoit comme la fleur de France, qui perie y estoit. Le duc de Bourgongne, avec le dueil qu'il menoit pour la doubte de son fils, moult plaignoit piteusement, et regretoit ses bons nourris gentils-hommes qui morts estoient en la compaignée de son dict fils. Le duc de Bar grand dueil demenoit pour ses enfans; et faire le debvoit, car oncques puis ne les veid : les meres en estoient comme hors du sens. Mais aux piteux regrets de leurs femmes nul autre ne se compare.

La comtesse de Nevers, la bonne preude femme, qui de grand amour aime son seigneur, à peu que le cœur ne luy partoit: mais aulcune esperance pouvoit avoir du retour. N'eut pas moins de deuil la saige et vaillante dame la comtesse d'Eu, fille du duc de Berry. Rien ne la pouvoit reconforter: car quoy que on luy dist, le cœur luy disoit que plus ne verroit son seigneur; laquelle chose advint, dont de deuil pensa mourir quand elle sceut son trespas. La belle et bonne baronnesse de Coucy tant plora et plaignit la mort de son bon seigneur, que à peu que cœur et vie ne luy partoit; ne oncques puis qui que l'ait requise, marier ne se voulut, ne celuy deuil de son cœur ne partit. La fille au seigneur de Coucy, qui perdu y avoit son pere et son mary messire Henry de Bar, dont elle avoit deux beaux fils, avoit cause de deuil avoir, et croy bien que elle n'y faillit mie; et tant d'autres dames et damoiselles du royaume de France, que grand pitié estoit d'oüir leurs plaintes et regrets, lesquels ne sont mie à plusieurs d'elles, quoy que il y ait ja grand piece, encore finis, ne à leur vie croy que ils ne finiront: car le cœur qui bien aime de leger pas n'oublie.

Si firent tous nosseigneurs faire le service solemnelement en leurs chappelles pour les bons seigneurs, chevaliers et escuyers, et tous les chrestiens qui là estoient morts. Le Roy en feit faire le solemnel service à Nostre Dame de Paris, où il fut, et tous nosseigneurs avec luy. Et estoit grand pitié à oüir les cloches sonner de par toutes les églises de Paris, où l'on chantoit et faisoit prieres pour eulx; et chascun à larmes et plaintes s'en alloit priant. Mais peult bien estre que mieulx eussions besoing que ils priassent pour nous, comme ceulx qui sont, si Dieu plaist, saincts en paradis.

Le duc de Bourgongne, au plus tost qu'il peut, envoya ses messaigers devers Bajazet, à tout moult riches et beaux presens; et aussi feit le roy de France et les aultres seigneurs, en le priant de mettre à rançon tost et briefvement les prisonniers, et que ils n'eussent par luy mal ne grevance. Mais comme le chemin soit long, ne feurent pas les messaigers si tost arrivez, et moult ennuye à qui attend. Mais à tant de ce me tairay, et retourneray aux dicts prisonniers.

CHAPITRE XXVIII.

Comment le comte de Nevers fut emmené prisonnier à Burse, et plusieurs autres barons. Et de la rançon que on envoya à Bajazet; et du bien faict du mareschal.

Peu de jours apres la dicte desconfiture, alla Bajazet à la ville de Burse, et mena avec luy le comte de Nevers et les autres prisonniers. Si les feit mettre en bonne forte prison, et bien les feit garder. Quand ils eurent là esté un espace de temps, où ils avoient moult de mesaises, le comte de Nevers se conseilla avec les siens. Si delibera par leur conseil que bon seroit que il envoyast devers Bajazet sçavoir s'il les vouldroit faire mettre à rançon.

Pour faire ceste ambassade, fut ordonné le mareschal et le seigneur de La Trimouille. Si firent tant que ils furent mis hors de la prison, et allerent parfournir leur messaige devers Bajazet; mais en ce perdirent leurs pas : car pour chose que ils sceussent dire ne faire, n'y voulut entendre. Et quand ils furent retournez, et eurent rapporté ce qu'ils avoient trouvé, leur ordonna le comte de Nevers que ils retournassent derechef devers Bajazet, et de par luy le priassent cherement que il les voulust mettre seulement eulx deux à rançon, à celle fin qu'il les peult envoyer pourchasser finance pour luy et pour sa compaignée : car grand besoing en avoient. Si retournerent les deux dessus dicts devers Bajazet, et luy feirent la requeste du comte de Nevers, laquelle chose il octroya assez volontiers, et les meit à rançon; et leur donna congé d'aller là où il leur plairoit par sauf conduict.

Quand ils feurent retournez, le comte de Nevers et sa compaignée eurent grand joye de leur delivrance, et tantost leur ordonna où ils iroient pourchasser finance. Si s'appresterent le plus tost que ils peurent, et partirent pour aller à Rhodes. Quand ils furent là arrivez, maladie tantost print au seigneur de La Trimouille, de laquelle il mourut dans peu de jours : dont il pesa moult au mareschal, qui avoit faict tout son pouvoir de sa guairison, et moult avoit esté de luy soigneux. Si le feist ensepvelir le plus honnorablement qu'il peut; et quand ce fut faict, il arma deux galées, et s'en veint à Metelin; et là parla au seigneur de Metelin, et le pria, de par le comte de Nevers et de par les autres seigneurs, que il les voulust secourir de certaine finance, et que bonne seureté luy en seroit faicte.

De ceste chose feit si grande diligence le bon loyal mareschal, et tant y meit peine, et si gracieusement et tant saigement parla au dict seigneur de Metelin, que il eut de luy et d'autres riches marchans du pays jusques à la somme de bien trente mille francs; duquel argent luy mesme se obligea tres-estroitement. Quand il eut ainsi faict sa finance, il s'en retourna hastivement devers le comte de Nevers et sa compaignée, qui furent moult esjoüis et reconfortez de sa venuë et de la finance que il leur avoit apportée; dont grand besoing avoient. Et puis se partit d'eulx, et alla devers Bajazet payer la rançon à quoy il l'avoit mis; et fut quitte de sa prison, et s'en pouvoit aller où il luy plaisoit. Mais ne cuidez mie que pourtant le tres-loyal chevalier abandonnast ne laissast le bon comte de Nevers, ne sa compaignée : ains se ralla bouter avec eulx en prison tout aussi gayement que si prisonnier feust. De laquelle chose moult luy sceurent bon gré; et luy dit le comte de Nevers telles paroles : « Ha, mareschal, « de quel couraige vous venez vous mettre derechef « en ceste dure et maudite prison, quand vous « vous en pouvez aller franchement en France! » Ausquelles paroles il respondit : « Monseigneur, « ja à Dieu ne plaise que je vous laisse en ceste con- « trée! Ce ne sera mie tant que j'auray au corps la « vie. A grand honte et à grand mauvaistié me deb- « vroit tourner de vous laisser emprisonné en lieu « si divers, pour m'en aller aisier en France. » De ce le remercia moult le comte de Nevers; si le renvoya devers Bajazet, pour pourchasser leur delivrance et les mectre à rançon.

A laquelle chose il meit moult grand peine : car moult le trouvoit dur et revesche, et sembloit qu'il n'y voulust entendre, ne on ne le pouvoit faire mettre à nulle raison. Si alla et reveint le mareschal par plusieurs fois pour celle cause, et longuement dura ce traicté : car Bajazet ne sçavoit que faire de les faire tous mourir, ou de les mettre à rançon. Car il doubtoit, s'il les laissoit aller, que apres, quand en France seroient retournez, assemblassent grand ost, et r'allassent sur luy pour eulx venger ; pour laquelle cause pourroit luy et son pays estre destruict. Si trouvoit à son conseil que le mieulx estoit que il les meist à mort. Mais quand le saige mareschal eut senty ceste chose, moult eut grand peur, et doubte de la vie de ses bons seigneurs et amis ; si se pensa que grand sens convenoit à traicter accord avec Bajazet. Si se parforça encores plus de bel de parler à luy. Si luy disoit que par les delivrer acquerroit grandes amitiez en France, et que maints beaux dons en recepvroit, et grande finance en auroit ; et par les retenir à force, ou s'il faisoit d'eulx autrement que raison, tous les princes chrestiens du monde, pour l'amitié du roy de France, luy iroient courir sus : si le destruiroient. Telles paroles bien et saigement luy disoit le mareschal. Parquoy tant feit et tant travailla, que au dernier Bajazet, qui doubta le mal qui ensuivre luy en pouvoit s'il les faisoit mourir, commencea à se mectre en voye d'accord. Si entrerent en traicté de la somme de la finance de la rançon ; et tant fut celle chose pourparlée, que nonobstant que Bajazet demandast un million de francs, si sage maniere sceut tenir vers luy le mareschal, que petit à petit et de somme en somme le condescendit à cent cinquante mille francs : à la charge que le comte de Nevers jureroit par tous les sermens de sa loy, et aussi tous les autres seigneurs de son lignaige, que jour de leurs vies eulx ny aucun de par eulx ne s'armeroient contre luy. De ce serment faire conveint que feussent les prisonniers d'accord, ou autrement jour de leurs vies ne eussent esté delivrez. Et aussi, pour celuy serment et seureté avoir de eulx, se condescendit Bajazet à moings de somme d'argent. Mais ne furent mie longuement asservis à celle convenance, car assez tost après mourut Bajazet.

Quand ceste chose fut accordée, ne musa pas le mareschal : car moult avoit grand peur que Bajazet trouvast autre conseil. Si veint tantost devers le comte de Nevers, et luy dit l'appointement du traicté, lequel il agrea, et les autres aussi, nonobstant que eussent eu en volonté et désir de eulx venger de Bajazet. Mais necessité n'a loy. Si furent adonc tirez hors de prison, et menez devant Bajazet pour jurer et certifier ceste convenance. Si furent reconfortez les prisonniers, si ne feust la mort du bon vaillant comte d'Eu qui mourut en la prison; dont durement furent dolens, et moult le plaignirent : et à plaindre faisoit, car de grand vaillance et bonté estoit. Si ensevelirent le corps au plus honorablement que ils peurent, et apres fut porté en France. Le serment feirent les dicts seigneurs devant Bajazet, et fort se obligerent. Et s'obligea pour le comte de Nevers le mareschal, que Bajazet prisoit et honnoroit moult pour le sens et bonté que avoit veu en luy ; et avec ce leur convenoit laisser bons ostaiges tant qu'il feust agrée.

Si envoya le comte de Nevers le mareschal à Constantinople faire finance d'argent ; et la feit au mieulx qu'il peut, et luy mesme s'y obligea derechef. Et en ces entrefaictes arriverent les messaigers de France, c'est à sçavoir monseigneur de Chasteaumorant et le seigneur Du Vergy, et autres, qui finance et nouvelles de leurs amis leur apportoient, et feurent receus à grand joye. Et apres ce, les dicts messaigers allerent devers Bajazet, et luy presenterent de tres-riches et beaux dons de par le roy de France et de par les seigneurs, et de moult gracieuses paroles, comme les plus beaux aultours et faucons que on peust veoir, et les gants à les porter, tous couverts de perles et de pierres precieuses qui valoient moult grand tresor, escarlates, fins draps, riches toiles de Rheims, et toutes telles choses dont ils n'ont mie par delà : et tout ce faisoit le Roy et les seigneurs afin que plus favorable feust aux prisonniers, et plus courtois à leur rançon. Si eut les dons bien agréables, et la finance aussi que portée avoient. Si fut la rançon payée, et il les delivra, et donna congé d'aller où ils vouldroient.

Si se partirent de luy et vindrent à Metelin, où le seigneur du lieu les receut à grand honneur ; et là se aiserent, car grand besoing en avoient. Apres que le comte de Nevers et les autres prisonniers furent quittes à Bajazet, ils se partirent du seigneur de Metelin, qui maint bien leur avoit faict. Si se meirent en chemin pour venir en France ; et tant errerent, que ils approcherent de la cité de Venise. Là acoucha malade messire Henry de Bar en une ville coste de Venise, que on nomme Trevise; de laquelle maladie il trespassa, qui grand deuil fut aux François, et moult le plaignirent : car bon et bel estoit; et tout l'honneur que au corps peurent faire, ils feirent. Apres ce arriverent à Venise, en laquelle ville teindrent ostaige. Et furent que en la dicte ville, que en une autre que on nomme Trevise, où ils se transporterent pour l'epidimie qui à Venise couroit, l'espace de quatre mois : tant que on leur envoya de l'argent de France, et que en partie se furent acquitez de ce que on leur avoit presté.

Puis se partirent et veindrent en France, où ils feurent du Roy et de tous receus à moult grand joye. Si se loüa moult le comte de Nevers au Roy et à son pere du bon mareschal, et dit que par son sens et bonté avoit sauvé la vie à luy et à sa compaignée, et leur dit la peine que il avoit eüe pour les tirer hors de prison. Si luy en sceut le Roy et nosseigneurs moult bon gré.

CHAPITRE XXIX.

Comment apres le retour de Hongrie le Roy envoya le mareschal en Guyenne, à belle compaignée de gens d'armes, sur le comte de Perigort, qui s'estoit rebellé contre luy. Si le prit, et amena prisonnier au Roy.

APRES ce retour de Hongrie, fut le mareschal toute celle saison à repos : car assez besoing en avoit. Si advint en celuy temps que le comte de Perigort se rebella contre le roy de France, et meit les Anglois dedans ses chasteaux et forteresses, sans qu'il eust nulle cause de ce faire. Et commença à faire grand guerre au pays du Roy en Guyenne; et à bouter feu, à occire gent, et à faire tout du pis qu'il pouvoit. De ceste chose feurent portées les nouvelles au Roy, pour lesquelles offences faire amender il y envoya le vicomte de Meaux et messire Guillaume de Tignonville, avec bonne compaignée de gens d'armes. Et quand ils feurent là arrivez, le dict vicomte de Meaux feit commandement au comte de Perigort que il se rendist au Roy, et cessast de la guerre et des oultraiges que il faisoit. Mais à ce ne voulut oncques obeir le dict comte, ne du commandement ne fist force. Si s'en retournerent sans rien faire, quand une piece y eurent esté. Et passa ainsi l'hyver.

Quand veint au renouvel de la saison, le Roy ordonna que le mareschal iroit au dict pays, et avec luy meneroit huict cent hommes d'armes et quatre cent arbalestriers; et en prendroit deux cent qui estoient ja devant pour la garde du pays; et par ainsi seroient mille hommes d'armes qu'il auroit. Et avec ce luy fut baillé l'arrest de parlement qui avoit esté jetté contre luy, pour ce que il ne s'estoit comparu à l'appel du Roy. Et ainsi se partit le mareschal à belle compaignée, et avec luy allerent le vidame de Lannois, qui ores est grand maistre d'hostel du Roy; messire Guillaume Le Boutellier, messire Bonnebaut, Parchion de Nangiac, et plusieurs autres bannerets et vaillans chevaliers.

Si tost que le mareschal fut arrivé en Perigort, il

manda au comte que il se meist en l'obeissance et volonté du Roy, et demandast pardon du grand mespris que vers luy faicte avoit. Et que si ainsi le vouloit faire, que luy mesme pourchasseroit sa paix vers le Roy, et le prieroit que il luy voulust pardonner. Mais de tout ce ne feit nul compte, ains espia son point, et saillit sur les gens du mareschal à belle escarmouche. Mais toutesfois ce fut à son pis, car il fut laidement rechassé en sa forteresse; et non pourtant y fut blessé messire Robert de Milly, qui estoit et est de l'hostel du mareschal.

De ceste desobeissance et oultrecuidance que le comte de Perigort faisoit contre le Roy, fut moult indigné le mareschal, et dit qu'il luy vendroit cher sa folie. Si meit tantost le siege par tres-belle ordonnance devant le chastel de Montignac, qui est une tres-forte place, et sembleroit comme imprenable; et là estoit le dict comte, et manda querre engins et trait de par tout, et en fit faire tant qu'il en fut bien garny; puis les feit dresser. Si prirent à lancer si grosses pierres d'engins et de canons contre les murs, que tous les estonnerent, et si druëment que l'un coup n'attendoit l'autre; dont ils abatoient la muraille à grands quartiers. Tant que en deux mois que dura le siege furent si bien battus, que mieulx ne pouvoient. Et bien veirent ceulx de dedans que tenir ne se pourroient, et que remede n'y avoit qu'ils ne feussent pris par vive force. Si conseillerent au comte que il se rendist; laquelle chose quand plus n'en peut il feit, et se soubmist à la volonté du Roy et à l'ordonnance du mareschal. Et aussi se rendirent au Roy tous ses chasteaux et villes; et le mareschal, comme saige chevetaine, y meit tres-bonnes gardes, et tres-bien les garnit.

Et le comte et ses sœurs, qui avec luy feurent prises, envoya en France au Roy; lequel luy pardonna ses mesfaicts, pour ce que il luy cria mercy, et promist d'estre de là en avant bon François. De laquelle chose il se parjura : car assez tost apres se partit sans congé, et s'en alla en Angleterre, dont puis ne retourna. Le mareschal demeura toute celle saison, qui estoit hyver, en Guyenne, en la garde du pays; et puis l'esté d'apres s'en retourna vers le Roy.

CHAPITRE XXX.

Cy dict comment l'empereur de Constantinople envoya requerir secours au Roy contre les Turcs, et il y envoya le mareschal à belle compaignée.

En celuy temps, lors que le mareschal estoit en Guyenne comme dict est, l'empereur de Constantinople, qui est appellé Carmanoli (1), envoya devers le Roy un sien ambassadeur nommé Catotuseno (2), luy supplier que il le voulust secourir et ayder contre les Turcs, car il ne pouvoit plus resister à leur force. Si luy pleust luy estre en aide, à celle fin que luy et la noble cité de Constantinople ne cheussent és mains des mescreans : car plus n'y sçavoit remede. Oultre cecy, pour celle chose mesme les Genevois et les Ve-

(1) *Carmanoli*: Emmanuel Paléologue. — (2) *Catotuseno*: Théodore Cantacuzène, prince grec.

nitiens, qui de ce sçavoient la pure verité, envoyerent pareillement leurs ambassadeurs au Roy, le supplier que il voulust secourir le dict Empereur; et que eulx aussi l'ayderoient, c'est à sçavoir chascune seigneurie de huict galées. Et se faisoient forts de ceulx de Rhodes.

Lors comme le Roy se conseilloit que il estoit bon à faire de ceste chose, arriva le mareschal devers luy. Si fut regardé en conseil que pour le bien de la chrestienté, et pour ayder à l'Empereur qui au Roy requeroit secours, bon seroit qu'il envoyast le dict mareschal : car capitaine plus propice n'y pouvoit envoyer. Si en fut le Roy d'accord, et luy ordonna quatre cent hommes d'armes et quatre cent varlets armez, et une quantité d'archers. De ceste commission fut joyeux le mareschal; et feit telle diligence, que luy et ses gens, et son navire, et toutes choses necessaires pour iceluy voyage, feurent prestes à la Sainct Jean d'esté à monter sur mer à Aiguesmortes, où le dict mareschal arriva deux jours apres. Et là chargea quatre naves et deux galées, et de là se partit; et s'en allerent avec luy le seigneur de Linieres et messire Jean de Linieres son fils, le seigneur de Chasteaumorant, l'ermite de La Faye, le seigneur de Montenay, messire François Daubissecourt, messire Robin de Braquemont, messire Jean de Torsay, messire Louys de Culan, messire Robert de Milly, messire Louys de Cervillon, messire Renault de Barbasan, messire Louys de Lugny, messire Pierre de Grassay qui puis porta la banniere de Nostre Dame; et autres plusieurs bons chevaliers et escuyers de grand renom allerent avec eulx, desquels je passe les noms, pour cause de briefveté.

Ainsi alla par mer le mareschal tant qu'il veint prendre port à Savonne; et là feist toutes ses ordonnances, et ordonna ses capitaines, et bailla à chascun telle charge que bon luy sembla, puis se partit de là pour aller à son voyage. Et ainsi comme il alloit, luy fut rapporté comment cinq galées des gens de messire Lancelot tenoient le siege devant une ville et bel chastel qui sied en une petite isle pres de Naples, appellée Capri, laquelle dicte ville et chastel se tenoient pour le roy Louys.

Si tost qu'il sceut ceste chose, il dit à ses gens qu'il vouloit aller secourir le chastel du roy Louys, et que chascun se mist en ordonnance. Si tira celle part; mais quand il y fut arrivé, il trouva que ceulx du dict chastel s'estoient ja rendus. Toutesfois leur offrit-il son ayde contre les autres, et que ils se retournassent devers leur partie : mais le capitaine le refusa comme traistre que il estoit au roy Louys. Et bien le monstra : car il jetta hors certains François qui leans estoyent, et le mareschal les recueillit et emmena avec luy. Mais il ne se teint mie à tant, ains alla pour escarmoucher les dictes galées; et icelles fuirent devant luy. Et comme il s'en rentournoit et estoit remis en son chemin, il rencontra le comte de Peraude, lequel tenoit le party de Lancelot, auquel il donna la chasse tant que par force les fit ferir en terre, et saillir hors et s'enfuir; et nos gens gaignerent le navire et tout ce qui estoit dedans. Et ce faict, se remeit en son chemin et tira au royaume de Cecile, et alla descendre en une cité appellée Messine.

CHAPITRE XXXI.

Comment le mareschal s'en alla par mer à belle compaignée; et l'affaire qu'il eut aux sarrasins.

De Messine se partit le mareschal sans y faire longue demeure, et s'en alla descendre en la ville et isle de Scio, où il cuidoit, parce que on luy avoit donné à entendre, trouver les huict galées des Venitiens qui debvoient estre envoyées au secours de l'empereur de Constantinople, comme dict est. Mais il ne les y trouva pas, et luy fut dict que il les trouveroit en un lieu appellé Negropont. Si se partit de Scio pour les aller là cercher, et en son chemin passa par le seigneur de Metelin, qui à joye le receut. Toutesfois il luy dit que il avoit faict à sçavoir aux Turcs sa venuë, pour non rompre les convenances et paches (1) que il avoit avec eulx. Mais de ce ne feit compte le dict mareschal, et dict que de par Dieu feust. Non pourtant dict celuy seigneur de Metelin qu'il s'en iroit avec luy en ce voyage.

Quand le mareschal feut à Negropont, il ne trouva pas les dictes galées. Si voulut là un peu attendre, et luy sembla que bon seroit de faire à sçavoir à l'Empereur sa venuë, afin que il apprestast son armée pour aller tantost courir sus aux sarrasins. Si feit monter sur deux galées, en l'une le seigneur de Chasteaumorant, et en l'autre le seigneur de Torsay, pour aller à

---

(1) *Paches* : traités.

Constantinople faire le dict messaige. En la galée du seigneur de Chasteaumorant fut, entre les autres bons et vaillans, un noble escuyer du pays de Bourgongne nommé Jean de Ony, escuyer d'escuyrie du duc de Bourgongne, appert homme, hardy, et de grand vasselaige en faict d'armes, et qui ja moult avoit travaillé et s'estoit trouvé en maintes bonnes places, lequel pour tousjours croistre son pris et los (1) de mieulx en mieulx, s'estoit mis en la compaignée du mareschal en iceluy voyage : pource que tant vaillant le sçavoit, que il estoit certain que mieulx ne pouvoit employer son temps que avec luy. Mais pas n'y alla en vain ; car avant le retour y esprouva son corps vaillamment, si comme en aucuns lieux cy apres sera dict.

Au partir du port, afin que les dictes galées n'eussent empeschement, le mareschal les convoya jusques à la veüe de Galipoli, et de là ne se bougea, afin de les secourir si aulcune chose leur advenoit. Et en ce monstra bien son bon sens et advis, et grande bonté, de vouloir secourir ses gens si mestier estoit ; et bien leur en fut besoing : car les Turcs, qui de sa venuë estoyent advisez, pour luy courir sus avoient faict deux embusches de dixsept galées bien armées, dont l'une des embusches estoit dans le port de Galipoli, où il y avoit plusieurs vaisseaux, et l'autre au dessus de la ville au chemin de Constantinople. Si advint que aussi tost que nos deux galées feurent passées outre Galipoli, la premiere embusche leur fut apres pour leur courir sus, c'est à sçavoir sept galées ; et tantost devant eulx veirent venir contre eulx la dicte autre em-

(1) *Los* : gloire.

busche, en laquelle y avoit autres dix galées, et par ainsi feurent au milieu de leurs ennemis. Si ne sceurent autre party prendre, fors de retourner arriere devers le mareschal; mais par leurs ennemis leur convenoit passer. Si furent tost pesle-mesle avec eulx, qui les assaillirent de tous costez; et les nostres comme vaillans et preux se preindrent à defendre vigoureusement, et par si grand vertu estriverent (1) contre eulx que oncques ne les peurent arrester; ains malgré leurs dents s'en veindrent tousjours combatant, quoy que les sarrasins taschassent à les faire demeurer. Mais ce ne fut mie en leur puissance; ains s'en veindrent ainsi combatant si pres que le mareschal en ouyt l'effrainte (2), qui ne musa mie à leur estre au devant, et moult tost se meit en belle ordonnance pour les aller aider. Et bien besoing leur estoit, car ja estoient si batus que mais aider ne se pouvoient : car si grande quantité de sarrasins y avoit, qu'il fut dict et conseillé au mareschal que il n'y allast point, et qu'il valoit mieux que deux galées perissent que tout.

Duquel conseil le vaillant homme sceut mauvais gré à ceulx qui ce disoient, et leur respondit qu'il aimeroit mieulx estre mort que par son deffault veoir mourir et perdre sa compaignée, et que ja Dieu ne le laissast tant vivre que tant de recreandise (3) feust en luy trouvée. Le plus tost qu'il peut leur feut alencontre par telle contenance et maintien, que quand les ennemis le veirent venir ils abandonnerent tantost les deux galées, et se meirent en fuite au plus tost

---

(1) *Estriverent*, *estriver* : se battre, résister. — (2) *Effrainte* : alarme. — (3) *Recreandise* : timidité, poltronnerie.

qu'ils peurent; et tant se hastoient, que la plus grande galée des Turcs alla férir en terre si grand coup, sans que ils y meissent conseil, que grand foison en y eut de morts et d'affolez (1). Et ainsi sauva le mareschal les dictes galées, et s'en alla ceste nuict gesir au port de Tenedon devant la grand Troye. Et le lendemain matin les galées des Venitiens arriverent, et deux de Rhodes, et une galiote du seigneur de Metelin. Et tost apres veint tout le navire qui debvoit aller au secours de Constantinople.

Si feut là faict le mareschal chef et conduiseur de toute ceste compaignée, de la bonne volonté et assentement de tous; et là il feit ses ordonnances, et bailla la banniere de Nostre Dame par droict d'armes comme à celuy qui plus avoit veu, et qui estoit un vaillant chevalier, à porter en celuy voyage, à messire Pierre de Grassay. Et le lendemain apres que les messes feurent chantées, le mareschal se partit à tout sa compaignée, et n'arresta jusques à ce que il feust en Constantinople, où il feut receu de l'Empereur, luy et sa compaignée, à tres-grand honneur et joye.

CHAPITRE XXXII.

La grand chere et joye que l'Empereur feit au mareschal et à sa compaignée; et comment ils allerent courir tost sus aux sarrasins.

L'Empereur, qui bien avoit sceu la venuë du mareschal et de sa belle compaignée, avoit ja faict tout

(1) *Affollez*: blessés, estropiés.

son apprest, et tous ses gens assembler, afin que aussi tost que il seroit venu n'y eust que à partir pour courir sus aux sarrasins. Si ne sejourna pas là moult longuement le mareschal depuis qu'il fut arrivé : ains n'y avoit esté que quatre jours quand il feit assembler tous les gens de celle armée en une belle plaine pour les veoir. Et feut trouvé que ils estoyent en nombre de six cent hommes d'armes, six cent varlets armez, et mille hommes de traict, sans l'ost et l'assemblée de l'Empereur, où il y avoit grand gent.

Là leur ordonna comment il vouloit que ils allassent, et feit ses chevetains et capitaines, et leur bailla charge de gens selon ce que il sçavoit que ils valoient, et que faire l'office chascun sçavoit en droict soy. Si monta sur mer l'Empereur à tout celle compaignée, et furent leurs vaisseaux par nombre vingt et une galées complies (1), et trois grandes galées huissieres (2) és quelles ils menoient six vingt chevaulx, et six que galiotes que brigantins. Si partirent de Constantinople, et allerent arriver en Turquie, et descendre par belle ordonnance en un lieu que on dict le pas de Naretez. Si entrerent au pays de Turquie environ deux lieües, et preindrent à destruire, brusler et gaster tout le pays d'environ la marine, et par tout où ils passerent, où il y avoit de moult bons villaiges et de beaux manoirs, et meirent à l'espée tous les sarrasins que ils trouverent. Et puis quand ils eurent faict ceste course, ils s'en retournerent et retrahirent en Grece.

Et peu de jours apres ils repasserent en Turquie,

---

(1) *Galées complies* : vaisseaux armés. — (2) *Galées huissieres* : vaisseaux de transport.

et allerent bien deux lieües loing de la marine pour destruire un gros villaige qui sied sur le goulphe de Nicomedie, appelé Diaschili. Mais là trouverent grande assemblée de Turcs du pays qui cuiderent garder le villaige contre nos gens, et tous arrengez se tenoient à pied et à cheval au devant à telles armeures comme ils pouvoient avoir. Mais ce ne leur valut rien : car en peu d'heures eussent été tous morts et pris, s'ils ne s'en feussent fuis. Toutesfois ne sceurent si tost fuir que la plus grande partie d'eulx ne feust mise à l'espée.

En ce villaige y avoit moult de beaux manoirs, et un riche palais qui estoit à Bajazet. Si bouterent nos gens le feu partout, et destruirent le villaige et tout le pays à l'environ, puis se bouterent en leurs galées, et allerent toute nuict.

Et le lendemain quand ils voulurent descendre et prendre terre devant une cité appellée Nicomedie, les sarrasins y cuiderent mettre empeschement, et leur feurent alencontre à grand quantité pour leur chalenger (1) le port. Mais ce ne leur valut rien : car nos gens prirent port malgré leurs dents, et les repoulserent laidement, et terre gaignerent sur eulx. Si allerent nos gens assaillir la ville par maniere d'escarmouche, et meirent le feu aux portes, mais ne peurent les brusler, pour ce que elles estoyent toutes ferrées de lames de fer. Les eschelles furent apportées et dressées contre les murs, qui à merveilles sont forts et beaux, et si haults que trop courtes furent plus de trois brasses. Si n'y peurent rien faire : mais ils occirent tous les sarrasins qu'ils peurent trouver, et bruslerent les faulxbourgs, tout le pays et les villaiges

(1) *Leur chalenger* : leur disputer.

d'environ. Puis se retrahirent en leur navire et cheminerent toute nuict, et le matin prirent port au plus près qu'ils peurent d'un grand villaige champestre que on nomme le Serrail, qui estoit loing de la marine comme à une grosse lieüe.

Si s'assemblerent contre eulx tous les sarrasins du pays, qui leur cuiderent defendre l'approcher de la ville; mais n'y peurent contredire, toute bruslerent, et la gent occirent qu'ils trouverent, et tout le pays d'environ. Mais tandis que ils faisoient cest exploict, les nouvelles en allerent partout. Si s'assemblerent moult grand quantité de sarrasins; et ainsi comme nos gens s'en retournoient en leurs nefs en moult belle ordonnance, comme bien besoing leur estoit, iceulx sarrasins les poursuivirent de si pres, que par plusieurs fois feirent retourner l'arrieregarde pour cuider combatre à eulx. Car par plusieurs fois, s'essayerent de mettre nos gens en desordonnance, et toutesfois ne les oserent plainement assaillir; et nos gens ne voulurent plus là arrester, pour la nuict qui ja s'approchoit. Si rentrerent en leurs galées, et retournerent à Constantinople.

CHAPITRE XXXIII.

Des villes et chasteaux que l'Empereur, le mareschal et leur compaignée prirent sur sarrasins.

QUAND l'Empereur et le mareschal, à tout leur ost, eurent sejourné à Constantinople environ six jours, ils en partirent, et retournerent en Turquie, et allerent assaillir un bel chastel qui seoit sur la mer Majour, et estoit appellé Rivedroiot. Au poinct du jour furent là arrivez. Mais les sarrasins, qui de leur venuë avoient esté advisez, et leurs espies avoient sur mer qui tost leur rapporterent, saillirent tantost en plains champs ; et ne leur contredirent pas le descendre : ains se meirent en belle ordonnance devant le chastel pour leur livrer la bataille ; et estoyent bien de six à sept mille Turcs.

Et quand ils veirent que si grande compaignée de gens estoyent, et en si belle estoffe, ils prirent avec eulx pour croistre leur ost tous les gens qui estoyent en la garnison du dict chastel, excepté une quantité de gens d'armes des meilleurs que ils eussent, qui leur sembla estre suffisante pour le garder pour un jour contre tout le monde. Car tant estoit fort et hault de luy mesme, que il estoit de legere garde. Et quand eurent ce faict, tous serrez ensemble et bien sagement ordonnez, ils se reculerent et tirerent un peu en sus du chastel, afin que quand nos gens seroient à l'assaut au pied du mur, et seroient esparpillez pour combatre le chastel, que ils veinssent si tost sur eulx que ils n'eussent le loisir de eulx assembler ne mettre en ordonnance. Et par la propre maniere que ils avoient ordonné, le cuiderent faire six ou sept fois la journée.

Mais le saige mareschal avoit moult bien pourveu à ceste malice. Car quand il fut à terre avec tous ses gens, est à sçavoir que l'Empereur et les chevaliers de Rhodes, à tout grand compaignée de gens d'armes et d'arbalestriers, feit demeurer arrangez en moult belle bataille devant le chastel, pour garder que les Turcs ne veinssent empescher l'assault. Et en ceste bataille demeura la banniere de Nostre Dame ainsi assise qu'elle debvoit. Et quand il eut faict toute celle ordonnance, il alla combatre le chastel, et commencea l'assault droict à soleil levant. Une autre malice encores avoient faicte les sarrasins pour empescher le dict assault. Car du costé dont nos gens les debvoient assaillir, ils avoient faict sur les murs et és faulses brayes (1) des eschafaults couverts de feurre et de ramille moüillée, pour rendre grand fumée ; dont aussi tost qu'ils veirent partir nos gens pour aller vers eulx, ils bouterent le feu en ces eschaffaults, afin que ils ne peussent approcher, pour les grands feux et pour la fumée.

Mais tout ce ne leur valut rien : car nonobstant ce, en peu d'heures fut le mareschal à toute sa gent au pied du mur, et tantost feit par force faire deux belles mines ; et tant furent menées icelles mines, malgré tous leurs empeschemens, que le mur fut percé en deux lieux. Et là fut fort combatu : car les sarrasins fort defendoient le passaige. Si y feurent faict moult de belles armes, et moult s'y esprouverent vaillamment nos bons François. Et bien y estoit present qui bon exemple de bien faire leur donnoit, c'est à sçavoir leur vaillant chevetaine, qui mie ne s'y espargnoit, ains y tenoit si bien sa place que nul tant n'y travailloit. Et plusieurs fois celle journée le mareschal feit dresser ses eschelles, où maints vaillans hommes combatirent main à main par grand force contre ceulx du chastel, lesquels tant s'efforcerent de jetter

---

(1) *Brayes* : sorte de bastions.

grosses pierres de fais sur les eschelles, qu'elles ne peurent soustenir la charge, et rompre les conveint. Et aussi la grand pesanteur des gens d'armes, qui par grand desir de bien faire montoient dessus, les faisoit ployer et rompre. Quand le mareschal, qui toute la journée ne s'estoit retraict de combatre, et qui tant y avoit faict d'armes que ce n'estoit que merveilles, veid que ses eschelles ne pouvoient durer, tantost et vistement feit faire une grande et forte eschelle de deux antennes de galées; et ja estoit soleil couchant quand elle fut dressée contre les murs. Celle voulut-il garder de trop grand charge, et par grand diligence luy mesme s'en prenoit garde.

Le premier monta sus messire Guichart de La Jaille, qui par long espace combatit vaillamment main à main à ceulx du chastel, qui tant estoient sur luy que ils le desarmerent de son espée; pour laquelle cause et non mie par faulte de couraige le conveint abaisser dessous un bon escuyer qui estoit le premier apres luy, qui est nommé Hugues de Tholoigny, lequel tant vaillamment se combatit que il entra par force le premier dedans le chastel, et le dict messire Guichart apres. Et ceulx qui combatirent en la mine, comme dict est, aussi tant feirent par force d'armes que ils y entrerent. En celle mine, avec plusieurs aultres, combatit moult vaillamment le bon escuyer nommé Jean de Ony, duquel j'ay parlé cy devant, tant que par sa force et la hardiesse de son bon couraige, malgré les ennemis, qui toute peine mettoient à l'en garder, feit tant que il entra dedans tout le premier; et apres luy messire Foulques Viguier; apres, messire Renauld de Barbasan; et plusieurs aultres les suivirent. Si allerent tantost secourir leurs compaignons qui par l'eschelle estoyent montez ; et grand' besoing en avoient : car ils n'estoient pas plus de dix ou de douze qui sur le mur se combatoient ; et estoit l'eschelle rompuë, pour le grand fais et charge des bons vaillans qui par leur grand couraige s'efforçoient de monter sus. Et par celle maniere fut le chastel pris, qui tant estoit fort qu'il sembloit imprenable. Si occirent tous les Turcs qui dedans estoient. Et le lendemain le mareschal fist le chastel raser tout par terre, qui de grand force estoit. Car de l'une des parts la mer y battoit, et de l'autre une grosse riviere qui vient de Turquie, si que on n'y pouvoit venir que par une part. Mais à toute ceste chose ne meirent oncques contredict les Turcs qui s'estoient mis en bataille comme dict est devant, car ils veirent bien que la force n'eust pas esté de leur costé ; ains s'en partirent et laisserent la place.

Et quand tout ce feut faict, nos gens se partirent de là, et rentrerent en leurs galées pour eulx en retourner à Constantinople, et veindrent à passer devant une bonne ville appellée Algiro, qui sied à l'entrée de la bouche de la mer Majour. Peu avant soleil couchant y arriverent, si y geurent (1) celle nuict. Quand veint au matin, le mareschal, qui à autre chose ne pensoit fors à tousjours grever les sarrasins de son pouvoir, feit armer sa compaignée et trompetes sonner, pour descendre à terre et la ville assaillir. Quand les Turcs de la ville, qui deux jours devant avoient veu et sceu l'exploict qui avoit esté faict du chastel de Rive, veirent les appresls que on faisoit pour abatre leur

---

(1) *Y geurent* : **y passèrent.**

ville, ils bouterent le feu tout en un moment en plus de cent lieux, et tous s'enfuirent és montaignes, qui là sont grandes et haultes. Le feu, qui fut fiché par les maisons, prit en peu d'heures à monter hault et à tout embraser.

Le mareschal, qui veid ceste besongne, voulut que de là ne se partissent jusques à ce que la ville feust toute arse. Et quand ce feut faict, il dit que les Turcs avoyent eulx-mesmes faict une partie de ce que il voyoit à faire. Et à tant s'en partirent; et ainsi comme ils s'en retournoient, nouvelles veindrent à l'Empereur que les Turcs estoient arrivez à tout bien vingt vaisseaux au dessus du pas de Naretes. Si faisoient moult de grands dommaiges à ceux de Constantinople et à la cité de Pera, et comprenoient tout le pays, et se prenoient à tout gaster. Tantost que ces nouvelles feurent ouyes, le mareschal ordonna d'aller celle part. Si alla descendre sur eulx en tres-belle ordonnance; mais ils ne l'oserent oncques attendre, ains s'enfuirent, et nos gens bruslerent et destruirent tous leurs vaisseaux, et apres s'en reveindrent à Constantinople.

CHAPITRE XXXIV.

Comment apres que l'Empereur, avec l'aide du mareschal et des François, eut tout environ soy descombre de sarrasins, s'en voulut venir en France pour demander aide au Roy, pour ce que argent et vivres leur failloient. Et comment le mareschal qui s'en venoit avec luy laissa en la garde de Constantinople le seigneur de Chasteaumorant, à tout cent hommes d'armes, bons et esprouvez, bien garnis de traits.

Ne sçay à quoy plus ma matiere esloigneroye pour racompter tous les faicts, tous les chasteaux, toutes les villes prises, et toutes les emprises d'armes qui par le mareschal feurent accomplies et mises à chef tandis qu'il feut en ce voyage; car à ennuy pourroit tourner aux lisans de tout compter. Et pour ce, afin d'eschever toute narration, et pour dire en brief, tandis qu'il y feut ne sejourna ne prit aulcun repos qui durast plus de huict jours, que tousjours ne feust sur les ennemis, où il prit tant de chasteaux, de villes et de forteresses, que tout le pays d'environ, qui tout estoit occupé de sarrasins, depescha et desencombra, et tant de bien y feit que nul ne le sçauroit dire.

Parquoy l'Empereur et tous ses barons, et generalement tous ceulx de Constantinople et tous les chrestiens, l'aimoient et honnoroient. Encores plus de bien leur feit : car l'empereur Carmanoli, qui encores est en vie, estoit adonc et avoit esté par l'espace de huict ans en grand contens contre un sien nepveu appellé Calojani, et s'entremenoient grand guerre. La cause de ce debat estoit pource que le nepveu disoit que il debvoit succeder à l'Empire, à cause de son pere qui avoit esté aisné frere de l'Empereur, qui par sa force s'estoit saisi de l'Empire : et l'Empereur le debatoit pour autres causes. Si avoit esté celle guerre et contens comme cause de la destruction de Grece; et tant estoyent obstinez l'un contre l'autre, et fermes en leurs propos, que nul n'y avoit peu mectre paix. Et s'estoit le nepveu allié avec les Turcs, avec lesquels il menoit guerre à son oncle. Entre ces deux, le mareschal considerant que celle guerre estoit prejudiciable à la chrestienté, et mal seante à eulx, prist à traicter paix : et tant la pourmena que par sa grand prudence les meit en bon accord. Tant que de faict luy mesme alla querir ce nepveu et sa femme en une ville appellée Salubrie, qui sied sur les frontieres de Grece, et le mena à Constantinople vers son oncle, qui le receut à bonne chere; dont tous les Grecs feurent moult joyeux, rendant graces à Dieu qui le mareschal avoit mené au pays, qui ceste saincte paix avoit faicte, et par qui tant de bien leur estoyent ensuivis.

Ja avoit demeuré le mareschal et sa compaignée pres d'un an en Grece. Si peut-on sçavoir que en pays qui toujours est en guerre ne peult que cherté de vivres n'y soit. Si n'y avoit plus argent pour payer les gens d'armes, ny vivres pour soustenir cest ost; et pour ce par contrainte convenoit que le mareschal en partist. Dont moult luy pesoit, pour ce que il voyoit bien que tantost qu'il seroit party, les Turcs leur viendroient courir sus. Mais sur toute chose en pesoit à l'Empereur et aux siens. Si delibererent, pour le meilleur conseil, que l'Empereur s'en viendroit avec luy en France devers le Roy derechef luy demander secours; par si que il renonceroit en sa main l'Empire et la cité de Constantinople, mais qu'il luy pleust luy octroyer ayde pour la garder contre les mescreans. Car quant estoit de luy, plus ne la pouvoit defendre contre la puissance des Turcs : et si le roy de France ne luy aydoit, que il iroit à refuge à tous les autres roys chrestiens. Et fut ordonné que tandis que l'Empereur seroit au dict voyage, celuy Calojani qui estoit son nepveu demeureroit à Constantinople comme empereur à la garde du lieu, jusques à tant que son oncle retourneroit à tout tel secours qu'il pourroit avoir.

Mais de celle chose respondit Calojani que il n'en seroit nullement d'accord, si le mareschal ne laissoit de ses gens d'armes avec luy, et des gens de trait : car il sçavoit bien que dés aussi tost que ils seroient partis, Bajazet viendroit à toute sa puissance assieger la ville, l'affamer et la gaster. Le mareschal, qui veid bien que voirement estoit en voye de perdition s'il n'y avoit aulcune provision, laissa pour la garde de la ville cent hommes d'armes et cent valets armez, de ses propres gens, et une quantité d'arbalestriers. De laquelle compaignée ordonna chef le seigneur de Chasteaumorant, et les laissa pourveus et garnis de vivres pour un an, et argent suffisant en main de bons marchans pour les payer chascun mois tout le temps durant. Et en toutes choses donna bon ordre avant qu'il partist.

Parquoy quand les Genevois et les Venitiens qui là estoyent veirent la saige et honnorable provision du mareschal, feirent un accord entre eulx que ils laisseroient huict galées garnies avec ses gens pour la garde de la ville, c'est à sçavoir quatre de Gennes et quatre de Venise. De ceste garnison feurent moult reconfortez ceulx de la ville, qui avant estoient comme en desespoir, et n'y sçavoient meilleur conseil que de eulx enfuir devers les sarrasins, et abandonner la bonne ville de Constantinople. Et à tant se partirent de Constantinople pour venir en France l'Empereur et le mareschal, qui un an y avoit demeuré.

CHAPITRE XXXV.

Comment le seigneur de Chasteaumorant feit bien son debvoir de garder Constantinople; et la famine qui y estoit, et le remede qui y feut mis.

Le seigneur de Chasteaumorant, que le mareschal avoit laissé chef et garde de Constantinople, feit tant bien son debvoir de celle commission, comme preud'homme envers Dieu, et tres-vaillant chevalier aux armes qu'il est, que à tousjours mais en debvra estre honnoré. Car tres-soigneusement il garda la ville, en laquelle, tost apres que l'Empereur fut party, feut si tres-grand famine, que les gens estoient contrainets par raige de faim de eulx avaler (1) par nuict à cordes jus des murs de la ville, et eulx aller rendre aux Turcs. Pour laquelle chose Chasteaumorant estoit presques

(1) *Avaler*: descendre.

aussi diligent de faire bon guet afin que la gent de la ville ne s'enfuit, comme pour la doubte des ennemis, aussi de peur qu'ils se rendissent à eulx. Si eut moult grand pitié de ceste pestilence; et un tel convenable remede y trouva, que il envoyoit souvent et menu ses gens courir et fourraiger sur les Turcs, par tout où il sçavoit que il y avoit gras pays, quand ils ne s'en donnoient de garde. Si leur portoit de grands dommaiges, et prenoit aucunes fois de bons prisonniers; et les rançonnoient nos gens, les uns à argent, les autres à vivres. Et par celle voye et maniere feit tant, que la ville, Dieu mercy, feut remplie et aisée de tous biens; ne il n'estoit vaisseau de sarrasins qui là environ osast passer, qui tantost ne feust happé par ces galées, qui tousjours estoyent en aguet. Et par ainsi garentit la cité de mort, de famine, et des mains des ennemis, et la remplit d'abondance. Et, par la diligence qu'il y mettoit, tousjours gaignoit quelque chose sur sarrasins. Et ainsi la garda l'espace de trois ans contre la puissance des Turcs.

Et à brief parler, tant y feit luy et les gens de sa compaignée, que ceulx qui en sçavent la verité dient que, par luy et par les bons François qui avec luy estoyent, a esté sauvée et garantie d'estre du tout destruite et perie la noble et ancienne cité de Constantinople. Laquelle chose n'est point de doubte est tres-agreable à Dieu, et grand honneur au roy de France et aux François, qui bien leur vertu y esprouverent, et grand bien pour la chrestienté. Et tout ce bien adveint par la saige prevoyance du bon mareschal qui les y laissa. Parquoy nul ne pourroit dire le tres grand bien qui adveint de l'allée que le mareschal feit au dict pays.

CHAPITRE XXXVI.

Comment l'Empereur veint en France, et comment le mareschal y arriva devant.

L'Empereur et le mareschal tant errerent par mer depuis que ils furent partis de Constantinople, comme dict est cy dessus, que ils arriverent à Venise. Et là voulut un peu sejourner l'Empereur, pour certaines choses qu'il avoit à faire avec les Venitiens. Si se partit de luy le mareschal pour venir devant en France pour annoncer sa venuë, et dire la cause qui luy amenoit.

Si ne fina de cheminer tant qu'il fut devers le Roy, qui à moult grand joye et honneur le receut, et moult le desiroit veoir; et aussi luy feirent moult grand feste tous nos seigneurs et chevaliers et escuyers, et toute gent: car moult bien l'avoit desservy. Si fut apres ses bien viengnans une bonne piece à sejour: car bien estoit temps qu'il preint un peu de repos, et qu'il eust aucune joye et esbatement, car de long temps peu en avoit eu. Combien que ja estoit si rassis et tant saige que gueres ne luy chailloit, fors que des plaisirs que les vertueux prennent en bien faisant: si estoit tous les jours entre les seigneurs qui luy demandoient et enquerroient des advantures et faicts qui estoyent advenus là où il avoit esté. Et il leur en racomptoit non mie à sa louange, mais à celle de ses compaignons, à qui il donnoit l'honneur de tout ce qui avoit esté faict. Mais en ce croissoit encore plus son los : car renommée ne se taisoit pas de ses bons faicts, dont bien estoyent informez.

Et ainsi alla passant le temps tant que l'Empereur arriva à Paris, auquel le Roy et tous nos seigneurs les ducs allerent alencontre jusques dehors Paris, à tout grand route de nobles gens; et à grand honneur le receurent, et moult l'honnora le Roy, comme raison estoit : car sans faillir moult est l'empereur Carmanoli prince de grand reverence, bon, prudent et saige; et est pitié dont il est en telle adversité. Et se reposa et aisa à Paris; et le Roy luy entreteint tout son estat et le deffroya de toute despence, tant comme il feut au royaume de France. Et quand il eut assez reposé, il dict bien et saigement au Roy, presens nos seigneurs en plain conseil, la cause qui le menoit en France. Si luy feut donnée responce bonne et gracieuse, et de bonne esperance. Et sur ce eut le Roy advis avec son conseil, et par plusieurs fois en feut parlé avant que la chose feust concluë. Toutesfois au dernier, pour le bien de chrestienté, et que tout prince doibt ayder à soustenir l'un l'autre, et par especial contre les mescreans, luy octroya le Roy que il luy feroit ayde et secours de douze cent combatans payez pour un an. De laquelle compaignée le mareschal seroit chef et capitaine. Car ce avoit requis de grace speciale l'Empereur, qui moult en fut joyeulx, et qui avoit maints grands biens dicts et rapportez de luy au Roy et au conseil, et comment vaillamment il s'estoit porté au pays. Si remercia le Roy de l'aide que il luy avoit octroyée.

Et partit de Paris : car ja y avoit bonne piece demeuré. Et voulut aller par les aultres princes chrestiens semblablement requerir leur ayde et secours, tant de finance dont il avoit peu, comme de gens pour luy ayder à garder et à reconquerir son pays, qui lors tout estoit és mains des ennemis de la foy; dont grand pitié estoit. Si fut devers le Sainct Pere, qui donna grand pardon à quiconque luy feroit bien; et alla en Angleterre et vers plusieurs autres roys chrestiens, qui tous luy ayderent; et en ceste queste feut l'espace de pres de trois ans.

CHAPITRE XXXVII.

Cy devise comment l'empereur de Constantinople eut paix avec Bajazet, et comment le Tamburlan (1) *l'en vengea; et de la mort de Tamburlan.*

En ces entrefaictes que l'empereur de Constantinople estoit hors de son pays et en la queste dessus dicte, et que le seigneur de Chasteaumorant estoit garde de la cité de Constantinople, adveint comme il pleut à Dieu, lequel ne veult que nul mal demeure impuny, et qui estrangement vange ses amis des torts, faicts et griefs que on leur faict, et quoy qu'il attende. Tout ainsi que jadis il feit des enfans d'Israel, que il laissa longuement en la servitude de Pharaon; et au dernier preint cruelle vengeance du dict roy Pharaon, et de ses mains delivra son peuple, comme racompte la Bible; tout ainsi voulut-il venger par diverse

(1) *Tamburlan* : Tamerlan.

voye les bons chrestiens qui avoient esté occis en la bataille, et cruellement destranchez devant Bajazet, comme nous avons dict cy devant. Car un grand prince de Tartarie, que on nommoit le Tamburlan, comme fleau de Dieu, en preint la vengeance.

Celuy Tamburlan estoit de si hault courage, que il avoit intention de conquerir tout le monde, si Fortune luy eust voulu aider; mais il y faillit : car, comme dict le commun proverbe, les hommes proposent, et Dieu ordonne. Toutesfois, par le tres-grand travail en armes que il prit, auquel mestier trente ans entiers n'avoit cessé ne reposé en bonne ville, fors tousjours aux champs, à tout si grand ost que c'estoit merveilles, et par si grande ordonnance que toutes les necessitez que il convenoit pour fournir l'ost il menoit avec soy, et de bestes si grande quantité que merveilles estoit, et par si bon ordre qu'il n'y avoit si petite beste qui ne portast sa charge de quelque fardeau, mesmes les chevres et les moutons. Et les merveilles qu'il feit, et les grandes rivieres qu'il passa, et comment ses gens estoyent endurcis au travail, ne seroit sinon merveilles racompter. Mais je m'en passe, pource qu'il n'affiert à mon propos. Si croy bien que aulcunement conviendroit que nos chrestiens, qui tant veulent estre à leur aise, suivissent celle voye s'ils vouloient estre grands conquereurs. Conquist si grand pays en cest espace de temps, comme toute Egypte; et destruit la cité de Damas, et subjugua toute la Syrie et toutes les terres d'environ, qui moult long pays s'estendent; puis s'en veint descendant sur la Turquie, et assaillit Bajazet de guerre. Adonc luy conveint par force laisser en paix les chrestiens. Si commencerent les Tartares forment(1) à demarcher (2) son pays, et à piller et gaster; et luy conveint deffendre et faire armée contre eulx.

Et lors les chrestiens qui estoient d'aultre part, c'est à sçavoir le seigneur de Chasteaumorant et sa compaignée, luy feurent au dos; qui mie ne luy estoyent bons voisins, ains luy portoient souvent de grands dommaiges. Si se continua tant celle guerre que il fut desconfit en plusieurs batailles, et ses gens morts et pris, et ses forteresses, villes et citez prises et destruites, et ruées par terre, tant que à la parfin ne peut plus forçoyer (3) contre luy. Et en une bataille qu'il eut contre le dict Tamburlan fut desconfit, et toute sa gent en fuite et prise. Et feut luy mesme pris et mené en prison, en laquelle moùrut de dure mort.

Et ainsi, et par ceste voye, perit et finit la seigneurie de Bajazet, qui maints maulx avoit faict à la chrestienté; et par ceste maniere en fut vangé le comte de Nevers et les nobles François, et aussi l'empereur de Constantinople, que il avoit desherité. Mais n'eust pas faict meilleure compaignée celuy Tamburlan aux chrestiens que avoit faict Bajazet, si longuement eust vescu : car ja n'eust esté saoul de conquerir terre. Mais Dieu, qui à toutes choses sçait remedier, ne voulut mie souffrir que son peuple chrestien feust soubsmis ne subjugué par les ennemis de la vraye foy. Si luy envoya la mort, qui toute chose mondaine trait à fin.

(1) *Forment :* fortement. — (2) *Demarcher :* marcher sur, fouler. — (3) *Forçoyer :* exercer ses forces.

CHAPITRE XXXVIII.

Cy dit comment le mareschal eut grand pitié de plusieurs dames et damoiselles qui se complaignoient de plusieurs torts que on leur faisoit, et nul n'entreprenoit leurs querelles ; et pour ce entreprit l'ordre de la Dame blanche à l'escu verd. Par lequel luy treiziesme, portant celle devise, s'obligea à la deffence d'elles.

A revenir à nostre premier propos, c'est à sçavoir de parler du bon mareschal, duquel ne pourroient estre suffisamment representées les grands bontez ; tandis que l'empereur de Constantinople estoit en France devers le Roy, comme est deduict cy devant, et que le dict mareschal estoit à sejour, adveint que aulcunes complaintes veindrent devers le Roy, comment plusieurs dames et damoiselles, veufves et autres, estoyent oppressées et travaillées d'aucuns puissans hommes, qui par leur force et puissance les vouloient desheriter de leurs terres, de leurs avoirs et de leurs honneurs, et avoyent les aucunes desheritées de faict. Ainsi maints grands torts recepvoient, sans ce que il y eust chevalier, ne escuyer, ne gentilhomme aulcun, ne quelconque personne, qui comparust pour leur droict defendre, ne qui soustint ne debatist leurs justes causes et querelles. Si venoient au Roy, comme à fontaine de justice, supplier que sur ce leur feust pourveu de remede raisonnable et convenable.

Ces piteuses clameurs et complaintes ouyt le mareschal faire à maintes gentils-femmes par plusieurs fois, si comme il estoit en la presence du Roy. Desquelles choses eut moult grand pitié, et de toute sa puissance estoit pour elles, et ramentevoit leurs causes au Roy et en son conseil, et les portoit et soustenoit en leur bon droict par moult grande charité, comme celuy qui en toutes choses estoit et est tel que noble homme doibt estre. Si va penser en son couraige que moult grand honte estoit à si noble royaume comme celuy de France, où est la fleur de la chevalerie et noblesse du monde, de souffrir que dame ny damoiselle, ne femme d'honneur quelconque, eust cause de soy plaindre que on luy feist tort ne grief, et que elles n'eussent entre tant de chevaliers et escuyers nuls champions ny defendeurs de leurs querelles : par quoy les mauvais et vilains de couraige estoyent plus hardis à leur courir sus par maints oultraiges leur faire, pource que femmes sont foibles, et elles n'avoient qui les deffendit. Et avec ce disoit en soy mesme que moult estoit grand pitié, peché et deshonneur, à ceulx qui mal leur faisoient, que femme d'honneur eust achoison (1) de soy plaindre d'homme, lequel naturellement et de droict les doibt garder et deffendre de tout grief et tort à son pouvoir, s'il est homme naturel et tel qu'il doibt estre, c'est à sçavoir raisonnable. Mais pour ce que chascun ne veult pas user aux femmes de tel droict, que quand estoit de luy, par sa bonne foy il vouloit mettre cœur, vie et chevance de toute sa puissance à soustenir leurs justes causes et querelles contre qui que ce feust qui le vou-

(1) *Achoison :* occasion.

lust debatre, ne qui tort leur feist, au cas que son aide luy feust requis d'aucune.

Ainsi devisoit à part soy le bon mareschal; et quand sur ce eut assez pensé, adonc par sa tres-grande gentilesse, liberalité et franchise de couraige, va mettre sus un moult notable et bel ordre, et tres-honnorable à chevalier, que il fonda et assist sur ceste cause. Et de ceste chose va dire sa pensée et sentence à aulcuns ses plus especiaulx compaignons et amis, lesquels moult l'en priserent, et luy requirent que ils feussent compaignons et freres du dict ordre, qui moult leur sembla estre juste, bel, honnorable et chevaleureux; laquelle chose il leur accepta de bonne volonté. Si feurent treize chevaliers, lesquels, pour signe et demonstrance de l'emprise que ils avoient faicte et jurée, debvoient porter chascun d'eulx liée autour du bras une targe d'or (1) esmaillée de verd, à tout une dame blanche dedans. Et des convenances que ils feirent et jurerent à l'entrer en l'ordre, voulut le mareschal, afin que la chose feust plus authentique, que bonne lettre en feust faicte; laquelle feust seellée des seaulx de tous treize ensemble, et que apres feust publié en toutes parts du royaume de France, afin que toutes dames et damoiselles en ouyssent parler, et que elles sceussent où se traire, si besoing en avoient.

Si me tais de deviser des convenances du dict ordre, pour ce que tout au long on les peult veoir par la declaration des propres lettres par eulx certifiées et escriptes; dont cy apres s'ensuit la teneur. Et ne voulut le mareschal estre le premier nommé és dictes lettres, pour ce que monseigneur Charles d'Albret,

---

(1) *Une targe d'or :* une plaque d'or.

qui est cousin germain du roy de France, voulut estre compaignon du dict ordre. Si n'en vouloit estre nommé chef par devant luy : et pour ce est mention faicte d'eulx tous ensemble, comme veoir se peult.

CHAPITRE XXXIX.

Le contenu des lettres d'armes, par lesquelles se obligeoient les treize chevaliers à defendre le droict de toutes gentils-femmes à leur pouvoir, qui les en requerroient.

A toutes haultes et nobles dames et damoiselles, et à tous seigneurs, chevaliers et escuyers, apres toutes recommendations, font à sçavoir les treize chevaliers compaignons, portans en leur devise l'escu verd à la Dame blanche :

Premierement, pour ce que tout chevalier est tenu de droict de vouloir garder et deffendre l'honneur, l'estat, les biens, la renommée et la loüange de toutes dames et damoiselles de noble lignée, et que iceulx entre les autres sont tres-desirans de le vouloir faire, les prient et requierent que il leur plaise que si aulcune ou aulcunes est ou sont, par oultraige ou force, contre raison diminuées ou amoindries des choses dessus dictes, que celle ou celles à qui le tort ou force en sera faicte veuille ou veuillent venir ou envoyer requerir l'un des dicts chevaliers, tous ou partie d'iceulx, selon ce que le cas le requerra; et le requis de par la dicte dame ou damoiselle soit un, tous ou partie, sont et veulent estre tenus de mettre leurs corps pour leur droict garder et defendre encontre tout autre seigneur, chevalier ou escuyer, en tout ce que chevalier se peut et doibt employer au mestier d'armes, de tout leur pouvoir, de personne à personne, jusques au nombre dessus dict, et au dessoubs, tant pour tant. Et en briefs jours, apres la requeste à l'un, tous ou partie d'iceulx faicte de par les dictes dames ou damoiselles, ils veulent presentement eulx mettre en tout debvoir d'accomplir les chóses dessus dictes, et si brief que faire se pourra. Et s'il advenoit (que Dieu ne veuille!) que celuy ou ceulx qui par les dictes dames ou damoiselles seroient requis, eussent essoine (1) raisonnable; afin que leur service et besongne ne se puisse en rien retarder qu'il ne prist conclusion, le requis ou les requis seront tenus de bailler prestement de leurs compaignons, par qui le dict faict seroit et pourroit estre mené à chef et accomply.

Item, si aucuns seigneurs, chevaliers ou escuyers de noble lignée, et sans vilain reproche, ont volonté de faire aucune requeste, ou ont faict ou font aulcuns vœus de faire ou accomplir auleunes armes, quelles que elles soyent ou feussent, honnorables et deües de faire, pource qu'il est à penser certainement que les dicts requeste et vœus ils ont grand volonté de les mettre à chef pour eulx oster de peine, et afin que plus legerement ils puissent trouver l'accomplissement de leur desir, iceulx chevaliers dessus nommez, tous ou partie d'iceulx, à qui iceulx voüans et requerans vouldra ou vouldront adresser leurs dicts vœus et requeste, à l'aide de Dieu seront ou sera prest celuy ou

---

(1) *Essoine :* empêchement.

ceulx qui en sera ou seront requis, tous, un ou partie d'iceulx, selon ce que le cas le requerra, de faire et accomplir les dictes armes à eulx requises. Et pour mettre le faict à execution deüe, veulent trouver juge à leur pouvoir dedans quarante jours apres la requeste à eulx faicte, et la devise des armes ; et plus tost si faire se peut. Et apres que le dict juge sera trouvé d'estre prest au chef de trente jours, quelque jour que le juge vouldra, donner tout accomplissement du dict faict. Et au cas que iceulx ne pourroient trouver juge, si celuy ou ceulx qui aura ou auront faict les dictes requestes et vœus le veulent pourchasser convenable tel que par raison doibve suffire, ledict chevalier ou chevaliers dessus nommez sera ou seront prests de partir pour y aller trente jours apres que l'on leur aura faict à sçavoir qui sera le juge. Et s'il est besoing d'avoir saufconduict ou aultre seureté, ceulx qui trouveront le juge seront tenus de le faire avoir tel comme au cas appartiendra.

Item, pource qu'il pourroit advenir que plus d'un pourroit adresser son vœu et requeste à aulcun des chevaliers dessus nommez, iceluy chevalier sera tenu de l'accomplir à celuy qui premier luy aura faict à sçavoir. Et cela faict et fourny, si Dieu le gardoit d'essoine, apres l'accompliroit à l'autre.

Item, au cas que aucun ou aucuns des dicts chevaliers dessus nommez auroit ou auroient essoine raisonnable et honneste de non pouvoir accomplir les choses à luy requises, il seroit ou seroient tenus de bailler un de leurs compaignons, lequel qu'il luy plairoit, pour donner tout accomplissement au dict faict.

Item, s'il advenoit que de tel nombre comme les chevaliers dessus nommez sont, ils feussent requis tous ensemble d'accomplir aucunes armes quelles que elles soyent ou feussent, et un ou aulcun d'iceulx feussent en voyage, ou eussent aucune essoine raisonnable parquoy ils ne peussent estre bonnement au jour qui empris seroit, la partie à qui on le feroit à sçavoir, puis qu'il ne pourroit recouvrer à temps leurs compaignons, seroient tenus de leur pouvoir d'en mettre avec eulx pour parfournir le nombre dessus dict, pour accomplir toutes choses à eulx requises. Et s'ils estoyent en lieu que ils ne peussent recouvrer leurs compaignons, comme dict est, ne autre compaignée pour fournir le dict nombre, iceulx qui là seroient, ou qui se pourroient bonnement trouver ensemble, seroient tenus, de tel nombre comme ils seroient, de faire et accomplir toutes choses comme dessus est dict.

Item, s'il advenoit que aucune ou aucunes dames ou damoiselles eussent requis le secours et ayde de l'un de tous ou de partie des dicts chevaliers; et, apres la requeste faicte de par les dictes dames ou damoiselles, aucun ou aucuns seigneurs, chevaliers ou escuyers, pour leur requeste et vœus accomplir, s'adressassent à eulx d'aucunes armes quelles que elles soyent ou feussent, comme dessus est dict, les dicts chevaliers ou aulcuns d'iceulx seroient tenus, comme raison est, de faire et accomplir premierement le secours de la dicte dame ou damoiselle; et cela faict, donner tout accomplissement aux dictes armes de qûoy on se seroit à eulx adressé. Et si ainsi estoit que aucun ou aucuns seigneurs, chevaliers ou escuyers, pour leurs vœus et requestes accomplir, se feussent adressez, d'aucunes armes à aucun des chevaliers dessus nommez ; et depuis aucune dame ou damoiselle requist pour son ayde celuy mesme chevalier, en ce cas il pourroit eslire lequel qu'il luy plairoit ; et après, si Dieu le gardoit d'essoine, donner tout accomplissement au surplus.

Item, si aucun ou aucuns des dicts chevaliers dessus nommez, un, tous ou partie d'iceulx, estoyent ou feussent requis, pour aucuns vœus ou requestes accomplir, de faire aucunes armes, depuis la requeste à eulx faicte, aucun ou aucuns autres seigneurs, chevaliers ou escuyers s'adressassent à iceluy ou à ceulx mesmes chevaliers de combatre à oultrance, les requis, un, tous ou plusieurs, s'il leur plaist, peuvent delaisser leurs armes pour prendre la bataille.

Item, si aucun ou aucuns des dicts chevaliers ou escuyers s'adressoient, pour leurs vœus accomplir, de leur volonté ou autrement, à iceulx treize chevaliers ou à l'un d'eulx, pour combatre à oultrance, comme dict est, et requissent que les vaincu ou vaincus feust ou feussent prisonniers des vainqueur ou vainqueurs, en celuy cas, et tout avant œuvre, seroit advisée une somme d'argent du consentement des parties, et par l'ordonnance du juge devant qui ils combatroient : et celuy ou ceulx qui seroit ou seroient oultrez et desconfits demeureroit ou demeureroient prisonnier ou prisonniers en la main du juge dessus dict, jusques à ce que il auroit payé et contenté, payez et contentez celuy ou ceulx qui les auroit ou auroient oultrez, d'icelle somme tant seulement qui paravant auroit esté ordonnée : et icelle payée, s'en pourra ou pourroient aller tous quittes.

Item, si aucun ou aucuns mouroit en bataille, ou tost apres, pour achoison d'icelle, il seroit en ce cas quitte de payer aulcune finance.

Item, si aucun ou aucuns des treize chevaliers dessus dicts, le temps durant de leur emprise, alloit ou alloient de vie à trespassement, ou eust ou eussent essoine raisonnable de non pouvoir plus bonnement porter armes, les autres compaignons en ce cas seroient tenus de mettre d'autres avec eulx, pour remplir et fournir tousjours le dict nombre.

Item, les chevaliers dessus nommez ont emply et veulent donner tout accomplissement à toutes les choses dessus dictes et escriptes, de tout leur loyal pouvoir, à l'ayde de Dieu et de Nostre Dame, par l'espace de cinq ans, à commencer à compter du jour de la datte de ces presentes, et porter leur devise le dict temps durant. Et afin que toutes celles et ceulx qui de ces choses oiront parler sçaichent et tiennent fermement que les volontez des dicts chevaliers sont fermes de toutes ces choses accomplir, et aussi que l'on y adjouste plus grand foy, ils ont faict seeler ces presentes chascun du seel de ses armes, et chascun y a mis son nom par escript, qui feurent faictes le jour de Pasques fleuries, l'onziesme jour d'avril, l'an de grace mille trois cent quatre vingt dixneuf.

Messire Charles d'Albret. Messire Boucicaut, mareschal de France. Boucicaut son frere. François d'Aubissecourt. Jean de Ligneres. Chambrillac. Castelbayac. Gaucourt. Chasteaumorant. Betas. Bonnebaut. Colleville. Torsay.

Et à tant feray fin de la premiere partie de ce

livre; et en poursuivant ma matiere par ordre, comme les choses advéindrent de rang au contenu des faicts du mareschal de France Boucicaut, commenceray la seconde partie en delaissant toutes les choses dessus dictes, et entrant en aultre propos, lequel, à l'aide de Dieu, bien et bel me ramenera à ma matiere. Or me doint Dieu grace de la commencer, moyenner et finir; que ce soit au plaisir de Dieu, qui point ne defend que on loüe les bons; et que aussi ce soit à l'honneur et los de celuy qui bien en est digne, et de qui je parle!

FIN DE LA PREMIERE PARTIE.

TABLE DES MATIÈRES

CONTENUES

DANS LE SIXIÈME VOLUME.

LE LIVRE DES FAIS ET BONNES MEURS DU SAGE ROY CHARLES V, par CHRISTINE DE PIZAN.

CI COMMENCE LA TROISIEME ET DERRENIERE PARTIE DE CE LIVRE, LAQUELLE PARLE DE SAGECE ET DES SCIENCES EN LA PERSONNE DU ROY CHARLES. *Page* 1

CHAPITRE I. *Prologue.* 1

CHAP. II. *Ci dist que c'est que sagece, et quelz choses y sont comprises.* 3

CHAP. III. *Ci preuve comment le roy Charles fu vray philozophe; et que est philozophe.* 5

CHAP. IV. *Comment le roy Charles estoit astrologien; et que est astrologie.* 8

CHAP. V. *Comment le roy Charles avoit grant entendement; et qu'est entendement.* 10

CHAP. VI. *De prudence et art en la personne du roy Charles; et que c'est.* 11

CHAP. VII. *Ci dit encore de la prudence du roy Charles sus la pourvéance du bien commun.* 15

CHAP. VIII. *Comment le roy Charles tenoit ses subgiez en amour; et preuves que ainssi doye estre fait.* 18

TABLE DES MATIÈRES.

CHAP. IX. *Comment le roy Charles desservoit, par ses mérites, qu'il fust craint et amez.* Page 19

CHAP. X. *Ci dit les bonnes condicions qui en prince doivent estre, lesquelles le roy Charles avoit.* 21

CHAP. XI. *Ci dit comment le roy Charles estoit droit artiste et apris és sciences; et des beauls maçonnages qu'il fist faire.* 22

CHAP. XII. *Comment le roy Charles amoit livres; et des belles translacions qu'il fist faire.* 26

CHAP. XIII. *Comment le roy Charles amoit l'université des clercs; et comment elle vint à Paris.* 29

CHAP. XIV. *Ci commencent les chapitres d'aucuns moz substancieux que le roy Charles dist, et d'autres addicions.* 31

CHAP. XV. *Comment le roy Charles respondy agmoderéement à ceulx qui le hastoyent.* 33

CHAP. XVI. *Comment le roy Charles approuva diligence.* 34

CHAP. XVII. *Ci dit ce que le roy Charles dist au propoz de ceulx qu'on fait mourir à tort.* 38

CHAP. XVIII. *Ci dit ce que le roy Charles respondi à aucuns barons de Bretaigne.* 38

CHAP. XIX. *Comment le roy Charles approuva plus le sage homme povre que le riche nice.* 39

CHAP. XX. *Ci dit ce que le roy Charles dist de celluy qui s'estoit occis, par soy trop fier en son art.* 41

CHAP. XXI. *Comment le roy Charles approuva la pacience qu'il vid avoir à un de ses gens.* 43

Chap. XXII. *Ci dit la sage response que le roy Charles rescripst à un clerc mathématicien.* Page 44

Chap. XXIII. *Comment le roy Charles envoya querre une bonne dame de trés esleüe vie.* 46

Chap. XXIV. *Ci dit de quoy vint ce que on dit : « Gardez-vous des charretes. »* 48

Chap. XXV. *Comment le Roy taussa (taxa) son officier changeur à cinq cens frans.* 49

Chap. XXVI. *Ci dit ce que le Roy dist de dissimulacion.* 53

Chap. XXVII. *Comment le Roy approuva la vertu de peu de lengage.* 54

Chap. XXVIII. *Le sage avis que le Roy ot contre la cautele d'un de ses officiers.* 55

Chap. XXIX. *Response que le roy Charles feist à la parolle qu'apporterent les héraulx venans d'Angleterre.* 58

Chap. XXX. *Ci dit ce que le roy Charles dist de la félicité de seigneurie.* 59

Chap. XXXI. *Comment, pour le grant sens et vertu du roy Charles, les princes de tous pays desiroyent son affinité, aliance et amour.* 60

Chap. XXXII. *Comment le roy Charles avoit propres gens instruis en honneurs et noblece, pour recepvoir tous estrangiers.* 62

Chap. XXXIII. *Comment l'empereur de Romme escripst au roy Charles qu'il le vouloit venir veoir.* 64

Chap. XXXIV. *Comment le roy Charles envoya ses freres au devant de l'Empereur.* 67

Chap. XXXV. *Comment l'Empereur se parti de Saint Denis pour venir à Paris; et les beaulx chevaulx que le Roy lui envoya.* Page 69

Chap. XXXVI. *Comment le roy Charles ala au-devant de l'Empereur.* 70

Chap. XXXVII. *Ci dit la belle ordonnance et grant magnificence qui fu à l'entrée de Paris, à la venue de l'Empereur.* 74

Chap. XXXVIII. *Comment le roy Charles receupt au palais l'Empereur.* 76

Chap. XXXIX. *Ci dit les présens que la ville de Paris fist à l'Empereur.* 78

Chap. XL. *Ci dit la solemnité qui fu, le jour de la Tiphaine, au palaiz, que l'Empereur disna avec le Roy.* 80

Chap. XLI. *Ci dit les assietes des tables, et les barons qui y estoient.* 82

Chap. XLII. *Comment le Roy mena l'Empereur au Louvre.* 84

Chap. XLIII. *Comment le roy Charles parla au conseil, présent l'Empereur, du tort que le roy d'Angleterre avoit vers lui.* 86

Chap. XLIV. *Ci dit la grant offre que l'Empereur fist au roy Charles.* 90

Chap. XLV. *Comment l'Empereur ala faire son pellerinage à Saint Mor.* 93

Chap. XLVI. *Ci dit les beaulx et riches dons que le roy Charles envoya à l'Empereur et son filz.* 94

Chap. XLVII. *Ci dit la departie de l'Empereur.* 96

Chap. XLVIII. Ci dit les juridicions que l'Empereur donna au Daulphin.   Page 97

Chap. XLIX. Récapitulation de ce que dit est.   98

Chap. L. Ci dit la mort de la Royne.   100

Chap. LI. Ci dit la mort pape Grégoire.   102

Chap. LII. Comment fu escript au roy Charles qu'il se gardast de ceulx qui le cuidoyent empoisonner.   103

Chap. LIII. Comment les nouvelles vindrent que les cardinaulx, à Romme, avoyent esleu à pape Berthelemy.   105

Chap. LIV. Ci dit comment le roy Charles receupt lectres des cardinaulx, que Barthelemy n'estoit mie justement esleu, et qu'il n'estoit pas pape.   106

Chap. LV. Ci dit comment le Roy receut lectres desdis cardinaulx, qu'ilz avoyent laissié ledit Barthelemy.   108

Chap. LVI. Comment les cardinaulx esleurent pape Clément.   110

Chap. LVII. Comment le roy Charles signifia à pluseurs princes que lui, bien informez de la vérité, s'estoit desclairiez pour pape Clément.   111

Chap. LVIII. Comment Barthelemy fist vingt-neuf cardinauls.   112

Chap. LIX. Ci dit la mort de l'empereur Charles.   114

Chap. LX. Comment le cardinal de Limoges vint à Paris, de par pape Clément.   114

CHAP. LXI. *Récapitulacion du scisme en saincte Esglise.* Page 115

CHAP. LXII. *Comment le roy Charles avoit entencion de faire tant que conseil general fust assemblé sur le fait de l'Esglise.* 116

CHAP. LXIII. *Ci retourne à parler encore de l'entendement des sciences.* 118

CHAP. LXIV. *Ci dit encore de ce mesmes.* 121

CHAP. LXV. *Des sens du corps.* 124

CHAP. LXVI. *Ci dit encore de prudence.* 125

CHAP. LXVII. *Ci dit encore des sciences, et de ceulx qui les trouverent.* 127

CHAP. LXVIII. *Ci dit de poésie.* 132

CHAP. LXIX. *Quel bien vient des choses dessusdictes.* 134

CHAP. LXX. *Ci commence à parler de l'approchement de la fin du roy Charles, et de la mort messire Bertram.* 136

CHAP. LXXI. *Ci dit le trespassement et belle fin du roy Charles.* 137

CHAP. LXXII. *La fin et conclusion de ce livre.* 145

OBSERVATIONS SUR L'HISTOIRE DE CHARLES V. 147

AVERTISSEMENT SUR L'HISTOIRE DE BOUCICAUT, ET SUR LES MÉMOIRES DE FÉNIN. 167

TABLEAU DU RÈGNE DE CHARLES VI. 171

NOTICE SUR BOUCICAUT. 363

Le Livre des faicts du bon messire Jean Le Maingre, dit Boucicaut, mareschal de France et gouverneur de Gennes. Page 373

Premiere partie.

Chapitre I : Prologue. *Cy commence le livre des faicts du bon messire Jean Le Maingre, dit Boucicaut.* 375

Chap. II. *Cy dit par quel mouvement ce present livre fut faict.* 378

Chap. III. *Cy dit de quels parens fut le mareschal Boucicaut; et de sa naissance et enfance.* 379

Chap. IV. *Encores de l'enfance du dict Boucicaut.* 383

Chap. V. *Cy dit de la premiere fois que Boucicaut prist à porter armes.* 386

Chap. VI. *Cy dit comment en jeune aage Boucicaut voulut poursuivre les armes, et se prist à aller en voyages.* 388

Chap. VII. *Cy devise les essais que Boucicaut faisoit de son corps, pour soy duire aux armes.* 390

Chap. VIII. *Cy parle d'amour, en demonstrant par quelle maniere les bons doivent aimer, pour devenir vaillans.* 392

Chap. IX. *Comme amour et desir d'être aimé creust en Boucicaut courage et volonté d'estre vaillant et chevaleureux.* 396

Chap. X. *Comment Boucicaut fut faict chevalier; et des voyages de Flandres.* 399

Chap. XI. *Comment Boucicaut feut la première fois en Prusse ; et puis comment la deuxiesme fois il y retourna.* Page 403

Chap. XII. *Comment Boucicaut, apres le retour de Prusse, alla avec le duc de Bourbon devant Taillebourg et devant Vertueil, qui furent pris, et autres chasteaux en Guyenne.* 405

Chap. XIII. *Comment le duc de Bourbon laissa Boucicaut és frontieres son lieutenant, et comment il jousta de fer de glaive à Sicart de La Barde.* 408

Chap. XIV. *Comment Boucicaut jousta de fer de glaive à deux Anglois appellés Pierre de Courtenay et Thomas de Clifort.* 413

Chap. XV. *Comment Boucicaut alla en Espaigne ; et comment au retour le seigneur de Chasteauneuf, anglois, entreprist à faire armes à luy, vingt contre vingt, et puis ne le voulut.* 416

Chap. XVI. *Comment Boucicaut alla outre mer, où il trouva le comte d'Eu prisonnier.* 421

Chap. XVII. *De l'emprise que Boucicaut feit, luy troisiesme, de tenir champ trente jours à la jouste à tous venans, entre Boulongne et Calais.* 424

Chap. XVIII. *Comment Boucicaut alla la troisiesme fois en Prusse ; et comment il voulut venger la mort de Guillaume de Duglas.* 431

Chap. XIX. *Comment Boucicaut fut faict mareschal de France.* 434

Chap. XX. *Comment Boucicaut alla avec le Roy à Boulongne au traicté; et la charge de gens d'armes que le Roy lui bailla apres pour aller en plusieurs voyages; et comment il prit le Roc du Sac.* Page 438

Chap. XXI. *Comment le mareschal Boucicaut alla en Guyenne; et les forteresses qu'il y prit.* 441

Chap. XXII. *Cy commence à parler du voyage de Hongrie; comment le comte d'Eu admonesta le mareschal d'y aller.* 443

Chap. XXIII. *Comment le comte de Nevers voulut aller au voyage de Hongrie; et comment il fut faict chevetaine de toute la compaignée des François qui là allerent.* 446

Chap. XXIV. *De plusieurs villes que le roy de Hongrie prist sur les Turcs, par l'aide des bons François; et comment Boucicaut entre les autres bien s'y porta.* 448

Chap. XXV. *De la fiere bataille que on dict de Hongrie, qui feut des chrestiens contre les Turcs.* 454

Chap. XXVI. *De la grand pitié du martyre que on faisoit des chrestiens devant Bajazet; et comment le mareschal fut respité de mort.* 464

Chap. XXVII. *Comment les nouvelles veindrent en France de la dure desconfiture de nos gens.* 467

Chap. XXVIII. *Comment le comte de Nevers fut emmené prisonnier à Burse; et plusieurs* autres barons. Et de la rançon que on envoya à Bajazet, et du bien faict du mareschal. Page 470

Chap. XXIX. Comment apres le retour de Hongrie le Roy envoya le mareschal en Guyenne, à belle compaignée de gens d'armes, sur le comte de Perigort, qui s'estoit rebellé contre luy. Si le prit, et amena prisonnier au Roy. 476

Chap. XXX. Comment l'empereur de Constantinople envoya requerir secours au Roy contre les Turcs, et il y envoya le mareschal à belle compaignée. 479

Chap. XXXI. Comment le mareschal s'en alla par mer à belle compaignée; et l'affaire qu'il eut aux sarrasins. 482

Chap. XXXII. La grand chere et joye que l'Empereur feit au mareschal et à sa compaignée; et comment ils allerent courir tost sus aux sarrasins. 485

Chap. XXXIII. Des villes et chasteaux que l'Empereur, le mareschal et leur compaignée prirent sur sarrasins. 488

Chap. XXXIV. Comment l'Empereur s'en voulut venir en France pour demander aide au Roy, pour ce que argent et vivres leur failloient, etc. 494

Chap. XXXV. Comment le seigneur de Chasteaumorant feit bien son debvoir de garder Constantinople; et la famine qui y estoit, et le remede qui y feut mis. 497

Chap. XXXVI. Comment l'Empereur veint en

France, et comment le mareschal y arriva devant. Page 499

Chap. XXXVII. *Cy devise comment l'empereur de Constantinople eut paix avec Bajazet, et comment le Tamburlan l'en vengea; et de la mort de Tamburlan.* 501

Chap. XXXVIII. *Comment le mareschal eut grand pitié de plusieurs dames et damoiselles, et entreprist l'ordre de la Dame blanche à l'escu verd, par lequel il s'obligea à la deffence d'elles.* 504

Chap. XXXIX. *Le contenu des lettres d'armes par lesquelles se obligeoient treize chevaliers à defendre le droict de toutes gentils-femmes à leur pouvoir.* 507

FIN DU SIXIÈME VOLUME.

www.ingramcontent.com/pod-product-compliance
Lightning Source LLC
Chambersburg PA
CBHW071607230426
43669CB00012B/1864